特集／新事実発見！　7ファイル

発掘！！日本史の舞台裏

歴史には必ず「表」と「裏」がある。
本編で記されているのはいわば「表」の部分だが、
今回、編纂作業を進めるプロセスで各種史料、
記者のメモ書きを再調査していたところ、
思わぬところで意外な事実を発見することになった。
歴史の「裏」の部分である。
これが実に「アッ」と驚くネタばかり。
そのいくつかをこの巻頭で紹介することにした。
驚愕の新事実をご堪能いただきたい。

日本史新聞編纂委員会

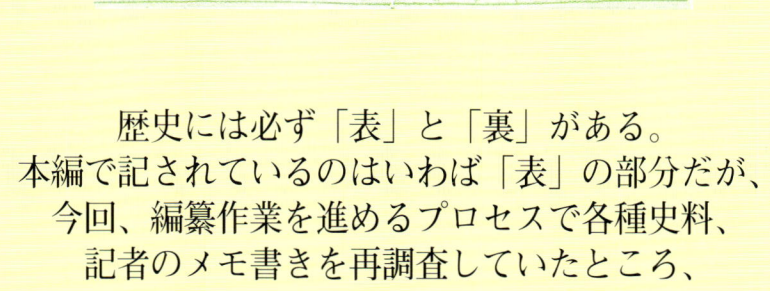

新事実発見！ ファイル１

合戦編① 壬申の乱

JINSINNORAN

古代最大の内乱は、皇位継承戦争ではなかった！

壬申の乱（六七二年）は従来、「皇位継承をめぐる争い」と言われてきたが、本当は唐・新羅連合軍に抗して戦う百済を支援する近江王朝（天智天皇系）と唐・新羅連合軍の側に立つ大海人皇子（天武天皇）の代理戦争であったことが、日本史編纂委員会の調べでわかった。

◆

史料を渉猟していた編纂委員の某がある記述に遭遇。その記述に従って天智、天武両天皇の年齢を計算すると、弟の天武が兄の天智より四歳年長になった。天智は「六七一年……十二月天皇没す（四六）」とあり、天武は「六八六年……九月没（六五）」。どうしてこうなるのか？

さらに詳しく調べてみたところ、意外な事実が判明した。

天智天皇

天武天皇

天智、天武両天皇は兄弟ではなかったようなのだ。まったく別物だった二つの王朝を無理やり一本化して皇室系譜を作る時、兄弟にされてしまったらしい。

だから、天智の姫、鸕野皇女が天武の皇后（持統）になった時、叔父と姪が近親結婚をしたものと理解された。天智は他に三人もの姫を妃に送り込んでいるが、弟に対して、そこまでサービスする必要はない。

「唐・新羅」VS「倭国・百済」代理戦争の内幕は？

いったい、何があったのか。

東アジアは唐と朝鮮三国（高句麗・新羅・百済）が入り乱れ、日本も新羅対百済の間に挟まって右に左に揺れていた。この時、新羅の王族が何人か、来日した。『日本書紀』では「質」と記述されているが、大使的存在とも考えられる。つまり、天武は天智とはまったく異系＝新羅系の貴族だった、というのだ。そうなると、百済系の近江朝廷とは対立せざるを得なくなる。ましてや、白村江（はくすきのえ）の戦いで唐・新羅連合軍に大敗してしまった以上、天武らの新羅系渡来人に対する天智の立場がない。露骨な反新羅政策に転換し百済の亡命人を大量に受け入れ、飛鳥から近江へ遷都して体制の建て直しを図るものの、天智は病に倒れてしまう。

天智が崩じた時、近江王朝は天武討伐の爪を剥き出しにする。しかし、用心して吉野に亡命中の天武と鸕野皇女は新羅系渡来人が集住する美濃に脱出。即座に兵をまとめ近江朝廷に宣戦を布告する。

飛鳥、大和の旧百済系豪族も近江朝廷が新百済人に占拠されたのを嫌い、次々に寝返ったため、少数派の天武が雪だるま式に膨れ上がり、壬申の乱は大勝利に終わるのである。

瀬田の唐橋。「壬申の乱」最大の激戦場となった

余談だが、天智と天武の二人には額田王を巡っての確執もよく話題になる。額田王は最初天武の女だったが、後に天智の女になる。その三人が天智が主催した遊猟先の蒲生野で顔を合わせる。

このとき、額田王の作った歌が「あかねさす紫野行き標野（ひめの）行き野守は見ずや君が袖振る」で、天武が返した歌が「むらさきのにほへる妹を憎くあらば人妻ゆゑに吾恋ひめもや」である。

解釈は読者にまかせるとして、古代は、血の臭いと色香が同居していたようである。

新事実発見！ ファイル2

合戦編② 関ヶ原の合戦

SEKIGAHARANOKASSEN

意外に強かった西軍、勝敗の行方は紙一重だった

天下分け目の「関ヶ原の合戦」はともすれば家康率いる東軍が、時間がかかったものの余裕をもって勝利をもぎとったと見られていた。しかし、実は、冷静沈着で知られるあの家康が相当に焦っていたという事実が、合戦研究家の松原文之進氏の調べでわかった。

で、編集主幹の最上孝太郎が松原氏に緊急インタビューを試みた。

◆

徳川家康

最上「慶長五年（一六〇〇）九月十五日。小雨に煙る中を集結した東西両軍、ほぼ十六万の軍勢がひしめき合う関ヶ原。この合戦は意外にも接戦で西軍が勝ってもおかしくなかったというのが先生の見解ですね」

松原「その通りです。午前八時の開戦以来、東軍の井伊直政隊と福島正則隊を中核とする東軍が西軍の石田三成隊に集中砲火を浴びせますが、石田隊も負けずに応戦。大筒を放ち、一進一退を続けます」

最上「西軍の士気は高かったのですね。予想をはるかに超える大合戦になりましたね」

松原「恐るべし西軍です。というより、勝てるチャンスはあったのです。宇喜多秀家隊が東軍の福島隊を押し返し始めるのですよ、最上さん。もう一押しのところです」

最上「次に、大谷吉継、脇坂安治両軍も東軍左翼に飛び掛かって行くんですね」

松原「東軍が危なかった。そしてその時、なんと、なんと、桃配山本陣の徳川家康が黒田長政、細川忠興らの後ろに前進。盛んに掛かれ、掛かれと督戦するんです。家康が、相当に焦っているのがわかります。味方の戦況不利を悟ったんです。こんなにうろたえるのは彼の生涯で初めてではないでしょうか。勝ちにいって負けそうになったのですから。信玄と戦った三方ヶ原では、負けるとわかっていましたからうろたえてはいません」

最上「そこで小早川に裏切り催促の鉄砲を撃ち込むのですね」

松原「その通りです。松尾山に陣を構えていた小早川秀秋がその銃に驚いて、西軍の大谷吉継を攻めるんですね。小早川は持病持ちで冷静な判断ができていなかった。そこを家康につけ込まれたといえます」

最上「家康の手紙作戦もありますね」

松原「西軍を裏切った連中は事前に家康の手紙作戦に敗れていた者たちです。慶長五年（一六〇〇）七月から三カ月間、関ヶ原合戦までの間に家康が発信した書状は一六一通に上る。八月が最も多く、九二通に及んでいます。何をかいわんやです。私はこういう男は好きではない」

最上「？」

松原「それでも、まだ西軍に勝つチャンスがあった。最後の島津隊が西軍のために動いていればです。西軍で参加していた島津隊がとうとう動かず、最後は東軍の敵中を突破して去っていきます。見事といえば見事ですが、残念です。この島津は、このあとも家康に安易になびかなかったのは立派です。西軍を裏切った小早川や毛利のその後は無惨でしたね。参考までに、この合戦のあと、改易または減封された外様大名は九三名、その没収総高は、約六三二万四〇〇〇石に及び、家康は石高二五〇万石から四〇〇万石の大大名に飛躍しています」

最上「ありがとうございました」

その時、あの家康が焦っていた！

関ヶ原合戦は正味7時間に及ぶ激闘だった

新事実発見！ファイル3　人物編①　藤原不比等
FUJIWANOFUHITO

日本官僚の草分け 藤原不比等「渡来人説」の真贋

大化改新（六四五年）から大宝律令（七〇一年）、その修正版である養老律令制定（七一八年）までの半世紀強、この間に法制国家としての基盤が形成されていったといっても過言ではない。特に、養老律令の骨格は、明治維新まで生き残っていた。その驚くべき制度作りは官僚たちによって練り上げられたのだが、その作成の中心的役割を果たしたのが藤原不比等（六五九～七二〇）であり、彼は藤原家の正統化のために『古事記』『日本書紀』の記述内容にも関与したとされている。とにかく謎の多い人物である。

委員会は、今回、各種史料を精査して藤原不比等の実像解明に挑戦してみた。

◆

謎のひとつは、不比等は渡来人だったのか、という点。

不比等が中心的役割を果たした大宝律令や養老律令作りは大唐の法制事情に詳しくなければできない。事実、作成のために集められたスタッフは、天武天皇の皇子刑部（おさかべ）皇子、古典や歴史に詳しい粟田真人、下毛野（しもつけぬの）古麻呂などの錚々たるメンバーで、全体の半数以上が大唐帝国に詳しい渡来人や学生出身者によって占められていた。そういう事情から不比等も渡来人ではという噂が流れたようだ。

藤原不比等

今回の調査では、残念ながらその証拠を見つけることはできなかった。不比等は公には鎌足の第二子とされているが、幼少から壬申の乱の頃までは渡来系の一族の許に預けられて大陸文化・法制を学んでいたことは間違いないようだ。ゆえに、壬申の乱から難を逃れ、法制の知識も豊富だったことに合点がいく。

もうひとつ、不比等は天智天皇のご落胤だったという噂が流布されているが、これについても確証は得られなかった。しかし、その調査の過程で本紙記者が残していた興味深い「メモ書き」が見つかったのである。それは、不比等、持統（六四五～七〇二）、元明（六六一～七二一）の三角関係を示す図だった。もし、これが事実ならこれまでの多くの謎が解き明かされることになる。不比等が、元明時代に大出世していった理由もこれでわかる。同時に、天智のご落胤説も解消されるだろう。

権謀術数に長け、二人の女帝を巧みに操った？

持統、元明はともに天智の皇女。不比等が公の場に登場してくるのは、持統三年の六八九年、三〇歳のときである。役職は「判事」。法律・歴史に詳しかったことを物語っているが、この持統時代は目立たずに陰で持統を支えている。持統は気の強い女性である。出過ぎると必ず打たれることを不比等は知っていたのだ。そして、持統なきあとの文武・元明時代に、両者を操って陰の実力者として政治の実権を握っていくのである。平城京遷都（七一〇年）も不比等の力を示すイベントのひとつだった。そのように権謀術数に長けた官僚の不比等が、持統、元明の両女帝に対してどのような態度をとったのかを想像するのはそう難しいことではないだろう。

委員会では、このことに関しては調査を継続する予定である。

不比等の指揮によって遷都が成った平城京

新事実発見！ファイル4

人物編② 岩倉具視

IWAKURATOMOMI

明治維新の仕掛け人は、なんと公卿の岩倉具視だった

岩倉なくして維新はあり得なかった!?

明治維新と言えば、西郷隆盛や大久保利通、坂本竜馬、桂小五郎、あるいは勝海舟とか、近藤勇と役者が決まっているが、もう一人を挙げないと完結しない。それは岩倉具視（一八二五～一八八三）という元公卿の策士家である。動揺常なき朝廷にあって、一人、断固たる意志を貫き、ジグザグしながらも進むべき道を見つけ出して新生日本の近代化をなし遂げた。しかし、いつも闇夜に隠れて姿を現さないため、その正体はまったく謎に包まれたままである。

そこで、明治維新研究家の西之郷盛、勝山遙の二人に編集主幹の最上が話を聞いた。◆

岩倉具視

最上「岩倉さんと言えば、華々しい活躍をする維新の志士と違いまして、いつも部屋の中に居て陰謀と術策に明け暮れているというイメージを抱いてしまうのですが」

西之郷「半分、当っていますな。政治オンチ揃いの公卿たちの中では、めずらしく的を射た政策立案能力をお持ちの方でした。ただし、策士、策に溺れるところがあり、勇み足が度々ある」

勝山「岩倉は元々公武合体論者でしたね、確か。皇女和宮（かずのみや）様と将軍家茂（いえもち）様の結婚を通じて朝廷と幕府の融合を図り、以て欧米列強の日本支配を許さぬ新体制を作らんとしたのではなかったでしょうか」

西之郷「ところが、尊皇攘夷論者から恨まれて、岩倉は京都郊外の岩倉村で謹慎することになった。その時、あの御仁ですからおとなしく待っていない。薩摩人や土佐人、他の志士たちと積極的に交遊し、時局の推移を見守っているうちに佐幕派から反幕派に転向してしまうのです」

最上「佐幕から反幕に転向？　変わり身が早いですね」

勝山「古い型の尊皇攘夷から一歩前へ進み、王政復古を第一課題として追求する公卿になったということでしょう。西郷が岩倉と親しくなるのは、この辺からですか」

西之郷「西郷と岩倉は共々、朝廷首脳に①諸大名を招集して国家の大方針を議場すべし②安政大獄の幽閉者を赦免すべし③征長軍を解散すべし④佐幕派の誤りを質す――などを吹き込んでいる」

最上「あの、佐幕論者の急先鋒である孝明天皇がお隠れになられたのも同じ頃で、暗殺の噂もありますが、これは一連のことでしょうか」

西之郷「そういう噂があったことは確か。イギリス公使館員アーネスト・サトウが、〝噂では帝の崩御されたのを天然痘としていた。しかし数年後、その間の内幕によく通じている一日本人が、私に確言したところによると、毒殺されたのだという〟と語っている」

勝山「いかにお上（天皇）といえども大勢を離れては存続し得ない」

西之郷「ふむ。それはともかく、岩倉が大人物だと思ったのは、慶喜（将軍）が大政奉還をした時、ほとんどの公卿が〝いまさらそんなことを言われても困る〟と動揺していたのに、さっさと王政復古を宣言させたことだ」

勝山「慶喜は常々、朝廷には国家運営能力はないので、政権を返納されても扱いに困り、直に頭を下げてくると言っていた。ところが、大政奉還をすると間髪を入れず、王政復古が宣言された。将軍は〝当てが外れた〟と力を落とした」

最上「維新の裏に岩倉あり、ですね。結構、勝負運が強く、天皇も将軍も手玉に取られていたということですか？」

勝山「失礼なことを言ってはいかん。どんな時でもキャスチング・ボードを握る役目の人物がおるものじゃ。それが岩倉だったというまでのことよ」

西之郷「明治の世になって、西郷が不平武士対策として征韓論を唱えた時、岩倉は大胆にも政府要人を引き連れて海外視察旅行に出発し、帰国早々、大久保利通と一緒になって西郷に決戦を挑んだ」

最上「西南の役ですか。恐いですね。ありがとうございました。」

岩倉大使の出発

新事実発見！ファイル5

技術編 新兵器鉄砲

SHINHEIKITEPPOU

歴史を変えた「長篠合戦」の舞台裏

破格だった戦費、信長の錬金術とは？

歴史を変えた技術として鉄砲を取り上げるのは格別のことではない。数えきれない程の人々が、さまざまな形で取り上げ、それぞれ論じてきたが、肝心なことを論じていない。

肝心なこととはなぜ、織田信長（一五三四～一五八二）一人が鉄砲に着眼したわけではなかったのに、信長だけが鉄砲利用に習熟し、最大効果を上げることができたのか、という点だ。委員会独自の観点から鉄砲利用の真相に迫ってみた。

◆

織田信長

織田信長は実に凄まじい男である。やること、なすこと、桁（けた）外れの発想で、いちいち人の度肝を抜くことばかり。天正三年（一五七五）五月の長篠合戦。

甲州軍団一万五〇〇〇は、騎馬武者を先頭に柵の中に閉じ籠もる織田・徳川連合軍三万八〇〇〇に向かって突撃したところ、予想もしない場面に出会い、慌てふためく。

その訳はよく知られているが、三段連れ打ちという集団射撃戦法に依る。射撃・煤（すす）取り・弾込めの作業を三人が分業し、連続して行なうものだ。欠点を長所にする工夫である。

ところで、この鉄砲は高価なもので、誰でも買えるものではなく、伝来当初は一梃一〇〇金、現在の金額にして約二五〇万円もしたといわれる。長篠合戦当時、国友鉄砲鍛冶や堺商人今井氏などが量産体制（工場制手工業）を確立し、安くなっていたが、それでも一梃六〇～四〇万円はした。

織田、徳川連合軍の鉄砲は、三〇〇〇梃だから、最低一八億円の軍費が必要とされたということだ。弾丸、火薬、兵士の食料、装備などを考えたら二〇億円を下回ることはなかっただろう。カネがなければ、合戦もできなかったのである。

長篠合戦より二一年前。青年信長が美濃の太守斎藤道三と会見した際、すでに五〇〇梃の鉄砲を有していたと『信長公記』にあるが、種子島に伝来してわずか十年後のことだ。これは尋常なことではない。

当時の織田家にはどう見ても五〇〇梃の鉄砲を用立てる財力はない。

だが、信長の父信秀は常時五〇〇〇人の兵力を動かす力を持っていた。動員力の試算基準は、一万石当たり二五〇人が相場なので、二〇万石の実力を備えていたことになる。

その時、注目されるのが祖父信定以来の津島湊と信秀が開拓した熱田湊であった。

情報物流網を押さえた人物像が明らかに

津島湊は木曽川中流の内港で、伊勢湾と尾張、美濃を結ぶ経済活動の根拠地で、牛頭信仰の本拠である津島神社の門前町。熱田は熱田社の門前町で、伊勢湾交易の中心地。これが織田家の支配下にあった。

農業はうまくいっても年一回の収穫だが、商業ならば何度でも収入を得られる。しかも、二つの湊共、経済活動の要になっている。カネの流れ、モノの流れ、ヒトの流れ、居ながらにして押さえることができた。鉄砲代金などは造作もなく捻り出すことができた。

信長は津島や熱田もそっくり継承した。そして、祖父や父親以上に徹底して商人団との連携を強化した。資金源として利用するだけではなかったのである。ここに商人団との同盟関係が成立する。

常に最新の情報、最新の技術を追い掛けて美濃や伊勢、三河、駿河、近江、畿内一帯、北陸に至るまで情報・物流網を広げる商人と繋がれば、商社と軍需工場、マスコミと運送屋を傘下におさめたようなものだった。

信長の活動は一挙に増幅された。商人もまた、信長を後ろ楯にすれば、安心して諸国を往来し、商圏を思うままに拡大することができた。互いに利益を得られたのである。

大名と商人団との連携による国造り。ここに織田家が一貫して追求してきた日本統一構想が浮かび上がってくる。他の誰もが追求したことのなかった構想であった。

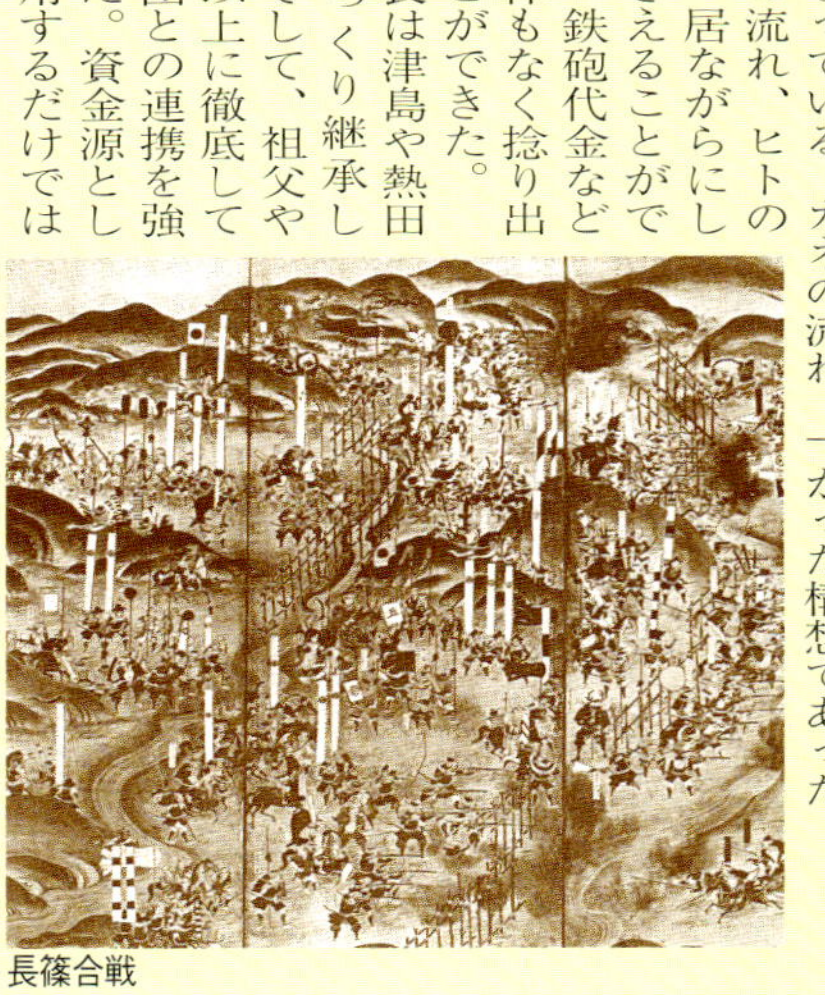
長篠合戦

新事実発見！ファイル6　国際交流編　**鎖国政策**
SAKOKUSEISAKU

貿易術に長けていた日本　幕府は蘭《オランダ》の陰謀にはめられた！

いま、日本人は忘れてしまったが、三代将軍家光の頃、東南アジアの香辛料と中国の生糸、絹織物を求めて海をわたってきたオランダとイギリス、スペイン、ポルトガルは激しい競争を繰り広げていた。

ところが、目の上のたんこぶだったのが日本商人団。将軍の朱印を捺（お）した渡航免許状を持って東アジア諸国間を走り回る朱印貿易船だ。その時、オランダが一計を案じ、家光に囁きかけたこととは？

朱印船

◆

徳川幕府が事実上の鎖国に踏み切ったのは、三代将軍家光の代、寛永十年（一六三三）である。その頃、東南アジアの香辛料と中国の生糸、絹織物を求めてやってきたヨーロッパ諸国は、貿易独占のために激しく争っていた。

とりわけ、オランダはポルトガル基地のゴアやマラッカ、マカオなどを攻略する一方、周辺を航行するポルトガル船を追跡・捕獲したり、メキシコ帰りのスペイン船を襲い、大量の銀を奪い取った。また、南シナ海からイスパニア船と生糸貿易をするために来航する中国船を狙い撃ち。まさに海賊そのものだった。

ところが、目障りだったのが日本の朱印船。台湾からマカオ、ベトナム、カンボジア、シャム（タイ）、そして、フィリピン、ボルネオ各地で交易活動していた。

軍艦と大砲で脅し、砦を築いて植民地化を図るヨーロッパ勢と違って、日本は平和的で、実に巧みな経済取引の手法を採用。砦ではなく、貿易活動の中継点となる日本町を各地に建設し、そこをベースキャンプとする方法を編み出した。

現地の奥深くまで入り込み、あらかじめ手付金を渡して商品買い付けを行なったので、東アジアはほとんど朱印貿易船の独占的エリアとなった。

買い付けだけではない。輸出においてもヨーロッパ勢を圧倒した。刀・槍、製鉄、銃弾、硫黄、樟脳、銅製品、そして、ビスケットなどだ。原材料を輸入して製品を輸出するという貿易構造になっていた。

また、特筆すべきは日本人が買い付けに使う銅銭は東アジア各地で珍重され、国際通貨としての信用力を築いていたこと。銀にしても同様で、当時の世界産銀量（日本を除く）は、約三九〇〜四二〇トンであるが、日本産はその三〇〜四〇%を占めたという。

ヨーロッパ最強のオランダにしても日本商人にはかなわなかった。そこで一計を案じ、キリシタンの取り締まりに手を焼く幕府の弱みに付け込み、対抗勢力であるポルトガルやスペインはもとより、日本の朱印貿易船の渡航禁止を働きかけることにする。

元和六年（一六二〇）、平戸のイギリス、オランダ両館長の連名で幕府に対する上申書が書かれた。カトリック系国家の侵略政策とキリスト教伝道は不可分なこと、朱印船の海外渡航を禁止しない限り、宣教師の渡航を防止できない、と。

それに対する幕府の答が数次にわたって布告された「鎖国令」であった。鎖国令は段階を追って、キリシタンの取り締まりばかりか、日本人の海外往来禁止とか、在日外国人の追放に発展していく。

南洋に取り残された日本人、いま何処？

海外に取り残された日本人町は、一つの町で、多いところで三〇〇〇人、少なくても二〇〇〜三〇〇人はいた。それが鎖国された後も数十年から一〇〇年間も存続していたが、次第に風化していったのである。

南洋諸国で活躍した朱印船は毎年、盛んに渡航して貿易を行なっていたが、記録を残したものがほとんど見当たらない。それに対して、オランダなどのヨーロッパ諸国では、朱印船の貿易の仕方などについて常に詳しい記録を残し、対策を講じていた。日本が東アジア貿易から撤退した時、ヨーロッパ諸国は日本から学んだノウハウを活用して積極的な経済活動を展開していく。歴史の皮肉である。

1570年につくられた東インドの地図（オルテリウス作）

新事実発見！ ファイル7　災害復興編 **明暦の大火**

MEIREKINOTAIKA

廃墟と化した江戸 世界一の大都市はいかに復興したか

火事と喧嘩は江戸の華。木と紙でできた町江戸は燃えやすく、脆（もろ）かった。しかし、「明暦の大火」（大施餓鬼の火に投じた振袖が燃え上がったことから振袖火事ともいわれる）をきっかけにして、幕府は大胆なモデルチェンジを図る。

オランダ測量術を駆使して正確な地図を作り、防災都市計画を練り上げる。そして、大名、町人を問わず、江戸市民全体の協力を得て、大改造に取り掛かったのである。

◆

三代将軍家光が亡くなり、由比正雪の乱が納まって間もない明暦三年（一六五七）正月十八日。本郷丸山の本妙寺から出た火事が、折からの北西の風に煽られて湯島に広がり、神田明神、お茶の水、駿河台の武家屋敷に飛び火した。

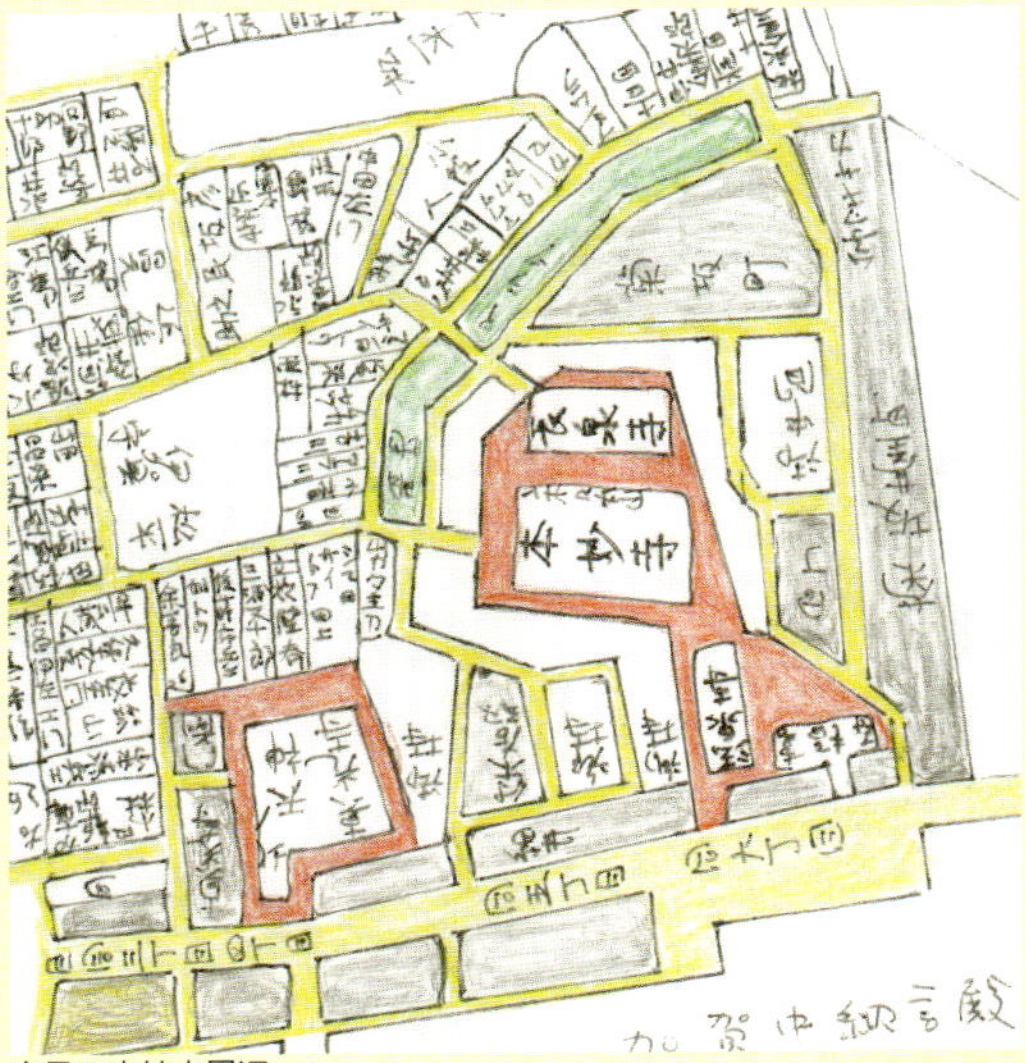

火元の本妙寺周辺

駿河台では二手に分かれ、一方は本所へ飛び火して浅草、南下。他方では南下して吉原、日本橋、京橋を焼き払って鎮火した。ところが、小石川方面で出火。再び勢いを得た火の手は江戸城に入り、大暴れ。

今度は麹町でも出火。桜田、愛宕下の大名屋敷が総なめになり、ついには芝方面にも焼け広がり、増上寺を焼け落として鎮火した。三カ月近く雨がなく、乾ききった江戸の町は薪の山同然だったのである。

被害は、大名屋敷五〇〇余邸、旗本屋敷七七〇余、神社仏閣三五〇余、町屋四〇〇〇余、片町八〇〇余、橋梁六一、焼死者一〇万二〇〇〇余人にのぼった。

幕府は、この大火をきっかけに画期的な「防災都市計画」を実施する。

火事に学んで防災都市計画がスタート

まず、オランダ式測量術に基づいて江戸城内および府内を測量し、著しく精密な絵図を作成した。これは江戸城の部分を白く抜いて木版を作り、広く一般に流布せしめた。

江戸城内にあった御三家や将軍の弟綱重、綱吉の邸宅を城外に移転。大名屋敷も大移動。城の内外に十分な空き地を造った。山王社、東西両本願寺、などの寺社も浅草、下谷、駒込各方面に移った。

市中を走る道幅も実情に合わせて拡張し、それぞれ田舎間の十間（一八メートル）、京間の七間（約一四メートル）になっている。町屋の密集地帯にも火除（ひよけ）地となる広い空閑地（三十間＝約五四メートル）を強制的に設定した。

火災の時、橋が少なくて大惨事になったので、新しい橋が架設された。西の丸下の馬場先門、浅草川（隅田川）に架けられた両国橋は幅四間（七・二メートル、長さ一七〇メートル）もあった。これによって、次々に隅田川を跨ぐ橋ができる。

こうしたなかで注目されるのは、町民を郊外に移して開拓に従事せしめ、空いた土地を火除地にしていること。筋違門内にあった連雀町の町民は武蔵野（三鷹市上連雀、下連雀）開拓、吉祥寺門前町の武蔵野市吉祥寺開拓、西久保城山町の武蔵野市西久保開拓などに振り向けられた。

江戸は合理的な都市計画の下で再生し、当時のロンドンやパリ、ウィーンなどのヨーロッパの都市に匹敵するか、それ以上の発展を遂げていく。

さらに六〇年後、将軍吉宗の時代になって、都市づくりと防火対策が徹底されていく。陣頭指揮を執ったのは吉宗に抜擢されて町奉行になった大岡忠相（ただすけ）である。忠相は町屋の不燃化、土蔵造り、塗り屋、瓦屋根の使用を推進させると同時に火消し組織の充実化を図った。

ともかく、当時、世界一の大都市だった江戸の最大の敵は、「火事」だったのである。

イラスト／中村卓也

有史３０００年をまるごとスクープ

新版 日本史新聞

見て楽しい、読んで納得の日本史エンターテインメント!!

日本史新聞編纂委員会編

日本文芸社

巻頭言

『日本史新聞』をご覧いただく前に、一つだけ、お聞きいただきたいことがあります。

従来の日本史観によれば、日本の文化と歴史は、いつも外国に比較して立ち遅れ、いつも外国に学び、その背中を見ながら追いかけてきた、そのように教えられてきました。古代においては中国から宗教（仏教）と文字（漢字）、国家制度（律令制）を輸入し、近代においては、欧米諸国から先進的な科学と技術を導入した、と。

そして、いったん、先進的な文化を導入した後は、改良に改良を重ね、自分の身の丈に合うようにつくり直し、自分流に咀嚼して飲み込んでしまう。さらに、リフォームするような手続きを経て、本家本元を越えるような文化を世界に送り出してしまう。

それが日本文化であるといわれてきたわけです。つまり、猿まね文化こそ、日本文化の神髄であるといわれてきたのでした。

しかし、本紙編纂委員会においては、そのような事実に反する見解は採用しておりません。日本の縄文文化を見て下さい。学者たちの偏見と狭い器量によって、従来は無視されてきた事実が次々に明るみに出つつあります。

日本の安土桃山を見て下さい。長崎からイスパニア、ローマに派遣された少年使節団は、彼の地の堂々たる宮殿を見ても少しも驚きませんでした。日本には安土城・大坂城に代表される堂々たる宮殿があるのを知っていたからです。

東アジア世界における貿易活動の主催者は日本商人団でした。日本通貨が国際的な経済活動の決済手段になっていました。

日本の明治維新を見て下さい。なぜ、インドや中国・朝鮮が近代化に失敗し、日本だけが成功したのでしょうか？

日本の近代史は幕末から明治に始まったわけではありません。安土桃山時代から始まっていたのです。

少なく見ても三百五十年ほど昔に始まっていたのです。それが土台にあったからこそ、日本の近代化、つまり、明治維新は成功したのです。

日本の歴史は遅れていたどころではありません。

進んでいました。世界をリードしていました。

遅れていたのは文化と歴史をあるがままに直視することができず、偏見に毒され、永遠の劣等感に苛まれている学者だけです。

日本の文化と歴史を素直に見てみましょう。

そういうことです。

日本史新聞編纂委員会編集主幹・最上孝太郎

平成十五年四月吉日

日本史新聞 目次

巻頭言 ……… 3

第一章

年代	見出し	頁
BC三万年～BC三五〇〇年	列島南北で"縄文都市"誕生 東北日本に北京原人の仲間？	12
BC三五〇〇年～BC二〇〇〇年	三内丸山、集落拡張工事に着手 メソポタミア――世界初の都市国家が出現	14
BC二〇〇〇年～BC一一〇〇年	そびえ立つ白亜の神殿、黒又山ピラミッド完成 モヘンジョ・ダロ文明都市水没の危機	16
BC一一〇〇年～BC四八〇年	日向族の東征戦、ついに終結 アッシリア、史上初の世界帝国建設	18
BC四八〇年～AD二〇〇年	後漢光武帝、奴国王に「金印」授与 ローマ――カエサル、ガリア征服	20
AD二〇〇年～AD三一二年	[米]輸出も夢ではない、登呂弥生人 邪馬台国女王・卑弥呼、魏に朝貢	22
AD三一三年～AD三九七年	朝鮮半島――高句麗、楽浪・帯方郡を滅ぼす 中国、"五胡十六国"時代の開幕	24
AD三九八年～AD五二六年	応神王朝、"吉備の反乱"を迅速に鎮圧 御陵建造レース、始まる	26
AD五二七年～AD五八〇年	筑紫国造・磐井が決起、反乱 仏教遺恨、蘇我・物部の対立激化	28
AD五八一年～AD六四四年	推古、卑弥呼以来の女帝即位へ 中国――楊堅、随建国	30
AD六四五年～AD六五〇年	蘇我入鹿、謀殺さる――宮中でクーデター 中大兄皇子ら、改新政権樹立	32
AD六五一年～AD六六二年	朝廷の内部分裂――中大兄皇子ら、難波宮を去る 唐・新羅連合軍、百済を滅ぼす	34
AD六六三年～AD六七一年	倭国、百済救援に失敗――白村江の戦いに惨敗 九州に水城築く――敗戦後の防備体制整備	36
AD六七二年～AD六八八年	壬申の乱――朝廷史最大の内乱勃発 天武天皇、独裁体制に向け着々	38
AD六八九年～AD七二八年	天武天皇崩御――激震走る飛鳥浄御原宮 皇后、即位して持統天皇に	40
AD七二九年～AD八〇一年	長屋王自殺、謀反の濡れ衣 大仏開眼式、盛大に開催	42
AD八〇二年～AD八一三年	偉大なる帝王、桓武天皇崩御 スクープ――薬子自殺、不倫劇の末路哀れ！	44
AD八一四年～AD八五九年	国司の任期改正の裏事情は？ 稀代の天才・空海没す	46

第二章

年代	項目	頁
AD九二九年〜九五九年	承平の乱——東国平氏一族の私闘か	54
AD九六〇年〜一〇一七年	平将門、坂東八カ国の新皇に 安和の変——左大臣源高明の陰謀発覚 左右大臣が公卿会議で激論	56
AD一〇一八年〜一〇九〇年	藤原道長、「望月の歌」を詠む	58
AD一〇九一年〜一一二六年	「前九年の役」、ようやく収束 平泉王国、完成間近？ 清水寺争い、興福寺と延暦寺が激突	60
AD一一二七年〜一一四六年	貴族の生活を支える荘園風景	62
AD一一四七年〜一一六四年	得長寿院完成——平忠盛、内裏昇殿許される 保元の乱——後白河天皇が崇徳上皇を討伐 平治の乱——源義朝が決起、後白河上皇を幽閉	64
AD一一六五年〜一一七六年	平清盛——太政大臣に就任	66
AD一一七七年〜一一八四年	殿下乗合事件——温厚な重盛が基房に報復 後白河法皇も関与——鹿ヶ谷の陰謀発覚 平氏追討始まる——以仁王、頼政と挙兵決意	68
AD一一八五年〜一一八八年	平家、源氏に敗れ滅亡——壇ノ浦合戦 総括——源平合戦	70
AD一一八九年〜一一九九年	源義経、衣川の館で自害——藤原泰衡が裏切る 源頼朝が征夷大将軍に——幕府創設	72

年代	項目	頁
AD一二〇〇年〜一二二〇年	梶原景時、清見関にて殺される 第四次十字軍、目的忘れ暴走？	74
AD一二二一年〜一二四〇年	後鳥羽上皇の倒幕計画失敗 モンゴル、金国滅ぼす	76
AD一二四一年〜一二六一年	鎌倉幕府に異変発生か 日蓮、『立正安国論』を著す	78
AD一二六二年〜一二七三年	「蒙古の国書」届く 瀧ノ口の法難——国難予言の日蓮逮捕	80
AD一二七四年〜一二八三年	文永の役——怒濤の勢い、元の大軍来襲す 弘安の役——元軍来襲、再び	82
AD一二八四年〜一二九六年	時宗の開祖・一遍上人没する	84
AD一二九七年〜一三三二年	鎌倉幕府「永仁の徳政令」発布 クレメンス五世アヴィニョン入城——フランス 鎌倉幕府滅亡間近？	86
AD一三三三年〜一三三四年	安堵法——新政府、大混乱に驚く	88

第三章

年代	見出し	頁
AD一四〇五年〜AD一四二七年	前関東管領・上杉禅秀が反乱　明朝三代目永楽帝、存在を誇示	96
AD一四二八年〜AD一四四〇年	天下揺るがす土一揆が激発　ドキュメント―足利将軍vs関東公方	98
AD一四四一年〜	嘉吉大一揆　特別インタビュー・太田道灌・博多商人宗金	100
AD一四六七年〜AD一四七六年	"応仁の大乱"勃発　東西新事情―下剋上の論理・集団戦の時代	102
AD一四七七年〜AD一四九三年	太田道灌、相模にて暗殺さる　夫婦の資産比較―足利義政・日野富子	104
AD一四九四年〜	北条早雲、小田原城奪う　ヨーロッパ、大航海時代へ	106
AD一五〇八年〜AD一五二二年	寧波騒動―細川、大内両貿易船が激突　京都―法華宗徒が反乱	108
AD一五四三年〜AD一五五六年	イエズス会、日本に上陸―鹿児島　武田信玄、無敵の進撃	110
AD一五五七年〜AD一五六五年	上杉謙信、長駆して小田原城攻略　桶狭間―信長の奇襲、成功す	112
AD一五六六年〜AD一五七四年	織田信長、上洛一番乗り　本当か？斎藤道三の国譲り	114
AD一五七五年〜AD一五七六年	長篠合戦―無敵の甲州軍団壊滅　越前一揆攻略―信長、妥協なき追撃	116
AD一五七七年〜	壮絶雑賀合戦―小田軍十万、無謀の力押し　上杉謙信、小田軍精鋭を撃破	118
AD一五七八年〜AD一五八〇年	天下無双の安土城竣工　村重が反旗、将軍らと盟約	120
AD一五八一年〜	御馬揃―衆目驚かす閲兵式、信長配下集合　キリシタン少年使節団、ローマ教皇と会見へ	122
AD一五八二年〜	信長、本能寺に散る―光秀、謀反の夜襲　緊急特集―羽柴秀吉の「本能寺後」	124
AD一五八三年〜AD一五八五年	大坂城築城「五十年の静謐の計」図る　信長家臣、その虚実と明暗	126
AD一五八六年〜AD一五八七年	関白秀吉の九州平定作戦、兵二五万を動員　家康、秀吉に兄事し同盟関係を結ぶ	128
AD一五八八年〜AD一五九一年	関白秀吉、小田原出陣　秀吉、義光・正宗を召集	130

第四章

年代	項目	頁
AD一六〇〇年	家康、天下殿に成られ候――東西両軍の大激突間近？	138
AD一六〇〇年～	関ヶ原合戦勃発、東軍の大勝利	140
AD一六〇一年	もうひとつの関ヶ原合戦――上杉と最上が激突	142
AD一六〇二年～	伏見城宣下式典――徳川家康、征夷大将軍に	144
AD一六〇四年	戦後処理――家康、巧みかつ狡猾	144
AD一六〇五年～	徳川秀忠、二代将軍に就任	144
AD一六一三年	伊達政宗、遣欧使節を派遣	144
AD一六一四年	出雲の阿国、平和を踊る	146
AD一六一五年～	大坂夏の陣・冬の陣	146
AD一六一九年	朱印船貿易花盛り――発展する南洋日本人町	148
AD一六二〇年	スクランブル発信――中国・イギリス	148
AD一六三三年～	家光、三代将軍就任会見	150
AD一六三四年	浜田弥兵衛の私兵、オランダ商館を襲撃	150
AD一六三九年	朱印船の地盤奪い、対日貿易を独占――オランダ	152
AD一六四〇年～	島原の乱――紅顔の美少年・天草四郎、決起	152
AD一六四五年	オランダ商館、長崎出島に移転、幕府の管理下に	154
AD一六四六年～	東インド会社、絶頂期に達する	154
AD一六六〇年	幕府、明の援兵要請断わる――国姓爺合戦	156
	早くも曲がり角に来た幕藩体制	156
AD一六六一年～	抗清活動の鄭成功、台湾占領	158
AD一六七二年	河村瑞賢、日本一周――東西海上交通路を開拓	158
AD一六七三年～	三井・越後屋の新商法登場	160
AD一六八九年	西鶴・ケンペル、商都大坂を描く	160
AD一六九〇年～	西欧人の意外な日本人観	162
AD一七〇一年	内匠頭、上野介を襲う	162
AD一七〇二年～	播州赤穂四十七士、吉良邸討ち入りに成功	164
AD一七一五年	人形浄瑠璃、大坂人の胸打つ『曾根崎心中』	164
AD一七一六年～	紀州藩主徳川吉宗が八代将軍に就任	166
AD一七三一年	大岡政談のウソ・ホント	166
AD一七三二年～	尾張藩主、将軍にライバル意識？	168
AD一七四四年	神聖ローマ帝国、分裂	168
AD一七四五年～	新将軍家重、吉宗に反発	170
AD一七六一年	独占インタビュー――安藤昌益は語る	170
AD一七六二年～	田沼意次時代の開幕	172
AD一七七四年	平賀源内企画・プロデュースの第五回東都物産会開催	172
AD一七七五年～	意次嫡子・田沼意知、殺害さる	174
AD一七八六年	アメリカ、新時代への予感と期待	174

第五章

- AD一七九二年～一七九七年　松平定信、老中首座を辞任 …… 180
- AD一七九八年　江戸の版元、蔦屋重三郎死す …… 180
- AD一七九八年～一八一一年　間宮林蔵、実測調査で樺太海峡を発見 …… 182
- AD一八一一年～一八一二年　幕府、ロシアとの通商交易を拒否 …… 182
- AD一八二一年～一八二六年　伊能忠敬の「大日本沿海輿地全図」完成 …… 184
- AD一八二七年　ナポレオン、ロシア遠征失敗 …… 184
- AD一八三七年　大塩平八郎が「救民」決起 …… 186
- AD一八三八年～　イギリスに続く世界の産業革命 …… 186
- AD一八五〇年　植民地と化す老大国・中国 …… 188
- AD一八五一年～　「蛮社の獄」始まる――渡辺崋山、高野長英ら下獄 …… 188
- AD一八五三年　ペリー艦隊、浦賀来航 …… 190
- AD一八五四年～一八五五年　ペリー、軍艦七隻で再び来航 …… 190
- AD一八五八年～一八五九年　幕閣最高位・大老職に井伊直弼 …… 192
- AD一八五八年　日米修好通商条約――日本、しぶしぶ調印 …… 192
- AD一八六〇年　咸臨丸、無事アメリカへ到着 …… 194
- AD一八六〇年～一八六一年　井伊大老、暗殺さる――桜田門外の変 …… 194
- AD一八六二年～一八六三年　英国人四名、薩摩藩士に殺傷さる――生麦事件 …… 196
- AD一八六三年　長州藩、外国船を砲撃 …… 196
- AD一八六四年　新撰組、尊攘派を急襲――京都・池田屋 …… 198
- AD一八六四年　幕府、長州藩征討を指令 …… 198
- AD一八六五年～一八六六年　高杉晋作決起、藩論を覆す …… 200
- AD一八六六年　長州「国民軍」、幕府軍に大勝利 …… 200
- AD一八六七年　徳川慶喜、朝廷に大政奉還 …… 202
- AD一八六七年　王政復古のクーデター起こる …… 202
- AD一八六八年　鳥羽・伏見の戦い――薩長軍、新鋭銃で大勝利 …… 204
- AD一八六八年　東征大総督に有栖川宮親王 …… 204
- AD一八六八年　江戸城、無血開城実現へ …… 206
- AD一八六八年　彰義隊無惨、上野の山に散る …… 206
- AD一八六八年　東征軍、長岡城攻略に苦戦 …… 208
- AD一八六八年　会津若松・鶴ヶ城ついに落ちる …… 208
- AD一八六八年～一八六九年　蝦夷に独立共和国誕生、初代総裁に榎本武揚氏 …… 210
- AD一八六八年　明治天皇、東京行幸 …… 210
- AD一八七〇年～一八七一年　米欧使節団出発――全権大使に岩倉具視 …… 212
- AD一八七一年　政府、廃藩置県を断行 …… 212
- AD一八七二年　新橋＝桜木町間に鉄道開通 …… 214
- AD一八七二年　政府、抜本的税制改正を実施 …… 214
- AD一八七三年　日本陸軍、台湾に上陸 …… 216
- AD一八七三年～一八七六年　不平士族の反乱、相次ぐ …… 216
- AD一八七七年　西南戦争終結、政府軍勝利――西郷自決 …… 218

日本史新聞編纂委員会

鈴木旭

石川理夫　山本和信

中村育江　古賀弘幸

平田薫　金子大

西洋三　田胡学

熊谷圭介　岡島康治

工藤茂　高橋清一

倉橋秀夫　村上順一

鰆木周見夫

装幀

若林繁裕

題字

島崎昌美

マンガ

梅本昇

組版

アドリブ

第一章

［ＢＣ五〇万年〜ＡＤ九二八年］

世界に先駆ける「都市」が日本に誕生
大和朝廷誕生、初代天皇は「神武」
邪馬台国、動く
地方王朝の反乱続く
朝廷の権力争い、熾烈に
倭国、白村江の戦いに敗北
「壬申の乱」起こる
天武天皇崩御
円仁、立石寺創建
菅原道真、太宰府へ左遷

世界に先駆ける快挙か

列島の南北で“縄文都市”誕生

日本史新聞

主な記事から

◆函館の丘に人口100人のムラ
◆日本初の定住集落「上野原」
◆北京原人の子孫が来日
◆高度な文化をもっていた日本

南　北

函館の丘に人口100人のムラ
日本初の定住集落「上野原」

【上野原＝BC五五〇〇年　函館＝BC四〇〇〇年】

日本列島の南と北で、相次いで巨大な定住集落（ムラ）が見つかった。南端の鹿児島湾に面する上野原ムラ（四十六戸）に続いて、北端の津軽海峡を見下ろす函館の丘で人口百人。いずれも日本の始まりを告げる動きとして内外から注目を集めている。

ここに上野原ムラがつくられた

鹿児島に詳しい消息筋によると、BC五五〇〇年頃から国分・上野原台地に日本初の定住集落が出現。周辺の人々の間で評判になっていることが判明した。

同集落は集石構造の調理施設を伴う十数軒の竪穴住居の他、燻製肉を作る土壙や食料貯蔵穴、墓、ごみ捨て場、道路も備わっており、本格的な定住集落になっている。

見学に訪れた周辺の縄文人も「これなら安心して暮らせる」と感嘆。「さっそく故郷に帰ったらムラづくりに励む」と抱負を語り、大いに刺激された様子がうかがえた。

一方、北海道においても、BC四〇〇〇年頃、上野原ムラに匹敵する本格的な定住集落が出現したことが本紙記者の調べでわかった。

北海道のムラは津軽海峡を見下ろす函館の海岸段丘（標高二〇～五〇メートル）にあり、小さな川を挟むように集落を形づくり、海と山の両方の恵みが得られる位置にある。

ムラの規模は鹿児島・上野原よりも大きく、二十軒は下らない模様。ただし年間を通じて定住している家は半分で、残りは冬の間だけ暮らし、夏は食料の豊かな地域に移って暮らしている。

こうして見ると、完全な定住集落にはなりきっていないところもあり、過渡期の性格も見受けられるものの、雪国に特有の集落形態ということも考えられ、上野原とは違った意味で注目されている。

また、西アジアの都市を見慣れた識者の間では、これらのムラを「縄文都市」とする者も現われ、ムラと都市の間にはどんな違いがあるものか、今後、論議を呼ぶことになりそうだ。

編集手帳

▼鹿児島・上野原と北海道・函館から届いた便りで、日本は世界に先駆けて〝都市文明〟を実現するのに成功したことが明らかになった。

▼続いてシュメールのメソポタミアやエジプトが都市文明化を実現する見込みだ。あちらは焼き煉瓦や石で造られた都市。こちらは木と土でできた都市。どちらが有利か。

▼双方に共通するのは、神々を祀るご神体だけは石で造られる場合が多いことだ。石は神様の宿る依代（よりしろ）になりやすいのか。

▼かといって完全に一致するわけではない。あちらは神様を人格的に表現するが、こちらは自然の形を借りて表現する。

▼それにしても、世界初の土器生産、世界に先駆けての都市（集落）開発、世界最先端の石器開発・生産技術力をもちながら、どうして、日本人は胸を張って世界に主張しないのか。

▼誰に躾けられたのか。「日本は遅れている」というコンプレックスは早急に捨て去り、正しい日本の歴史と文化を見る目を育むようにしたい。

岩宿＝赤城山麓

日本初の旧石器時代人か？ 東京、神奈川でも痕跡あり

東方面では、東京の野川や鈴木、高井戸東、そして、西之谷、神奈川の月見野などでも最近流行の槍である。

北京原人の子孫が来日

【岩宿＝三万年前】北京原人の子孫グループが、日本の群馬県岩宿（赤城山麓）を旅行中、尖頭器を埋め込んだ新式の槍や鋭い刃のあるナイフを所持している人間の集団と遭遇したと発表。東アジア方面で話題になっている。

北京原人の子孫グループは、ナウマンゾウやオオツノシカを追って朝鮮半島から九州を経て日本に渡った。そして、関東方面に進出。赤城山の麓に辿り着いたところ、火山灰ではないかと思われる関東ローム層（赤土）の上で狩猟生活する集団と出会ったと語る。

そこで目にした新式の槍というのは、石刃技法で作られた石器を埋め込んだもの。関

関東ローム層

日本の石器製造技術を激賞

石刃技法は、鋭い刃を持つ石器を得られるだけでなく、少量の原石から多量の剥片を得られるので、注目されている石器製造技術であり、人類史上、大きなエポックとなる技術革新と評価されている。

たとえば、大小の剥片をそれぞれ槍やナイフなどの用途に応じて加工し使用できるので無駄がない。しかも、小型石器の製造をしたり、石核の芯まで利用できるため、「従来の石器技法に比べて約二十倍の材料節約になる」と北京原人も激賞したとか、しないとか。

北京原人の子孫グループは、日本の恵み豊かな大自然を満喫して満足したところで最新の石器製造技術に遭遇するという千載一遇のチャンスに大喜び。「このまま日本に定着し新しい文化を築くために貢献したい」と語る者も現れた。

トピックス

日本の歴史は意外と古く、高度な文化をもっていた。その証となる主なところをアト・ランダムに並べてみると……。

吉野ケ里台地

佐賀・吉野ケ里台地（ＢＣ一万五〇〇〇年＝後期旧石器時代）――長さ五～三センチの角錐状石器やナイフ型石器、台形石器などを使用する人々と出会った。多久方面の安山岩や伊万里方面の黒曜石を利用している。

◆

長野・上ノ原（ＢＣ一万三〇〇〇年～＝後期旧石器時代末期）――野尻湖の南西一キロ地点で発見された「石囲い炉」。長径一六〇センチ前後、短径九〇～五〇センチの楕円形で、東西一直線に四基並んでいる。大人数の集団がまとまって暮らしていた様子がうかがわれる。

◆

神奈川・綾瀬＝上土棚（ＢＣ三万～一万年＝後期旧石器時代）――蓼川の辺で出会った人々の墓地。大小の長方形を組み合わせ柄の太いナタの形に掘る。日本最古の墓地と見られている。

◆

奈良・山添＝桐山和田（ＢＣ一万二〇〇〇年＝縄文草創期）――隆線文式土器や狩猟用の石鏃・石槍、鏃や骨角器を磨いた砥石などを使う人々と出会った。槍を使った狩猟から弓矢を使った狩猟に移る過渡期の人々か？

山添・神野山のなべくら渓谷

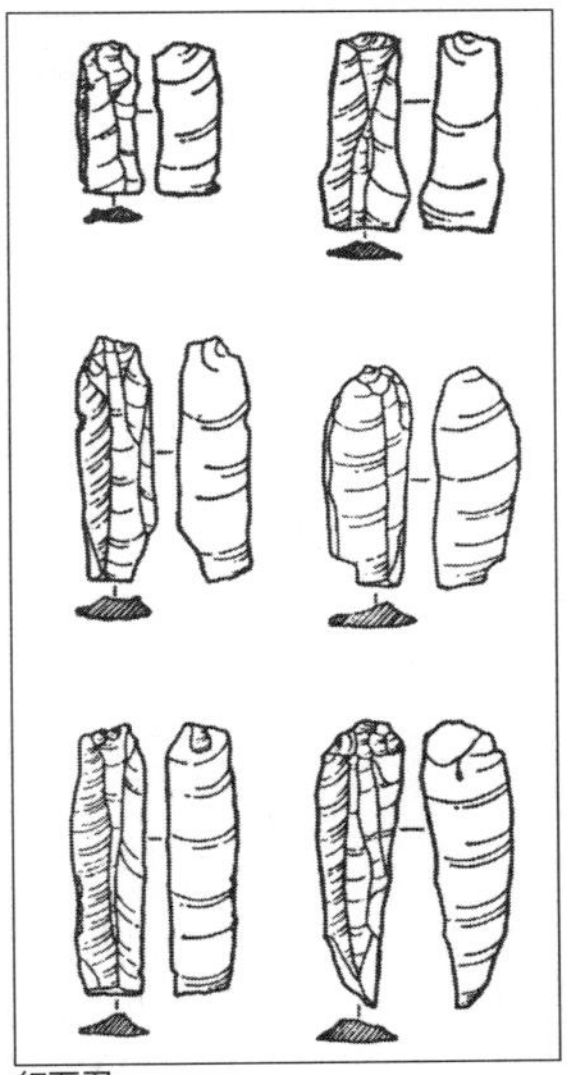

細石刃

資源を大切にしましょう。

●あなたは「石刃技法」を知っていますか？
●当社開発の「石刃技法」は、従来の石器技法に比べ約20倍の材料節約ができます（当社比）
●私たちは石器生産の合理化、開発研究を支援するコンサルタント集団です。

月見野研究所（神奈川）

世界最先端！　使い捨て時代の新型石器
量産技術が生み出した互換性部品

細石刃

☆切れ味、抜群！　お髭も剃れる……
☆便利が一番！　簡単に部品交換ができる……

(有)庄内ストーンテクノロジー鶴岡本社広報宣伝部

日本史新聞

(BC3500年) ～ (BC2000年)

主な記事から
- ◆三内丸山・集落拡張工事に着手
- ◆海を渡った縄文人
- ◆イルカがムラの生活を変える
- ◆海外情報

三内丸山 集落拡張工事に着手

大規模建造物が次々に出現
巨大木造神殿、大型ロングハウスなど

三内丸山ムラ

【三内丸山＝BC二五〇〇年頃（縄文中期後半）】北海道の函館や鹿児島の上野原と並んで、古くから知られている三内丸山（青森）が、極太のクリを使った木造神殿や長軸が数十メートルに及ぶロングハウスの建設を開始、拡張工事を兼ねた集落のリニューアルに取りかかったことが明らかになった。

食料事情の好転に基づく急激な人口増のため、集落の拡張とリニューアルを進めている三内丸山（青森）において、前例のない巨大な木造建築物が次々に建設され、周囲を驚かせている。

人々を驚かせた巨大建築物とは、集落の北側と西側に建設された巨大神殿──直径一メートル前後の極太のクリの木材を柱に使った神殿と、集落の中央部に建設された大型建築物──長軸が三〇メートルを超えるロングハウスだ。

極太のクリの木材を柱に使った神殿は縦横が「一間×二間」で、長軸の柱が北東から南西に並ぶのが注目される。一般住宅の柱は東西線上に並ぶのが通例で、長軸の傾きが正確に北東から南西に向かうのは妙だ。

集落中央に建てられた大型住居の場合、長軸の柱の列が東西一直線に並ぶものの、長軸が三〇メートルを超えるというのは尋常ではない。集落のなかでは一番高いマウンドになっている部分に建てられているというのも解せない。

全部で三八ヘクタールもの集落に出現した大規模建築物の意味するものは何か──新しい時代の始まりを知らせる新しい動きなのかもしれない。

南アメリカ行き

【エクアドル発＝BC三〇〇〇年頃】日本通として知られるH氏が、グアヤキル湾近くのバルディビア湾を散歩中、日本の縄文土器とそっくりの土器を発見。話題になっている。太平洋を時計回りに還流する黒潮に乗って漂着したものと見られ、上陸と同時に行方をくらました日本の縄文人に姿を現わすよう、エクアドル政府は呼びかけている。

【バヌアツ諸島＝BC三〇〇〇年頃】日本事情に詳しいハワイ人が「バヌアツ諸島で縄文式土器を発見した」と発表。日本の学者たちの間に衝撃を与えている。その土器は外形的類似の他、土中に含まれている鉱物添加物が三内丸山集落（青森）で作った円筒下層式土器と同じであることが判明。日本から運ばれたことは確実と見られている。

オーストラリア行き

海を渡った縄文人

豊かな暮らしと祈りの日々
イルカがムラの生活を変える

イルカのムラ 真脇縄文人

【能登半島＝BC三〇〇〇年頃】地球の温暖化と縄文大海進によって日本海が出現して久しい。以来、天候と植生の変化によって、食料事情も一変した。そしてイルカが食卓を賑わすようになった。

陸上では象や鹿などの大型獣が姿を消し猪や兎などの小型獣が登場し、近海には暖流に乗ってイルカも回遊するようになった。

これに素早く対応したのが真脇縄文人だ。海を新しい狩場と認識し丸木舟（全長五・三メートル）を作って海へ出た。そしてイルカを作って食卓を賑わすようになった。

巨大なトーテムポールが立つ集落には、神々の降臨する施設「環状木柱列」が作られ、神の恵みに感謝する祈りの声が聞こえるようになった。

海外情報特集

メソポタミア発
世界初の都市国家が出現

【メソポタミア＝BC三五〇〇年】

チグリス、ユーフラテス両川が合流するメソポタミア南部において、農村から独立した都市を母体とする人類初の文明が誕生しつつある。

メソポタミア南部は、BC六〇〇〇年以来、シュメール人の開拓地となり、たくさんの集落ができた。そして、いずれの集落も「ジグラット」と呼ばれる祠堂を中心にして形づくられてきた。ウルクやエリドゥ、ニップール、そしてウル、キシュ、ラガシュなどだ。それらの集落が切磋琢磨するなかで都市に成長した模様だ。

注目されるのは、やはり主神アヌを祀るウルクの白色神殿や月の神ナンナルを祀るウルのジグラットなどである。

ウルのジグラット

し、国家の形式と実体を整えるようになった。

その結果、戦争目的の砦でもなく、王の宮殿でもなく、神に奉仕する祠堂ジグラットを中心とする都市国家、すなわち、信仰で結ばれた政治的＝経済的共同体が出現したという。

神官たちは都市国家の全機能が集中していることだ。その流れを記録する必要上、文字や円筒印章を発明する。その時から、ジグラットは都市経営の拠点、国家の中心となったという。

エジプト発
上下統一、第一王朝が誕生

【エジプト＝BC三〇〇〇年】

BC四〇〇〇年代から混乱が続いていたエジプトにおいて、ナイル渓谷のサソリ王が、勢力を広げる上エジプトのデルタ地帯の下エジプトを征服。史上初の統一王朝の誕生を宣言した。

サソリ王は「統一王朝の首都はナイル下流、デルタ地帯のメンフィスとする」と発表し、新首都建設に取りかかる一方、統一記念事業として新たな灌漑水路開削工事に着手する意向を表明。上下エジプトのいずれにおいても、ナイル上下流の一本化と「ベイスン・システム」と呼ばれる灌漑水路の整備を求める声が強かっただけに、統一王朝の誕生は強い歓喜の声で迎えられた。

ピラミッド

中国・長江上流発
階段式ピラミッド発見？

【中国＝BC二五〇〇年】

探検家丸子棒呂氏が緊急記者会見の席上、「長江（揚子江）上流でメソポタミア文明の象徴ジグラットに似た階段状の土壇を発見した」と発表、波紋が広がっている。

階段状の土壇が見つかったのは長江上流の町、龍馬古城の中心地。長辺約六〇メートル、短辺約四〇メートル、高さ約六メートルで、明らかに三層仕立ての階段構造になっているという。

識者は「石やレンガではなく土で造られているが、構造的特徴からすれば、祭祀を目的とする施設であることは明らか」と語る。中国文明のルーツは黄河か長江（揚子江）か。面白くなってきた。

龍馬古城

謎 シュメールの影に宇宙人あり

メソポタミアの周辺地域住民の間で「人類初の文明ともてはやされるシュメール文明の正体は、宇宙人直伝の文明だ」という噂が囁かれるようになった。

噂の原因は、宇宙人そっくりの土偶が出たり、空を飛ぶ機械が刻まれた円筒印章がつくられているため。一日も早く真相を究明してほしいものだ。

縄文 グルメ・マップ

縄文人は貧しい食生活をおくっている。多くの人は、そう考えている。しかし、実際はどうなのか。本社独自の方法で調査してみた。

- **北海道沿岸部・虻田町**
  オットセイ、イルカ、魚類、海産物
- **内陸部・長野県北村遺跡**
  ドングリ、穀物類が多い
- **内陸部・広島県寄倉遺跡**
  シカなどの動物、川魚が多い
- **関東の沿岸部・茨城県陸平遺跡**
  イノシシ、シカなどの草食動物、ドングリ、山菜、魚介類
- **熊本県・轟遺跡**
  イルカなどの海獣、魚介類、陸上動物、ドングリ類

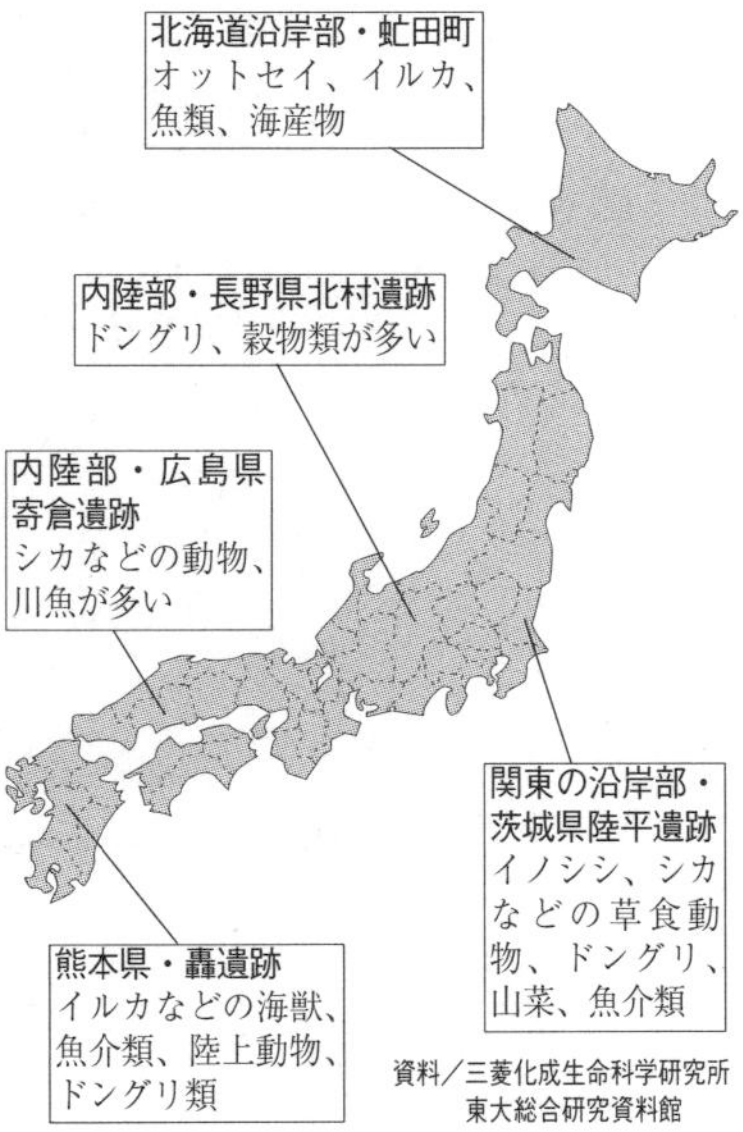

資料／三菱化成生命科学研究所　東大総合研究資料館

全国十一ヵ所から集めた人骨百点をそれぞれ一グラム程度の粉末にして煮沸し、タンパク質を抽出した後、炭酸ガスと窒素ガスに分解して分析したところ、特定の同位体組成データが得られた。

それを基にして動植物の同位体分布表に当てはめられた。図に示すような結果が得られた。主要な摂取食物になった動植物は何なのか、ということだ。かなり地域差があることがわかった。

意見広告

エジプト第一王朝の創始者は、私ナルメル王で、サソリ王ではありません。証拠として「ナルメル・パレット」を提示します。

ナルメル・パレット

そびえ立つ白亜の神殿
十和田湖南の台地に

黒又山ピラミッドも完成
大湯ストーンサークルに続いて

【秋田＝BC二〇〇〇年】十和田湖の南一二、三キロメートルの台地上で、大湯環状列石群と黒又山ピラミッドがほぼ同時に完成し周辺は見物客で賑わっている。

大湯ストーンサークル

日本列島一周旅行中のA氏（五〇）が「十和田湖の南、大湯温泉の台地上で白く輝く山とたくさんの環状列石群を発見した」と発表し、注目を浴びている。

白く輝く山とは自然の山を利用して造られた階段式ピラミッドのことで、BC二〇〇〇年に完成した。高さ八〇メートル前後。その名も黒又山（クロマンタ）という。

環状列石群とは、河原石を直径四〇～四五メートルの円環状に並べたストーンサークルのことで、BC二〇〇〇年には、ほとんどが完成している。全体を総称して大湯環状列石群と呼んでいる。

なかでも注目されるのは野中堂と万座の環状列石。

平らな土地に円環状に河原石を並べて環状列石を形づくるのではなく、高さ二～二・五メートルの小さな三角山を造り、その山頂を平らに均したところに石を並べている。

したがって、ピラミッドを縮小したミニ・クロマンタのように見える。そこで「大小一対のピラミッドになっているのでは？」という疑問の声もあがっているが、詳しいことは不明。

クロマンタの周辺には大湯環状列石群の他、巨大な磐座（いわくら）群も各所に配置されており、珍しい光景となっている。いずれ詳しい説明が当局からなされるものと期待されている。

高速丸木舟の開発に成功
需要増大必至、活況に沸く鳥浜

【福井鳥浜＝BC三五〇〇～二〇〇〇年】福井・三方五湖のうち、最も内陸部に近い三方湖に面する鳥浜において、ミズスマシのように直進する快適な高速丸木舟が開発された。

長さ六・〇八メートル。建材には杉が選ばれ、船尾から船首にかけてしだいに細くなり、最大幅六三センチ。深さ二一センチ。両サイドには平たく張り出した波返しなども付いている。

波のない湖を高速で直進するには最適の船体設計となっており、網を張り、魚をヤスで突く作業のために利用される見込みだ。軽くて、速い高速艇の需要はますます増大するものと見られ、鳥浜は活況に沸いている。

滋賀・正楽寺
祭祀用の環状木列が完成

【滋賀＝BC一五〇〇年】琵琶湖南東の正楽寺で竪穴住居や大型掘っ立て柱建物と並ぶ環状木柱列（直径約六メートル）が完成。西日本でも祭祀場中心のムラ建設が進んでいる模様。

日本史新聞

主な記事から

◆黒又山ピラミッド完成
◆高速丸木舟の開発に成功
◆文明都市に水没の危機迫る
◆中国・黄河流域「殷王国」誕生

告！

地中海を荒らし回る

謎の海洋民族
フェニキア人

◆懸賞金◆

$100,000／1人当たり

エジプト王朝・海軍保安本部

WANTED

SOS 今度こそ回避策はないのか？
モヘンジョ・ダロ 文明都市に水没の危機

地下水の上昇と大洪水によって何度も沈没したモヘンジョ・ダロ。新都市建設の他に解決策はないのか？

【原インド＝BC二〇〇〇年】インダス文明を代表する都市モヘンジョ・ダロが、たび重なる洪水と地下水の上昇で存亡の淵に立たされていることが、本紙特派員によって明らかにされた。

モヘンジョ・ダロは、BC三五〇〇年、原インドを大きく蛇行するインダス川流域に農耕集落として誕生したが、その後、東西のアジア世界を結ぶ交易都市・商業都市に変身。一千年後にはメソポタミアやエジプトに匹敵する文明都市になった。

神官たちが居住する城砦を中心に碁盤目状に広がる市街地、周りを取り囲む頑丈な堤防と防御壁。いずれも焼結煉瓦でできている。

驚くべきことは、この市街地が何度も濁流に飲み込まれ、埋没しているにもかかわらず、その都度、前と寸分違わぬ形で再建されてきたこと。

しかし、推移を見守ってきた神官は「迫りつつある危機は過去に経験したことのないもの。別の土地へ移転するか、屋上に屋根を重ねるか。二つに一つしかない」と水没の危機を訴える。

モヘンジョ・ダロはいま、かつて経験したことのない存亡の淵に立たされています。じわじわと浸透し、上昇しつつある地下水に市街地の全体が飲み込まれ、見えなくなりつつあります。

従来、洪水による濁流に飲み込まれ、一時的に水没したことはあっても、必ず元の通り、寸分違わぬ形で再建してきたのですが、今度ばかりはそうはいきません。

新しい土地へ移転するか。それとも屋上に屋根を重ねるように現市街地の上に新市街地を嵩上げする工事を開始するか。どちらか一つを速やかに選択する他にないことが判明致しました。

しかし、絶対的な資金不足のため、動けません。全世界の皆さんに「水没救済基金＝一億ルピア募金運動」へのご理解とご協力を賜りたくお願い申し上げる次第です。

急募
水没救済基金
「1億ルピア（目標）」
神官団、必死の訴え

焦点 中国・黄河流域「殷王国」誕生

◆BC一七〇〇年頃、中国北東部の黄河流域で鄭州を首都とし、国号を殷（いん）と名乗る中国最初の王朝が出現した。

◆初代王湯（とう）王となったのは天乙で、夏（か）の桀（けつ）王を倒して殷王朝を開いたと伝えられる。

◆首都鄭州は、総延長九キロに及ぶ首都城壁に囲まれた王城を中心にして、周辺数キロの範囲内に陶器や青銅器の工場が建ち並び、住宅が広がる。

◆殷王朝の誕生はシュメール、エジプト、インダス各文明に続く「第四の文明」を象徴する動きとして世界各国から注目を浴びている。

ところで、湯王は夏の桀王を倒して殷王朝を開いたのであるが、そもそも殷族の始祖である契（けい）も夏の始祖禹（う）の治水事業を助けた功で商国に領地を与えられて殷はよくよく夏との縁が深い関係にあるらしい。夏によって国を興す機会を与えられ、夏を倒すことによって王朝を開いている。

御礼 寺野東スタジアム竣工

筑波山を南東に見て、西から東に迫り出す台地の端に建設された巨大な円形広場「寺野東スタジアム」。高さ二メートル前後、幅一五〜三〇メートル余の円形広場をぐるり延々と築き、直径一〇〇メートル余の土手を一巻きにします。

この土手は、広場中央の石敷台状施設、その他の関連施設との組み合わせによって多目的の使用が実現可能となりました。

北極星を基準とする北斗七星の星座観測や季節ごとの太陽の日出・日没地点の観測などです。

その観測結果と密接不可分に結び付いているのが、祭祀です。当社自慢の高度な技術と経験が凝縮された施設を心ゆくまでご覧下さい。

寺野東スタジアム

【BC一五〇〇年】

〈小山工務店〉

公開要望書

クレタ島・クノッソス宮殿
ミノス王　殿

貴殿は牛頭人身の怪物ミノタウロスを匿うためにクノッソス宮殿を建設し、迷宮入りを図ったうえ、毎年７人の若者と７人の乙女を生贄としているが、かかる悪習は即刻中止してほしい。

BC1700年

テセウス

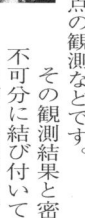

日本史新聞

主な記事から

- ◆日向族の東征戦、ついに終結
- ◆長髄彦、津軽で再起か
- ◆史上初の世界帝国建設
- ◆殷滅び、周の時代へ

日向族の東征戦、ついに終結

長髄彦、大和追われ何処へ？

伊波礼毘古

橿原宮にて朝廷を開く

初代天皇「神武」と称し、新国建設へ

【大和＝ＢＣ六六〇年頃】

東進中の日向族の皇子伊波礼毘古(いわれひこ)は、浪速の地で大和の王長髄彦(ながすねひこ)の反撃に出遭って兄五瀬命(いつせのみこと)を失った後も挫けず、熊野方面に迂回して大和突入口を模索中であったが、八咫烏(やたがらす)の導きで大和に進撃。長髄彦を追放して自ら天皇となり、新しい政事の中心となる朝廷を開くのに成功した。

神武天皇となった伊波礼毘古

長髄彦を追放し、新しく大和の王となった日向族の皇子伊波礼毘古は、新装成った橿原（かしはら）宮で初代天皇に即位。神武天皇(はつくにしらすすめらみこと)と名乗って、新しい国造りに乗り出した。

伊波礼毘古が高千穂宮（日向）で兄五瀬命に「いかなる地(ところ)に坐(いま)さば平らけく天の下の政を聞こしめさむ」と相談し「なお東に行かむ」と決意して以来、初志を貫き大望を果たしたことになる。宇佐を経て筑紫に上陸して一年。安芸（あき）に七年。吉備（きび）で八年を重ねて浪速(なにわ)に至り、上陸を試みたところ、大和の長髄彦の反撃に出遇って兄五瀬命は戦死。絶体絶命に陥った伊波礼毘古だった。

しかし「日の神の御子として東に向かって戦うのはよくない。行き巡りて背に日を負いて撃たむ」と紀伊半島の南端に迂回。熊野から八咫烏(やたがらす)の案内で大和に入り宇迦斯(うかし)や土雲(つちぐも)、師木(しき)らを下した後、兄の仇、宿願の長髄彦追放に成功したものだ。

これで、日本列島の政治地図は大幅に塗り替えられ、西日本はことごとく新興勢力の神武天皇が率いる日向族の支配地となり、原住民は東日本に追いやられたことになる。

長髄彦、津軽で再起か

対神武勢力「アラハバキ連合」結成へ

長髄彦が逃れた津軽・十三湊周辺

「戦死した」「追放された」と噂される長髄彦だが、板東の地を越えて遙かに遠い津軽・十三湊(とさみなと)周辺に亡命していたことが、本紙特派員によって確認された。

長髄彦は多くの部下と共に津軽の地に亡命。先に亡命中の中国・晋の郡公子一族の姫君秀蘭と結婚するや、旧耶馬台国残党と郡公子一族の統合に乗り出した。

そして、津軽先住民の阿蘇部族と津保化族を糾合し、新たに「アラハバキ連合」と称する新国家建設に着手。先進的な農業技術の導入を図り、国力の充実を急ごうとするが津軽先住民は容易に受け入れようとしない。

それにもかかわらず、新しい国造りは急速に進んでいる模様であり、いずれ日本列島は神武天皇が率いる大和朝廷と長髄彦が率いるアラハバキ連合に二分されるようになるのはほぼ間違いない。

天下の雌雄は、いずれに決するのか。

日本列島はいま、再び緊迫した雰囲気に包まれようとしている。

アッシリア

史上初の世界帝国建設
中心地に豪壮華麗な大宮殿

サルゴン宮殿のレリーフ

【アッシリア＝ＢＣ七一〇年】

アッシリア帝国の大王サルゴン二世は、歴史上初の〝世界帝国〟実現を機会に新都をコルサルバードに建設。さっそく旧都ニムルドから引っ越し作業を開始した。

新都の中心を占める大宮殿の敷地面積は一〇〇ヘクタール。割石台上に築かれた部屋は二百室を数える。それが、三十一もの中庭を囲んで設けられている。

最も人目を引いているのが王宮と聖所などの中心施設。なかでも人々の耳目を集めて威容を誇るのが、底辺四三メートル、高さ四二メートルの聖塔ジグラットだ。

螺旋形にせり上がる七層の斜塔になっており、下から順番に原色の色、つまり、白・黒・紫・青・朱・銀・金が塗られていた。

こうした豪壮華麗な大宮殿は、南はエジプト、北はメディナ、キリキリに至る朝貢国が構成する〝世界帝国アッシリア〟だからこそ、建設できたのものと言う他ない。

だとすれば、アッシリアの運命や如何に？

アッシリアのアッシリアたる所以は、敵国を占領すれば金銀・象牙・家畜・織物等を奪い尽くし、焼き尽くし、反抗があれば、生きながら捕虜の皮を剥ぎ、城壁に釘打ちにする残虐さにあった。

この先、占領すべき対象国がなくなった場合、アッシリアはどうなるのか。予想通り、その時は一瞬にして瓦解し消滅してしまうのだろうか。

文芸評論　ホメロスの英雄叙事詩

『イリアス』『オデュッセイア』

キオスで生まれた盲目の詩人、ホメロスが歌う二編の英雄叙事詩がギリシア人の間で大評判になっている。『イリアス』のギリシア連合軍の苦闘は、開拓民として生きるギリシア人たちの心の支えとなり、全面的に共感できる物語となっている。また、『オデュッセイア』の冒険は航海と植民活動を生業とする者には決して他人事には思えなかった。

現実を生きる人々の生活実感に即した物語。それが人気の秘密であろう。

ギリシア

地中海でエトルスク人と衝突
交易と植民の利権争いが原因

【ギリシア＝ＢＣ八世紀】

地中海北岸において交易と植民活動に乗り出したギリシア人が、ローマを本拠とするエトルスク人と衝突。彼らを口汚く罵る声が聞こえるようになってきた。

曰く、「テュレノイ（エトルスク人の蔑称）がサモス島の神像を盗んだ」。

曰く、「アッティカの女を奪いアテナイを略奪した」。

だから「エトルスク人は海賊だ」というのだが、それはお互いさま。

略奪や破壊は交易と植民を生業とする海洋民には不可欠の事業だ。

地中海南岸で活躍するフェニキア人とは棲み分けているギリシア人が、北岸ではエトルスク人と真正面から衝突せざるを得ない。その悲鳴が罵りの声になっているようだ。

裏
日本史物語
画・梅本文左ェ門
長髄彦
大和朝廷ニュースの時間です。あの長髄彦が津軽で発見されました。
タレポーターのヒメコさ～ん
：
どーして津軽に…
：
秘密基地や秘密兵器説がありますが…
リンゴ食べたかったの…
ハァー

中国

殷滅び、周の時代へ
武王、紂王に鉄槌を下す

武王

【中国岐山＝ＢＣ一一〇〇年】

輝ける殷王朝の第三十代王紂王が、西方の地で勢力を拡大しつつある周王国の武王との戦いに敗れ、滅び去ったことが周王国の武王側近筋によって明らかにされた。

紂王は猛獣を素手で倒すほどの力持ちで、口を開けば弁舌も爽やか。諸国諸王の信頼を一身に集めていたが、美女妲己(だっき)との爛れた愛に溺れ、国政を軽んじたのが命取りになった。

紂王を倒した武王は、新しい国の首都となる鎬京(こうきょう)を建設する一方、一族や聖王の子孫、功臣を抜擢して、封建制に基づく新国家建設に乗り出した。

その際、倒したばかりの紂王の子、武庚禄父を前面に立てて無理押しを避け、殷の遺民対策に配慮する心構えをみせている。

いかにも「礼楽を基本とする国家建設」を標榜する武王らしいが、「理想主義」と批判する声もあり、まだまだ世間の評価は辛い。

ギリシア(BC776年)
第1回オリンピア
参加者募集

■参加資格／①個人資格で参加すること。母国ポリスの援助を受けてはいけない。②参加申込者はオリンピア開催より10ヵ月前にギムナシオンに入所し全員、平等に練習した後、本競技に挑むこと。③衣服を着てはならない。正々堂々、何物も身に帯びず、裸一貫で競技すること。

■競技種目／徒競走・走り幅跳び・槍投げ・円盤投げ・レスリング・ボクシング・戦車競走

本日発売
『ツガル外三郡誌』
津軽縄文人の子孫が長い間の沈黙を破って、ついに真相を語る!!
青森書房

後漢 光武帝

奴国王に「金印」授与

日本史新聞

主な記事から
◆光武帝、奴国王に「金印」授与
◆帥升、後漢詣での先頭切る
◆カエサル、ガリア征服
◆クレオパトラ、人気のヒミツ

内乱相次ぐ倭国に介入か

東アジア周辺国　従属の道選択

【中国＝五七年】赤眉(せきび)の農民軍や各地の豪族軍を平定し漢王朝を再興した光武帝は、内外の異民族集団との外交関係を明らかにするため、朝貢してきた倭国の奴国大夫を「倭奴国王」に任ずる金印を授与した。これによって、東アジア世界も再び中国中心になりつつある。

奴国王に授与された金印

光武帝劉秀(りゅうしゅう)は二五年に帝位に就いた後、約十年の歳月を費やして赤眉の乱や豪族の反乱軍、「帝」「王」を号する諸勢力を平定。ようやく漢王朝の再興を実現した。

こうした大事業は各地の豪族勢力の援助と協力があったからで、豪族を以て豪族を制した形になった。したがって、再興された漢王朝の本質は豪族連合政権に他ならない。

この点、裸一貫で帝王の座を射止め、唯一の皇帝として強大な権力を行使した漢王朝の高祖劉邦(りゅうほう)のケースとは根本的に異なっている。

だが、中国内外の異民族集団から見れば、そんなことには関心がない。要は自分を権威づけ、格式と秩序を確立する力として役立てばよいと割り切っている。

南越と朝鮮は秦(しん)代以来、自ら内属して臣たることを切望するのを不変の定めとし、遼東半島の烏恒(うかん)は衆を率いて帰順したところ、高句麗(こうくり)も楽浪郡に使者を遣わして朝貢の礼をとった。

いずれも後漢王朝の直接支配下にある封建諸侯や官僚群と同じように従属する道を選択したもので、独立国としての体裁やプライドはかなぐり捨てても支配力を死守せんとしているのだ。

こうしたなかで、光武帝自ら彼らの身分と地位を保証するために一定の規格で印綬を定め、それを授与することになったもののようだ。

後漢・光武帝

「″倭国王″の称号欲しい」

帥升、後漢詣での先頭切る

五七年、倭の奴国の大夫は使者を洛陽の都に送り、朝貢の礼をとったところ、光武帝は「漢委奴国王」と刻印された印綬を授与し、奴国大夫の期待に応えた。

紀元前後以来、倭国は百余国に分かれて激しく争い、統合と統一が進みつつあるが、戦乱は一向に鎮静化する気配は見られない。

こうしたなかで「印綬を授与された効果は大きい」というのが奴国大夫の判断。″虎の威を借りた狐″には相違ないが、虎の怖さ、威力を知らない者はいない。

今後、倭国の極南界は急速に小国家群の統合と統一が進展するだろう。

言うまでもなく、その国王として君臨する者は奴国の大夫だ。

虎の絶対権威を以て周辺諸国を屈伏せしめる狐の今後の出方が注目される。

ローマ

カエサル、ガリア征服

カエサル総督

【ローマ＝ＢＣ五一年】
ＢＣ五八年以来、八年に及ぶガリア遠征を重ねていたローマ総督カエサルは、ガリアに侵入したゲルマン族の追放、ケルト系ガリア人の平定作戦を完遂。事実上、全ガリアの征服をなし遂げた。

これで、イタリア半島統一（ＢＣ二七二年）、カルタゴ打倒・地中海制圧（ＢＣ一四六年）、シリア征服（ＢＣ六三年）と驚異的発展を続けるローマの歴史に、また一つの偉業が加わった。

カエサルは、さっそく「ガリアを新属州にする準備を始める」と元老院に報告すると今度はブリタニア、ライン対岸に進出。全ヨーロッパの完全制覇に乗り出した。

こうした展開はガリア人の反発を招き、至るところで反乱に遭遇したが、カエサルは旧敵のゲルマン族騎兵を味方に引き入れ、機動力に優れた新軍団を編成、決戦を挑んで完勝している。

イタリアの二倍もある国ガリアの他、ライン川対岸、ブリタニアまで制圧したカエサルは、こうしてヨーロッパ全域にローマ文化を根付かせる名誉を担おうとしている。

訃報

長年にわたって、神の御使いとして活動されたイエス・キリスト氏が、十字架上の受難によって昇天されました。

【ゴルゴダ＝三〇年】
イエスはヨハネの弟子として、ヨハネが捕縛された後、ガリラヤで宣教を開始した。その際、ヨハネが荒野を好んだのに対して、イエスは町に行くのを欲した。

イエスはまたヨハネのような禁欲生活を嫌い、大食漢、酒飲み、取税人と罪人の友として知られ、当たり前の人間として行動した。

それでいながら超人的な奇跡物語を伴っている。いったい、イエスは何者だったのであろうか。いまはただ、教えを思い起こし、日々の暮らしに実践するのみである。

クレオパトラ人気のヒミツ

クレオパトラ

クレオパトラを知る人は言う――彼女の美は、比類のないものというほどではない。しかし、彼女との交際には逃れようのない魅力があった、と。魅力とは何か？

彼女の声には甘美な響きがあり、その舌は多くの弦のある楽器のようだったという。エチオピア人、ヘブライ人、アラビア人、シリア人、メディア人、パルティア人と相手が変わるたびに別の言語に切り換え、通訳なしで対応することができた。

ギリシア語を主に使いながら実に多くの言語を巧みに使い分ける教養人であった。無骨なローマ将軍がころりと参ったのも不思議ではない。

特別講座

中国の文化と歴史

「なぜ、私は漢を倒したか」

特別講師

王莽（元・漢大司馬職，前・新皇帝）

◆

日時

ＡＤ８年

◆

いまだから明かす王莽の大理想！「前漢打倒」＝「新建国」は、堕落した漢王朝の粛清、周王国の復活のためだった！

〈問い合わせ先〉　新花社通信（社長＝毛沢山）

世界短信

ギリシア　対ペルシア戦争、奇跡の逆転勝利

【ギリシア＝ＢＣ四八〇年】
「積極的な領土拡大」を叫ぶダレイオス一世（ペルシア帝国）が、ＢＣ四九〇年、マラトンに強行上陸した。

アテネ軍総司令官ミルティアズもマラトンに進軍。アテネ単独で陣形を築いた。両翼に主力を配し、中央を薄弱にして待ち受ける布陣だ。

これによって、突撃するペルシア軍を大量捕捉。包囲殲滅して奇跡的な逆転勝利を実現する。しかし、ペルシア軍の底力は強く、じわじわと勢力圏を拡大し続ける。

七年後、ペルシア海軍がアテネ制圧を目指してサラミス海峡に押し寄せた時、アテネ市民はペリクレスの指揮下、「三段櫂船(とうせん)」に乗り込み、ペルシア軍船に突撃する。二度目の奇跡と逆転勝利は、この時、訪れた。

インド　力の政治からダルマの政治へ

【汎インド＝ＢＣ二六一年】
アショーカ王（マウリア朝）が、デカン高原の強国カリンガ征服に成功した。

これで、アショーカ王はインド亜大陸の大半を支配下におさめることになったが、犠牲者が十万人に及んだことを深く悔やみ、武力による征服を放棄。仏教に帰依することになった。改めて「ダルマ（法）による勝利こそ最大の勝利」との大方針を発表した。

中国　全国統一の覇者、秦・始皇帝から漢・劉邦へ

【中国＝ＢＣ二二一年】
秦・魏・趙・燕・韓・楚・斉の七雄が抗争を続ける中国において、富国強兵に励む秦が他を圧倒。中国史上初めて全国統一を実現した。

秦国王の王政は、自らの称号を王から皇帝に変更。最初の皇帝を意味する始皇帝と名乗ったうえ、法家思想に基づいて封建制を廃止し、郡県制による国家建設を行なった。

さらに度量衡・文字・貨幣の統一を実現。国家統一の基盤整備を行なった。しかし、過酷な農民支配が暴動を招き、秦帝国はわずか二十年弱で崩壊。漢王・劉邦に取って代わられている。

邪馬台国

女王・卑弥呼、魏に朝貢

日本史新聞

主な記事から

◆女王・卑弥呼、魏に朝貢
◆邪馬台国　見聞録
◆向上著しい水田稲作技術
◆世界は分裂騒ぎがお好き……

皇帝より

「親魏倭王」の称号

王家と同列、インド王と同格に

【日本＝二三九年】
邪馬台国の女王卑弥呼が、魏皇帝より「親魏倭王」の称号を刻んだ金印紫綬を授与されていたことがわかった。卑弥呼が魏王朝に使者を送り、多くの献上品を差し出した結果、得られたもの。金印は卑弥呼の他、インドの大月氏（だいげっし）に与えられただけで、破格の待遇を表わす。

晩年の卑弥呼（想像画）

卑弥呼が魏王朝に使者を送り、生口十人の他、膨大な貢物を献上したところ、魏の皇帝は卑弥呼に「親魏倭王」の称号を刻んだ金印紫綬（紫色の組紐が付いた黄金製の印章）を授与した。

そもそも金印を持つことは魏の王家の者と同列に並ぶことが許されたことを意味するが、「親魏」が頭に付いた金印を授与された場合、他の王よりも上位に立つのが認められたことを表わす。

その金印を持つ者は、卑弥呼の他、「親魏大月氏王」と呼ばれるインドの王だけで、いかにも破格の待遇を以て迎えられたか、想像するに余りあるものがある。

ところで、裏面を見れば、まったく別の事情が浮かび上がってくる。

卑弥呼が魏に使者を送る前の年、二三八年、魏は中国東北部の豪族公孫氏（こうそんし）を滅ぼしている。このとき、卑弥呼は公孫氏と師弟関係にあり、滅ぼされる直前まで公孫氏に従い、鬼道を学んでいた。

しかし、公孫氏が魏に滅ぼされると邪馬台国に類が及ぶのを避けるため、自ら積極的に誼（よしみ）を通じ、外交関係の樹立を図ったようだ。

したたかな卑弥呼の性状が浮かび上がってくるが、それと知りながら破格の待遇を与えた魏王朝の皇帝もまたしたたかだ。

訃報

【日本＝二四九年】
邪馬台国女王卑弥呼殿は、七十九歳にて永眠致しました。
魏朝を代表し、謹んで哀悼の意を表します。
〈魏朝・帯方郡太守　張政〉

ルポルタージュ

AD 239年×月××日　邪馬台国　見聞録

●邪馬台国はどこにあったか

ある書に曰く、「倭の位置を推察すると中国の会稽（浙江省）や東治（福建省）の東方にあるらしい」。

また、同じ書の他の箇所に曰く、「（倭国における）物資の状態は中国南方の朱崖（海南島）のそれと同じだ」。

これは、ある有名な古書に見える記事のなかから意訳引用したものであるが、倭国すなわち邪馬台国の所在地を、どうやら「南方の国」と考えていたらしい。

したがって、素直に「邪馬台国は南方の国であった」と理解しておきたい。

●卑弥呼は、どんな女性か

卑弥呼は、およそ三十余の小国家を統合する合衆国の長（おさ）であり、魏との外交関係では合衆国を代表する元首＝女王であった。

ところで、興味深いのは、「王となって以来、姿を見せない」とか、「婢千人を侍らせたが、男子の僕（しもべ）は一人で、それが食事の世話をした」と記されている点。

ずばり、「鬼道を事とし、よく衆を惑わす。年すでに長大、夫壻（ふせい）なし。男弟あり、たすけて国を治む」とあるようにシャーマン的存在だったのではなかろうか。

卑弥呼が典型的な弥生人であったとすれば、やせ型で、長身の女性であったはずだが、実際のところはどうだったのだろうか。

日本史新聞 （AD200年）〜（AD312年）

「米」輸出も夢ではない
向上著しい水田稲作技術

登呂弥生人

【日本＝二〇〇年頃】

倭国を代表する三大輸出品として、真珠・倭錦（日本産絹織物）・生口（奴隷）が挙げられるが、もう一つ、新しい輸出品が加わるかもしれないと噂されている。

それは米。米を生産する水田稲作は、BC二五〇〇年頃には倭国に導入されている水田稲作は、これまでは主たる食料獲得の手段までには至っていなかった。

しかし、気候が寒冷化するにつれて、最近注目されるようになった。

その代表例が登呂の水田だ。低湿地を利用した田の畦は杉板で補強され、整然と区画されている。用途に応じて開発された多種類の用具もバラエティに富む。

その結果、一軒当たりの収量は年々上がり、「交換物資（輸出品）に回すのも夢ではない」段階に到達した。間もなく中国、朝鮮に出回るようになるかもしれない。

登呂の水田用水路

「後漢王朝の後は私に任せろ」
三国時代に突入した中国

洛陽

【洛陽＝二二〇年】

中国を三分して統治し、互いに拮抗して戦い続けてきた魏王・曹操が亡くなった。

ただちに子の曹丕（そうひ）が新王となったものの、後漢王朝の献帝から禅譲を受けたため、新たに後漢王朝皇帝・文帝を名乗り正式に魏王朝を開くことになった。文帝は洛陽を首都と定め、「九品中正制度」による官僚採用システムと「屯田制」に基づく軍事編成で三国分立に対応することになった。

これに対し、蜀の劉備と呉の孫権も負けてはいない。劉備が成都を首都とし、正式に蜀（漢）王朝を名乗ると、孫権も建業を首都とする呉王朝を開く。

三つの王朝が分立して相争う時代に突入したのである。

世界は分裂騒ぎがお好き…

四つに分割された大ローマ帝国
「ローマにいては治めづらい」

西

【ローマ＝二九三年】

ゲルマン民族のたび重なる侵入に悩むローマが、アウレリアヌス帝の下で大城壁を建設したのは二七一年のことだが、今度は「一人の皇帝では足りない」と四人の正副帝を立て、領土を四つに分割して治めることになった。

しかも「ローマにいては治めづらい」と現地赴任。正帝ディオクレティアヌス帝（東方担当）が小アジアのニコメディア担当）が小アジアのニコメディアに居を構え、その副帝コンスタンティウス帝はガリア担当として前線に出動した。

もう一人の正帝マクシミアヌス帝（西方担当）はミラノに居を構え、その副帝ガレリウスは属州パンノニアに着任した。

四人の皇帝がローマ帝国を山分けしたわけではなく、あくまでも緊急対応策。建国以来六百年。ローマも老朽化しつつある。

祝
吉野ヶ里王国
環濠集落完成

倭国の皆さん、セキュリティ対策は万全ですか。当社は吉野ヶ里王国に「戦乱の時代には戦乱の時代に相応しい発想が必要」とのキー・コンセプトを提案。集落の周囲を濠と土塁で囲み、柵を回し、大倉庫群を造り、望楼を建てました。

安全は与えられるものではありません。自ら備えることによって取得するものです。

（株）佐賀建設

夢を呼ぶ美術工芸品の数々
ササン朝ペルシア技術の粋

イラン

【イラン＝二二六年】

はるか昔のアケメネス朝ペルシアの栄光を引き継ぐ新帝国が誕生した。ササン朝ペルシア帝国だ。

目を引くのは美術工芸品で、青銅製や銀製の碗・皿・水差しにレリーフなどの技法を用いて加工された装飾や文様は一見に値する。

また注目しておきたいのは左右対称形の装飾文様をモチーフとする絹織物やブルーのガラス器など。わが倭国まで輸出されている。

ペルシアの銀皿

近刊予告
『新約聖書』

ようやく全篇がまとまり、近く公刊の運びとなりました。謹んで、ご案内申し上げます。

〈聖書編纂委員会〉

日 本 史 新 聞　（AD313年）　～　（AD397年）

日本史新聞

主な記事から

◆高句麗、楽浪・帯方郡を滅ぼす
◆倭国、新羅侵入を模索か
◆奈良・纒向人、汚名返上！
◆「草薙剣」の数奇な運命

朝鮮半島情勢

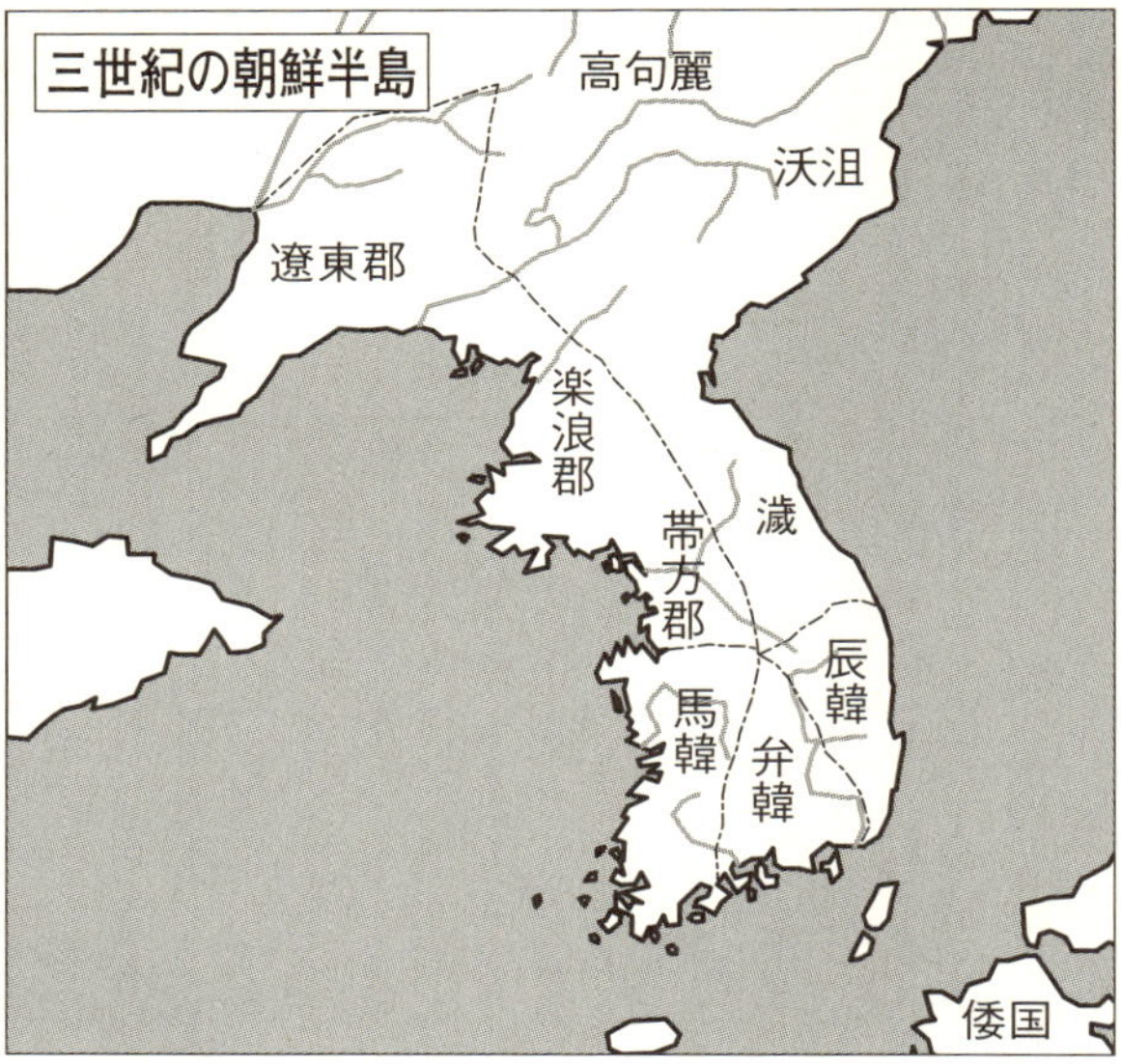
三世紀の朝鮮半島
高句麗
沃沮
遼東郡
楽浪郡
濊
帯方郡
辰韓
馬韓
弁韓
倭国

高句麗、楽浪・帯方郡を滅ぼす

百済・新羅が勃興、新時代へ突入

【朝鮮半島＝三一三年】朝鮮半島と遼東半島のつけ根を拠点に勢力拡大中の高句麗が朝鮮半島を南下。漢代以来の出先機関楽浪郡と帯方郡を制圧した。この動きに対抗して百済・新羅が勃興。朝鮮半島も新時代を迎えつつある。

旧魏（ぎ）王朝に追い詰められ、いったんは滅亡の淵に立たされた高句麗（こうくり）が息を吹き返し、遼東半島から朝鮮半島に向かって快進撃。あっと言う間に朝鮮半島の北半分を占領した。

三一三年には漢王朝以来、歴代王朝が必ず朝鮮支配の砦とした楽浪郡を占領。

翌年には、もう一つの朝鮮支配の拠点帯方郡も占領し、朝鮮半島を支配する足掛かりを得た。

中国本土における統一王朝が崩壊し、三国時代から五胡十六国時代に移るなかで、朝鮮半島に対する支配力が弱まった隙を狙って電光石火の如き早業で行動している。

そもそも高句麗発祥の地が朝鮮半島と遼東半島のつけ根にあり、歴代の中国王朝や北方騎馬民族と絶えず衝突を繰り返し、せめぎ合ってきたことが幸いしている。

情報感度が鋭くなり、ダッシュ鋭く、敏捷な行動をとらざるを得なくなった。さまざまな言語・文化・習慣に馴染む機会が多かったことも幸いしている。

その結果、原始的な部族集団の族長連合体から一人の王を頂点とする統一国家へ脱皮することができた。ここに高句麗の飛躍と発展、急成長の鍵があったようだ。

倭国、新羅侵入を模索か

百済と同盟の動きも

高句麗の電撃的な南下作戦が進行したが、在地勢力も負けてはいなかった。かつて半島南部に馬韓（ばかん）・辰韓（しんかん）・弁韓（べんかん）と勢力拮抗する三国があり、三韓時代といわれた時があった。その時代の三国を母体とする新国家が出現した。

馬韓の伯済国を母体として百済（くだら）が誕生し、辰韓の斯盧国から新羅（しらぎ）が出現した。弁韓と倭国は小国家連合にとどまっているが、いずれ連合体か、統一国家建設に向かうのは必然の流れと見られる。

こうしたなかで、百済は三六九年、倭王宛に「七支刀（本身の左右に小剣七本が枝状に付いた鉄剣）」を贈ったという噂が流れている。

これは高句麗南下に対抗する百済と倭国の同盟締結を示す動きか。

周辺は固唾を飲んで見守っている。倭国は同盟締結を受け入れる模様だ。

百済が倭へ贈った七支刀

噂のポケット

中国仏教のルーツ

東晋などの非漢民族国家が乱立し、五胡十六国時代の渦中にある中国華北部で、仏教の普及が目ざましい。

非漢民族は、道教とは異なる外来文化の仏教を漢民族統治の精神的支柱として採用したものらしい。

その大元になっているのが西域の亀茲（クチャ）出身の僧侶、仏図澄（ブットチョウ）氏。仏典もないのに師弟教育をやり遂げ、多くの仏寺を興しているという。

◇奈良・纒向人◇

汚名返上！

水洗便所の開発・実用化に成功

【奈良＝四世紀後半頃】三輪山の西側に広がる纒向（まきむく）集落において、水洗便所を含む大規模な上下水道施設の開発に成功、実用化されたことが話題になっている。

本紙編集部の調べによると素掘りの溝から水を引き、濾過装置となる石敷き升（一・七×一メートル）を通って二方向に伸びる導水溝の木樋に注ぐ施設がそれらしい。

纒向人は、勢いよく水が流れる導水溝の木樋の上に跨がり、用を足すものらしい。汲み取り式ではなく、水洗式だという。

したがって、本紙編集部は、従来の「倭国には便所がなかった」という噂と偏見には断固抗議し、この際、撤回を要求するものである。

工事中の纒向集落

「草薙剣」の数奇な運命 ヤマトタケルの伝説

【大和＝四世紀頃】日本武尊（ヤマトタケルノミコト）が駿河に至り、野に入って狩りをしたところ、賊、王を殺さんという情あり。その野に放火をした。欺かれたと知った武尊は、すぐに燧石（ひうちいし）を以て火を打ち出し、向焼けて免れる。

さて、このとき、武尊の腰に納めた剣「天叢雲（あめのむらくも）」、自ら抽けて、傍の草を薙ぎ攘った。以来、その剣を号して「草薙剣（くさなぎのつるぎ）」というようになった。

ところで、この不思議な働きをする「草薙剣」であるが、いわれを探ると――。

遠き神代の昔、出雲の国・簸川（ひのかわ）の上流に生娘を食べる、恐ろしい大蛇がいた。頭、尾は各八岐（やまた）あり、眼は赤酸漿（ほおずき）の如く、背中には松、柏が生い茂り、八丘八谷をはいわたる怪物で、その名を八岐の大蛇（おろち）といった。

出雲の英雄素戔嗚尊（スサノオノミコト）が、その大蛇を退治したとき、大蛇の尾から出現したのが名剣「天叢雲」である。後に「八咫鏡（やたのかがみ）」「八坂瓊曲玉（やさかにのまがたま）」と並ぶ〝三種の神器〟となる。二転三転、数奇な運命を辿った古代の名剣物語である。

中　国

〝五胡十六国〟時代の開幕

非漢民族の活躍する時代へ

【中国＝三一九年】晋（西晋）が中国統一をして三十数年。またもや王室外戚や諸王の内紛が続き、晋は滅亡してしまった。

だが後漢滅亡時と違うのは、中国内に定住した〝五胡〟と呼ばれる非漢民族が、自分たちの力に目覚め、自立し、混乱する朝廷を躊躇なく攻め立てたことだ。

匈奴・鮮卑（せんぴ）・羯（けつ）・羌（きょう）、そして、チベット系の氐（てい）から成る五族は、それぞれの流儀で国造りを開始した。

はたして、その結末はどうなるのか。なりゆきに注目が集まっている。

西晋時代の騎馬像

ローマ

ミラノ勅令発布、キリスト教公認

迫害と弾圧の歴史に終止符か

【ミラノ＝三一三年】長い間、迫害と弾圧の歴史に晒されてきたキリスト教が、ついにコンスタンティアヌス帝によって公認され、キリスト教徒に信仰の自由を認める勅令が発せられた。

ローマ帝国を「新しいバビロニア」と称し、兵役拒否を呼びかけたためにデキウス帝に迫害された二五〇年事件。皇帝神聖化反対を唱えたためにディオクレティアヌス帝に迫害された三〇三年事件。

まるで昔日の如しだ。

〈特別インタビュー〉

ローマ市の地下カタコンベの秘密集会に参加したキリスト教徒（匿名希望）に聞く。

――信仰の自由が認められました。おめでとう。

「デキウス帝がローマ伝統の儀式に参加しない者はキリスト教徒と見なすと言い、皆に拷問し罪もない人たちを処刑しました。あれ以来、急速に信者が増えました。刑罰が過酷になれば、殉教を厭（いと）わない体質が強化されます。神の祝福がありますように」

『マハーバーラタ』『ラーマーヤナ』

―インド人の精神的・文化的支柱―

【インド＝三七七年】紀元前数世紀の昔から、吟遊詩人によって語り継がれてきた二つの大叙事詩が、ようやくサンスクリット本に収録されることになった。

一つは「ヒンズー教の第五の聖典」とされる『マハーバーラタ』。「バラタ族の大史詩」の意味で、王位と領土をめぐる悲劇的な戦争物語や神話、宗教詩から成る。

他の一つは『ラーマーヤナ』といい、「ラーマ王行伝」の意味。コーサラ国の王子ラーマと貞淑な妃シータ、羅刹（らせつ）の王ラーヴァナの三角関係をテーマにしている。

歴史上の人物ラーマが、宇宙神ビシュヌの化身として神格化されたところに特殊な物語の価値がある。

宇宙神ヴィシュヌはラーマの化身？

日本史新聞

主な記事から

◆〝吉備の反乱〟を迅速に鎮圧
◆中国、南北朝時代へ突入
◆御陵建造レース、始まる
◆渡来人　三人伝

応神王朝

〝吉備の反乱〟を迅速に鎮圧

鉄資源・交通の要衝を完全確保

【吉備＝五世紀末頃】雄略天皇崩御のどさくさにまぎれ、吉備の豪族が反旗を翻す事件が発生した。だが、皇太子の迅速な対応で反乱は終息。かえって、大和朝廷の吉備支配を打ち固め、瀬戸内海の交通、鉄資源の確保を磐石のものにした。

吉備方面では４世紀頃、各地に古墳が築かれるようになる。そして５世紀になると突然、巨大化し造山・作山（いずれも〈つくりやま〉）の二大古墳が出現する。造山は全長350メートル、作山は全長286メートルもある

雄略天皇の妃稚媛（わかひめ）は元もと、吉備の上道臣田施（たせ）の妻だった。それを力ずくで奪い取り、雄略天皇が自分の妃としたのが乱の始まりだ。

それから十六年後。雄略天皇が崩御されたとき、吉備の乱は始まった。稚媛が幼い星川皇子に吹き込んだ。「天下の位に昇るなら今です。まず大蔵官を押さえなさい」

皇子は、言われた通り、大蔵官を急襲。官物を自由にした。だが、大伴室屋らが軍を率いて大蔵官を囲み、急を救ったので、クーデターは失敗に終わった。

このとき、吉備では上道臣が軍船四十隻を揃えて大和攻撃を準備中だったが、クーデターの失敗を聞いて断念。兵を撤収したにもかかわらず、皇太子は追撃の手を緩めない。上道臣の領する山部を襲ってこれを奪い取る。大伴室屋らは皇太子の戦勝を祝って神器を奉り、正式に清寧（せいねい）天皇としてお迎えした。

応神王朝は、これで瀬戸内海交通の要衝であり、豊富な鉄資源の供給地でもある吉備を完全に掌握する。

編集手帳

▼魏・呉・蜀の「三国時代」から北方諸部族の「五胡十六国時代」、北魏と晋の「南北朝時代」と目まぐるしく移り変わる中国大陸。しかし、目まぐるしいのは中国だけではない。

▼朝鮮半島と日本列島の間にも忙しい時期があった。北から高句麗が南下すると南に新羅や百済が誕生。日本列島の倭国までも朝鮮半島に軍事的進出を試みるありさま。

▼東西南北、四方のあらゆる集団が入り乱れて彷徨っているとき、誰が誰なのかもわからなくなる。代表例が「倭の五王」だ。倭人なのか。渡来人なのか。正体不明である。

▼東晋や宋・斉・梁に朝貢の礼をとり、冊封された「讃・珍・済・興・武」という五人の王は誰なのか。それぞれ渡来人を大量に採用した応神王朝の歴代天皇に当てるのが常識だ。

▼では、本当はどうなのか。彼らは倭王ではあるが、倭人ではない。渡来人である。つまり、応神王朝の歴代天皇は全員、渡来人であったということだ。

▼いまさら正体を隠す必要はない。倭人が朝鮮半島の王になったり韓人が倭国の王になる。それは珍しいことではない。自由自在に移動できたのである。古き良き時代である。

中国

北魏VS宗

南北朝時代へ突入

【北魏＝三九八年】

鮮卑（せんぴ）族の国、代（だい）国は一度、前秦に滅ぼされながら、拓跋珪（たくばっけい）を王として復活し、燕（えん）を奪ってからは魏と称し、華北統一を担うようになった。復活した訳は、旧代国南部領の統治を任された前秦の長官劉庫仁が拓跋珪を匿い、守ってくれたからだ。

そして、庫仁が部下に殺され、子の子顕が拓跋珪を殺害せんとしたため、否応なしに武器を取り、代王としてデビューする羽目になる。

魏の皇帝となったのは、その十三年後のこと。

【宗＝四二〇年】

晋王朝は三一七年、江南の地で再興されたが、第十一代恭帝を最後に勢威は衰え、恒玄・劉裕らの武将が実権を握るようになった。

武将らは互いに兵を挙げ、戦いを繰り返し、最後の覇者となったのが劉裕だ。ライバル恒玄を倒し、さらには南燕、後秦を滅ぼすと、残すことはただ一つ。劉裕は恭帝に譲位を迫り、自ら高祖武皇帝となり、宗王朝を開いた。

御陵建造レース、始まる

高度な技術力と組織力を誇示

仁徳陵

【倭国＝五世紀】

応神（おうじん）王朝を最もよく特徴づけるものに巨大な前方後円墳がある。一大記念碑「応神陵」と「仁徳（にんとく）陵」「履中（りちゅう）陵」などが有名だ。

百四十万人を動員する力

最も大きいのが仁徳陵だ。長径四八〇メートル、高さ三五メートルの前方後円墳で、その周囲には二重の濠が巡らされている。

この御陵建設に要した労力は約百四十万人とされる。一日千人が動いたとしても四年近くの歳月がかかり、大変な大工事だった。

平行して水田の開発工事も行なわれ、御陵建設の技術がフルに応用された。淀川（よどがわ）南岸に延々一〇キロも伸びる堤は、このときに築かれている。

解説 — 渡来人 三人伝

【倭国＝五世紀】

倭国支配層のうち、中国大陸や朝鮮半島由来の者が多く、近頃話題になっている。

● 東漢直（やまとのあやのあたえ）の祖、阿知使主（あちのおみ）

東漢直の祖、阿知使主と其の子都加使主が、さまざまな技術者集団を百済や南朝下の中国から連れてきた。陶部（すえべ）や鞍部、画部、錦織部（にしごりべ）などで、朝廷組織に編入した。その結果、飛鳥の地に三十ほどの"渡来人村"が誕生。摂津・三河・近江・播磨・阿波に広がっていった。

● 史部の王仁（わに）

百済の照古王が阿知吉師に牝馬雌馬各一頭を引かせて朝廷に献上すると、朝廷は「賢人を奉れ」と命じた。そこで、百済は王仁吉師に論語十巻、千字文一巻を持たせて奉ったといわれる。

この王仁吉師が朝廷の書記の祖となり、「文首（あやのおびと）」らの祖となり、漢字という新文字を伝え、普及させる役目を担っていった。

● 機織りの秦造（はたのみやつこ）

秦造の秦は「ハタ」と読まれるのは「シン」であるが、機織技術と結び付いていたかららしい。氏族の性質としては東漢直と似ている。本拠は京都太秦（うずまさ）にあったが京都盆地周辺に広がり、次第に大勢力となった。

▼顕著な鉄器の増大

ところで、応神陵を中心とする誉田（ごんだ）古墳群と仁徳陵を核とする百舌鳥古墳群の御陵建造工事において、競い合うように大量の鉄器が投入されたことに目しておきたい。

たとえば、奈良のウワナベ古墳の陪塚（ばいづか）では夥（おびただ）しい量の鉄材と鉄器が埋納された。仁徳陵の側にある履中陵でも数百本単位の鉄製刀剣が埋納されているといわれる。

朝鮮半島への武力介入や国内統一戦争において、これらの鉄製武器が投入されたことは言うまでもない。

河内・和泉・紀伊を中心に新時代が始まったことは確かなようだ。

社説

わが国が任那四県を百済に割譲したのは正しかったか

論説委員　沢井田三

【倭国＝五一二年】

昨今の倭国政府（大和朝廷）における弱腰外交は、大幅に国際常識を逸脱するところがあり、納得し難い。

言うまでもなく、雄略天皇代より朝鮮半島に対する支配力が弱体化しつつあるのは吾人も承知している。百済が「任那（みまな）四県」の「割譲」を要求してきたのもそのためである。問題なのは、その要求を国守の穂積臣押山が代弁していることだ。

こともあろうに朝廷において押山は次のように発言している。

「任那四県は倭国からはあまりに遠方ですが、百済には地続きの大切なところです。この好餌を与えることは、わが国にとって不利ではなく、かえって両国関係を好転させるのに役立つでしょう」

前代未聞の珍事であり、反論があって然るべきなのに堂々と罷り通る現実を見れば、いったい、日本の政事を司る朝廷はいつから百済の代弁人の集会場になったのかと言いたい。

物部麁鹿火（もののべのあらかびが）が反対の意見を表明したにもかかわらず、大友金村は、それを押しつぶして「四県割譲」を決定してしまった。

これでは任那の対倭不信が高まるのもやむを得ないし、新羅が百済と勢力を争うまでに成長しているとき、安閑としてはいられない。毅然たる態度を示すべきである。

30ほどの渡来人村が誕生した飛鳥の地

【参加者募集中】
日本と韓国の中継基地
いま、話題の
沖の島ツアー
●定員 100名
●期間 5〜6世紀
現在は交戦中のため、生命の保証は致しかねます。旅行保険は適用できません。
玄海トラベル㈱

【急募】**石工　数千名**
北魏・雲崗石窟で岩壁を切り開き、1kmの間に53箇所の石窟洞を建造する予定です。
採用期間　30年間
単身赴任可
ただし、帰国は年1回。年末年始休暇だけです。
北魏・労働省

匠のひと振りの価値を知るあなたのために鍛えます。
（有）稲荷山鉄剣製作所（武蔵国さきたま）

日本史新聞

主な記事から
- ◆筑紫国造・磐井が決起、反乱
- ◆任那滅亡、倭国による支配終焉
- ◆蘇我・物部の対立激化
- ◆大和朝廷、「屯倉」を設置

筑紫国造 磐井が決起、反乱

新羅と結託、任那復興拒否か

朝廷 物部麁鹿火を派遣、鎮圧へ

【九州＝五二七年】
劣勢化した南韓経営の建て直しを図るため、継体朝が近江毛野臣に衆六万を預けて発向させたところ、南韓経営の基地九州で反乱が勃発。朝廷は物部麁鹿火（あらかび）に反乱の首謀者磐井（筑紫国造）成敗を命じ、筑紫に派遣した。

筑紫国造（くにのみやつこ）の磐井が突然、反乱に決起。火（肥前・肥後）と豊（豊前・豊後）の二国に兵を集め、外に海路を絶って内に毛野臣の大軍発向を妨害する作戦に出た。噂では新羅に籠絡（ろうらく）されたとのことだが、朝廷は許さず、物部麁鹿火に兵を与え、筑紫御井郡で磐井軍を完膚なきまでに打ち破った。

磐井の子、筑紫君葛子は連座を恐れ、糟屋の屯倉（みやけ）を奉ったという。

任那諸国が対倭不信感を募らせ、急激に〝倭国離れ〟しつつあるおり、新羅の法興王が任那に侵入。任那の心臓部加羅国王と婚を通じ、加羅を併合する事件が勃発した。

焦った継体王朝は近江毛野臣に衆六万を預け、新羅に併合された任那諸国を取り返す作戦に取り掛かった。しかし、敵は新羅にあらず。お膝元の九州に控えていた。

磐井が反乱、なぜ？

任那滅亡 倭国による支配終焉

【任那＝五六二年】
高句麗の安原王がにわかに軍を起こし、百済の都城扶余（ふよ）に迫った。

そのとき、新羅の真興王は百済に援軍を送り、高句麗の軍勢を撃退する。

その結果、新羅は南漢江流域、百済は北漢江流域を略取するのに成功するが、新羅は百済の征服地も奪取。暗黙の了解を迫る態度に出た。

単独では抗しきれない百済は倭国に救援を要請。共同戦線を張るが、敵せずに敗退。ついには任那まで蹂躙されてしまう。任那は新羅の完全征服下におさまった。

謎 継体天皇の正体は？

大和入りに二十年の歳月

継体天皇

【大和＝九〇〇六年】
継体天皇の正体を巡って、大和の雀たちが騒ぎまくり、沸き返っている。

武烈天皇の死後、「応神五世の子孫」と称する人物が越前に現われ、近江・尾張を固めて河内・山背に進出。ついには大和に突入し、磐余玉穂で皇位に就いた。

しかし、大和突入に二十年も要したのはなぜか。雀たちの論点はそこに集中する。そして、彼らは言う。おそらく二重権力状態にあったのではないか、と。

したがって、継体天皇は大伴氏を頂点とする大和朝廷を征服するのに二十年も費やしたということだ。

謎 百済の思惑？

朝鮮半島に前方後円墳

【百済＝五～六世紀】
朝鮮半島の西南部に河口を開く栄山江流域において、百済政府の指導下に、前方後円墳が続々と建造されている。

注目されるのは光州・月桂里の二つの古墳。計画では、いずれも全長四五～三五メートルで、幅五～六メートル、深さ一・五メートルの濠が周囲を巡る予定だという。

また埴輪と似た円筒土器も工事と平行して製作中で、何から何まで倭国（畿内）の前方後円墳と瓜二つ。

同様の埴輪が百済でつくられている？

もちろん、建設技術者が百済人なので、倭国製と微妙な違いはある。

それにしてもなぜ、百済人が倭国の前方後円墳を真似るのか。真意に疑問の声もあり、今後論議の的になりそうだ。

仏教遺恨

「国神か、蕃神か」

蘇我・物部の対立激化

【大和＝五五二年】百済・聖明王が欽明天皇に「釈迦仏金銅像」「幡蓋（はたきぬがさ）」「経論」を献上し、仏教の教えと仏像礼拝の功徳を讃えた。天皇は「これほど微妙な法は聞いたことがない」と群臣に礼拝の可否を求めたので、蘇我稲目（いなめ）は「西蕃諸国はみな仏像を礼拝しています」とわが国の遅れを指摘した。

しかし、物部尾輿（おこし）が「いま改めて蕃神を礼拝すれば国神の怒りを招く」と反対の意思を明らかにしたので天皇は蘇我稲目に私的に礼拝することを許可した。

おりしも国内に疫病が流行し死者が続出したため、物部らは「仏像破棄」を奏上。天皇は、それを受け入れて、仏像を浪速の堀江に流し、伽藍を焼却した。

これ以来、蘇我・物部両氏の間には深い対立と恨みが渦巻くようになった。

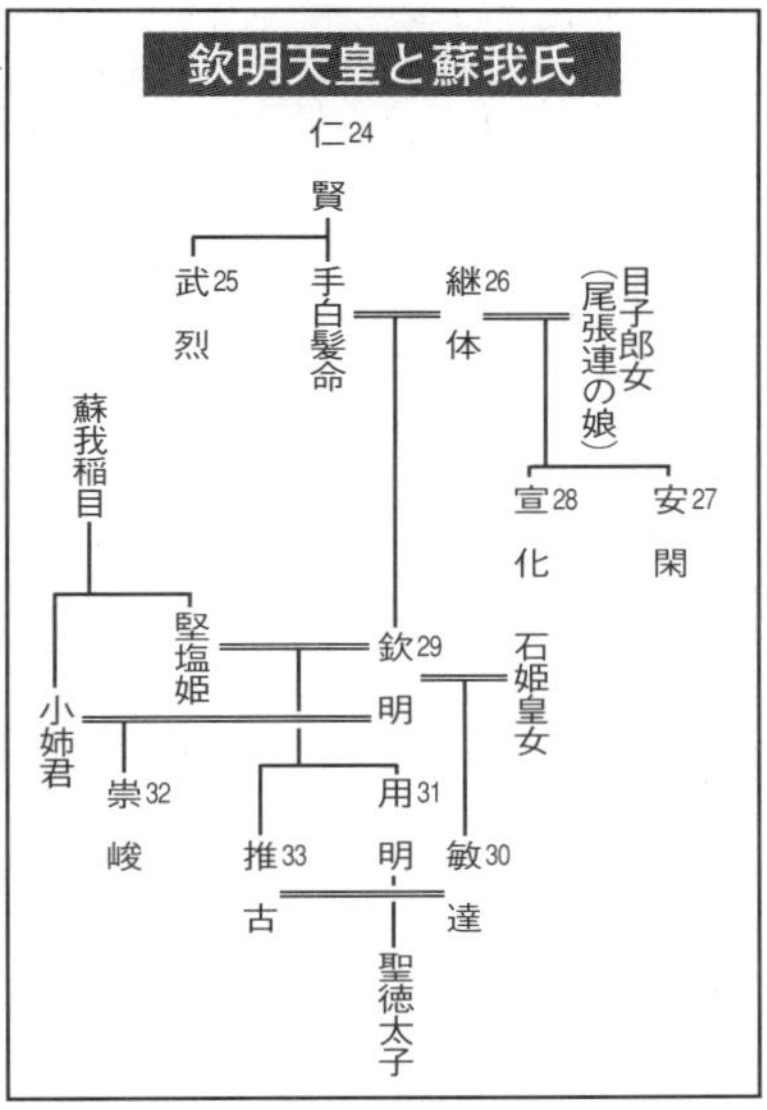

欽明天皇と蘇我氏
仁賢24
武烈25
手白髪命
継体26
目子郎女（尾張連の娘）
宣化28
安閑27
蘇我稲目
堅塩姫
欽明29
石姫皇女
小姉君
崇峻32
用明31
推古33
敏達30
聖徳太子

裏
日本史物語
画・梅本文左エ門
今は仏教の時代！天皇もぜひ仏像礼拝を！
そんなことをすれば国神の怒りを招きますぞ！
困ったもんだ…
天皇、決断を！
天皇！
んじゃまあ半分ずつということで…
つまんねーオチ…

大和朝廷、「屯倉」を設置

目立つ蘇我稲目の新発想・活躍

【大和＝六世紀半ば】大和朝廷は、応神王朝時代より直轄領「屯倉（みやけ）」を全国に設定するようになった。この件で活躍したのが蘇我一族であり、稲目だ。

吉備に白猪屯倉を設置したのを手始めに備前児島にも屯倉を設け、田令（管理者）と田部（耕作民）を組織した。計画的な財政が可能になり、「前例のない画期的な措置」と喝采を浴びた。

噂の焦点

▼人の口には戸は立てられない。「謀は密なるを以てよしとする」と言われるが、逆に「上手の手から水がもれる」のたとえもあり、謀には十分注意したい。▼任那救援に向かう毛野臣の軍勢が九州に到着した途端、筑紫国造磐井の裏切りに直面。大混乱に陥ったのであるが、もう一つの反乱が用意されていた。▼真相は不明だが、蝦夷（えみし）のアラハバキ族が後方支援に乗り出し、新羅＝筑紫＝アラハバキの三国同盟が成立したという。▼本当ならば、大変なことだ。結構、やりますね。

各地の話題 世界編

東ローマ＝ビザンチン帝国

聖ソフィア大聖堂

【コンスタンティノープル＝六世紀】ユスティニアス皇帝は、北アフリカのヴァンダル王国、イタリアの東ゴート王国を滅ぼし、地中海を中心とする旧ローマ帝国を復活した。

その偉業達成の象徴として建設されたのが聖ソフィア寺院。西アジア、ギリシア、ローマの三大建築様式を統合したビザンツ様式の傑作だ。

直径三〇メートル、高さ五〇メートルの中央ドームが目玉。見る者の度肝を抜く。モザイク模様も美しい。是非、見学しておきたい。

聖ソフィア大聖堂

スクープ！
雄略天皇に拉致された吉備稚媛
16年の怨念！
権謀術数・したたかな新羅
振り回された磐井・アラハバキ
フォトチェイス
佛教のルーツを訪ねて
カメラ◆篠原貢進◆
好評3大連載
●エッセイ 欽明天皇 宮廷文化と私
●ルポ 沢本孝次郎 応神王朝の落日
●小説 最上孝太 神々の声紋
総力取材
西国の埴輪か？
九州・磐井の里に残された謎の石人石馬像
月刊 アルカイック
9月号発売中！
神保町文芸社

日本史新聞

主な記事から

後継問題

推古、卑弥呼以来の女帝即位へ

天才・聖徳太子は摂政に就任

推古女帝の政治を補佐する摂政となった聖徳太子

【飛鳥＝五九二年】
崇峻（すしゅん）天皇が殺されるという事件の直後、天皇に即位する者がなくなったため、先々帝、敏達（びだつ）天皇の皇后炊屋姫が推古天皇として臨時的に即位。甥の聖徳太子が摂政として政事に参与することになった。

群臣居並ぶ前で殺害された崇峻天皇の運命に恐れをなしたのか、後継者が決まらず、結局は、敏達天皇の皇后炊屋姫(かしぎやのひめ)が緊急措置として新天皇に即位した。

女性が天皇となるのは、大和朝廷の誕生以来、最初のことであり、邪馬台国の卑弥呼に次ぐ壮挙と言ってよい。しかし、喜んでばかりはいられない事情もあるらしい。

敏達天皇と皇后炊屋姫の間に生まれた竹田皇子、用明天皇の嫡子聖徳太子の二人に候補者が絞られたのだが、二人とも十代後半で若すぎるということで、人選は再び振り出しに戻ってしまった。

そこで、炊屋姫自身が緊急非難措置として即位するというアイデアが浮上した。提案者は〝陰の仕掛け人〟として君臨する蘇我馬子だ。

もし、早くから天才・偉人ぶりが指摘される聖徳太子が即位したら厄介になる。馬子は警戒して「炊屋姫即位＝推古天皇」路線を選択したに相違ない模様。

遺恨の宗教戦争に決着？

蘇我氏、物部氏を滅ぼす

【飛鳥＝五八七年】
蘇我氏と物部氏は、仏教伝来後、たびたび衝突を繰り返してきたが、いよいよ存亡を決するときがきた。

敏達天皇他界の後、続いて即位した用明天皇も短命に終わったとき、蘇我馬子・物部守屋のどちらが推す皇子が即位するか、世間の耳目は、その行方に集まっていた。

先手を取った馬子は、守屋が抱える穴穂部皇子(あなほべのみこ)を殺害すると、用明の甥で皇太子の押坂彦人皇子、敏達の子竹田皇子、用明の嫡子聖徳太子の抱え込みに成功。

紀・巨勢（こせ）・葛城などの主力豪族たちも蘇我陣営に回ったとき、勝負の決着はついていた。物部側には二、三の中級氏族が応援に回っただけで、完全に孤立する。

物部一族は滅亡。蘇我氏の全盛時代が開幕した。

聖徳太子

遣隋使派遣

「日出づる処の天子、書を日没する処の天子に致す。恙無きや」

【飛鳥＝六〇七年】
聖徳太子は六〇〇年の派遣に続いて、小野妹子を遣隋使、鞍作福利を通辞とする第二回目の使節団を派遣した。

使節団は隋の都・洛陽に到着すると次の国書を提出した。「日出づる処の天子、書を日没する処の天子に致す。恙（つつが）無きや」

第二代皇帝煬帝（ようだい）が、これを見て喜ばず、「蛮夷の書、無礼なる物あり。復たもって聞する忽（なか）れ」と脇に控える外務担当員に叱った。だが、高句麗討伐を準備中の煬帝は、翌年、文林郎の裴世清（はいせいせい）を答礼の使者として倭国に遣わしている。手なずけたほうが有利だったからだ。煬帝もなかなかのやり手だ。

官　報

今般、布告された「冠位十二階」と「憲法十七条」の周知徹底を図るため、以下の要領で研修を実施致します。

●日時　604年
●会場　伊予道後温泉
●講師　聖徳太子

＊なお、推古帝に特別にご臨席を賜りますので、欠席等は厳に慎まれますように。

摂政広報室

中国

楊堅、隋建国

300年ぶりの全国統一成る

都は長安に

【中国＝五八一年】
北周から出た楊堅（ようけん）は、静帝に禅譲を受けて文帝となった後、南朝の陳を倒し、西晋以来、三百年ぶりに分裂した中国の統一に成功した。大興城（長安）を都にすると、長い戦乱の経験から出た発想で中央集権化された統一国家の再建を何よりも最優先することとした。

国家権力の強化、均田制による大土地所有制限、祖庸調制・府兵制度の整備などだ。また、官吏登用には推薦を廃止。試験によって広く人材を求める科挙を採用した。

一方、文帝の子、煬帝は大運河開削などの大土木事業に熱心に取り組んでいるが、たび重なる徴発に高句麗遠征が重なり、農民の間に不満がくすぶり始めている。

統一後、わずかな期間に不穏な空気が漂い始めたことから隋の将来を危ぶむ声もあり、憂慮されている。

文帝

《インタビュー》
最大の功労者・独孤皇后が語る「内助の功」

「いったん、虎に跨がったら、途中で降りるわけにはいかない。降りたら虎の餌食になる。最後までいく他にない。そう言って、隋の建国者となった楊堅の尻を叩き、北周を廃して漢人中心の中央集権国家を再建しました。〝内助の功〟という言葉は、このときに生まれたのです」

真説・異説

百済仏教の起源を探る

百済の石仏

【百済＝三八四年】
百済は朝鮮半島のなかで最も早く仏教を受け入れた国だ。仏教の盛んな新羅よりも百済がずっと古い。記録上、枕流王元年、胡僧の摩羅難陀（まらなんだ）という僧が中国の晋からやってきて仏教を伝え、これを王が崇拝したのが始まりとされている。

だが、推古天皇三十一（六二三）年に渡来した百済僧観勒（かんろく）は「百済に仏教が伝わって百年になる」と語り、五世紀前半といっている。

いったい、どちらが正しいのだろうか。わが国では「五五二年に伝来し、初めは蘇我氏が私的礼拝を許され、五八七年、用明天皇が仏法に帰依した」といわれている。

すると、百済を経て、わが国に伝わるまでには百八十数年の時間が挟まれているだけで、比較的早く伝わったものと解される。仏教という宗教は、王たちにとって大いに役立つものらしい。

中国

唐、「貞観の治」を推進

国力の充実・発展と安定へ

【中国＝六一八年】
山西の李淵（高祖）が隋を倒し、そのまま長安を都とする唐を興した。続いて、二代目皇帝太宗（李世民）が全国統一に成功。世界帝国への発展の基礎を整えた。

太宗は隋の制度をそのまま採用しており、国力の充実と発展に努め、この間の治世は「貞観（じょうがん）の治」と呼ばれて広く知られている。

中央政府は「律令格式」の法典整備、科挙制の強化によって運営され、この中央政府の下に手足となる州県をつなぎ、周辺諸民族を統括する都護府が置かれた。

長い中国の歴史を通じて、最も安定した時代を築く模様。

唐の都・長安

アラビア

イスラム教の誕生か

マホメット、布教活動を展開

【メッカ＝六一〇年】
マホメットという人物が、アラビア半島のメッカに現われ、「神の啓示を受けた」として布教活動を始めた。

人々は「イスラム教」と呼んでいる。メッカ郊外にあるヒラー山の洞窟で、マホメットが天使ガブリエルから伝えられたのが神アッラーの教えであったという。

マホメットは「神の言葉を聞いた預言者」として人々に迎えられるようになった。

発売中
魅惑の経典
『コーラン』
القُرْآنِ الكريم، المصحف
الشَرِيف، الفُرْقان

故聖徳太子の子孫であり、崩御された故舒明帝に続く皇位継承者の筆頭におられた山背大兄王が、蘇我入鹿の暴挙に倒れ、非業の最期を遂げられたことに対し、本紙編集部一同は、心から哀悼の意を表するものである。

＜検証＞

蘇我入鹿の暴挙　山背大兄王襲撃事件

【斑鳩＝六四三年】
六四三年十一月一日、蘇我入鹿（いるか）は巨勢臣徳太（こせのおみとくた）、土師娑婆連（はじさばのむらじ）らを斑鳩（いかるが）に差し向け、山背大兄王（やましろのおおえのみこ）の宮を襲撃させた。蘇我氏の血を引く古人（ふるひと）大兄皇子を太子にするためだ。

山背大兄王がずっと年上で、古人大兄皇子が若いのだから、順番を待てば何の問題もないはず。強引に事を進めすぎた。

入鹿の性格を知る者たちはほぼ予想していた。

「岩の上に小猿米やく米だにも喫げて通らせ山羊の小父」

それにしても、斑鳩宮を巡る蘇我家と上宮家の対決は、押坂彦人と聖徳太子の立太子争い、舒明と山背大兄の皇位争いと二代続いて起きていることに注目したい。

蘇我入鹿、謀殺さる

日本史新聞

主な記事から

◆蘇我入鹿、謀殺さる
◆蘇我蝦夷自殺、蘇我本宗家滅亡
◆中大兄皇子ら、改新政権樹立
◆難波に遷都し、改新の詔を発布

中大兄皇子ら宮中でクーデター
蘇我氏への積年の反発、一気に噴出

【飛鳥＝六四五年】

前代未聞のクーデター発生。ときの最高権力者、大臣の蘇我入鹿（いるか）が六月十二日、飛鳥板葺（いたぶき）宮の大極殿前庭で中大兄皇子（なかのおおえのみこ）らに殺害された。権力をほしいままにしてきた蘇我氏への反発が、女帝の御前で一気に噴き出したかたちだ。この惨劇を間近に目撃した本誌記者が、その状況を速報する。

クーデターで飛鳥川の流れが変わった？

クーデターの中心人物は中大兄皇子のほか、同皇子に近づき着々と権力の基盤を築いていた中臣鎌足（なかとみのかまたり）や、蘇我氏の一門ながら入鹿とは犬猿の仲だった蘇我石川麻呂（いしかわまろ）ら。クーデター計画はかねてから十分な打ち合せがあった模様で、この日宮中で行なわれた三韓朝貢の上表文を奏上する儀式そのものが、入鹿を殺害するためのトリックであった可能性が強い。

黒幕は中臣鎌足？

この日、入鹿が儀式に出席するために大極殿に入ってくると、中臣鎌足は抜け目なく宮中の道化師に命じて入鹿の剣を取り上げてしまった。蘇我石川麻呂が皇極女帝に上表文を奏上している間、手配してあった警護の佐伯子麻呂（さえきのこまろ）と葛城稚犬養連網田（かつらぎのわかいぬかいのむらじあみた）が入鹿に切りつける段取りだったようだが、いよいよ剣を抜こうすると、彼らの手はわなわなと震え、恐怖のために一歩も動けない。中大兄皇子は長槍をもって大極殿の一角に忍んでおり、中臣鎌足も弓矢をもって傍らに立っていたが、ついに血気にはやる若い中大兄皇子自らが前庭に躍り出て入鹿の頭と肩に剣で切りつけた。次いで佐伯子麻呂も意を決して入鹿の足に切りつけた。

中臣鎌足

入鹿の首が御簾に……

入鹿はよろよろと皇極女帝の前に這って進み、「なんで、こんなことになったんやろか、私には全然わかりまへん」と哀願したが、今度は中大兄皇子が女帝の前に進み出て「入鹿は天皇家を滅ぼし、皇位につこうとしていたのです」と正当性を主張。真っ青になった女帝が大極殿から姿を消すと、子麻呂と網田が傷ついた入鹿に止めを刺し、大極殿での惨劇は終わった。

蘇我入鹿は二年前、皇位継承者と見られていた聖徳太子の子、山背大兄王を襲撃し自殺に追い込んだほか、自らが推す古人大兄皇子を擁立しようとするなど、朝廷内で専横をきわめていた。こうした目に余る横暴が今回、反蘇我氏の勢力を結集させたとみられる。なお、入鹿斬殺の際、入鹿の首が飛んで御簾（みす）に噛みついたとか、飛鳥寺の方へ飛んでいったなどという人もいるが、真相は不明。

蘇我蝦夷自殺、蘇我本宗家滅亡

宮中でのクーデター後、中大兄皇子らはただちに飛鳥寺に移り、蘇我入鹿の父、蘇我蝦夷（えみし）の反撃にそなえていた。一方、蘇我蝦夷も甘樫（あまかし）の岡にある自宅に配下の漢直（あやのあたい）一族などを集め陣を張っていたが、中大兄皇子方の切り崩し工作によって離反者があいつぎ、窮地に陥った。天皇家の王族や朝廷の重臣はことごとく中大兄皇子方につき、蝦夷が頼りにする同族の高向国押（たかむこのくにおし）までが離反するにおよび、蝦夷は翌十三日、ついに自邸に火をつけ自殺した。

蘇我親子の館があった場所

蘇我稲目以来、馬子、蝦夷と権勢を築いてきた豪族中の豪族、蘇我氏の本宗家はこうして一日で滅亡した。

中大兄皇子ら、改新政権樹立
皇極天皇から孝徳天皇に譲位
我が国最初の元号は「大化」

中大兄皇子

【飛鳥＝六四五年】宮中クーデターから二日がすぎたばかりの六月十四日、興奮さめやらぬ中大兄皇子、中臣鎌足らはいち早く改新政権を樹立した。

皇極女帝は退位し、弟の軽皇子（かるのみこ）が孝徳天皇として即位した。新天皇として即位するものと思われていた中大兄皇子は皇太子の地位にとどまった。これは中臣鎌足の意見が強く反映したものらしく、「ほんまに政治の仕事をしようと思ったら、天皇の地位にあるよりも、皇太子の方がやりやすいでっせ」と、聖徳太子の例をあげて中大兄皇子に進言したことによるとみられる。

左大臣には阿部内麻呂、右大臣には蘇我石川麻呂、天皇の特別補佐官である内臣（うちつおみ）には中臣鎌足が就任した。これらの官職はいずれも新政権で新たにつくられたものだが、中臣鎌足のフィクサーぶりが目立っている。

また中大兄皇子と中臣鎌足の師匠にあたる僧旻（みん）と高向玄理（たかむこのくろまろ）が国博士に任命された。新皇太子と中臣鎌足らは、中国にならって我が国でも元号を採用することに決め、最初の元号は「大化」とした。

白雉の出現を瑞兆として改元

【難波＝六五〇年】穴戸（長門）で珍しい白い雉（きじ）が見つかり、朝廷に献じられた。朝廷はめでたいしるしとして、国博士の僧旻ら学織者らに「このようなことは過去にあったのか」とお尋ねになったところ、「中国でも朝鮮でも白い雉は瑞兆（ずいちょう）とされております。ここはぜひ改元を」との進言があり、二月、改元の盛大な儀式が行なわれた。儀式は朝廷の方々のほか、大臣・博士・役人など多数が列席するなかで、白い雉を乗せた輿（こし）がしずしずと進み、仰々しく行なわれた。

難波に遷都し、改新の詔を発布

【難波＝六四六年】新政府は昨年来、政変による地方豪族の動揺を鎮めるために各地に使者を派遣するなど、内政外交両面にわたり活発な動きを見せていたが、この正月一日、政治改革の基本方針となる「大化の改新の詔（みことのり）」を発布した。

これは豪族などの勢力を押さえ、官僚による中央集権体制を模索するもので、①私地私民制の廃止、②地方行政組織の整備、③戸籍などの帳簿をつくり班田収授の法を行なう、④新税制を施行する、という四つの大綱からなっている。おおむね中国の唐の制度を見習ったもの。

新政府はまた、昨年十二月に飛鳥から難波（なにわ）に遷都し、この面でも人心の一新をはかっているが、まだ新宮殿は完成しておらず、当面、従来から難波にあった施設を利用して政治を行なっていくものとみられる。

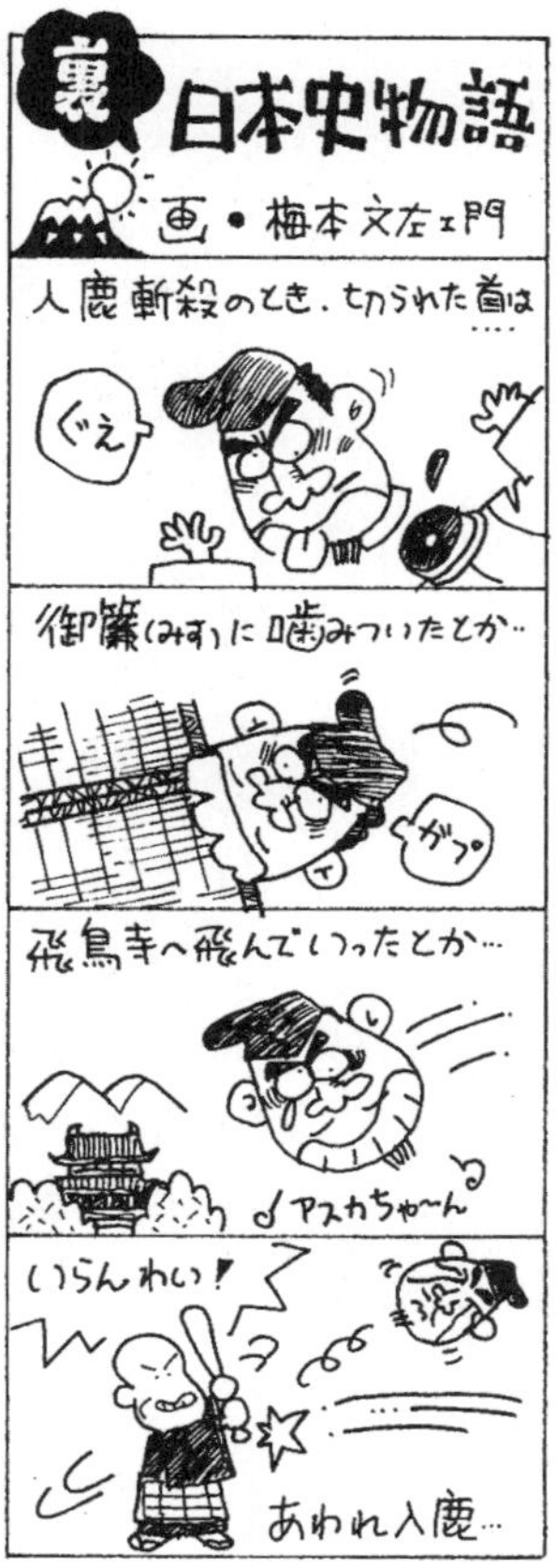
裏
日本史物語
画・梅本文左ェ門
人鹿斬殺のとき、切られた首は……
ぐえ
御簾(みす)に噛みついたとか…
がプ
飛鳥寺へ飛んでいったとか…
♪アスカちゃ～ん
いらんわい!
あわれ入鹿…

世界短信

中国
三蔵法師「玄奘」一六年ぶりに帰国

玄奘

【長安＝六四五年】十六年前に長安を脱出、西域から天竺まで旅し修行に励んでいた僧侶玄奘がこのほど帰ってきた。

脱出当時は国外旅行禁止だったため、姿を消した玄奘に対し世間の風は冷たく悪しき風評が広まったが、多くの仏典を携えての今回の帰国に対しては全く逆の大歓迎。玄奘はこのあと、旅行記の執筆に取りかかる予定とか。

どんな読み物になるのか、今からその成果が期待されている。

キプロス
ギリシア神話女神の島　サラセンに占領される

【キプロス＝六四九年】歴史のなかでもまれ翻弄されつづけてきた東地中海のキプロス島が、今度は版図を拡大するサラセン帝国の軍隊によって占領された。

ＢＣ六〇〇〇年頃からの人類の痕跡が認められるこの島は、その後エジプト、ミケナイ、ギリシアなど各種の文明の影響を受け、またエジプトはもとより、アッシリア、ペルシアなど大国の侵略を繰り返し受けてはその支配下に甘んじるという経過をたどってきた。

逆説的には、それだけ地理的条件から交易の要衝として認められていたということになるのだが、海中で生まれたギリシア神話の女神アフロディテが流れ着いた島としても知られるこのキプロスに、いったいいつになったら平安が訪れるのだろう。

キプロス島

朝廷の「内部分裂」露呈

日本史新聞

主な記事から

◆朝廷の「内部分裂」露呈
◆有馬皇子、謀反の罪で処刑
◆唐・新羅連合軍、百済を滅ぼす
◆新羅使節団、中国服で来朝

飛鳥遷都
中大兄皇子ら、難波宮を去る
残された天皇、ひとりぼっちを憂う

【難波＝六五三年】皇太子の中大兄皇子は七月、孝徳天皇だけを難波宮に残し・大臣・役人らとともに飛鳥に移るという思いがけない挙に出た。いったい、宮中で何が起こったのか、さまざまな憶測が乱れ飛んでいる。

皇極天皇

孝徳天皇

皇太子に従った一行には、皇太子の母親である前皇極天皇や、孝徳天皇の妃であり、皇太子の妹である間人（はしひと）皇后も含まれており、天皇ひとりがとり残されるというのは、由々しき事態。

原因はどうやら遷都がらみ。これは皇太子が飛鳥への遷都を要望したが、天皇はあくまで難波宮にとどまることを主張したため、それならばと、皇太子が実力行使に出た模様。

難波宮は昨年完成したばかりで、孝徳天皇は「なんでこうなるの？」と、皇太子への不信感を表明し、さらに「どうして妃まで連れていくのか」と孤独の涙にくれているという。

孝徳天皇は、もともと大化の改新時に御輿（みこし）に乗せられただけで、実権はすべて皇太子にあるとみられていたが、ここにきて朝廷内部の権力構造が露見した格好で、朝廷内部の分裂が明らかになった。

なお、中大兄皇子が飛鳥に帰ったのは、朝鮮半島情勢が不穏になり、海に面した難波宮では防衛上不備があると判断したためとみられる。

有馬皇子、謀反の罪で処刑
消えぬ 中大兄皇子の陰謀説

【紀伊＝六五八年】有馬皇子に謀反の意志あり。紀伊の白浜温泉に療養中だった斉明（さいめい）天皇と中大兄皇子のもとに思いがけぬ一報が届いた。

ことの次第はこうだ。天皇と皇太子が飛鳥を離れ、白浜温泉に滞在している間、都では蘇我赤兄（あかえ）の家に豪族たちが集まり、中大兄皇子と天皇に対する悪口三昧となった。豪族たちの批判は、近年飛鳥を中心に行なわれている山城や運河の建設、あるいは新宮殿の造営などの大土木工事がいかに民や豪族の負担になっているかということ。さらに大化の政治改革一般にも批判は及んだという。

豪族たちは、その場に居合わせた有馬皇子に暗に決起をうながしたところ、有馬皇子は「みなさんがそこまでいうなら、やりますか」と口をすべらしてしまった。

ところが、蘇我赤兄は、この言葉を聞くなり、中大兄皇子のもとに密使を送り、有馬皇子の謀反の意志をチクってしまった。有馬皇子はただちに捕らえられ、紀伊に送られて処刑された。

有馬皇子は孝徳天皇のただひとりの皇子で、去る六五四年、孝徳天皇が死去した際には、皇位継承の最有力候補ともみられていた。だが、皇極元女帝が再び即位し、斉明天皇となったため、政権奪取のチャンスをうかがっていたと伝えられている。

とはいえ、今回の謀反劇は中心人物の蘇我赤兄の動向がいかにも不自然で、中大兄皇子が仕組んだ陰謀との噂があり、犠牲になった有馬皇子に同情する向きも多い。

謎の飛行物体か？ 龍に乗った人現わる

【河内＝六五五年】謎の飛行物体が現われたとの噂が難波付近で駆け巡っている。それによると、五月一日、龍に乗った人が空中に現われ、葛城嶽（かつらぎだけ）から北に飛行して生駒山方面に消えたという。龍に乗った人は唐人に似ていたともいう。さらに摂津では、正午頃にこの飛行物体が現われ、住吉（すみのえ）の松嶺（まつみね）から西の方向に飛び去ったとする目撃証言もある。この怪現象について、住吉大社の神霊だとも、死霊のしわざとも、蘇我蝦夷の霊だとも人々は噂しているが、詳細は不明。

緊張高まる朝鮮半島情勢

唐・新羅連合軍、百済を滅ぼす

【百済＝六六〇年】

高句麗・新羅・百済の三国鼎立（ていりつ）の状態にあった朝鮮半島に新たな緊張が走っている。高句麗・百済の侵略に手を焼いていた新羅の武烈王が、ついに中国の唐に応援を依頼。唐は三月、百済攻撃に大軍を派遣し、新羅軍と挟み撃ちにするかたちで百済を滅ぼした。さらに唐と新羅の連合軍が高句麗攻撃に出るのは必至で、半島情勢には唐の強い影響力が及びそうだ。倭国の外交政策にも重大な転機が訪れている。

倭国の外交にも暗い影

中国の唐は、太宗の時代以来たびたび高句麗に攻め入っていたが、高句麗の粘り強い抵抗の前に撤退を繰り返していた。現皇帝の高宗はこのたび方向を転換し、矛先を百済に向けた。これは高句麗と百済の侵入にたびたび苦しんでいた新羅の武烈王が何度も救援を要請していただけでなく、高句麗を滅ぼすには、まず百済からとの判断があったものとみられる。

唐は三月に朝鮮半島に十三万という大軍を派遣、各地で百済軍を撃破。一方、五万の新羅軍も百済に攻め込んだ。

百済の義慈王は酒におぼれ、まったくやる気をなくしていたと伝えられていたが、七月ついに首都の扶余城を明け渡した。このとき王宮の官女たち多数が「生きて辱めを受けるよりは」と城下を流れる白馬江に絶壁から身を投げたといわれる。その数は三千人に達したとの情報もある。百済の義慈王や皇太子は捕虜として中国に連行された。

しかし、百済の遺臣のなかには復興をはかる動きもあり、特に鬼質福信（きしつふくしん）は日本にいる百済の皇子、余豊璋をたてて王朝復活を計画している模様。

日本は朝鮮三国に対して宗主的な立場でバランスを調整していく外交方針だったが、ここにきて半島全体に唐の力が強まったことで、新たな外交政策が模索されている。

白馬江

新羅使節団

「虎の威」の中国服で来朝

朝廷激怒、強気に追い返す

【筑紫＝六五一年】

なんと中国服を着て新羅の使節が来朝。

筑紫にやってきた新羅の使節が奇妙なことに、従来の朝鮮風の衣裳ではなく、唐の着物を着ていた。あたかも新羅の背後には唐がひかえているぞ、という態度が見え見え。

「虎の威を借る」ならぬ「唐の威」を借りて優越的に臨んできた使節の態度に、朝廷は激怒。「まったく節操がないことだ。よくもそんな真似ができるもんだ」と面会を拒否し、そのまま使節を追い返してしまった。

新羅は近年、百済の侵略に苦しむあまり、唐との連携を深めていた。その推進者は百済の真徳女王で、唐の衣服を着用したり、唐の年号を採用したりしていた。

このたびの新羅の使節も、実質的に唐の属国となっているそうした新羅の状況を反映したもの。だが、今回は強気に使節を追い返したものの、「取り返しのつかないことになる前に、唐や新羅との関係を調整すべきでは」と案ずる声も外交筋からはあがっている。

時の話題

ヒグマの皮70枚

阿倍比羅夫の東北土産が役に立った

高麗人「高く売るつもりだったのに…」

【飛鳥＝六六〇年】

東北地方の蝦夷（えみし）征伐に乗り出していた阿倍比羅夫（あべのひらふ）が持ち帰ったヒグマの皮七十枚が、思わぬ役にたった。

今年来日した高麗人の使者はヒグマの皮を持参し、「こんな珍しいものは、日本にはないでしょう」と、政府高官に高く売りつけようとしていた。ところが、この高官は、阿倍比羅夫が東北蝦夷征圧から持ち帰ったヒグマの皮七十枚のことを思い出し、これを借り受けて高麗人の使者に見せた。

使者は「まさかこれほど大量にヒグマの皮が日本にあるとは」と恥じ入ってしまった。高く売りつけてひと儲けしようという目論みも大はずれ。

阿倍比羅夫は二年前から東北地方の蝦夷征圧に乗り出し、百八十艘の舟で日本海に沿って新潟・秋田・津軽方面まで軍を進めていた。

その間には、蝦夷のほか粛慎（しゅくしん＝みしはせ）という謎の民族と遭遇。織物や武器を海岸に置いて、この謎の民族と交易しようとしたが決裂。戦いとなって、粛慎を撃退した。

このとき阿倍比羅夫はヒグマの皮七十枚を手に入れ、朝廷にお土産として献上していた。今回はこの土産が思わぬ役に立つことになった。

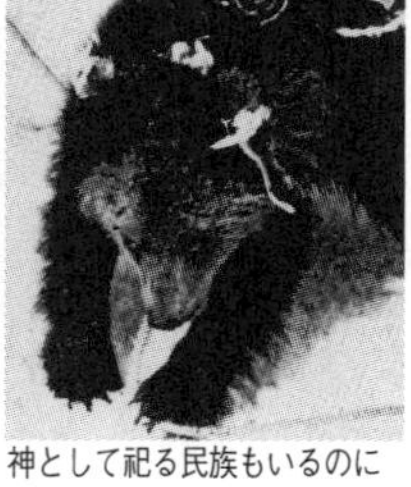

神として祀る民族もいるのに

日本史新聞

主な記事から

◆倭国、白村江の戦いで惨敗
◆九州に水城を築き、防衛体制を整備
◆中大兄皇子、即位して「天智天皇」に
◆我が国最初の戸籍作成

倭国、百済救援に失敗
白村江の戦いで惨敗喫す

唐の侵攻で、国家存亡の危機に発展か

【白村江＝六六三年】百済救援のために朝鮮半島に出撃した倭国軍は、白村江（はくすきのえ）の戦いにおいて唐と新羅の連合軍の前に壊滅的な打撃を受け敗北、百済の救援には失敗した。これで百済は名実ともに滅亡、日本も半島からの総撤退を余儀なくされた。さらに今後、唐が日本に攻めてくることも予想され、国家存亡の危機に発展する可能性さえある。

劉仁願碑（百済敗北の象徴か）

百済は六六〇年に唐と新羅の連合軍に滅ぼされ、百済の義慈王や皇太子は捕虜として中国に連行された。しかし、百済では残った武将たちが根強い抗戦を続けていた。なかでも鬼質福信（きしつふくしん）将軍は、各地で唐や新羅軍と戦いながら、六六〇年十月、日本にいる百済の皇子、余豊璋をたてて百済を再興するため同皇子の送還と、日本に援軍を要請していた。

斉明天皇の客死

日本は半島情勢の急変を重視。日本が第二の百済になる可能性もあるとして、百済救援軍の派遣を決定。翌六六一年三月には北九州に朝廷を移し、斉明天皇自ら九州に遠征するという悲壮な行動をみせていた。

ところが、斉明天皇は同年七月、九州で死去。中大兄皇子が皇太子のまま指揮を執ることになった。皇子は六六一年九月、遠征軍の編成を行ない、余豊璋に五千の兵をつけて百済に送還した。

半島では、唐が高句麗に侵攻し、百済の復興軍と新羅・唐の連合軍との戦いも激しさを増していた。

勝機はあった？

実のところ日本は、百済から救援軍の要請を受けてから実に一年半もの間、いわば戦況のなりゆきを見守っていたふしがある。ところが、翌六六二年五月、ついに第一次救援軍を派遣した。安曇連比羅夫（あずみのむらじひらふ）を将軍とする百七十隻の船を百済に送り、余豊璋を百済王として即位させた。

このタイミングはいかにも絶妙だった。ちょうど同年三月、高句麗の首都平壌を囲んでいた唐軍が、高句麗軍の頑強な抵抗の前に平壌の包囲を解いたこと、そして唐と新羅の連合軍が高句麗攻撃に重点をおき、百済にまわす兵力が比較的手薄になった結果、百済復興軍も善戦していると伝えられていた。いってみれば、勝ち目がでてきたのだ。

日本はさらに六六三年三月、いよいよ賭けともいえる冒険的な派兵に踏み切った。二万七千という大軍を一気に朝鮮半島に派遣したのだ。これはまさに日本軍の本隊の派遣ともいえる。

しかし、日本の本格的な参戦に危機感を覚えた唐は、大軍を百済方面にまわし決戦に備えた。唐・新羅連合軍対日本・百済の連合軍の全面戦争は目前となった。

敗因は内部崩壊

思いがけなかったのは、同年六月、百済軍内部で亀裂が生じたことだ。日本で三十年も暮らし、本国の事情にうとい余豊璋は、猜疑（さいぎ）心が強く、なんと将軍の鬼質福信を謀反の疑いで殺害してしまったのだ。これでは勝てる戦いも勝てなくなる。

六六三年八月、両軍はついに錦江下流の白村江で激突した。海戦は二日間に及び、両軍は四度戦ったともいう。

結果は日本の惨敗に終わり、沈められた日本軍の船は百隻とも四百隻とも。炎と煙は天を焦がし、海が真っ赤に染まるほどの大海戦も勝利の女神は日本軍に微笑まなかった。陸上でも百済・日本連合軍は敗れ、余豊璋は高句麗に逃れた。日本軍はほうほうの体で百済の遺民を連れて帰国した。

この敗戦で受けた日本のダメージは測り知れない。朝鮮半島から全面的に閉め出されただけでなく、今後、唐と新羅が日本に攻めてくる事態も予想されことから、この非常事態を乗り切る新たな外交政策が急務となっている。

九州に水城を築く
敗戦後の防衛体制を整備
半島後遺症

水城

【九州＝六六四年】白村江の戦いに敗れ、唐・新羅の連合軍が我が国まで攻めてくるのを恐れた中大兄皇子は、九州を中心に防衛施設を築いている。

その一つとして、皇子はまず、対馬・壱岐・筑紫などに辺境防備のための軍隊である防人（さきもり）を常駐させ、烽（とぶひ＝のろし）台の施設を設置した。また筑紫の太宰府近くに防衛施設として水城（みずき）を築いた。これは全長一・二キロメートル、高さ一四メートルの土塁で、戦時に川をせき止めて貯水し、敵が襲ってきたら水で押し流そうという作戦であるらしい。皇子はさらに、筑紫・長門・瀬戸内・大和などをつなぐ山城のネットワークを築く予定で、すでに筑紫の大野城、長門の城などは建設が始まっている模様。

このような山城の建設は、百済から亡命してきた人々の知識に基づくもので、朝鮮式山城というべきもの。いつ唐や新羅が攻めてきてもおかしくない状況のなかで、厳戒体制が続いている。

中大兄皇子ようやく即位
不評の大津京で「天智天皇」に

【大津＝六六八年】百済救援のため九州に遠征中に斉明天皇が崩御して以来、七年間も皇太子のまま政務を執っていた中大兄皇子は、昨年遷都したばかりの大津京でようやく即位し天智（てんじ）天皇となった。

弟の大海人（おおあま）皇子を皇太弟に指名したほか、息子の大友皇子は新設する特別の大臣職に任命する予定。

即位の記者会見で天皇は、「大化の改新以来、即位までにこれほど時間がかかったのはなぜですか？」との質問に、「私はもともと地位には興味がなかったので……」と、はぐらかした。さらに各方面で不評となっている大津京遷都について尋ねられると、「内外の諸情勢は、のっぴきならないところにきている」と、暗に唐や新羅に対する国防上の理由を示唆。海岸から遠く離れ、琵琶湖の交通と背後に東国をひかえる近江地方が地理的にすぐれていることを示した。大化の改新以来、わずか二十三年間で、飛鳥→難波→飛鳥→筑紫→飛鳥、そして今度は近江の大津へと、たび重なる遷都に貴族も役人ももうんざり。そのたびに宮の造営を命じられる民の不満も高まっているだけに、新たな政治手腕が期待される。

庚午年籍
我が国最初の戸籍作成
律令国家へ本格的な取り組み開始

【大津＝六七〇年】天智天皇は律令国家の基本ともいうべき全国規模の戸籍を作成した。

これは九州から東国に到る民の数を把握し、それにともなう税の徴収を正確に計算しようとするもの。まさに大化の改新以来の宿題であった公民制を実現し、中国の制度にならった中央集権的な律令国家へと大きく足を踏み出すものだ。

里ごとに一巻にまとめられ、戸主や戸口の名前を記し、その続柄や、良民と賤民の区別もされた本格的な内容。今年が庚午の年にあたることから、「庚午年籍（こうごねんじゃく）」と呼ばれている。

戸籍作成の背景には、近年、本籍を離れ盗賊や浮浪者になる者が多いことから、彼らを本籍に連れ戻したり、氏姓をもたない者には氏姓を与え、さらに身分の曖昧な者を良民か賤民かにはっきると分けることで、国家の権威をしっかりと国民の間に浸透させようとの意図がある。庚午年籍は今後も基本台帳として永久保存されることになっており、戸籍自体は六年ごとに改訂されていく予定。

世界短信

シリア

ウマイヤ朝サラセン、帝国の拡大続く

【シリア＝六六七年】サラセン軍がシチリアを攻撃、帝国拡大の勢いが続いている。サラセンとは一般にイスラム教徒のことをいうが、イスラム教の創始者はモハメット。モハメットは、「アラビア全土から不信者を駆逐せよ」と遺言して六三二年に病死。その後は、統率者となるカリフ（預言者の後継者）は代々選挙で選ばれてきた。しかし、内部抗争が絶えず、現在のカリフ、ウマイヤ家のムアヴィアは、四代目のアリーを暗殺して、六年前の六六一年にその地位についた。この頃から、帝国の拡大政策が加速するのだが、同時にウマイヤ家の私生活も派手になり、さらにはカリフを世襲化する動きさえ見せている。これらの行動がイスラム教の教えに背いてはいないか、周辺はハラハラしながら見守っている。

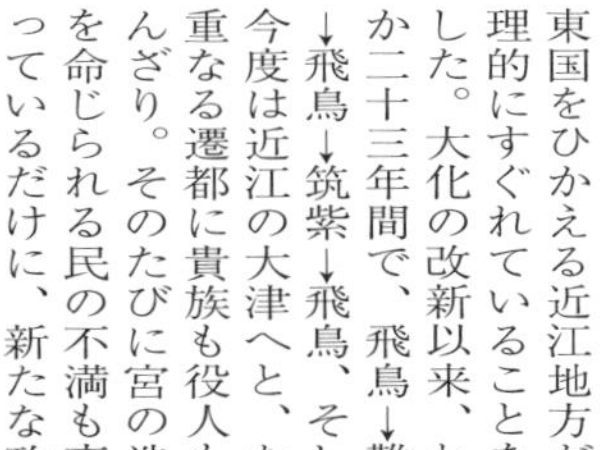
イスラム教の説教

朝廷史最大の内乱勃発

大海人が政権奪取、大友は自殺

日本史新聞

主な記事から

- ◆朝廷史最大の内乱勃発、壬申の乱
- ◆天武天皇、「八色の姓」制定
- ◆ハレー彗星、出現
- ◆筑紫で大地震発生

近江大津京

後継者問題

叔父と甥が激突、骨肉の争いに

原因は、天智天皇晩年の慣例無視

壬申の乱

【近江・吉野＝六七二年】皇位を巡って叔父と甥が争う。なんともすさまじい内乱が起きた。昨年十二月の天智天皇の死後、誰が天皇になるのか朝廷内では予断を許さない状況が続いていたが、吉野に隠棲していた天智天皇の弟、大海人皇子（おおあまのみこ）が挙兵、一気に東国をまとめ近江の政府に兵を向けた。近江大津京にあった天智天皇の息子、大友皇子（おおとものみこ）はただちに吉備・筑紫に使者を送り援軍を要請したが、失敗。両軍は大和・近江を中心に激しく戦ったが、ついに大海人皇子が勝利して政権を奪った。大友皇子は自殺した。

今回の内乱は、昨年正月、大友皇子が太政大臣に任命されたときから始まっていたといってもよい。大海人皇子は従来どおり皇位は兄弟で譲位されるものと思っていたが、天智天皇の心がすでに息子の大友皇子に傾いていたのは明らかだった。

大海人、隠棲装う

昨年十月、病床にあった天智天皇は枕頭に大海人皇子を呼び、後事を託す旨を告げた。しかし、これが謀反の罪をかぶせるトリックと考えた大海人皇子は、ひたすら固辞して出家し、吉野で隠棲を装っていた。実力者である大海人皇子をこんな状態にしておくのは、「虎に翼をつけて放すようなもの」との噂も朝廷では流れていたが、昨年十二月、天智天皇は不安材料を残したまま崩御。政情は予想どおり波乱含みで、大友・大海人双方で水面下の抗争が続いていた。

発端となったのは、大友皇子が今年五月頃、亡き天皇の陵墓を造ることを口実に、美濃・尾張から人夫（実は兵士）を集め始めたことで、これを知った大海人は六月、東国方面に密使を送ったり、大津京にいる息子の高市皇子（たけちのみこ）、大津皇子（おおつのみこ）に連絡をとるなど、挙兵の準備を着々と進めていた。

大海人皇子

六月二十四日、大海人はわずかの従者とともに吉野を出て、昼夜兼行で伊賀を越え、伊勢に至った。大海人の作戦はまことに迅速で、高市皇子、大津皇子がまもなく合流すると、二十七日には東国への入り口にあたる美濃の不破関を押さえ、ここを拠点とした。さらに大海人は東国の豪族たちを一気にまとめ、大兵力を結集すると、これを二隊に分け、一隊は大和へ、一隊は近江に進軍させた。

大友側が遅れをとったのは間違いなかった。不破関を押さえられている以上、東国に援軍を要請することはかなわず、また吉備や、筑紫に援軍を要請しても、「我々は海外からの防衛が本来の仕事」と拒否される始末。大化の改新以来、天智天皇が進めてきたあまりにも急激な中央集権改革に対する豪族たちの並々ならぬ不満を露呈することになった。

運命の瀬田唐橋

戦況の方は、大和では最初、大友軍の圧倒的優勢が伝えられていたが、大海人軍が東国の兵力を送り込んだことで一変、箸墓の戦いで大海人軍が勝利して、大和を手中におさめた。一方、近江では、琵琶湖東岸に沿って戦いが続いたが、大海人軍が連戦連勝し、次第に大津京に迫った。戦いは七月二十二日、ついに湖尻の瀬田川をはさんで両軍の激突となった。ここでは大友皇子自ら出陣したが、大海人軍が瀬田川の唐橋を奪取して勝利。敗れた大友皇子はどうにか逃れたものの、翌日「もはやこれまで」と山崎の地で自害した。壬申（じんしん）の年に起きた血で血を洗う皇族内部の骨肉の争いは、こうして大海人皇子が念願の皇位を奪ったことで幕を閉じた。

天武天皇、独裁体制に向け着々

豪族を官僚化し、「八色の姓」制定

【飛鳥＝六八四年】

壬申の乱に勝利した大海人皇子は六七三年二月、飛鳥浄御原（きよみはら）宮で即位し天武天皇となったが、その後、強力な指導力で天皇による独裁的な専制体制を目指している。やり方は徹底的で、天皇の権力を著しく高め、天皇自身を神格化する動きも見せている。

天武天皇は六七五年、部曲（かきべ＝諸豪族の私有民）を廃止し、諸王・諸臣の林野を没収するなど、公地公民化に向けて強権を発動した。これによって、壬申の乱で功績のあった豪族や、親王たちからさえ不満が生まれたが、天皇は、反発する者はことごとく流刑などの処罰を課して押さえ込んできた。

これまで当然と思われていた地方豪族の特権を大胆に剥奪したのも特徴で、彼らを朝廷内部の官僚組織に組み込み、天皇の臣下としてはっきりと位置づけた。大臣職を置かず、権力の中枢を天皇や皇后を中心とする皇親だけで握ってきたのも、そんな政策を端的に示すもの。

こうした政策の決定版がこのほど制定された「八色の姓（やくさのかばね）」の制度だ。これは天皇を頂点とする身分体系を確立しようとするもので、天皇に近い身分の順に、真人（まひと）、朝臣（あそん）、宿禰（すくね）、忌寸（いみき）、道師（みちのし）、臣（おみ）、連（むらじ）、稲置（いなぎ）の八階級の姓からなっている。

同天皇は三年前の六八一年、我が国の歴史の基本となる史書の編纂を命じているが、これは諸豪族の家ごとに異説のある系譜の体系を天皇家中心に編纂し直すもの。自らを神ともみなす豪腕ぶりには、賛嘆と非難の両方の声があがっている。

裏日本史物語
画・梅本文左ェ門
皇位争奪、ダジャレバトル〜!!
ワーワー
おおとも!(そうとも!)
大海は大甘だ!
大友皇子
大海人皇子
……
……
……
くだらなさで大海人皇子の勝ち〜!
なんでやねん!
ハイ、退場
プー

天武天皇 ハレー彗星の出現に驚く

【飛鳥＝六八四年】

天文学や占い好きで知られる天武天皇は六七五年、飛鳥に天文台を建設し、天文博士や学生たちに天体の観測を命じていたが、六八四年七月、西北の方角に不思議な星が現われたとの報告を受け、このたび同天文台で夜空の観察を行なった。天文博士によると、この天体は「ハレー彗星」と呼ばれる箒星（ほうきぼし）で、非常に明るい長い尾を引いているのが特徴。

日没後、西の空に一ヵ月ほど見えている。天武天皇はハレー彗星の出現に驚くやら感激するやら、しばしの天体ショーに見入った。

同天皇は壬申の乱の行方を自ら式（ちく）をとって占ったといわれるほどの占い狂で、今回の彗星の出現も「何か天変地異の前触れでないか」と、不安もみせている。

ハレー彗星

壬申の乱を読む

軍事評論家・飛鳥三郎麻呂さんの話

多くの豪族が大海人皇子側についたのは、国内の不満が爆発したといってもいいでしょう。

大海人皇子は長年、政治の中枢で実務をとってきた実力者。それに比べ大友皇子は才能に恵まれたとはいえ、やはりまだ若かった。

周到に準備していた大海人皇子の老練な作戦にしてやられましたね。

大海人皇子の唯一の危機は、わずか数十人で吉野から伊賀越えをしたときでしたが、ここを切り抜け、すぐに不破関を押さえたのが大きかった。

筑紫で大地震発生

【筑紫＝六七八年】

北九州の筑紫で大地震が発生した。年の瀬も押し迫った十二月二十七日の夜、突然、巨大な地震が北九州の大地をゆるがし、多くの家屋を倒壊させた。

住民によると、大地に幅二丈、長さ三千丈ほどの地割れができたほか、岡の上にあった農家がそのまま別の場所に移動してしまい、その農家の住人は岡が崩れたことも家が移動したことも翌朝まで気づかないほどの一瞬の出来事だった。また豊後地方では、あちこちで温泉が湧き出しており、九州の地震活動が非常に活発になっているのではないかと懸念されている。

新羅が朝鮮半島を統一

【平壌＝六七六年】

朝鮮半島では六六三年の百済の滅亡に続き、六六八年には高句麗も滅亡し、三韓のうちでは、唐の属国状態にある新羅だけが国として残っていたが、やがて唐と新羅の間で半島の支配権を巡って反目。このほど百済や高句麗の遺民と連携した新羅が唐の影響力を排除して、実質的に半島全体を統一した。

天武天皇崩御

日本史新聞

主な記事から
- ◆天武天皇崩御、持統天皇が即位
- ◆大宝律令完成
- ◆元明天皇、平城京に遷都
- ◆古事記に続き、日本書紀も完成

激震走る飛鳥浄御原宮

大津か草壁か

武力衝突に発展？　後継者争い泥沼化必至

【飛鳥＝六八九年九月九日】
九月九日、天武天皇が崩御された。昨年病に倒れ、いったん持ち直したものの、今年五月に再発、その後の経過が心配されていたが、遂に帰らぬ人となった。皇親政治を推進、天皇家の権力・権威の集中化をはかってきた中枢人物の死で、朝廷内の衝撃は大きかったが、後継の座を巡って早くも水面下では活発な情報合戦が展開されている。（2面に続報）

天武天皇

天武天皇の本名は大海人（おおあま）。三十八代天皇天智の実の弟に当たる。

皇子時代から人望厚く、天智のあとを継ぐのは確実と見られていた。ところが、天皇の変心にあって後継問題が紛糾、甥の大友皇子と武力で争い、これに勝利して天皇の座についた。それが、世にいう壬申の乱だ。

歴史は繰り返されるというべきなのか、天武の後継を巡って骨肉の争いが必至の状況が朝廷内で起こっている。いまのところ、後継者として最有力候補は大津皇子だが、これには皇后の菟野皇女（うののひめみこ）が猛反対の様子。皇后は実子草壁皇子を推しており、話し合いで決着がつくのか、それとも武力衝突に発展するのか、今後のなりゆきが大いに注目される。

後継問題

大津皇子、無念の自殺

陰謀か、謀反の疑いで逮捕の翌日

【飛鳥＝六八九年十月二日】
天武天皇の崩御の後、権力の座を巡って激しい誹謗中傷・情報合戦が繰り広げられていたが、崩御から一ヵ月もたたぬ十月二日、なんと驚くことに後継の最有力候補と見られていた大津皇子が謀反の疑いで一味三十人とともに捕らえられ、翌日には死を命じられ自殺した。

同皇子はまだ弱冠二十四歳。天武天皇の実子だったが、皇后の子ではない。天皇と皇后の実姉・太田皇女（おおたのひめみこ）との間にできた子だった。天皇の死後、政治の実権は皇后と皇太子の草壁皇子に移ってはいたが、才能豊かで人望厚かった大津皇子は、存在している限り草壁皇子のライバル。

そんなことから、今回の事件は、我が子の草壁皇子を贔屓（ひいき）する皇后が、大津皇子の力量を恐れて仕組んだ陰謀だったとする憶測がまことしやかに流れている。

大津皇子の妃、山辺皇女（やまのべのひめみこ）は夫の死を知ると、裸足で駆けてきて遺体に取りすがって泣き、そのまま殉死した。謀反事件の真相は藪の中だが、二人には人々の同情が大いに集まっている。

中国のマネーして造ってみました

日本最初の貨幣、和同開珎鋳造

【大和＝七〇八年】
今年正月、武蔵国秩父から純度の高い銅が献上されたことを記念し、政府は日本で最初の貨幣の製造を決定した。年号が和銅と改元されたことから、新貨幣の名は「和同開珎（わどうかいちん）」と決まった。

中国にならって日本でも銭貨を造ってみようとしたものだが、新都平城京の建設のための新たな財源確保との見方が有力だ。とはいえ現実には、米と布が広く貨幣の代わりとなっており、和同開珎がどれほど普及するかはまだ疑問視する向きもある。

このたびは銀銭と銅銭が造られたが、銀銭の方は来年には使用が禁止される見込み。政府はなかば強制的に銅銭の使用を命じており，旅人に銭貨の便利さを教えたり、銭貨を蓄めた者には位を授けるなど、苦肉の策を講じている。

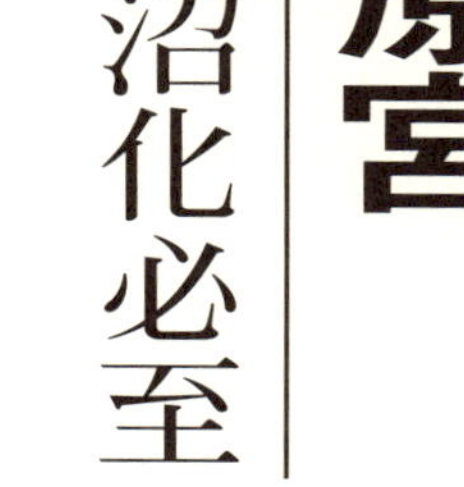
日本最初の貨幣、和同開珎

後継問題決着
皇后、即位して持統天皇に
「草壁病死、軽皇子幼少」が決断理由

持統天皇

【飛鳥＝六八九年】
このほど、迷走していた後継問題にようやく決着がつけられた。

とうとう、皇后が即位し持統（じとう）天皇となったもの。天武天皇の死後、有力候補と見られていた大津皇子が謀反の疑いをかけられ自殺した後、帝位を継ぐのは、皇太子の草壁皇子だとされていたのだが、その皇子が昨年、生来の病弱のためか即位することなく病死。まだ二十八歳だった。

草壁皇子には息子の軽皇子（かるのみこ）がいるが、まだ七歳という幼さで、腕白ざかりの親王を即位させるわけにもいかない。

壬申の乱勃発の折りには天武天皇と一緒に吉野から伊賀越えをするなどスーパーウーマンぶりで知られる皇后は、悲しみを振り払い軽皇子が成長するまでのリリーフ役を決断した模様で、今回の持統天皇即位の運びとなった。

持統天皇、藤原京へ遷都

【大和＝六九四年】
天武天皇の政策を継承し、中央集権国家の完成を目指す持統天皇は六八九年、天武天皇が編纂を指示していた飛鳥浄御原令を施行。翌六九〇年には、全国の人民を完全に掌握する新戸籍『庚寅年籍（こういんねんじゃく）』をつくった。

さらに天武の治世末年頃から建設していた新都、藤原京が完成したことを受けて藤原京への遷都を行なった。

藤原京は、北魏（ほくぎ）の洛陽や唐の長安をモデルにした我が国最初の中国風の都で、大和三山に囲まれた東西約二キロ、南北約三キロの大都市。街を碁盤の目に区切り、中央付近に内裏（だいり）がある。

建設には全国から幾万の役民が集められ、用材も近隣だけでは足りないので、近江から筏（いかだ）で組まれ、奈良山を越えて運ばれた。

遷都の記者会見で持統天皇は「死んだ夫（天武天皇）にこの新しい都を見せたかった」と、涙ぐむひとコマも。

藤原京

大宝律令完成
初の本格的な法律

【大和＝七〇一年】
今年八月、大宝律令（たいほうりつりょう）が我が国最初の整備された法律として完成した。先に持統天皇によって施行された飛鳥浄御原令では、令（行政法）だけだったが、今度の大宝律令は律（刑法）六巻、令十一巻が完備され、聖徳太子が理想として掲げた大化の改新以来の目標であった律令国家の完成を告げるものだ。

編纂にあたっては、刑部親王（おさかべのしんのう）を総裁として、藤原不比等（ふひと）をはじめとする貴族・法学者・遣唐使・渡来人などの知識人十九人が中心となった。

『古事記』に続き、『日本書紀』も完成

【大和＝七二〇年】
七一二年、太安万侶（おおのやすまろ）により『古事記』全三巻が奏上されたのに続き、七二〇年、舎人親王（とねりしんのう）が『日本書紀』全三十巻を撰集し、元明天皇に奏上した。いずれも日本の歴史を公に書き記すもので、天武天皇時代に編纂が開始された。

『日本書紀』は神話の時代から持統天皇の退位までを漢文で記したもので、歴代天皇の治世の順に書いてある。「帝紀」「旧辞」などの国内の資料のほか、中国の『魏志』、韓国の『百済記』なども参考にされており、ところによっては外国の資料の表現がそのまま使われている箇所もある。

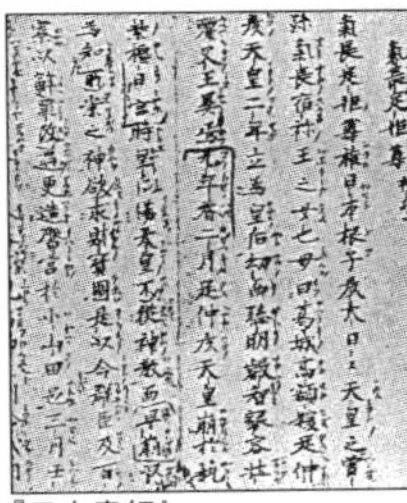

これで我が国最初の歴史書が完成したことになるが、批評家の間では、「古事記と同様、あまりにも天皇家の正統性を主張しようという意図が露骨だ」との声もある。

内外に威勢を誇示　元明天皇、平城京に遷都

【大和＝七一〇年】
元明天皇は三月、藤原京から平城京への遷都を宣言した。新都、平城京は奈良盆地の北部にあたり、藤原京をちょうど裏返したような位置にあり、唐の都、長安を意識して造られており、都城の規模は藤原京の二倍もある。明らかに遷都の目的は、京の北部中央に内裏や大極殿になり、京の東西を右京・左京に分け、碁盤の目状大路を中心に、朱雀（すざく）大路、南北四・八キロ、東西四・三キロ。

遷都の理由について、建設省役人は、「藤原京では下級貴族や役人などの住居が不足して手狭になってましたし、大都城の建設で内外に威勢を誇示したかったんですわ」と、中国に似せた小帝国を築き上げた政府の自信を示している。

平城京

世界◉短信

イベリア半島
サラセン軍、西ゴート王国を滅ぼす

【西ゴート＝七一一年】
西方への進軍が続いていたサラセン軍、すなわちイスラム軍が遂にイベリア半島に上陸、西ゴート王国を滅ぼした。それにしてもこのイスラム軍の好戦的でかつ旺盛な版図拡大意欲はいつまで続くのか、周辺諸国は戦々恐々としている。

遡れば、イスラム軍は六七三年に東ローマ帝国に侵入、首都コンスタンティノープルを五年にわたって包囲したためで、東ローマの兵力が勝ったためで、東ローマは生き延びたが、サラセン帝国で内部紛争が起こり包囲軍が撤退したこともあって包囲して飽きることがなかった。このあとの六七六年には中央アジアのサマルカンドを占領、そして今回のイベリア半島だ。

イベリア半島はヨーロッパの西端。イスラム軍はこの後、きびすを返して、東方のインドに向かって進軍するのではないかと見られている。

超図解
『大宝律令』
大宝律令が一週間でわかる！
発行・アスカー出版

日本史新聞

主な記事から

- ◆長屋王自殺、謀反の濡れ衣
- ◆墾田永年私財法成立
- ◆大仏開眼式盛大に開催
- ◆千年の都、平安京に遷都

長屋王自殺、謀反の濡れ衣

「政敵は消せ！」藤原一族の陰謀濃厚

【平城京＝七二九年】
政界の最高実力者、左大臣の長屋王に謀反の疑いがあるとのタレコミがあり、聖武天皇はただちに藤原宇合（うまかい）率いる軍勢を長屋王宅へ派遣。長屋王は釈明を許されぬまま二日後、一族とともに自決した。この事件を巡っては、権力基盤を固めたい藤原一族の陰謀という説がまことしやかに流れており、政界のどす黒い闘争がかいま見える。

一大勢力・藤原一族の基礎を築いた藤原鎌足

長屋王の謀反の動きを訴えたのは、下級役人の漆部君足と、中臣宮処東人の二人。長屋王は左道を学んで国家転覆を謀っているというのだ。その夜、朝廷はただちに藤原宇合が指揮する六衛府の兵をもって長屋王宅を囲んだ。翌日には、舎人親王らが長屋王に詰問に出向き、事実上、長屋王は弁明を許されることなく自決に追い込まれた。

この謀反劇の特異な点は、もともとたった二人の下級役人の密告で、時の最高執政官が自殺させられたこと。当然その背景には、権力の基盤固めを焦る藤原一族の策謀が噂されている。藤原一族は、不比等亡きあと、不比等の四子が朝廷内で有力な地位を築いている。聖武天皇の夫人として一族の安宿媛（あすかべひめ）を送り、さらに今度は切札の光明子を皇后として送り込もうとしていた。

ところが、古来、皇后は皇族から出るのが令の定めるところで、民間からいきなり立后された例はない。藤原勢力の伸長を嫌う長屋王は、一言居士でもあり、光明子立后に強く反対するとみられていた。

行基和尚、元気に布教の日々

弾圧にも負けず土木事業も

【畿内＝七三〇年】
国家鎮護の仏教に飽き足らず、民間布教の道を選んだ行基（ぎょうき）和尚が元気に農村を歩いている。和尚の行くところ、競って教えを聞こうとする人々で人だかりができ、その数は千人に達することも。和尚は布教だけでなく、堤防を築いたり、橋をかけたりと、土木事業にも力を入れ、律令体制の下であえぐ衆の救済のために一身を投げうっている。

政府は元来、僧侶のこうした活動を認めておらず、行基和尚にも弾圧を行なっているが、和尚は全然平気で、政府も次第に和尚の布教活動を認めていく方向にあるとみられる。

ある集会でのこと、大蛇と結婚することになったという女の相談に、和尚は「大丈夫、三宝を信じていなさい」と教えたところ、大蛇は女に近づけなかったという話も伝わっている。

行基和尚

墾田永年私財法成立

公田制崩れ開発ブームに？

【平城京＝七四三年】
七四三年、墾田永年私財法が制定され、これまで律令国家の基礎となってきた公地公民の原則が大きく変わることになった。すでに七二三年に発布された三世一身法により、公田制は崩れ始めていたが、「墾田は自由にかつ永久に私財にできる」という今回の法令で、有力者の土地所有は大きく進む見込みだ。

背景には、聖武天皇が進めている大仏造立事業がある。この事業に有力者の協力を得るためには、寄進してくれる豪族たちの土地所有を認めないわけにはいかなくなり、仏教をとるか、公地公民の原則を貫くかで、天皇も相当苦慮した模様。しかし、この法令によって資本力のある豪族や大寺院が競って大土地開発に乗り出しており、初期荘園を成立させるだろうとの見方もでてきている。

大仏開眼式 盛大に開催

参列者一万人

【平城京＝七五二年】

大仏建立（こんりゅう）の詔（みことのり）が出されて九年が過ぎた今年四月九日、東大寺大仏開眼供養の大儀式が盛大に行なわれた。

大仏殿前の式場には、聖武太上天皇・光明皇后・孝謙天皇をはじめ、貴族・官人・僧侶ら約一万人が参列した。

鼓の音、鐘の音、読経の声が響くなか、インド人菩提僧正がおもむろに大仏に進み、一・二メートルもある大仏様の目に大きな筆で瞳を入れ、開眼の儀を行なった。

聖武太上天皇は御病気が伝えられていたが、この日ばかりは看病禅師の道鏡とすっかり仲良しになり、たご様子。なお、大仏と大仏殿の完成までには、さらに数年かかるとみられている。

大仏様

藤原仲麻呂のクーデター失敗

孝謙天皇

【平城京＝七六四年】

太政大臣にまで昇進し、権勢の絶頂にあった藤原仲麻呂（なかまろ）がこのところ不安な日々をおくっている。

仲麻呂の後ろ盾であった光明皇太后が亡くなったばかりでなく、時の孝謙女帝はこともあろうに、看病禅師の道鏡の立場がまるでなくなったからだ。孝謙女帝と道鏡の仲は、病にあった女帝を道鏡が秘法をもちいて治療したことが発端とされるが、真相は不明。

七六四年九月、仲麻呂は軍事の大権を握る立場を利用し、女帝に対する反乱を企てた。これには淳仁（じゅんにん）天皇も味方していたが、計画は発覚し、仲麻呂は逆賊呼ばわりされ、一族とともに近江に逃れた。ところが運悪く、瀬田川の橋は政府軍に落とされており、東国への道は封鎖されていた。仲麻呂は官軍に敗れ殺され、淳仁天皇も淡路島に流された。

仲麻呂はかつて朝廷から「恵美押勝（えみのおしかつ）」の名を賜わるほどの寵児であった。

これで最後ですか？ 千年の都、平安京に遷都

【平安京＝七九四年】

桓武（かんむ）天皇は十月、かねてより造営していた山城国の平安京への遷都を宣言した。これにより十年間首都として機能した長岡京は未完成のまま取り壊しが決まった。

遷都の理由として、朝廷スポークスマンは、新王朝の開始にともなう人心一新や、平城京の旧仏教勢力との訣別、帰化人秦（はた）氏の財力に期待するなど、あれこれ言い訳をしているが、最大の理由は、謀反の嫌疑をかけられて死亡した早良（さわら）親王の怨霊の祟りから逃れるため、というのが大方の見方。

「これで最後の遷都とします」と政府は語っているが、貴族や役人の間には不信感も。たしかにこのところの遷都続きは異状なほどで、聖武天皇時には、七四〇年から七四五年までの五年間に平城京から恭仁（くに）京、紫香楽（しがらき）京、難波京と遷都し、また平城京に戻るという猫の目遷都。さらに桓武天皇も七八四年には長岡京に遷都し、この度ふたたび平安京にと、めまぐるしい。人民は遷都も本当にこれで最後にしてほしいと切望している。

平安京のなかを流れる賀茂川

長屋王の祟りか？

藤原四兄弟、相次いで病死

【平城京＝七三七年】

二年前の太宰府から始まった天然痘は、いまでは全国に猛威を振るい、バタバタと倒れる人民の姿に聖武天皇は「朕（ちん）の不徳のせい」と天を仰いでいる。

この天然痘のために故藤原不比等の四子、房前（ふささき）、麻呂（まろ）、武智麻呂、宇合も相次いで死亡。都では、八年前に藤原一族の陰謀で自決した長屋王の怨霊の祟りでは、との噂がしきり。

噂の焦点

街を散策しよう！

お金がなくて貧乏でも
新しい街は面白い。

『ぷあ マップ 平安』

絶賛発売中！

発行・(株)ぷあ

大佛拝観のお土産に

平城京銘菓

『大佛饅頭』

大佛饅頭本舗

偉大なる帝王、桓武天皇崩御

日本史新聞

主な記事から

- ◆偉大なる帝王、桓武天皇崩御
- ◆坂上田村麻呂、死去
- ◆薬子自殺、不倫劇の末路哀れ！
- ◆空海・最澄、ついに唐へ

危惧される国家財政の行方

次期天皇「喫緊の課題」は行政改革か

桓武天皇

【京都＝八〇六年】去る三月十七日、治世二十五年に及んだ第五十代桓武（かんむ）天皇が七十歳の天寿をまっとうして崩御された。平安京遷都、蝦夷地遠征、宗教界統制強化などで手腕を発揮、偉大なる帝王の誉れ高かっただけに、天皇亡き後の政治の行方を不安視する声が早くも出ている。

長岡京・平安京への遷都、東北地方の蝦夷の平定、最澄・空海など仏教のニュースターの育成に惜しみない援助を与えるなど、偉大な事業をなしとげた古代天皇制の確立者だった。

しかし治世の反面では、破綻の兆しの見えはじめた律令制の引き締めに苦慮し、勘解由使（かげゆし）を新設。

また、早良親王（さわらしんのう）を参議藤原種継（たねつぐ）卿の暗殺への荷担を理由に、皇太子から引きずり降ろし、死に至らしめたことで、晩年は早良親王の怨霊（おんりょう）に苦しめられるなど、苦難のご一生でもあった。

昨年（延暦二十四年）、拡大しすぎた行財政について政策転換の必要性を痛感され、藤原緒嗣（おつぐ）と藤原真道（まみち）に諮（はか）って、平安京造営と軍事政策の中止を決定されたばかりだった。

次期天皇の安殿親王（平城〈へいぜい〉天皇）は、桓武天皇の敷かれた行政改革路線の踏襲が最初の仕事といえよう。踏襲とは聞こえはいいが、その行方は各方面の利害が錯綜しており、早くも論議を呼びそうな雲行きだ。

訃報

坂上田村麻呂、死去

日本の歴史を変えた有能な軍政家

【京都＝八一一年】さる五月二十三日、征夷大将軍、正三位大納言坂上田村麻呂卿が死去した。政府は氏の生前の功績に報いるために、従二位を贈ることを決定した。

桓武天皇の治世に、征夷大将軍として東北の蝦夷（えみし）を平定、胆沢城の建設を指揮し、蝦夷のリーダー阿弖流為（あてるい）の投降を引き出すなど、王土の拡大に果たした功績は軍人の域を超え、歴史に残る軍政家であった。赤髭の偉丈夫は、赤子もなつく人懐こい笑顔でも知られ、部下の信頼は厚く身命を賭して戦った。

将軍、胆沢城の建設に着手

新鎮守府は王土拡大の輝ける象徴

【胆沢＝八〇二年】赤髭の猛将・坂上田村麻呂将軍が昨年来、四万の大軍を率いて第三次蝦夷征討作戦を展開してきたことは、本紙でも特派員の前線レポートで逐一報道してきたが、このたび最新レポートが届いた。

胆沢城建設予定地

それによると、征討軍は首領阿弖流為（あてるい）のゲリラ戦術を粉砕し、昨年末には、蝦夷の根拠地である胆沢（いざわ）地方を完全に制圧した。阿弖流為はまだ捕まっていない模様だが、蝦夷の精神主義だけでは、圧倒的な物量と軍事力を誇る坂上田村麻呂将軍に抵抗し続けるのは不可能で、投降は間近いというのが、軍事専門家の一致した見解。

また、本年早々には東国の前進基地として、胆沢城の建設にも着手した。政府の高官は、完成した暁には東国の鎮守府は胆沢城に移されることは規定方針だという。

スクープ

薬子自殺、不倫劇の末路哀れ！

躁鬱病の平城上皇を自在に操ったが……

【奈良＝八一〇年】

去る九月初旬、平城上皇は突然遷都令を発し、王城の人々を不安に陥らせていたが、嵯峨（さが）天皇は命令を拒否し、これを機会に上皇のいる平城京との「二所の朝廷」を解消することを決意され、上皇を操る薬子（くすこ）と仲成の藤原兄妹に対して断固たる処置をとった。

藤原薬子・仲成兄妹

天皇の処置迅速

本紙の特命記者の報告によると、嵯峨天皇の処置は迅速で、猛将坂上田村麻呂に命じて伊勢の鈴鹿の関、美濃の不破関、越前の愛発（あらち）関を封鎖。平安京にいた仲成を逮捕、薬子の冠位剥奪を宣言し、公卿らを召集するなど矢継ぎ早であったという。

これを聞いた平城宮内は大混乱に陥り、驚いた上皇は東国への脱出をはかったが失敗。取り巻きの藤原葛野麻呂（かどのまろ）らも逃げ出す始末で、あきらめた上皇は剃髪して出家した。逮捕された藤原仲成は処刑、妹の薬子は自殺した。

もともと薬子は、暗殺された藤原種継（たねつぐ）の娘で、長女が皇太子（のちの平城天皇）の妃になったことから、娘をさしおいて皇太子と不倫関係をもつようになっていた。桓武天皇は宮廷スキャンダルに激怒、一時は追放の憂き目にあったが、桓武天皇が崩御されると焼けぼっくいに火がついて、薬子と平城天皇の仲は復活。今度は兄の仲成まで巻き込んで、躁鬱病の持病をもつ平城天皇をマインドコントロールして政治に介入。上皇となった後も、隠棲の地、平城宮に隠然たる陰の朝廷をつくって、権力をほしいままにしてきた。

ここに、政令が天皇と上皇の「二所に出る」異常事態が続き、嵯峨天皇派と平城上皇派に分かれて権力闘争が繰り広げられていた。反乱・陰謀というにはあまりにお粗末な「薬子の変」。女ゆえの脇の甘さと上皇の気まぐれさが、この事件を象徴している。

「検非違使」創設される

【京都＝八一〇年】

政府はこのたび、都の警察機能と裁判権の拡充のために、検非違使（けびいし）を置くと発表。検非違使は令外官（りょうのげかん）。

律令制の我が国の特殊性に合わせての変更ということだが、令外官の増設は、軍事以外の権力装置であり、政府の引き締め姿勢が鮮明に。

空海・最澄、ついに唐へ

第12次遣唐使船、派遣される

【松浦＝八〇四年】

空海氏（三十一歳）と最澄氏（三十八歳）を乗せた第十二次遣唐使船四隻は、七月、肥前の松浦港を出航した。大唐帝国の長安から仏教教理と教典を持ち帰るのが二人の任務だ。秀才最澄氏は早くからその才能が注目されていたが、留学は今回が初めて。

一方の空海氏は、明経道（みょうぎょうどう＝大学の一般学科）学生として天才の呼び声も高かったが、その後行方をくらましたりして、天才ゆえの風狂と噂されたが、今回の遣唐使で復活を証明。

二人は桓武天皇のおぼえもよく、わが国の仏教界の輿望（よぼう）をになうスーパーエリート。邪僧道鏡によって傷ついた仏教界の威信を回復するためには、失敗の許されない遣唐使といえようか。

社説

なぜ、虚偽の作文をするのか？

斎部広成の『古語拾遺』について

【京都＝八〇七年】

斎部広成（いんべのひろなり）が『古語拾遺（こごしゅうい）』を撰述するに至ったのは、昨年、朝廷での神事祭祀をめぐる職掌問題を中臣氏と争ったことが動機だ。両家は古代から朝廷の神事を司ってきたが、近頃、中臣氏が優遇されていることに、斎部氏が頭にきたわけだ。

そこで国史や家牒に漏れている古い伝承をもとに、斎部・中臣の系譜をはっきりさせる愁訴状となった次第だ。鬱憤は、伊勢宮司に中臣ばかりが選任されるとか、諸国大社の神官から排除されているとか、十一ヵ状にもおよんでいる。

確かに、中臣氏の台頭は著しい。しかし、いかに頭にくるとはいっても、神聖なる我が国の歴史を斎部氏秘伝によって、ねじ曲げるのはいかがなものか？　斎部秘伝は興味深いものがあるが、正史を正すなら、私憤にかられてというのは感心できない。

世界短信

カンボジア

アンコール王国誕生　クメール族の悲願成る

【カンボジア＝八〇二年】

中国名「真臘（しんろう）」で知られるクメール族は、このほどジャヤヴァルマン二世が統一に成功。アンコール王国の誕生を、軍司令官から広報官に就任した大臣が発表した。メコン川流域に広がるクメール族は、七世紀に「扶南」を滅ぼして国家建設に成功したが、ジャワ族の侵入を受けるなど、温和な性格が災いして八世紀以来分裂状態にあった。

インドネシア

ボロブドゥール寺院が完成　建築推進にインド人関与か

【インドネシア＝九世紀前半】

大乗仏教を信奉するシャイレーンドラ朝は、このほど中部ジャワに石造の仏教寺院ボロブドゥールを建設した。仏教建造物としては史上最大規模。方形の基壇上に、五層の方形と、三層の円形が積み重ねられ、頂上に釣り鐘型のストゥーパ（塔）が載っているという幾何学的な構成だ。基壇の底辺は一辺が一二七・六メートル、高さは三一・五メートルに達する壮大な建築。壁面や回廊には、仏説や比喩物語がレリーフされ、一般大衆にも大乗仏教の悟りが得られるように配慮されている。ジャワに仏教美術建築が突然できた背景には、インド人が関与しているとの噂が飛び交っている。

日本史新聞

主な記事から
◆国司の任期改正の裏事情は？
◆稀代の天才、空海没す
◆遣唐使31年ぶりに復活
◆社説 国政指導の後退現象を憂う

国司の任期改正の裏事情は？

名より実、地方赴任大歓迎

地方の時代？

国司の土着化に見る新しい価値観

【列島縦断＝八一五年】国司の任期がこの七月から四年に改正された。政府の意図は六年の任期では長すぎて不正が起こりやすいので任期を縮めるというのだから、あきれてものが言えない。これを機会に、地方赴任の現状を取材してきた。

国司の田舎暮らしは最高？

地方赴任は、優雅な都人にとっては石器時代に逆もどりの気がするようだ。女房や子供から「パパ、ひとりで行ってよ」と宣告されかねなかった地方赴任だった。

ところが最近は風向きが変わったようで、見栄よりも実質というのが、新しい考え方のようだ。下級貴族として都での栄華を夢見るよりも、地方で豊かになって権勢をふるう方がいいわけだ。

匿名希望の某国の国司Ａ氏によれば、「昔は、不正を働くときは若干罪の意識があって、神火などと偽って正倉を焼いたものだが、今ではそんな手を使う必要もない。田租の稲なども不三得七法があるから、税金分の七割さえきちんと国に納めておけば、三割は国司の自由になるのだ。笑いが止まらないよ。君も記者なんか辞めて、官吏になったらどうだ。紹介するぞ」だそうである。

やはり匿名希望の国司Ｂ氏は、「私はこのまま、この国に溜まってもいい。もう都での宮仕えはこりごりなんだ。あの能面のような上司の顔をふたたび見るのかと思うと、考えただけでも気が滅入ってくる」。

どうやら地方の時代が始まっているようだ。

空海、高野山を道場建立地に

最澄へのライバル意識むき出し

【高野山＝八一六年】密教修禅の根本道場として、高野山を賜ることを嵯峨天皇に申請していた空海に、このほど許可が下りた。

天台の最澄に対抗するには、なんといっても唐の青竜寺の恵果阿闍梨（けいかあじゃり）直伝の密教がウリ。唐から請来した両界曼陀羅（まんだら）絵図・仏像彫刻・法具などを中心に密教文化と美術の聖地にする計画だ。南北軸に講堂と中門、東西軸には胎蔵界と金剛界の両部で宇宙を象徴する、根本大塔と西塔を配する密教独自の設計プランがすでに完成している。空海にとって畢生（ひっせい）の大事業になるプロジェクトだ。

桓武天皇死して、いささか旗色の悪い最澄に比べて、空海は嵯峨天皇や和気広世のおぼえもめでたく、すこぶる鼻息が荒い。

空海

最澄

日本で初めて茶が栽培される

畿内及び近江・丹波・播磨など

【畿内＝八一五年】去る六月、日本でも茶の栽培が初めて試みられることになった。栽培地は当初は畿内・近江・丹波・播磨などの諸国。栽培された茶は毎年献上させる予定だ。

お茶好きの朝廷や寺院の関係者は「これで日本もようやく先進国の仲間入りだ」と、鼻高々な様子で語る。茶人陸羽の書いた『茶経』の噂もあって、日本でも喫茶の風習へのあこがれが高まりつつある。

稀代の天才、空海没す

日本で初めて即身成仏を達成か

高野山

【高野山＝八三五年】万能の天才、空海がついに入定（にゅうじょう）した。側近の発表によると、空海は三月二十一日、高野山奥の院において、静かに即身成仏（そくしんじょうぶつ）をとげ入定したという。

ライバル最澄とともに、南都の旧仏教に対抗、新仏教の確立者であった空海の一生は、請来した絢爛たる密教の教えそのものだった。真言宗を創設し、高野山の金剛峯寺（こんごうぶじ）を中心に布教。宮中においても加持祈祷（かじきとう）を行なうなど、天皇家や公家貴族にもファンが多かった。

また、郷里の讃岐（さぬき）に満濃池をつくるなど、社会事業での活躍も余人の及ぶところではなかった。書道にも優れ三筆のひとりであり、十八歳で執筆した『三教指帰（さんごうしいき）』を皮切りに『秘密曼陀羅十住心論』など膨大な著作を残した。政府は空海の業績に対して弘法大師（こうぼうだいし）号を贈る予定だ。

悲しみに沈む高野山

遣唐使船、31年ぶりに復活

今回が最後、もはや学ぶべきものなし？

【京都＝八三四年】政府は一月十九日、第十三次遣唐使の派遣を決定。大使に参議の右大弁藤原常嗣（つねつぐ）、副使には弾少弼小野篁（たかむら）を任命した。空海・最澄らが留学した延暦二十三（八〇四）年以来、実に三十一年ぶりの派遣。舒明（じょめい）天皇の六三〇年に始まった遣唐使の歴史は「もはや唐に学ぶものはない」という意見が大勢になり今回が最後となる模様。

復活した遣唐使船

社説

国政指導の後退現象を憂う

良房首班内閣の成立に際して思うこと

【京都＝八五四年】左大臣源常（ときわ）が六月に死去。内閣の実権は藤原良房に移った。事実上の良房首班内閣の誕生である。

吾人は長年、この国の政治を見続けてきたジャーナリストとして、これを憂うるものである。良房卿は嵯峨天皇の寵愛を受けた冬嗣（ふゆつぐ）卿の子である。異常な才能ゆえに、三十二歳の若さで中納言に昇進している。その後、左大臣藤原緒嗣（おつぐ＝式家）、左大臣源常があいついで死去。もはや藤原北家の良房を止めるものはいまい。

良房卿は文徳天皇の外舅であり、姻戚関係を通じた支配が公正なるべき国政をゆがめる恐れがある。吾人は、良房卿が人臣として最初の太政大臣に遠からず就任することを予言しておく。

文芸評論

唐の詩人、白居易の作風

文章博士好川幸麻呂

白居易（はくきょい）の詩は、唐詩の歴史においては特殊である。ひとつは饒舌であること、しかも平易なことばを用いて、あえて濃縮された言語を避けている風に見えることである。その結果、「長恨歌」「琵琶行」など叙事的な長い詩が多い。

では、彼の詩において情熱が蒸発して希薄か、というと不思議なコクがある。唐の文学史のなかで、散文に比重が移ろうとする転機に、詩になりにくい饒舌体にあえて挑んだのが白居易である。

世界短信

新羅

貝水に長城築く 渤海に対抗か

【慶州＝八二六年】新羅政府は、渤海との国境線である貝水に長さ三百里におよぶ長城を築いた。渤海は勢力の伸張著しく、建国以来の宿願だった北辺の黒水靺鞨部の懐柔にも成功している。長城建設は、新羅が三九度線の貝水ラインを死守する決意を内外に示したわけだ。

フランク

ルートヴィヒ一世就任 ローマ教皇庁は歓迎一色

【フランク＝八一四年】偉大なカール大帝の後継者は、三男坊のルートヴィヒに決定。キリスト教の僧侶を重用する性格から、一部に不安視する向きがあり、後継者問題の帰趨が注目されていた。フランク王国（カロリング朝）では、すでに北方のノルマン勢力やイスラム勢力に対抗する世界戦略の見直しが始まっているようだ。

フランク

帝国、ついに分裂！西フでシャルル二世即位

【ヴェルダン＝八四三年】息子たちが父親に反乱を起こすという、前代未聞の大乱に陥っていたフランク王国では、ヴェルダン条約が成立した。帝国は三分割され、西フランクはシャルル二世、中フランクはロタール一世、東フランクはルートヴィヒ二世が統治することになった。

日　本　史　新　聞　　（ＡＤ860年）　～　（ＡＤ900年）

日本史新聞

主な記事から

◆慈覚大師円仁、立石寺を創建す
◆蝦夷、俘囚ら秋田城襲う
◆小野小町はペルシア人？
◆新羅、大乱に陥る

なぜ、山寺を選んだの？

慈覚大師円仁和尚、立石寺を創建す

出羽山寺

【出羽山寺＝八六〇年】「私も入定したい！」と言ったかどうか？　最澄亡き後、比叡山の法灯を守ってきた円仁（えんにん）さんが、今度、出羽山寺に立石寺（りっしゃくじ）を創建した。ところが、セミか蝦夷しか住まないような山奥に、台密のエースがなぜ山寺を創建するのか、話題が謎を呼び、謎が謎を呼んでいる。

円仁が選んだ山寺

山寺創建の秘密を解く鍵は、実は円仁さんの青年時代にありそうだ。円仁さんは最澄に弟子入りしたあと、ふたりで東国を旅している。出羽山の霊山であることは調査済みだった。

大唐に留学なさったときは、儒教と仏教の大論争や焚書（ふんしょ）事件も実見されている。山岳重畳と連なる五台山の聖地にも足を延ばされている。ご自身の命が尽きようとしている今、山寺を真言密教の高野山に匹敵する修行場にする意図が隠されている。そして、実は山寺の緯度は、大唐の五台山の緯度にほぼ等しいという。

円仁さんはきっとここで入定するつもりに違いない。

出　羽

蝦夷、俘囚ら秋田城襲う

小野春風、統治責任を問われる

【出羽＝八七八年三月～七月】出羽地方の蝦夷と俘囚（ふしゅう）らが大挙して秋田城に押し寄せ、城下は大混乱に陥った。蝦夷と俘囚らは、秋田城ばかりか民家などにも放火した模様。蝦俘らは雄物川（おものがわ）以北の独立を要求して立て籠もっている。

政府は上野（こうずけ）、下野（しもつけ）、陸奥（むつ）の軍隊の派遣を決定。藤原保則を出羽権守に、鎮守将軍には小野春風（はるかぜ）を指名した。現地からの報告では、国司の悪政への不満が原因と将軍らは情勢分析し、当面は強行策はとらず蝦夷らを宥（なだ）めている模様だ。政府内には、武力鎮圧の方針が徹底されないことで、将軍らの責任論が噴出している。

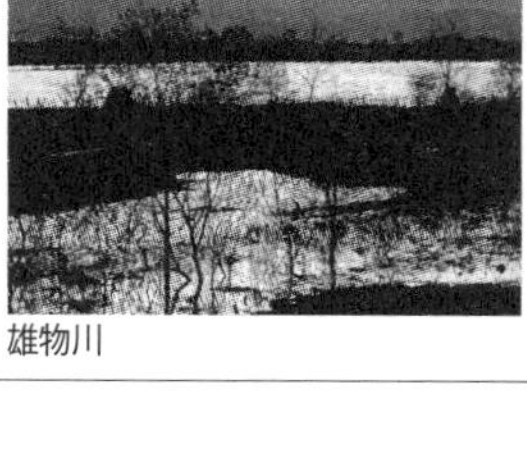
雄物川

清和天皇『論語』を初読

【京都＝八六一年】御年十二歳の清和（せいわ）天皇がこのほど、初めて『論語』を読まれた。

大人でも難しいのに、摂政の良房卿のお孫さんだけのことはある。若くして天皇になるのも権威を飾るのが大変。十二歳で人倫の道をお勉強しなきゃならないのだぞ。

厚生官僚もご愛用！　櫓のように屹立!!

倍櫓（ばいやぐら）入荷

淫多熱湯・男性名にて密送

使用上の注意をよくお読みのうえ用法・用例を守って服用してください。

回春館製薬

珍説拝聴

小野小町はペルシア人？
スケスケ・ルックで激情歌っている？

【京都＝八八〇年】

六歌仙の一人、小町は美人の代名詞。情熱的で奔放な性格。出羽の国の郡司小野良真の娘ともいわれるが定かではない。神官の娘で全国を歩いたという説もある。

歌の作風がまた、美しさが衣を透けて匂ったという伝説の衣通姫（そとおりひめ）の流儀。紀貫之（きのつらゆき）氏は「あわれなるようにて強からず。いわば良き女のなやめるところあるににたり」。

そんなところから、スケスケ・ルックの最新流行の衣裳に身をくるむペルシア人という珍説まで出る始末だ。記者会見して、弁明してほしいと思うのは記者だけではあるまい。

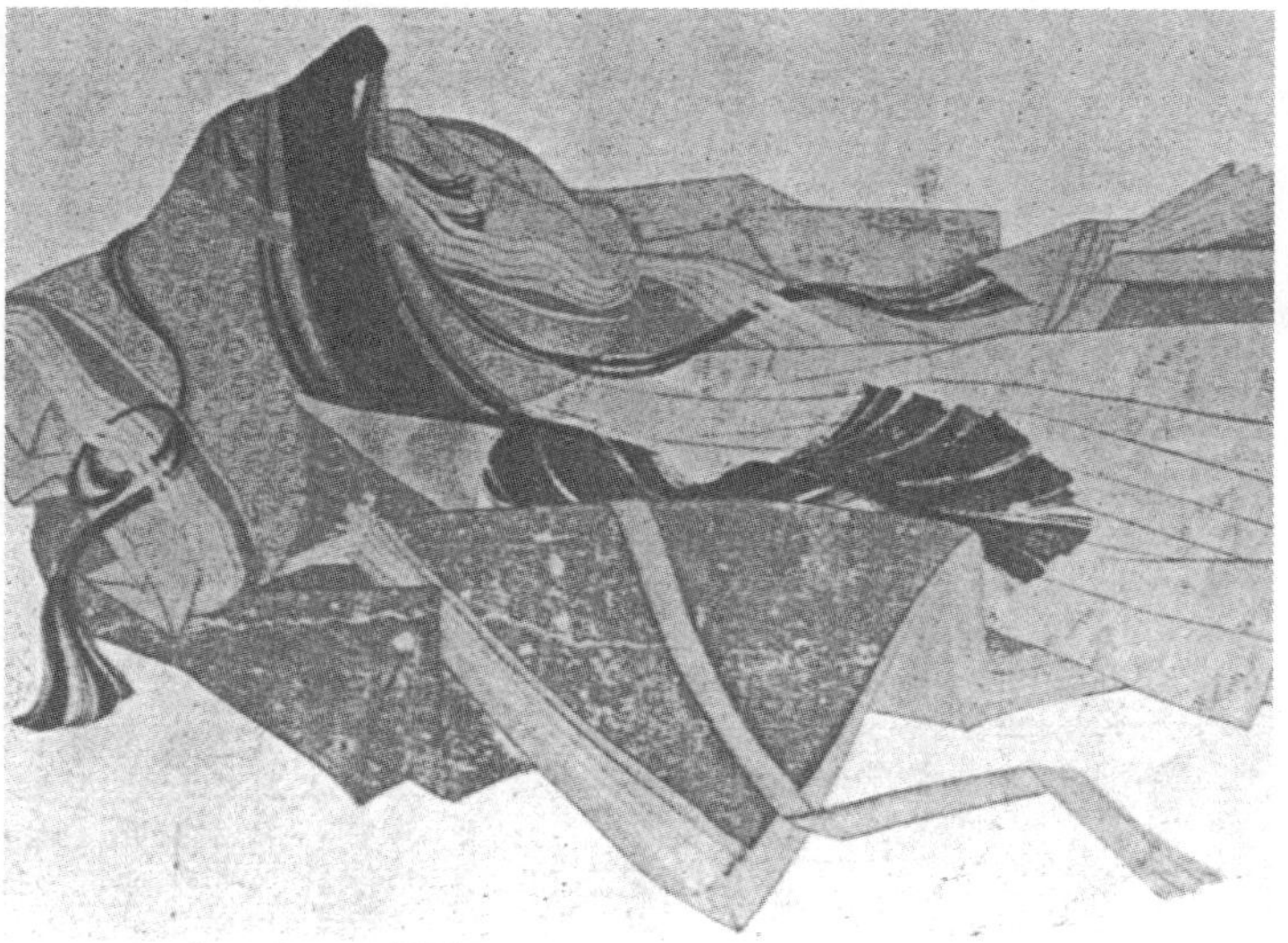
ペルシア人の噂まで出てきた小野小町

朝鮮半島

新羅、大乱に陥る
日本への影響必至、海峡に緊張

【慶州＝八九一年】

新羅の東部で弓裔（きゅうえい）に率いられた一派が反乱軍を起こした。弓裔は新羅王系を自称している。また、完山州では甄萱（しんけん）が独立の動きを強め、新羅情勢は予断を許さない状況だ。

新羅ではこの百年間、王族間の権力闘争が続いて、「下代の大反乱時代」と歴史家たちも自嘲気味に語っている。先年にも、尚州を拠点に元宗や哀奴ら赤袴（せきこ）の賊が猛威をふるって、新羅政府の統治能力は衰退の一途だ。

わが政府は、八六六年以来、新羅の賊の襲来への防備令を太宰府や山陰諸国に出して備えているが、一衣帯水ゆえ影響は必至で、注意深く情勢を見守る方針だ。

混乱続く慶州

美容エステティック小町

新テクニック「業平」
初秋セール！

大顔の悩み、もう過去のもの

［追跡ルポ］

平安第一のプレイボーイ 在原業平の一日

【某所＝元慶年間のある日】

都人で在五中将といえば、知らないものとてない、超のつく有名人だ。平城天皇の御孫という毛並みでチョー美男子ときている。そのうえ六歌仙に選ばれる教養人でもある。都女たちは集まっては、業平（なりひら）坊ちゃんの噂だ。どんな暮らしぶりか、降りしきる雪に隠れてあとをつけてみた。

坊ちゃん、洛北方面に向かっている。こんな天気でも出かけるんだから、随分とプレイボーイというものはマメなもんだ、きっとすごい美人との逢瀬が目撃できる、どのマスコミに売ろうかとソロバンを弾きつついったと思いねえ。

ところが、着いたところは北野。文徳天皇の第一皇子で皇位継承に敗れて出家された惟喬（これたか）親王の隠棲の地。親友の不遇を慰めにいったという顛末。とんだ突撃レポーターで恥ずかしくなっちまった。色好みの評判が立つには、人情にも篤くなければいけないようだ。噂によれば歌物語を執筆中というから、しばらくこの貴人からは目が離せない。

世界短信

カンボジア

アンコール＝トムの建設

【九世紀後半】

古クメールのヤショーヴァルマン一世は、トンレサップ湖畔に遷都。新王都には、リンガを中心に祭った壮大なアンコール＝トムが建設された。（南方総局特派員）

リンガ台座の装飾浮彫

イングランド

アルフレッド王即位

【イングランド＝八七一年】

北方のデーン人の侵入に苦しむイングランドで、エセルレッド一世の後をうけて、ウェセックス家のアルフレッド王が即位した。新王の手腕に期待が高まっている。（ヨーロッパ総局特派電）

ロシア

キエフ公国興る

【ロシア＝八八二年】

ドニエプル流域の東スラブ人が、念願の統一公国の建設に成功した。初代のキエフ公にオレーグを選出。欧州（？）の田舎者、スラブ諸族も統一に動き出したといえよう。（ウラル草原局特派電）

日本史新聞　（ＡＤ901年）　～　（ＡＤ928年）

日本史新聞

主な記事から

◆右大臣道真、太宰府に流される
◆友則、貫之ら『古今和歌集』を撰進
◆中国、五代十国時代に突入
◆道真の怨霊に帝都揺れる？

右大臣道真、太宰府に流される
青天の霹靂、子供たちも流罪

陰謀発覚、天皇が激怒？
ライバル高官の嫉妬説も浮上

【京都＝九〇一年】
醍醐（だいご）天皇が、右大臣菅原道真（すがわらのみちざね）を太宰権帥（だざいのごんのそつ）に左遷した。一月二十五日に詔が発せられると、道真卿は取る物も取りあえず、二月一日、慌ただしく太宰府に向けて出発、詰めかける取材陣の質問にも沈黙を守った。

梅と別れを惜しむ菅原道真

政府筋の情報によれば、配流の原因は、菅原道真が醍醐天皇を廃して自分の娘婿の斉世親王を立てる陰謀を計画、発覚して天皇の逆鱗に触れたということだ。

道真の庇護者である宇多（うだ）上皇は天皇への面会を求めたが、上皇の軍をさえぎった蔵人頭藤原菅根（すがね）に、醍醐天皇への取り次ぎが拒否されている模様だ。

別の高官は、異例の昇進を遂げる道真卿に公卿たちの反感が集まり、昌泰四年が辛酉（しんゆう）にあたることから、左大臣藤原時平がライバルの追い落としを一気に計ったとオフレコで語っている。

なお、道真に続いて一門にも累が及び、長男高視は土佐、景行は駿河、兼茂は飛騨、淳茂は播磨へ流罪と決まった。筑紫へ下った道真は一族の離散を悼んで、「父と子と一時に五処に離れにき。口に言うこと能（あた）わず、眼の中なる血」と、悲しみを詩に賦している。

●『新撰万葉集』撰進の実績
さすがインテリの声も

現在、沈黙を守っている道真だが、これまでの行動を拾ってみると、八年前の八九三（寛平五）年には『新撰万葉集』上下二巻を撰集、朝廷に献上している。

万葉仮名の和歌に七言絶句が添えられていた。日本の歌はどうも軽くていけないと、『万葉集』に不満の舶来好みにはピッタリの出来映えだった。当時は、「さすがに天神様はインテリ」との評価も高かった。

●「遣唐使派遣中止を」
建議提出の真意不明行動も

また、七年前の八九四年には遣唐使派遣中止の建議を提出した。①唐の国内事情から成果が期待できない、②留学僧からの報告で唐は落ち目である、③渡海中危険性が高い、の三点が理由。

しかし、これらの理由は前々からわかっていたことで、遣唐使派遣は大使が道真自身、副使が文章博士の紀長谷雄（きのはせお）で承和以来五十六年ぶり。道真の真意がどこにあるのか、廟議での取り扱いが注目されたことがあった。

神火ファイナンス
年金運用は当社へ
大唐の１０１も色褪せる、美国提携の４０１Ｋなら安心!

国風文化の基準、ついに成る
友則・貫之ら『古今和歌集』を撰上

【京都＝九〇五年】
『古今和歌集』が完成、醍醐天皇に撰上された。かねて紀友・則紀貫之に委嘱されていたもので、春・夏・秋・冬・恋・雑の六部、全二十巻に古今の和歌千百首が収められている。

平仮名の勅撰集は史上初めて。国風文化の愛好派には絶好の虎の巻となろう。

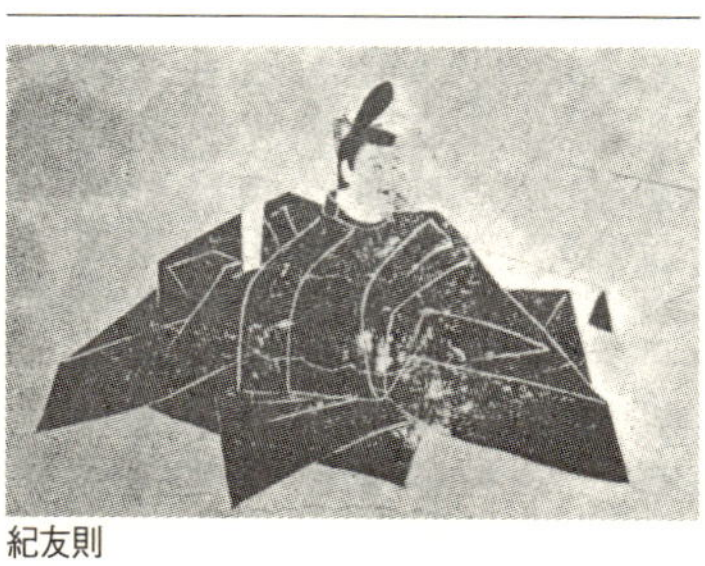
紀友則

中国

五代十国時代に突入
大唐帝国、三百年の歴史に幕

【中国＝九〇七年〜】

塩の闇商人、黄巣（こうそう）の反乱に悩まされていた大唐帝国がついに滅んだ。老大木が朽ち果てるがごとき最後だった。ラストエンペラー哀帝（あいてい）は、禅譲のやむなきに至り、朱全忠は後梁（こうりょう）を建国、太祖に就任した。

六一八年、李淵（りえん＝高祖）に始まる唐朝は、二代皇帝李世民（太祖）によって全国統一を達成。律令体制の盛時を見た。その文化的影響は東アジア一円に拡がり、わが国も例外ではなかった。

しかし、七五五年に安史の乱が起こって以来、律令体制の矛盾が拡がり、さしもの大唐帝国はゆっくりと坂道を下りはじめた。八七五年に山東省に起こった黄巣の乱はたちまち全国を席巻、落日は迫っていたといえよう。

黄巣の部下だった朱温は、寝返って朱全忠と改名、老帝国への忠節を誓っていたが、九〇七年、ついに唐を見限り滅ぼした。この結果、華北の中原は後梁・後唐・後晋・後漢・後周の五王朝に分裂（周・後漢はのちに呉越・南唐・南漢・前蜀・後蜀・呉・ビン・荊南・楚・南漢・北漢など十国が割拠している情勢だ。

わが国は遣唐使の派遣を通じて、大唐の律令制度や先進文明の摂取に努めてきた。政府はこの日の到来を予感しつつも、老帝国廃亡の現実に戸惑いを隠せない様子だ。

玄宗皇帝によって律令制の回復をはかり、文化・芸術において李白・杜甫の詩、顔真卿（がんしんけい）の書など偉大な唐の盛時を見た。律令体制に全国統一を達成。律令体制による中央集権を完成した。中期には高宗の後、則天武后の頃から政治が乱れ、周朝の成立に見舞われるが、玄宗皇帝

全国統一を達成した唐の2代皇帝太祖

菅公の怨霊に帝都揺れる？
左大臣時平ら関係者が次々と怪死

【京都＝延喜年間】

菅公（＝菅原道真）、怨霊となって蘇る。京都市民は殿上人も一般人も菅公の怨霊の噂で持ちきりだ。

菅原道真を讒言（ざんげん）して流罪に追い込んだ左大臣時平は生前から怨霊に悩まされ三十九歳の若さで死んだ。天変地異が続くなか、宮中で狐が怪死する事件さえ起きている。右大臣源光も不審死し、左大臣時平の血統を受けつぐ皇太子保明親王が死去するにおよんで、祟りを恐れた醍醐天皇は、延暦二十三年、菅原道真を右大臣に復し正二位を贈位して名誉を回復した。

しかし、怨霊はこの後も猛威をふるう。皇太子慶頼王も死去、七年後、清涼殿に落雷が直撃、恐怖から体調を崩した醍醐天皇もついに病没。都雀は、菅公の怨霊が雷になって直撃したと噂している。

左大臣藤原忠平ら『延喜式』を撰進

【京都＝九二七年】

延喜五年、醍醐天皇の命を受けて、当時の左大臣藤原時平を中心に編纂が開始された『延喜式』（えんぎしき）がついに二十二年の歳月をかけて完成、左大臣藤原忠平らによって撰進された。

律令法の施行細則を定める編纂の大事業は、時平卿の死去など菅公の怨霊騒動もあって遅れていた。

世界◉短信

北欧
ノルウェー王国建される

【スカンジナビア＝一〇世紀初め】

スカンジナビア半島の大西洋岸では、インリング家のハーラル美髪王が、北ゲルマン人の民族国家、ノルウェー王国を建設した。（ヨーロッパ総局）

遼＝契丹
耶律阿保機の登場

【モンゴル＝九〇七年頃〜】

満州に展開していた遊牧民族キタイでは、耶律阿保機（やりつあぼき）が契丹（きったん）八部族を統合した。騎馬民族のフットワークで中原地方に、急速に勢力を拡大している模様だ。

大唐帝国の分裂で五代十国時代に入っているが、耶律阿保機はこの機に乗じて、華北・満州・モンゴルにまたがる征服王朝になったという情報もある。遼の建国はすでに着手、耶律阿保機は五代十国時代に契丹族になった。

裏 日本史物語
画・梅本文左エ門

ゴロゴロ　バチバチ

醍醐天皇「菅公のたたりじゃ〜」

「777 ざまーみろ」

「神は神でも雷神になった道真だよ…」

本日発売

書き下ろしの二大力作！

『伊勢物語』

帝都の婦女子の紅涙を絞ってやまない伝説のプレイボーイ、在原業平の歌物語。創作か、私小説か、早くも文壇の話題沸騰！

『かぐや姫』

本邦初の物語。帝の求愛も袖にするかぐや姫とは？　永遠の恋、天上人の理想を追求する平安朝幻想文学の白眉！匿名の作者は男か女か？

「倭国にユダヤ人の国があった」?!

『隋書』に記録された驚くべき事実

【中国＝八世紀】

後六〇〇年代の初めに書かれた中国の史書『隋書』を調査中の日本人留学生が、意外な事実を記した記事を発見したと発表した。

それによると、「倭国にユダヤ人の国があった」と読む他にない記事が掲載されているという。詳しくは次の通り（全文を引用する）。

「大業四年、隋国は文林郎裴清を使者として倭国へ派遣した。一行は百済に渡り、そこから竹島に至る。そして、済州島を望みつつ対馬を通りすぎると、はるか海上に倭国があった。対馬からまた東に進んで壱岐さらに筑紫国に行き、また東に進むと秦王国に着く。その国の人たちの文化は中国の高きに等しい。いったい、これは外国ではないかと疑いたくなるが、それは明らかにはわからない」

文中にある「秦王国」が件のユダヤ人の国であるが、そのまま読めば、筑紫の国の東にあることがわかる。筑紫の国とは北九州地区のことだ。その東にある国が自動的にユダヤ人の国になる。

大量のユダヤ人が、シルクロードを通って中国に入り、朝鮮半島を経由して倭国に渡ったという噂は前からあったが、倭国のどこに渡ったのかがわからなかった。

今回、一留学生の手によって具体的に突き止めることができたのは倭国のルーツを明らかにするためにも大きな意義がある。

第二章

［AD九二九年〜AD一四〇四年］

平氏、台頭す
藤原道長の絶頂期
平泉王国の建設
朝廷内の権力争い続く
源頼朝が挙兵
源平合戦、源氏勝利
鎌倉幕府創設
元の大軍、来襲す
尊氏台頭、足利幕府開く
南北朝の合一

日本史新聞

主な記事から

◆承平の乱 東国平氏一族の私闘か
◆平将門、坂東八ヵ国の新星に
◆紀貫之、任地で歌合を主催
◆藤原純友、殺害される！

承平の乱

東国平氏一族の私闘か

政府 将門の思惑をめぐり対応に苦慮

平将門の主要根拠地だった常陸猿島

【東国＝九三五年】

東国の豪族平将門（まさかど）が、前常陸大掾源護（まもる）と合戦の火ぶたを切った。源護側には、将門の伯父の下総介平良兼（よしかね）や平国香（くにか）などが加勢して、さながら東国における平氏一門の内紛に発展している模様だ。

続報によると、戦闘は二月に始まり、筑波・真壁・新治の三郡での合戦で、源護の三人の子供と平国香は戦死した。救援要請を受けて駆けつけた平良正は、十月に川曲村で敗北。翌承平六年六月、平良兼・平良正らは、死亡した国香の子で京都から駆けつけた左馬充貞盛と合流、常陸国から下野国方面に軍を進め、戦闘は下野国方面に拡大した。将門は、平良兼らを下野国庁内に包囲している。

内報者の話では、将門は包囲の一方の口を開けて伯父良兼をわざと逃れさせたともいい、平氏一門の私闘には外部からはうかがえない複雑な一面があるようだ。以前から、将門と伯父たちの間には所領や女性を巡る問題で悶着があったという。

政府は初戦に敗れた源護からの訴えを受け、ただちに将門らの上京を命じた。将門は上京して事情説明する方針を表明しているが、遠い東国のことででもあり、また将門の思惑がはっきりしていないので、政府も対応に苦慮しそうだ。

平将門が信濃で決起？

上洛途上の 貞盛を千曲川に破る

平氏私闘

【信濃＝九三八年】

二月、信濃国の千曲（ちくま）川で、平将門は都に向かう貞盛をとらえ、合戦のすえ破った。承平五年の平氏一門の私闘では、将門の処分は微罪即日恩赦に終わり、いったんは治まっていた。

現地からの情報によれば、敗北の恨みから平良兼は、昨年八月攻勢に転じて、常陸・下総国境の子飼の渡しで将門を破ったが、九月、こんどは将門が千八百人の将兵で良兼を筑波山に追いやるなど、抗争は断続的に続いていたようだ。貞盛の上洛は、将門謀叛を政府へ訴えるためであった。政府は将門糾問の命令を発した。

平将門

反朝廷の意志鮮明に

二度の国府攻撃、印鎰奪う

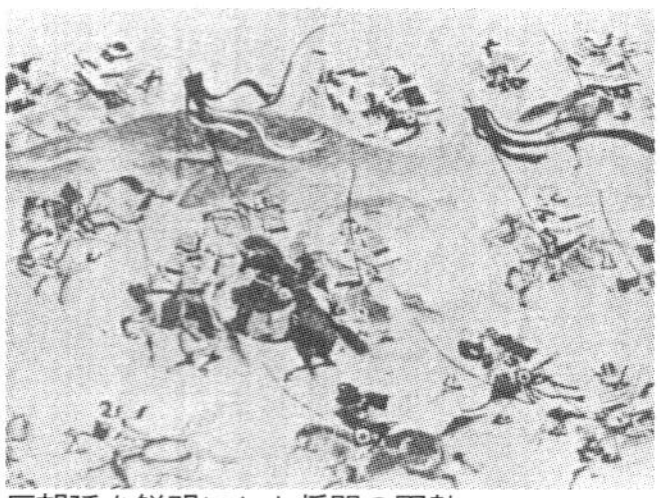
反朝廷を鮮明にした将門の軍勢

【上野＝九三九年】

将門の反朝廷の意志が明らかになった。三月、武蔵介源経基（よしもと）からの将門謀叛の報は、都中を混乱に陥れたが、ついに十一月、将門と武蔵権守興世王の反乱軍は、常陸介藤原惟親（これちか）を国府に襲撃して破り、印鎰（公印と倉庫の鍵）を奪う暴挙に出た。将門軍は続いて、下野・上野の国府をも占領。下野守藤原弘雅、上野介藤原尚範らは追放され、印鎰も奪われた模様だ。将門の反乱は、平氏一門の内紛から転じて、反朝廷の旗幟を闡明（せんめい）にしたといえよう。

藤原純友、西海に挙兵

【西海＝九三九年】

伊予掾藤原純友が西海に挙兵。反乱を報告するため上京した備前介藤原子高らは、摂津国須岐で純友の部下に殺害され、播磨介島田惟幹は捕虜になった。かねて千余艘の勢力をもって、西海で海賊まがいの不穏な動きを示していたが、伊予守紀淑人による純友の説得は失敗に終わった。東国の平将門らの不穏な動きに続く、西国での純友挙兵の報。東西呼応した反乱に政府の驚きは頂点に達し、都は重い空気に包まれている。

平将門、坂東八ヵ国の新皇に
王朝の反逆者・菅原道真のお墨付き？

【坂東＝九三九年】

坂東からとんでもない情報が入った。先頃、下野国と上野国の国衙（こくが）を襲撃占領したばかりの平将門が、十二月二十九日、上野国府で「新皇（しんのう）」の位についたことを宣言。事実上、下野・上野・常陸・上総・下総・安房・相模・伊豆の坂東八ヵ国は、将門を新皇とする東国国家として独立した形だ。十一月に常陸国の印鎰を奪って以来、あまりに速い展開だ。

噂によると、巫女が神がかり、八幡大菩薩が菅原道真を通じて将門を新皇にするという神託がくだり、朱雀（すざく）天皇に対抗する新しい皇位についたのだという。

将門は、朝廷の制度をそっくり頂戴する施政方針を発表している。左右の大臣、納言、参議など文武百官も置く予定で、坂東八ヵ国の国司の補任はすでに終わっているという。

また、王城は下総の地に建設する計画で、新皇や太政官の官印のデザインもすでに決まっているという。つい三日前には、西海の純友の反乱の知らせが入ったばかりで、ただちに政府首脳は徹夜の協議に入った。東西から挟撃される形勢になったことから、将門と純友のふたりの平氏の間に共謀があるのかなど、疑心暗鬼が拡がっている。

政府では年末年始の休日返上で対処する予定だが、具体的な対策がまとまるのは年明けにずれ込む模様だ。

文芸評論

筆を折られた紀貫之、切々と晩年の哀愁を歌う
任地で紀貫之家歌合を主催

【周防＝九三九年】

昨年、七十歳の高齢にもかかわらず、遠い周防（すおう）国に赴いた紀貫之（きのつらゆき）の近況がわかった。文化の香りも届かぬ鄙びた任地、さぞかし無聊（ぶりょう）であろうと都人士の同情も集まっていた。しかし、任地での生活にも慣れて気を持ち直したようで、今年は「紀貫之家歌合」を催し、晩年の哀愁を歌に託しているという。

紀氏は、六十歳で配流の地、土佐国に赴任するなど、歌人文人としての華麗な経歴に比べて、官人としては不遇であった。この間の日記が『土佐日記』として発表されたが、今度の周防国赴任がどんな作品に結晶するか？

旅にすむ紀氏の、晩年の哀愁。期して待ちたい。

藤原純友、殺害される！
一部に獄死の風説も

【太宰府＝九四一年】

去る五月、藤原純友が太府侵入。太宰府は兵火で炎上した。報を受けて、政府は征西大将軍に参議藤原忠文を任命した。

続報によると、山陽道追捕使長官の小野好古（よしふる）が海陸から攻撃、純友軍は博多湾で壊滅したが、純友は巧妙にも伊予に逃亡していた。しかし、六月二十日、伊予国警固使の橘遠保が捕らえ、純友親子は処刑された。

なお、死因については、　り殺されたとも、獄中で死んだとも、射殺されたとも、情報が錯綜していて、まだ確認がとれていない。

いずれにせよ、東国の将門、西国の純友の「承平・天慶（てんぎょう）の兵乱」はここに平定された模様だ。

将門が新政府を置いた相馬御所

世界●短信

ジャワ

クディリ朝創建さる

【インドネシア＝九二九年～】

闍婆（じゃば）の名称で知られる古マタラム王国は、東部ジャワに遷都。シンドク王が即位してクディリ朝を創建した。前世紀の末から華麗なヒンドゥ教寺院群プランナバンを建設するなど勢力の伸張が目立っていた。プランナバンはジャワの観光スポットでツアー客の人気も高い。

東フランク

オットー一世、イタリア遠征

【ローマ＝九三六年～九五一年】

東フランクのオットー一世は、ノルマン、マジャールの外敵征伐に目処（めど）が立ったことから、ついにイタリア遠征に着手した。今後、ローマ教皇権との関係がどうなるか注目されている。

ベトナム

呉朝、中国から自立する

【ベトナム＝九三九年】

昨年、南漢軍を白藤江に破ったベトナムは、呉権が即位して呉朝を創建した。ベトナムは千年にわたって中国の支配を受け、唐時代には安南都護府が置かれてきた。大唐帝国の滅亡によって五代十国時代が始まると、中国の力が衰えた好機をつかみ、ついに念願の自立を勝ち取ったわけだ。ベトナムでは、独立を祝う爆竹の音が鳴り響いているという。

ビザンチン帝国

版図拡大、黄金時代始まる

【コンスタンティノープル＝一〇世紀半ば】

ビザンツ文化が黄金時代を迎えた。マケドニア朝のバシレイオス一世・二世親子によって帝国の版図は、シリア、カスピ海、ドナウ河、イタリアにまで拡大。ロシアも東方キリスト教と華麗なビザンツ文化の導入に熱心だ。ギリシア古典文化とキリスト教精神が特徴でマケドニア・ルネサンスとも呼ばれている。ことに聖ソフィア寺院を中心としたキリスト教美術は、西ローマへの影響が著しい。

一方で、ビザンツ文化は古典ギリシア文献の注釈・翻訳、模倣にすぎず、文学・思想においては独創性に欠けていると、辛辣（しんらつ）な見方をとる西欧知識人も多い。

『コイネ・ギリシア語4週間』好評、発売中！
語学教材の老舗、土佐書林

日本史新聞

主な記事から

- ◆左大臣源高明の陰謀発覚
- ◆村上天皇が崩御
- ◆紫式部の『源氏物語』完成
- ◆左右大臣が公卿会議で激論

安和の変　左大臣 源高明の陰謀発覚

密告あり調査、左遷決定
藤原北家が台頭、政府の主導権握る

【京都＝九六九年】

為平親王を皇太子に擁立する陰謀が発覚した。三月二十五日、密告があり、右大臣藤原師伊（もろただ）ら公卿はただちに宮中を閉門、主犯格の中務少輔（なかつかさしょうゆう）橘繁延と左兵衛大尉源連を逮捕して取り調べた結果、為平親王の祖父左大臣源高明の関与が明らかになった。政府は、二十六日、源高明を解任、太宰権帥（だざいのごんのそつ）への左遷を決定した。

冷泉天皇

宮中へ情報をもたらしたのは、左馬助（さまのすけ）源満仲と前武蔵介（むさしのすけ）藤原善時らだ。情報は、橘繁延と源連らが、現皇太子の守平親王を廃して、兄の為平親王の擁立を密かに計画しているというもの。いわば白昼のクーデターにも等しい陰謀の発覚に、驚いた政府はただちに、宮中諸門を閉鎖して警護に努める一方、橘繁延らを逮捕して喚問したところ、繁延らは事敗れたりと自供した。

自供に基づいて、一味に加わっていた前相模介藤原千晴らを逮捕するなど、終日、宮中は緊張に包まれた。こうした動きの背後で、為平親王の外祖父源高明への疑いが強まっていたが、すでに繁延らから源高明関与の証言は得られていたようで、翌二十六日、検非違使（けびいし）が源高明邸を包囲した。高明は出家を申し出たが許されず、太宰権帥への左遷、筑紫流罪と決定した。

事件の背景には、末子の守平親王が兄為平親王をさしおいて冷泉（れいぜい）天皇の皇太子になったことがあるようだ。源高明の排除によって、藤原帥伊の藤原北家が政府の主導権を握ることになった。

世界に冠たる紫式部の『源氏物語』完成

紫式部

【京都＝一〇〇一～一〇〇八年】

一条天皇の皇后彰子に女房として仕える紫式部が、畢生（ひっせい）の大長編『源氏物語』を完成させた。

紀貫之が「おんなもすなる日記というもの」と『土佐日記』に書いて以来、真に受けた王朝の女たちの日記文学が流行していた。式部の源氏物語は「おとこもすなる物語というものを、女もしてみんとて」と実践したわけだ。

出来映えは、びっくり仰天の大傑作。本朝はもちろん、中国にも、西洋にもこれほどの不倫物語はあるまい。儒教、仏教なんのその、色こそ人生、この現実感覚はワイドショーも真っ青だ。

モデル小説として読めば都人の興味は尽きないだろう。まじめな話、文壇の地図が塗り代わるであろう。

国政指導なき時代の立役者
村上天皇が崩御

【京都＝九六七年】

五月二十五日、村上天皇が崩御された。ただちに皇太子憲平親王が践祚（せんそ）、冷泉天皇が即位した。

村上天皇の御代は、儀式書の撰述、乾元大宝の鋳造、新国史編纂の着手、後撰集の撰上などのほか、行政改革によって朝廷のスリム化を成功させるなど、一定の実績があった。

しかし、一方でたびたび倹約令が出されたことで知られるように、朝廷の文物は栄えた反面、藤原氏の台頭を許した時代でもあった。

前代未聞
暁の宮殿脱走＝出家事件
―藤原北家の陰謀―

【京都＝九八六年】

花山（かざん）天皇が突然、宮中から姿を消し、行方不明になる珍事が発生した。愛する妃の病没後、悲しみから出家の希望が強まったようだ。必死の捜索で元慶寺にいる天皇を発見したが、すでに出家されていた。在位二年、十九歳での出家だ。真相は藤原北家の謀議によるらしく、即位した一条天皇の外祖父右大臣藤原兼家の息子たちが花山天皇を連れ出し、元慶寺に導いて出家を促し置き去りにしたようだ。また、冷泉天皇の血を受けて、いささか風狂の性質が遺伝したとも噂されている。

遺恨試合

左右大臣が公卿会議で激論

三日後、七条大路で矢戦にまで発展

藤原道長

【京都＝九九五年】

左近衛陣で行なわれた公卿会議で、右大臣道長と内大臣伊周（これちか）とが大激論になった。列席していた他の公卿たちも、叔父と甥の間に割って入ることもできず、呆然と見つめるばかりだったという。その様子は、論争というにはあまりに激しく、さながら口ゲンカ。二人の怒声に驚いて集まってきた人々が、壁越しに鈴なりになって聞いていたそうだ。

論争の内容は不明だが、関白藤原道兼が亡くなった後、二人が関白の地位を巡って争ったことが尾を引いているに違いない。二十二歳の甥伊周は道長の長兄道隆の子どもで、妹の定子は一条天皇の中宮、三十歳の道長は道兼の弟で、妹の詮子は道兼の姉である三条院詮子の推薦で決定打になった。敗れた伊周はおもしろかろうはずがない。ケンカをふっかける機会を伺っていたか、興奮していて、ついわれを忘れてしまったからであろう。

結局、道長が関白を射止めた。天皇の生母であり、甥である三条院詮子の推薦が決定打になった。敗れた伊周はおもしろかろうはずがない。ケンカをふっかける機会を伺っていたか、大論争の三日後、七条大路で大論争の席上、大論争の三日後、七条大路で

白藤原道兼が亡くなった後のリターンマッチに発展してしまったのだ。道長の従者と伊周の弟で中納言隆家の従者が激突、双方、矢を射かける市街戦を繰り広げた。太政官のやんごとなき人々も、ケンカとなると地下の庶民と変わらないようだが、この私闘、とうぶん目が放せそうにない。

藤原道長、正二位左大臣に

伊周ら因縁のライバルたちは自滅

【京都＝九九六年】

昨年、華々しいデビューを飾ったばかりの右大臣藤原道長が、左大臣に昇格した。甥の伊周が嫉妬から、恋敵の三条院詮子を呪詛し、花山法皇とあやまって闇

討ちを仕掛けるという大失態。調べてみると、伊周は叔母の三条院詮子を呪詛する大元師法（たいげんほう）である大元師法（たいげんほう）を修しているという密告もあって、いわば自滅。伊周は太宰権帥（だざいごんのそつ）、弟隆家は出雲権帥へ、それぞれ左遷流罪になってしまった。

そしてもう一人、天子にしか許されない御修法をしたという噂、さらに天子諸侯が多く、政局の舵取りは前途多難と見られている。

右大臣道長には、もはやライバルはない。大人物という

ものには、あまり策を巡らさないほうがいいのかもしれない。びびったライバルのほうが策を弄して自滅するのは、古今のならいだ。

社説

【九九六年】

有能な指導者は有能な人材を発掘する
道長を指導者とする人材輩出の時代

大人物というものを前にすると、人間は自然に競ってしまったり、勝手に動いてしまうものらしい。道長はまさに大人物である。伊周が自滅したのも、道長を過剰に意識した結果である。こうした周囲の人間を冷静に観察して適材適所に配置して自然に働かせて

しまうわけだ。指導者道長の時代は、政府や藤原家の家司たちに人材が集まった。能吏の藤原行成は三蹟の一人、源頼光は親子二代の忠臣。文芸界には紫式部、和泉式部らが頭角をあらわし、『往生要集』の源信（げんしん）には、道長が深く帰依。陰陽家（おんみょうか）の安倍清明は、道長への呪詛を防ぐブレーンである。

世界◉短信

【スペイン＝ポルトガル】
国土回復運動が盛んに

【スペイン・ポルトガル＝10世紀後半】

七一一年にサラセンの侵入を受けて以来、イスラム教徒のムーア人の支配が続くイベリア半島で、西ゴート族の貴族の反抗が強まってきた。北部のアストゥリア地方を拠点にレオン王国、カスティリア王国へと発展、従来からのナバラ王国と合わせて南下する情勢だ。

【中国】
趙匡胤、宋を建国

【中国＝九六〇年】

後周の禁軍長官趙匡胤（ちょうきょういん）が即位し、宋を建国し太祖になった。後周の世宗の没後、後継に注目が集まっていたが、趙匡胤が部下の推戴を受けたもの。五代十国の中心を占める宋の建国によって、中国統一を目指した動きは一段と活発化する情勢だ。

【フランス】
カペー朝始まる

【フランス＝九八七年】

西フランクではカロリング朝が断絶し、ユーグ・カペーが王位に就き、カペー朝が始まった。ユーグ・カペーはアンジュー伯ロベール・ル・フォールの末裔。王家の衰退に乗じて、諸侯の支持を得た。大諸侯が多く、政局の舵取りは前途多難と見られている。

【ロシア＝キエフ公国】
ウラジミール一世が即位

【ロシア＝九八〇年】

キエフ公国の大公にウラジミール一世が即位した。ウラジミール一世は、ビザンツ皇帝の妹アンナが妻であり、東方キリスト教文化の導入に熱心であり、文化的に遅れたスラブ諸族の統合が課題であ

ろう。

【ドイツ】
帝国皇帝にオットー二世

【ドイツ＝九七三年〜】

神聖ローマ帝国皇帝にオットー二世が即位した。父帝オットー一世の政策を継承し、教会との協調政策を維持する

【ベトナム】
李朝始まる

【ベトナム＝一〇一〇年】

昨年、李公蘊（りこううん）が即位したベトナムで、首都を華閭から本格的にハノイに遷都し、李朝が本格的に始動した。中国の律令制度を模範に、儒教、禅仏教を基礎にすえた体制づくりが始まっている。

の勢いが活発化している。

本日発売！
週刊宝話 10月4日号

スクープ
藤原道長兼家親子二代の **口合戦**

すさまじい清少納言と紫式部の **結婚「妻問い婚」と離婚**

特集！蹴鞠Wカップ顛末
「僕は知らない」丘ちゃん激白・猛将復活！
「Wカップ」の敗因、仲田王、憮然！
蹴鞠コーチ解任さる
決定力は、藤原北家に学べ！？

神保町文芸社

日本史新聞

主な記事から

- ◆藤原道長、「望月の歌」を詠む
- ◆藤原道長、土御門邸を改築
- ◆「前九年の役」、ようやく収束
- ◆源義家、清原兄弟の争いに介入

藤原道長、「望月の歌」を詠む

評価今一つも、自ら酔うた栄華の絶頂

【京都＝一〇一八年】

十月十六日の夜、藤原道長の土御門（つちみかど）邸で豪勢な祝宴が張られた。道長の娘威子（いし）が中宮になったお祝い。この日、宮中では、故三条天皇の中宮であった妍子（けんし）が皇太后とされるとともに、威子を後一条天皇の中宮とする儀式が執り行なわれた。

絶頂期の藤原道長（中央）の石山寺参詣

権勢ならぶ者なき摂関政治の雄道長も、彰子（しょうし）は太皇太后、妍子は皇太后、威子は現天皇の中宮と、三人娘が三后に並んでは、喜びを隠せというほうが無理というもの。

宴たけなわになり、酔い加減の「御堂（みどう）関白殿」は、「望月の歌」を披露に及んだ。

「此の世をば我が世とぞ思ふ望月の欠けたることもなしと思へば」

「思う」が二つも並び、歌の技巧としてはあまりに稚拙。「その稚拙さがストレートに道長の得意の絶頂を表現していて微笑ましい」とは祝宴に連なった某歌人。

藤原一門の栄華も道長に至って頂点に達したか。摂関家の私邸は「里内裏（さとだいり）」と化し、中宮も幼少の天皇、皇太子までが滞在するに至っては、公私混同の極みだ。さながら道長邸は朝廷、道長は帝王に異ならない。

気骨の大納言藤原実資（さねすけ）は「当時太閤（道長）の徳は帝王の如し、世の興亡はただ我が心にあり、呉王とその志相同じ」（『小右記』）と記した。

土御門邸

藤原道長、土御門邸を改築

源頼光が家具・調度品の一切を献上

【京都＝一〇一八年】

藤原道長の土御門邸の改築工事がこのほど完成した。かねてより諸国の国司たちが分担して再建工事を急いでいたものだ。

かつてない豪華さ、と公卿たちも目を見張る出来映えとなった。土御門邸はもとは源雅信邸だったが、娘倫子（りんし）との結婚で道長の本邸になっていた。中宮彰子の入内（じゅだい）で改築されたが、二年前の京都大火で焼失していた。

普請好きの道長は、公卿のお歴々を従えて陣頭指揮するなど、大変な熱の入れよう。庭石の搬入では沿道の町家が人夫たちに蹴散らされて、迷惑したそうだ。

伊予守（いよのかみ）源頼光は驚く他の国司たちをしり目に、道長夫妻、女房・侍所・蔵人所・随身所に至るまで、調度品一切を献上した。

覚えめでたい国司というものは、じつに富裕なものだと京中の噂になっている。

前九年の役

源頼義、陸奥六郡の王

安倍頼時を追討へ

【陸奥＝一〇五一年】

政府は、命令に従わず乱暴狼藉を繰り返している陸奥六郡の安倍頼良を追討するため、陸奥守に源頼義を任命した。

陸奥国司藤原登任（なりとう）と出羽秋田城介平重成の軍は昨年、俘囚を動員した安倍頼良軍に大敗を喫していた。

続報によると、陸奥守源頼義が着任してみると、大赦があって安倍氏の罪は赦された後、頼時と改名したうえに恭順を示し、接待づけにして頼義を煙に巻いているということだ。

藤原頼通、宇治の別荘を

仏寺＝平等院となす

【宇治＝一〇五二年】

関白藤原頼通（よりみち）は、父道長から譲り受けた宇治の別荘を仏寺とし、平等院と命名した。公家の藤原資房（すけふさ）によれば、永承七（一〇五二）年は末法最初の年で、同年八月の長谷寺の焼失がその証拠だそうだ。

関白頼通の平等院も、末法思想の影響を受けたものと思われる。

宇治・平等院

『前九年の役』、ようやく収束

出羽の清原一族参戦、安倍一族滅亡する

源頼義の軍勢

【陸奥＝一〇六二年】
天喜四年に再燃した奥州安倍一族の反乱は、頼時の戦死後も結束を強め抵抗が続いていた。

劣勢に立った陸奥守源頼義を助けるために、政府は出羽守に源斉頼を当てたが、積極的な対抗策が打てずに膠着状態に陥っていた。

今年、陸奥守頼義はついに出羽仙北の俘囚（ふしゅう）の親分、清原光頼・武則兄弟に参戦を懇請することを決断。要請を受け入れた清原一族一万の軍勢は、八月九日、頼義軍三千と坂上田村麻呂ゆかりの営岡（たむろがおか）で合流。安倍氏討伐は本格化した。

九月五日、征服軍の準備の隙をついて襲撃した安倍貞任（さだとう）だったが、激戦のすえ敗北。衣川柵から鳥海柵へ逃走した。頼義・武則の連合軍はさらに軍を進めて、十一日、鳥海柵に迫ると、安倍宗任（むねとう）らは厨川柵（のちの盛岡市付近）に拠点を作って、最後の決戦に備えた。

十六日、戦いの火蓋が切って落とされ、頼義と清原兄弟の連合軍は総攻撃をかけ、翌十七日、厨川柵はついに陥落した。

安倍貞任は戦死、弟の重任（しげとう）と藤原経清（つねきよ）は処刑された。命運の尽きたことを知った安倍宗任も、数日後には投降。

十二年に及んだ前九年の役は収束し、安倍一族の反乱は滅亡に終わった。

後三年の役

源義家、清原兄弟の争いに介入

家衡を滅ぼすも、政府「私闘」と断定

【陸奥＝一〇八三年～】
前九年の役の功績で奥州の王者となった清原一族は、その後、武則の後継者真衡（さねひら）方と長老吉彦（きみこ）秀武方と分かれて、内紛状態になっていた。

真衡病死後、内紛は真衡の異母弟清衡（きよひら）と異父弟家衡（いえひら）の間で展開されていた。新任の陸奥守源義家は、清原氏追討の朝廷の宣旨を得ないまま内紛に介入。清原一族の私闘は後三年の役に発展した。

陸奥守義家は、妻子を殺害された清衡に加勢、応徳三年秋、数千騎の軍勢を率いて沼柵に拠る家衡を攻撃した。翌寛治元年、義家の苦境を聞いた弟の新羅（しんら）三郎義光が京都からかけつけて合流すると、戦況が逆転する。十一月、総攻撃を開始して金沢柵を陥落させ、家衡と叔父武衡を討つことに成功した。

しかし、政府はこれを私闘として扱い、義家の報償申請を拒否、武士団形成へとつながる模様。

白河上皇、初めて北面の武士を置く

【京都＝一〇九五年】
南都北嶺の巨大寺院や神社の強訴が頻発している。白河上皇は、こうした情勢に備えて朝廷の警護に当てるため、院庁に北面の武士を置いた。白河院の側近の武力集団で、いわば親衛隊だ。院ご自身が武力を持つというのは、前例にないことで、白河上皇の院政の強力な基盤になることは間違いあるまい。

世界短信

フランス

アンリ一世が即位

【フランス＝一〇三一年～】
カペー朝では、アンリ一世がロベール二世（敬虔王）のあとを襲い、王位に就いた。

中国

タングート人の国「西夏」誕生

【中国＝一〇三八年】
中国西北部では、タングート人（チベット系）の李元昊（りげんこう）が皇帝に就任、大夏（たいか）を建国した。李皇帝はかつて中国で猛威をふるった黄巣の乱で活躍し、李姓は唐朝から賜っていた。

ビルマ

パガン朝成立

【ビルマ＝一〇四四年～】
アノーラータがビルマ最初の統一王朝パガンの樹立に成功した。パガンはイラワディ川中流の首都の名称からとられた。

ドイツ

帝国皇帝にハインリヒ四世

【ドイツ＝一〇五六年～】
御年六歳の皇帝が誕生した。ドイツのザリエル朝では、第三代神聖ローマ帝国皇帝にハインリヒ四世が即位。まだほんの子供のため、母のアグネスが摂政に就任する。

イングランド

ノルマン王朝創建される

【イングランド＝一〇六六年～】
イングランドでは、エドワード懺悔（ざんげ）王の死後、北方ゲルマンのノルマン公ウィリアムの侵略が続いていた。結局、ヘースティングの戦いでライバルのハロルドを下したウィリアムがウィリアム一世として王位に就き、ノルマン王朝を創建した。

寸言一鉄

安倍宗任のゆかしさ

源頼義の長男義家が、衣川柵から逃れる安倍貞任に「衣のたてはほころびにけり」と歌いかけると、貞任は「年を経し糸の乱れのくるしさに」と積年の圧迫を込めて上の句を継いだという。

そして、投降して京に連行された弟宗任は、梅花の名を問うてからかう都人士に、「わが国の梅の花とは見たれどもおおみや人は何といふらん」と返詠した。

安倍氏兄弟の教養と滅びのゆかしさに、奥州の鄙（ひな）の野蛮の影は見あたらない。

平泉王国、完成間近？

日本史新聞

主な記事から

◆平泉王国、完成間近？
◆平正盛、源義親の首級を挙げる
◆清水寺の別当職争い
◆延暦寺・園城寺の僧徒が武装

建設開始から、わずか6年
中尊寺を軸に極楽浄土の楼閣 姿を現わす

【平泉＝一〇九九年～】

初代奥州藤原氏の清衡（きよひら）が、江刺郡豊田から岩井郡平泉に館を移した。平泉は安倍氏の旧跡衣川柵に近く、奥州の王者であることを内外に示すための移転。清衡は、莫大な遺産を継承したのち、中央政界の混乱をしり目に独立的な支配を行なってきた。平泉への移転は、蓄えた莫大な富を背景にした平泉王国の建設を意味しよう。

平泉・中尊寺

平泉王国の建設開始から六年。藤原清衡は、康和七（一一〇五）年中尊寺の再興に取り掛かり、山頂に最初の院（多宝寺）を建設した。

丈六の金色釈迦三尊を安置する金堂、毘盧遮那（びるしゃな）如来三尊を安置する三重塔、経堂、大門など、中尊寺は奥州一円の現世浄土信仰の中心になる計画だ。

清衡の中尊寺建立の目的は、大治元年（一一二六）に最晩年の清衡が主催した金堂・三重塔などの落慶法要の供養願文から伺えば、「敵味方の区別なく霊を弔い、浄土へ導くことを願う。また、辺境の蛮地としていわれない蔑視を受けてきた地を浄化する」ということだ。奥州の蛮族と卑しめられてきた清衡の、王朝の貴族文化への憧れと意地が、荘厳・雄大な規模に表われている。

中尊寺は、もと関山弘台寿院といい、嘉承三（八五〇）年、慈覚大師円仁（じかくだいしえんにん）の開基にかかる由緒ある寺院。

平正盛

源義親の首級を挙げる

【京都＝一一〇八年】

追討使平正盛が、流罪人源義親（よしちか）の誅殺を果たし、一月二十九日、義親の首をたずさえた平正盛が、押し寄せる群衆に迎えられて帰京した。政府は入京に先立ち、正盛の手柄の恩賞として因幡守（いなばのかみ）から但馬守（たじまのかみ）への昇進を発表した。

義親は、武門の棟梁源義家の次男坊で後継者だったが、対馬守だったときに人民を殺害、政府の財産を奪うなど乱暴狼藉を繰り返し、父義家の召還も無視していた。由緒正しき武門の棟梁の息子が…と、源氏一党の怨嗟（えんさ）の的だった。

隠岐国流罪と決まったが、義親は九州から山陰へと逃走。出雲国で目代（国司の代理人）ら七人を殺害して調庸（ちょうよう）を奪うなど、ふたたび犯罪を犯し、昨年末、政府は追討を命じていた。

義親の首級（しるし）を挙げた正盛の武名は都中に鳴り響いて、平氏の株はウナギ登りの勢いだ。一方、哀れなのが源氏。武門の模範ともいうべき御曹司の今回の不始末に、長老たちは苦り切っているようだ。

“棚からぼた餅”
藤原清衡、清原一族の全財産を継承

【奥州＝一〇九一年】

奥州の藤原清衡が摂政藤原師実に馬二匹を贈与した。後三年の役に、源義家兄弟の援助で勝ち残った清衡は、棚からぼた餅、安倍・清原一族の遺領をすっかり頂戴した形だ。

母親の再婚先の清原氏を名乗ってはいたが、実父は前九年の役に安倍貞任とともに誅殺された亘理経清。勝利の後、奥州藤原氏に改姓していた。白河関以北、奥州・出羽の広大な領地が清衡のものになったわけだ。実に幸運、神仏への報謝、おさおさ怠るべきではあるまい、と都でももっぱらの評判だ。

清水寺の別当職争い

興福寺と延暦寺が激突

平正盛、源為義が武力で平定

【京都＝一一一三年】

清水寺の別当職をめぐる興福寺と延暦寺（えんりゃくじ）の争いを、白河上皇が源平の武力で解決した。宇治で敗れた興福寺側が退却すると、延暦寺側も退却した。

ことの発端は、清水寺別当（べっとう）職に延暦寺系の仏師円勢が任命されたことにある。清水寺は興福寺の末寺。怒った興福寺は円勢の罷免を要求して入洛、乱暴狼藉に及んだ。

これに驚いた政府が円勢を罷免して、興福寺の永縁を別当に指名したから、延暦寺側が反発。白河上皇の御所まで押し掛けて強訴（ごうそ）をかける事態になった。

上皇は、検非違使（けびいし）源為義・源光圀・平正盛らに出動を命じて警備に当たらせたうえで、公卿会議を召集して対策を協議した。ところが延暦寺の圧力に屈した政府首脳は、あろうことか再び実覚の処罰を決定するに至る。

二転三転して定まらない政府に、興福寺は武力を結集。延暦寺も呼応して武装。四月半ばには京都市中での衝突は避けられない情勢に発展した。

白河上皇はついに源平の武力を投入することを決断。三十日、宇治に派遣された検非違使平正盛・忠盛・源重時らが興福寺勢を破ると、戦意喪失した興福寺勢は退却、それを知った延暦寺勢も戦わずして撤兵した。武士団の武力の前に、宗教勢力はあえなく敗れてしまった。

清水寺

データは語る

畿内五ヵ国をはるかに上回る 陸奥、出羽両国の作付け面積

『倭名類聚抄』

近頃、都の評判は奥州藤原氏の富だ。どのくらいか、ちょっと古文書をひもといて調べてみた。『倭名類聚抄（わみょうるいじゅうしょう）』を基本に出羽・陸奥両国の田畑は合計で約七万七千五百四十九町歩あまり。五畿内（大和・摂津・河内・山城・和泉）を合わせても、なんと約三万九千二百二十五町歩にしかならないのだ。しかも、出羽陸奥は砂金が採れる。奥州は五畿内より気候が悪く、それを割り引いても莫大なものになる。

世も末？ 僧徒が武装

源平二氏が入京を阻止

延暦寺
園城寺

【比叡山＝一一〇八年】

三月二十三日、延暦寺、園城寺（おんじょうじ）の僧徒数千人が武装して強訴に及んだ。政府は、源平二氏と検非違使を鴨川に派遣し、僧徒の入京を阻止した。

天台宗の僧徒たちの強訴は、堀河天皇の御願寺である尊勝寺の結縁灌頂阿闍梨（けちえんかんじょうあじゃり）の地位が、ライバルの東寺の僧に与えられたことが原因。天台宗と真言宗のライバル関係は、開祖である最澄・空海以来の伝統だが、尊勝寺の阿闍梨は、栄誉ある僧綱の地位が約束されるので、僧徒たちのヒートぶりは尋常ではないようだ。政府は、今後は天台宗と真言宗が交代に灌頂阿闍梨に就任することを約束して決着をはかった。

御仏の教えを垂れるべき僧侶の乱暴で、百姓の田畑にも被害が出ている模様で、末法の世を憂える声がしきり。

珍事件発生！

太政官が出奔、平泉へ

【奥州＝一一一一年】

太政官の小外記が突然、官職をすてて出奔するという事件があった。

逃げたのは外記職を世襲する清原家の良俊で、藤原清衡を頼って奥州平泉に向かったという。

奥州藤原氏の富裕は都でも評判だが、清衡が上京の折りにスカウトしたという噂も流れている。都での出世をあきらめた不満分子が、東国に下る例は近頃増えているが、太政官の官僚が天下るというのは珍しい。

藤原清衡、大長寿院を建立

【平泉＝一一〇七年】

中尊寺建立に着手して二年、平泉では藤原清衡がこの三月、大長寿院を完成した。別名二階阿弥陀堂といい、中尊寺北の丘陵に高さ五丈（約一五メートル）の壮大な規模。三丈の本尊阿弥陀如来、八体の丈六の脇士が安置されている。五十二歳の清衡、得意の絶頂か？

世界短信

東フランク

ヨハネス騎士団成立

【東フランク＝一一一三年】

第一回十字軍のとき設立されたヨハネス騎士団が、ローマ法王の承認を得て公式に成立した。ベネディクト会の修道士ゲラルトが創立者で傷病者の治療が目的だが、十字軍の時は戦争に主力を注いでいた。ホスピタル騎士団のコンセプトは維持される模様だ。

ウィグル

満蒙に統一政権誕生！

【ウィグル＝一一一五年】

トゥングース系の女真族では完顔部の阿骨打（アクダ）が、反遼の民族ナショナリズムを組織することに成功、満蒙地域に金を建国した。金は華北への動きも強めており、中国の情勢に波乱が生じつつあるようだ。

ウィグル

太祖、女真文字創始

【ウィグル＝一一一九年】

金の太祖、阿骨打（アクダ）が希尹（ワンヤン）に命じて、契丹文字と漢字を模した女真文字を制作した。民族文化を守るのが目的らしいが、借り物文化は我が国そっくりだ。

カンボジア

アンコール・ワットを建造

【カンボジア＝一二世紀初め】

カンボジアでは、スールヤ＝ヴァルマン二世がアンコール・ワットを建造した。アンコール・トムの南一・五キロに位置し、東西一・五キロ、南北一・三キロの規模で幅二〇〇メートルの堀で取り囲まれている。

アンコール・ワット

貴族の生活を支える荘園風景

日本史新聞

主な記事から
◆貴族の生活を支える荘園風景
◆平忠盛、内裏昇殿許される
◆平忠盛、海賊追討使となる
◆源為義、摂関家の内紛に関与

嗚呼！オオミタカラは何処？

【列島縦断＝一二世紀初頭】
白河法皇は、国司からの報告を聞いて驚いた。関白藤原忠実（ただざね）が上野（こうずけ）国に五千町歩の荘園を開いたからだ。法皇が関白に質すと、「寄進したいという申し出があったので受けたのですが、まさかそんなに広大とは知りませんでした」と答えたという。白河法皇の英断？を聞いて全国の支局から情報を集め、荘園の実態を探ってみた。

荘園の件で藤原忠実を質した白河法皇（左）

最近目立つのは、寄進型荘園だそうだ。

地方の開発地主たちは土地を開墾しても、官物・所当・雑役などの税金がかかる。荘園領主のような不輸不入の特権は簡単にはくれない。欲深い彼らは知恵を巡らす。

たとえ国司に年貢免除を申請して免判（めんばん）をもらっても、国司が交代すれば免判を取り消されるかもしれないし、悪くすると取られてしまうこともある。

それなら、中央の有力貴族に形だけ寄進して荘園として立券して守ってもらい、見返りに年貢を貴族に納めたほうが手取り分が大きいし、何より安全だ。

こうして貴族や寺社の荘園が増えているわけだ。その貴族の力が弱いときは、さらに有力な摂関家などに再寄進される。

貴族たちの優雅な生活は、このような寄進型荘園からのピンハネで成り立っているわけだ。欲に目鼻をつければ人間、とはよく言ったもの。

白河法皇の御時、初めての出来事「七ヵ条」

【京都＝一一二九年】
筆まめな右大臣藤原宗忠卿が、日記『中右記（ちゅうゆうき）』で法皇時代を回顧して、初めて行なわれた事七ヵ条を挙げているらしい。

漏れ聞こえてきた情報では、①受領の功、万石（ごく）万疋（びき）進上の事②十余歳の人、受領となる事③三十余国定任の事④我が身より始めて子三、四人、同時に受領となる事⑤神社・仏事・封家の納物、諸国の吏まったく弁済すべからざる事、など五つまでが受領関係の記事だ。

成功（じょうごう）という売官制度によって、受領は莫大な寄進をし、法皇は受領職を与えるというバーターだ。親子で蓄財に専念できるのだから、法皇への寄進など痛くも痒くもないだろう。

世界短信

フランス

六代国王にルイ七世即位

【フランス＝一一三七年】
カペー朝フランスでは、謹厳実直なルイ七世が第六代国王に即位した。先年、アンジュー伯ジョフロアがイギリス国王ヘンリー一世の娘マティルダと結婚して提携関係を強めているため、国内に強敵を抱えている。

イベリア半島

ポルトガルが独立

【イベリア半島＝一一四三年】
イベリア半島では、アルフォンソ・エンリケシュがレオン・カスティリアから分離独立、ポルトガルを建国した。エンリケシュは、レオン・カスティリア皇帝の従兄アフォンソ七世を抗争を繰り返してきたが、ローマ教皇庁の仲介でサモラ条約を締結、独立と同時にブルゴーニュ王家を興した。

中国

高宗、宋を復興す

【中国＝一一二七年】
徽宗（きそう）の子、高宗（趙構）が南京応天府で即位、宋（南宋）を再建した。昨年、女真族の金が首都開封を攻撃、徽宗・欽宗らが北満に連れ去られて滅亡する「靖康の変」が生じていた。高宗は南下して態勢を建て直し、宋（南宋）の復興を目指していた。中原を制している金および傀儡（かいらい）国との勢力争いは激しく、前途は多難。

高宗

得長寿院完成

平忠盛、内裏昇殿許される

武門の知略に、貴族の闇討ち完敗

【京都＝一一三二年】

建造が進められていた得長寿院がこのほど完成し、三月十三日、落慶供養が行なわれたが、備前守（びぜんのかみ）平忠盛が異例の内裏（だいり）への昇殿を許されることが話題になっている。

千体観音堂を寄進した功績から、平忠盛が内裏への昇殿が許されたが、これに反発する貴族たちの不穏な動きが伝えられていた。

得長寿院の築造は鳥羽上皇の発願（ほつがん）で、内裏への昇殿が許されるのは上級貴族の特権であり、伯耆（ほうき）・越前の守を歴任して、備前守忠盛は莫大な財力があるとはいっても、武門にすぎない。

寺院の建造や仏像造りに熱心な上皇に取り入った忠盛に、貴族たちの反感が募っていたようだ。

築造を発願した鳥羽上皇

参列者からの情報によると、貴族たちは豊明節会（ほうめいせちえ）の晩、殿上で闇討ちをはかったが、失敗に終わったという。忠盛は情報を察知して準備怠りなかったようで、銀箔を塗った木太刀を抜き放って、かえって煙に巻いてしまったという。

源為義、摂関家の内紛に関与

内大臣頼長の配下に入る

【京都＝一一四三年】

摂関家では、関白忠通と、内覧に復帰した父忠実と弟頼長の反目が続いていたが、源為義が、内大臣頼長の配下に入ったことが明らかになった形だ。

平忠盛と摂関家の配下になった源為義と、源平二氏が分れた。

平忠盛、海賊追討使となる

【山陽道・南海道＝一一三五年】

山陽道・南海道を中心に海賊の活動が活発化している事態を受けて、政府は再び平忠盛を海賊追討使に任命した。

八月、海賊追討に出発した忠盛は、ほどなく首領の日高禅師はじめ七十人の海賊を捕らえて京都に凱旋帰還した。奇妙なことに忠盛は首領の日高禅師らもおもだった海賊は検非違使（けびいし）に引き渡したが、他の海賊は間道から京都に連れてきたという話で、見物する人々も奇怪な印象を受けたようだ。

海賊討伐の武勲をたたえた凱旋ではあるが、沿道のまわりの市民の間から、芝居がかったやらせではないかと疑問を口にする声が多く聞かれた。

政府は忠盛の功績の恩賞として、嫡子清盛を従四位下兵衛佐に任じた。

社　説

【一一三〇年代】

寺社の僧徒神人ら、強訴争乱を繰り返す
新時代の予兆か？

寺社勢力が武力をもって毎年のように強訴（ごうそ）争乱し、政府は検非違使（けびいし）や源平の武力でこれを阻止することが繰り返されている。

南都の興福寺・東大寺、北嶺の比叡山延暦寺、そのほかにも園城寺（おんじょうじ）などが、法師武者（僧兵）を組織して実力行使も辞さない。春日神社や日吉（ひえ）神社らも武装神人が御輿（みこし）・神木を押し立てて入洛する。

寺社の別当職・灌頂（かんじょう）職などの原因で、「治天の君」白河時代には三十回の闘争、二十四回の入京強訴があったという。無理を道理として押し通す「山階（やましな）道理」という言葉で流行っている。山階寺は興福寺の別名で、党派に堕落してしまったといえよう。実力行使を辞さない集団が出現すれば、政府は対抗上、武力集団を抱えざるをえない。今後、武士の台頭という新時代が始まると思われる。

強訴争乱が続く原因を探ってみると、律令制のほころびにあるようだ。質が低下して僧侶とは名ばかりの悪僧が増えや、腕と体力だけが自慢の悪僧が増えていた。また十二世紀頃から、もせずに高位に昇る特権をもつ貴族子弟の増加が、寺社を腐敗させた。お坊ちゃん僧侶が増えれば、一般の僧侶だってやる気なくす。寺社は単なる生活単位・党派に堕落してしまったところは何もなくなれば世俗と変わるところは何もない。

実力行使を掲げるからより悪質にもなる。神仏を掲げるからより悪質にもなる。寺社領荘園の所有権をめぐる利権の争いや、源平の武力でこれを阻止ち、強訴も辞さないという実力行使も辞さない。

？噂の焦点

平忠盛に出された海賊追捕の院宣に重大疑惑？

平忠盛が源為義か、西国の海賊追討使を決める会議は関白邸であった。

噂によると、忠盛が選ばれた理由は、西海に優勢と評判の棟梁が台頭してきたが、その棟梁が忠盛だからという意見が大勢であったらしい。また、別の高官の話では、鳥羽上皇が「源為義では途中の国々が滅亡するから、平忠盛が適任だ」と強力に押したのだという。

忠盛再任は、鳥羽上皇が中央での政治を行なうわけにいかない、という重大な意志表示ではないか、という疑いが持たれるわけである。

かつては反乱ないし謀叛が起こったときは、地方の国司を中心とする軍事力と近隣諸国からの兵力の動員で対処してきた。源平二氏以来、武門氏族が台頭してきたが、武家の棟梁を養成し、その武力を背景に全国の武士団を組織し、中央での政治を行なうわけではないか、という疑いがある。つまり、賊の討伐に名を借りて地方在地の武士団の統合事業を進めているのではないかというわけだ。

平氏が台頭してきたが、武門氏族が台頭してきたが、忠盛の重用は鳥羽上皇の院政を支える軍事的な基盤づくりではないかという重大な疑いがあるわけである。

貴方の土地を有効活用！

荘園として有力者に寄進すれば、わずかな年貢を収めるだけで、いやな税金から逃れられます。より有利な寄進先をご紹介！

――荘園不動産――

『源平堂』が一番！

金先物相場なら「源平堂」が一番！

どうして知ってるかって？「戦さ」と共通するものがあるから！

奥州藤原様も太鼓判！

日本史新聞　（ＡＤ1147年）～（ＡＤ1164年）

後白河天皇が崇徳上皇を討伐

日本史新聞

主な記事から
- ◆後白河天皇が崇徳上皇を討伐
- ◆清盛の従者が祇園神人と争闘
- ◆源義朝が決起、上皇を幽閉
- ◆源頼朝捕まり、伊豆へ流される

保元の乱
朝廷の主導権争いが原因
天皇方の清盛・義朝らが未明の奇襲

【京都＝一一五六年】後白河天皇が白河殿に拠る崇徳（すとく）上皇方に夜討ちをかけた。未明から始まった戦闘は数時間で決着、天皇方の勝利に終わった。上皇は讃岐に流罪。頼長は戦死した。

流罪になった崇徳上皇

鳥羽上皇の崩御このかた、朝廷の主導権を巡って、後白河天皇派と崇徳上皇派が対立、緊張が続いていた。

後白河の即位、守仁（もりひと）親王の立皇太子によって、崇徳上皇は息子の重仁（しげひと）親王の即位と自らの院政の可能性がなくなったことが、対立の原因。

天皇には、関白忠通と平清盛・源義朝らが味方し、上皇方には、不遇の藤原頼長と平忠正・義朝の父為義と兄弟らがついていた。白河殿に集合して対策を練っていた上皇方はなかなか方針が決まらず、逡巡しているうちに機先を制せられ、あっけなく敗れ去った。天皇方は、義朝によって頼長の東三条邸を接収、軍備を整える一方、軍議は夜討ちに決定、十一日未明ただちに実行に移された。

戦闘は天皇方が圧倒、午前八時には白河殿が炎上するにおよび、天皇方の勝利に終わった。

頼長は流れ矢に当たって戦死した。上皇は仁和寺（にんなじ）に逃亡していたが、投降した讃岐流罪と決まった。源為義、平忠正らの武士十八人が処刑された。

これは八一〇年の「薬子（くすこ）の変」以来、実に三百五十年ぶりの死刑。天皇方の戦術には、信西入道こと藤原通憲（みちのり）が深く関与しているという噂だ。

清盛の従者が祇園神人と争闘
忠盛・清盛親子が僧徒に訴えられる

【京都＝一一四七年】平清盛の従者が祇園（ぎおん）社で神人と争闘、怒った延暦寺僧徒が忠盛・清盛親子の流罪を求めて強訴におよぶ事件があった。

祇園会（え）の六月二十三日。清盛は従者を従えて田楽（でんがく）を奉納するために八坂神社を訪れた。従者が武装していたため、社家神人が押しとどめようとしたところ、神聖な境内で弓を放ち、刀をふるって神人を負傷させたという。

怒った延暦寺僧徒は、忠盛・清盛父子の流罪処罰を要求、院に強訴におよぶ事態に発展した。廟議は、忠盛・清盛父子に味方する鳥羽上皇と、正論を譲らない内大臣頼長に分れて対立、決着がつかない。

しびれを切らした僧徒たちは、気勢をあげて入洛しかねない情勢になってきた。

鳥羽上皇は罰金刑に処したが、軽い処罰に収まらないのは僧徒たちで、天台座主（ざす）の坊舎を破壊して鬱憤ばらしをしたということだ。

平氏に味方する鳥羽上皇

源頼朝捕まり、伊豆へ流される

【京都＝一一六〇年】平頼盛の配下に捕まった義朝の三男頼朝の処置が伊豆流罪に決まった。

どういう因果か、清盛の継母池禅尼（ちぜんに）の助命嘆願によって罪一等を減ぜられ死罪を免れた。初陣の十三歳の少年は、池禅尼の恩義を胸中深く秘めて伊豆配流の途についたという。

伊豆の旅
3週間パック募集中
遠流の罪も温泉でサッパリ！
伊東へ行くならカブラヤ・ツーリスト

源義朝が決起、上皇を幽閉

平清盛が反撃、源平の合戦に発展

平治の乱

斬り落とされた信西の首

【京都＝一一五九年】源義朝・藤原信頼（のぶより）らが後白河上皇の院御所を急襲、上皇を幽閉、二条天皇も監視下に置いた。脱出した信西（＝藤原通憲）は発見され斬首された。

反信西クーデターは十二月九日夜半、平清盛が都を留守にした隙をねらって決行された。義朝らは上皇・天皇を幽閉したのち、ターゲットの信西邸を焼き討ち。逃れた信西も発見されて自害しようとしたが、検非違使が斬首した。

信頼らは朝廷を完全に支配、信西一派を粛正追放。自ら大臣大将に就任、義朝も播磨守（はりまのかみ）に任じられて、クーデターはいったんは成功したかに見えた。

一方、熊野詣の旅先で急報を受けた清盛は、十六日夜半、六波羅（ろくはら）に帰還、反信西派の分裂を画策、藤原経宗（つねむね）・藤原惟方（これかた）を懐柔して二条天皇を六波羅へ救出させることに成功した。

天皇を手中にした清盛は、ただちに前関白忠通（ただみち）ら公卿を召集、信頼・義朝追討の宣旨を得た。すぐさま信頼を六条河原で処刑したが、義朝一族らは雪中をついて東国に逃れた。翌平治二年、義朝は尾張国で謀殺され、平治の乱は清盛の兵力によって収拾された。

朝廷ウォッチャーによると、上皇・信西一派と、天皇親政派の派閥争いがクーデターの原因だという。信西一派を排除しようとする信頼ら上流貴族に、保元（ほうげん）の乱以降の処遇に不満をもつ義朝ら源氏の利害が一致して、今回の挙兵に至ったという。

源平合戦は、平清盛に軍配があがった。

後白河天皇の「新制七ヵ条」を読む

【京都＝一一五六年】

Ａ：保元の乱の論功では、平家と源氏で雲泥の差だったが、一体どういう訳だろう？

Ｂ：理由は簡単さ。参謀の信西の策略だ。源氏は摂関家にこれまで諂いすぎたのだ。順当なら、義朝が功績第一だが、父親の為義、兄弟がみんな崇徳上皇方で分が悪い。平家は清盛が播磨守で実入りもいいし、一門の恩賞も厚い。摂関家も落ち目だね。

Ａ：なるほどね。ところで、後白河天皇が発布した「新制七ヵ条」は実に具体的だね。

Ｂ：そう、そこが摂関家と違って有能な信西の怖いところだ。あれを見ると、権門や寺社以下の荘園の設立が禁止だ。具体的な寺まで挙げている。連中の力を剥ぎ取ってしまうつもりだよ。坊主たちは信仰に専念しろってわけだ。

Ａ：邪魔なやつを排除して、正常な天皇親政に復帰する宣言でもあるわけだね。

Ｂ：いや、鳥羽上皇の遺言がある。今様（いまよう）好きの浮かれ天皇は、守仁親王が即位するまでのリリーフ。いずれ譲位になる。そのあと院政になるかどうか、まだ読み切れない。なにしろ、知恵袋の信西がバックに控えているからね。

世界短信

イングランド

プランタジネット朝創始

【イングランド＝一一五四～一三九九年】

アンジュー伯ジョフロアがイギリス王位を継承した。ヘンリー一世の後をうけてヘンリー二世となり、プランタジネット朝の創始を宣言した。ブリテン諸広報官によると、ブリテン諸島の統一が当面の課題ということであるが、フランス国内の領地を足がかりに大陸政策へも興味を示しているのではないかと、外交筋では注目している。

シナイ半島

十字軍が第二回の遠征

【シナイ半島＝一一四七～四九年】

フランス王ルイ七世、ドイツ王コンラート三世を中心に第二次十字軍が派遣された。

エデッサ伯領がイスラム勢力に奪われて以来、十字軍派遣が急がれていた。

コンラート三世はコンスタンティノープル経由で小アジアを目指したが、セルジューク朝トルコに進撃を阻止され、海路イェルサレム王国に入った。

一方、ルイ七世はトルコ人の攻撃を退けて到達しドイツ軍と合流したが、現地からの報告によると、戦いは困難を極めている模様で、二度にわたったダマスカス攻撃も失敗に終わった。独仏両軍は四九年初めには撤退帰国の途についたということだ。

ドイツ

オーストリアの独立発表

【ドイツ＝一一五六年】

赤髭王とあだ名されるドイツのフリードリヒ一世は、マルタ・オーストリアを公領として独立させることを発表した。これは、対立が続いてきたヴェルフェン家のハインリヒ獅子王にバイエルン公領を与えて、一応の和解に到達した結果だ。

西アジア

ホラズム朝を創建か？

【西アジア＝一一五七年】

大セルジューク朝の滅亡で、イラン東部ではクトブッディーン・ムハンマドがホラズム・シャーを自称し、急速に勢力を拡大している。確認はとれていないが、すでにムハンマドはホラズム朝を創建したという情報も広まっている。

平清盛、太政大臣に就任

日本史新聞

主な記事から

- ◆平清盛、太政大臣に就任
- ◆金と南宋が新たな和平条約を締結
- ◆平家の悪行、ここに始まる
- ◆鎮西八郎為朝が琉球建国？

平氏の天下到来か

異例の出世に陰口あれど反対者なし

【京都＝一一六七年】保元・平治の乱の功労者として知られる内大臣平清盛が、従一位太政大臣に任ぜられた。武家としては初めての快挙。六〇年に正三位に昇り、公卿の列に加わってから七年。左右大臣を飛び越しての就任は、まさに異例のスピード出世だ。いわゆる位人臣を極めた形となったが、太政大臣は直接政（まつりごと）に関わる官職ではない。しかし、平氏政権がここに誕生したことに変わりはない。

平清盛

かつて、平清盛の父忠盛が内裏の昇殿を許されただけで、その昇進を妬んだ公卿たちの反感を買ったことがあった。しかし、このたびの清盛の昇進に異を唱える者は一人としていない。それが今の平氏の実力だ。

清盛の経歴を振り返ってみると、まず五六年の保元の乱で勝利を収め、播磨守・太宰大弐（だざいのたいに）に就任。平治の乱以後は、六〇年に公卿正三位、参議、右衛門督（うえもんのかみ）、翌六一年は検非違使別当、権中納言、六五年には権大納言、さらに六六年内大臣、と昇進を重ねてきた。そして、ついに太政大臣の座を射止めたということになる。

また、嫡男の重盛は権大納言、義弟時忠と三男宗盛は参議、弟頼盛は従三位非参議となり、平氏の権力はいよいよ盤石のものとなったように見える。

しかし、これでは従来からの貴族は面白くないに違いない。当然ながら反感を抱いている者もいるだろう。すでにあちこちから、批判の声や陰口が聞こえてきているというが、しばらくは「平氏のお手並み拝見」といったところだろうか。

平清盛が突如出家

重病説浮上も、真相は不明

【京都＝一一六八年】二月十一日、太政大臣就任からちょうど一年たったこの日、平清盛が出家した。法名を浄海と号している。

すでに権大納言に任ぜられている嫡男の重盛をはじめ、一族すべてが公卿となった今、「天下に恐るるものなし」と案じての剃髪だという。

以前からかかっていた重病が悪化したためという噂もあるが、今のところ真相は明らかにされていない。

南宋の孝宗

中国

金と南宋、新和平条約締結

南宋有利も金の優位変わらず

【中国＝一一六五年】金（女真族）の世宗が南宋の孝宗と新たな和平条約を結んでいたことが、本紙中国特派員の調べで明らかとなった。

両国間では、もともと一一四二年から和議が結ばれていたが、六一年に金の海陵王がこの和議を破って南宋を攻撃し、部下に殺害されるという事件が起こっている。

海陵王のあとを継いで即位した世宗は和平主義者として知られており、このたびの和平条約は南宋にとって有利な条約改正となったようだ。たとえば、これまで金と南宋の関係は君臣関係にあったが、叔父と姪の関係に改められたり、歳貢として南宋が金に対して毎年、銀二十五万両、絹二十五万匹を献上することになっていたのが、歳幣（さいへい）という穏やかな表現に代わり、銀二十万両、絹二十万匹に減額される、など。

しかし、金の優位は依然として変わらない。今後も南宋は、征服王朝の金に威圧され続けることが予想される。

平家の悪行、ここに始まる

殿下乗合事件

温厚な重盛が基房に報復

【京都＝一一七〇年】

摂政藤原基房（もとふさ）の行列と、平資盛（すけもり）の一行が、路上で出会ったのがこの事件のきっかけだった。このとき、資盛の無礼を基房の従者がとがめ、資盛に恥辱を与えてしまったのだ。資盛が重盛の子と知った基房は重盛に詫びたが、時すでに遅かった……。

平重盛　藤原基房

七月三日、基房は法成寺参拝の途上だった。そこへ遠乗り帰りの資盛の一行が出くわした。こうした場合は、摂政である基房に対し、その下級者である資盛は、乗物から降りて挨拶するのが礼儀だ。だが、資盛たちはいっこうに降りてくる気配がない。そこで基房の家来たちは、車を壊すなどの乱暴を働き、恥辱を与えた。

相手が平清盛の孫、重盛の子であることを、基房が知ったのは、帰宅してからだった。顔面蒼白となった基房は、すぐに下手人を引き渡して重盛に詫びる。しかし、これでは重盛の怒りはおさまらなかった……。

その後、重盛の執拗な報復が始まった。なかでもひどかったのが十月二十一日の出来事。この日、高倉天皇の元服定めを行なう朝儀に出席するために参内しようとした基房の行列が、平家の武士に襲われ、基房は参内できずに引き返し、大事な朝儀が開催されないという不祥事となってしまった。

この事件は、理を尽くして謝罪した基房に対し、重盛が報復をして起こしたものであるため、世間では、「平家悪行の始まり」と言いはやしている。

京で話題！　流行通信　六波羅ファッション

京の人々の間に六波羅様（ろくはらまき）と呼ばれるファッションが流行っている。

このファッションの名は、平氏の邸宅の所在地に由来し、烏帽子（えぼし）や衣服など、平家一門の派手な着こなしをまねたものだという。

今や、平氏の勢いはとどまるところを知らない。皇太后平滋子（しげこ）と高倉天皇中宮徳子の弟時忠などは、関白でもないのに平関白と呼ばれ、権力をほしいままにしている。

時忠が、ついには「平家一門にあらざる人は皆人非人なるべし」とうそぶいたことは有名だが、人々が皆これを受けて、平氏と縁続きになろうとし、六波羅様の流行が生まれたのであろう。

世界短信

エジプト

31歳のサラディン、アイユーブ朝を創建

【エジプト＝一一六九年】

シリア・ザンギー朝のヌール・アッディーンによって、エジプトのファーティマ朝に派遣されていたサラディン（サラーフ・アッディーン）が宰相となって実権を握り、アイユーブ朝を創建した。

弱冠三十一歳でスルタン（君主）となったサラディンは、まず国内の体制強化に努めるという。最初の施策として、イクター制（軍事奉仕の代償として軍人に地租の取り分権を与える制度）を導入し、軍制を整えることを考えているようだ。

つまり、先にアメを与えるということ。すると、次に来るのはムチ？

裏
日本史物語
画・梅本文左ェ門
今年は平家ブランドだよねー
そーそー
安いよ～
でも最近偽物も出てるねー
H印安売り
実は、ボクのも偽物なんだ
あっHが変！
バレなきゃいいんだよ！
ああ‥日本人…

ミステリー　ヒーローは死なず

鎮西八郎為朝が琉球王国建国？

一一五六年の保元の乱で崇徳（すとく）上皇方につき、敗れて伊豆大島へと流された猛将・鎮西八郎為朝（ちんぜいはちろうためとも＝源為朝）について、変わった話を耳にした。

強弓の引き手として名をとどろかせた為朝は、伊豆大島への流罪が決まったとき、二度と弓を引けぬよう、肘の筋を切られてしまった。ところが、為朝は伊豆大島でも暴れまくり、周辺の島々を征服。それに怒った朝廷は工藤茂光率いる討伐軍を送り、為朝はついに自刃した。

これが為朝に関する今までの通説である。しかし、実は死んでおらず、沖縄島へ渡り、琉球王国建国を目論んでいるという説が、巷で噂されているのだ。

この話を裏づけるべく本紙取材班は、まずは伊豆大島と周辺の島々へと渡ってみた。しかし、そこには、為朝が伊豆大島を脱出し、島々を転々としたのち、八丈島へ渡り、そこから九州方面へ向かったという痕跡はあったものの、確証のもてるようなものではなかった。

噂では、その後、沖縄島にたどり着いた為朝は、土豪の娘と結婚し、子供をもうけ、その子を琉球王として擁立しようと動いているという。

本紙では、さらに取材を続けるつもりである。それにしても、英雄とはなかなか死なせてもらえないものだ、と改めて感じた。

日本史新聞

主な記事から

◆鹿ヶ谷の陰謀発覚
◆治承のクーデター起こる
◆平氏追討始まる
◆源氏の挙兵 頼朝ついに立ち上がる

後白河法皇も関与

鹿ケ谷の陰謀発覚

首謀者藤原成親らを逮捕、厳罰に

【京都＝一一七七年】

京都郊外の鹿ヶ谷（ししがたに）で、平家討伐の密議が行なわれていたことが発覚した。首謀者は藤原成親（なりちか）。他には後白河法皇の近臣藤原師光（もろみつ＝西光）、平康頼・源成雅・北面の武士多田行綱たちが加わっていた。多田行綱の密告と西光の自白で全員逮捕。平氏は事無きを得た。

後白河法皇

政権を完全に牛耳り、おごる平氏に対し、他の貴族たちの不満はますます募っていくばかりだった。藤原成親も、そんな貴族たちのなかの一人にすぎない。権大納言の成親は左近衛大将に任命されることを望んでいたが、左右近衛大将は平重盛・宗盛兄弟が独占。望みが叶うはずもなく、成親は平家に恨みをもつようになっていたという。

今年に入り成親らは、京都東山にある鹿ヶ谷の俊寛僧都（しゅんかんそうず）の山荘に集まり、平家討伐を企てるようになっていた。その際、多田源氏の統領で摂津地方に勢力をもつ行綱が武力による平氏討伐を期待されていたのだが、自分の身を案じて密告したようだ。

まず逮捕されたのは西光で、厳しい拷問の末に自白。これにより謀議の全貌が明らかとなり、全員逮捕に至った。密議に加わった者は、すべて死罪もしくは流罪になる模様だ。

事件自体は大したことはなく、平清盛も「今の世に、平家に弓を引く武士など考えられぬ」と言って、気にも止めていなかった。しかし、後白河法皇も参加していたという噂を耳にすると、さすがに動揺を隠されなかったという。

この事件は、今後平家が公家社会で孤立化していくであろうことを、如実に物語っているといえよう。

治承のクーデター起こる

後白河法皇を鳥羽殿に幽閉

【京都＝一一七九年】

十一月十四日、平清盛は何を思ったか、数千騎の武士を率いて福原から上京してきた。今にも戦争が起こりそうな気配に、京の都は大騒ぎとなり、院の御所も狼狽するありさまだった。

事の起こりは、後白河法皇の政策にある。一つは、清盛の嫡男重盛が亡くなったとき、その知行国・越前を相続した維盛（これもり）から没収したこと。また、中納言に欠員があったとき、清盛と親しかった藤原基実（もとざね）の子である基通（清盛の娘盛子の婿）がその席を望んだにもかかわらず、まだ八歳の師家（もろいえ＝関白藤原基房の子）を任じたことなどだ。法皇は清盛が安徳天皇の外戚となって、自分以上の権威をもつことを恐れたのだろう。

平清盛

翌十五日、清盛は関白を基房から基通に交代。十七日には、太政大臣藤原師長以下、法皇の近臣三十九名の官職を解任。さらに、主だった者を流罪にしてしまった。

同月二十日、すでに院政停止を申し入れていた法皇を、洛南の鳥羽殿に幽閉。これで治承のクーデターは完了した。

このクーデターにより、追いつめられた反平氏勢力は蜂起せざるを得ない格好となる。まさに一触即発に事態となってしまった。

フランス

国王にフィリップ二世

王権の強化と官僚制の整備へ

【フランス＝一一八〇年】

このたびフランスで、尊厳王・フィリップ二世が即位した。フランス特派員の報告によると、フランス王朝は、この即位で、王権の強化を図っているという。

今後の政策としては、官僚制を整備し、王領地の管理に努めるとともに、都市との結びつきを強めて諸侯の牽制を狙っていく模様だ。

平氏追討始まる

以仁王、頼政と挙兵決意

発覚、討死するも「意義ある討死」

【京都＝一一八〇年】

以仁王（もちひとおう）がついに平氏追討の令旨（りょうじ）を発した。平清盛はすぐに追討軍を送り、たちまちこれを鎮圧。失敗するも平氏追討の口火を切ったという意義は大きかった。

頼政、宇治橋で敗れる

四月九日、後白河法皇の第二王子である以仁王が源頼政とはかって、平氏討伐の挙兵を決断。全国の源氏に平氏追討の令旨を発した。しかし、計画は漏れてしまい、以仁王は近江の園城寺（おんじょうじ）に逃れていた。

五月二十六日、以仁王と頼政軍は、興福寺に援軍を求めるため奈良へ向かったが、途中の宇治平等院近くで平氏軍に追いつかれ、合戦となる。

頼政は、宇治川にかかる橋の板を外し、殺到する平氏軍を川に落とすなどして時を稼いだが、防ぎ切ることはできず、平等院の中で自害。脱出した以仁王も流れ矢に当たり、その場で自害したという。

今後、全国の源氏を始め、延暦寺・東大寺・興福寺などの僧兵たちも平氏追討に立ち上がることが予想される。

天皇、上皇、法皇も移動

事実上の 福原への遷都か

安徳天皇

【摂津＝一一八〇年】

六月三日、まだ三歳の安徳天皇が、父の高倉上皇と母の徳子とともに、京の都から福原へ移られることとなった。摂津へ向かう大行列は平清盛が先導。後白河法皇もこの列に加わっていた。

この移動の理由は、以仁王と源頼政の決起によって起こった大混乱を避けるためだ。また、南都北嶺（ほくれい）の諸大寺の勢力も反平氏側に回ったため、僧兵たちが押し寄せてくる可能性もあったという。

いずれにしても、これは事実上の「遷都」を意味し、都に動揺が起きている。

源氏挙兵

源頼朝、ついに立ち上がる

源頼朝

【伊豆＝一一八〇年】

以仁王の平氏追討失敗にもかかわらず、平家によって伊豆に流されていた源頼朝が、八月十七日に挙兵。伊豆の目代山木判官兼隆を襲撃して討ち取った。頼朝の平氏討伐の始まりだ。

だが、その勢いで相模に進撃した頼朝は、平氏の支配下にある大庭景親（おおばのかげちか）らに、石橋山の合戦で敗れ、安房（あわ）へ逃れることとなってしまった。

また、九月七日に源義仲（木曾義仲）が、九月十日には甲斐源氏の武田信義が相次いで挙兵。源氏再興の動きは各地に広まった。

安房に逃れている頼朝は、上総広常、千葉常胤ら豪族の助けを借り、再び軍を整えて進撃。十月六日、鎌倉に入った。

平氏、水鳥の羽音に驚く

富士川の合戦

【駿河＝一一八〇年】

頼朝追討のために出陣した平維盛を総大将とする平氏軍と、それを迎え撃つ頼朝軍が、十月二十日、富士川をはさんで対陣した。

士気の上がらぬ平氏軍は脱走兵も多く、このときわずか四千騎。対する頼朝軍は五万騎だった。

しかし、夜半に水鳥の羽音を源氏の夜襲と間違えて驚いた平氏軍は、戦わずして退却したという。

この勝敗は、今の源氏と平氏の勢いの差を感じさせるものだった。時の勢い、流れとは恐ろしいものだ。

訃報　平清盛永眠、無念の最期

遺言は「頼朝の首を墓前に供えよ」

享年64

【京都＝一一八一年】

平氏一門の棟梁、平清盛がこの世を去った。享年六十四。死因は、公家の日記には「頭風（つうふう）」や「動熱悶絶」とある。つまり、風邪をこじらして肺炎になり、頭痛と高熱で悶絶し、死に至ったことになるだろう。

遺言は「頼朝の首を墓前に供えよ」というものだった。

無念の最期である。

木曾義仲　倶利迦羅峠で圧勝

【越中＝一一八三年】

源義仲（木曾義仲）が北陸で平氏の大軍と衝突。平氏方は、平維盛・通盛（みちもり）を大将とする十万の義仲追討軍。義仲は追い込まれた。

そこで、加賀・越中国境で平氏の大軍を迎え撃つ作戦をとった義仲は、まず越中の庄川中流にある般若野（はんにゃの）で平氏軍の先遣隊をたたき、さらに倶利迦羅（くりから）峠に誘い込んだ。戦いは義仲軍が圧勝。このとき義仲は、五百頭の牛の角に火の付いた松明をくくり付け、平氏軍に突入させたという。これが世に言う「火牛の計」。

義仲は、敗走する平氏を追い、念願の上洛を果たした。

壇ノ浦 平家、源氏に敗れ滅亡

日本史新聞

主な記事から

◆平家、源氏に敗れ滅亡
◆源平合戦始末記
◆源氏の棟梁は誰か
◆ゴール朝がガズナ朝を滅ぼす

義経またも活躍

〝潮の流れ〟も平家に背く 安徳天皇、二位尼に抱かれ海中へ

【長門＝一一八五年】一ノ谷・屋島の両合戦で源氏に負けを喫した平家は、壇ノ浦で、源平の雌雄を決する最後の戦いに臨んだ。この海戦での兵力は、五百余艘の平家に対し、源氏は援軍を加えて八百余艘。海戦が得意とはいえ、兵力で劣る平家は善戦したものの源氏に敗れ、ここに滅亡した。諸行無常か、奢る者久しからずか、時代は平家から源氏の世へと流れていく模様だ。

（2面に検証記事）

入水した安徳天皇と、壇ノ浦の合戦

両雄並び立たず。宿命の戦いは朝六時頃から始まった。兵力で優る源氏の攻勢に平家は激しく抵抗、一時は源氏の大将義経が能登守教経に追い回され八艘跳びをしなければならないほどだった。

しかし午後になると、潮の流れが変わり、戦況は逆転した。守勢に回った平家は徐々に追いつめられ、起死回生の見込みもなく「負け」を悟った平知盛（とももり）は安徳天皇の御座船に最期の時の到来を告げにいった。

知盛の報告を聞いた清盛の妻二位尼（時子）はまもなく、わずか八歳の天皇と宝剣を抱いて海中に没した。これを合図にするかのように、平家一門は次々と入水（じゅすい）。わずかに宗盛・時忠などは助け上げられたものの、「平家にあらざれば人にあらず」といわれ栄華を極めた平家は、元暦二（一一八五）年三月四日ついに滅亡した。

源平合戦始末記 一ノ谷、屋島を経て壇ノ浦へ

寿永三（一一八四）年、都落ちした平氏は、一度は九州まで逃げ延びたが再び東上し摂津福原に戻った。そして一ノ谷に城郭を構え、源氏に備えていた。

その頃、京都には源義仲（木曾義仲）を破った源範頼（のりより）と源義経の軍がいて、後白河法皇の平氏追討の命を受けて一ノ谷へ攻め入り、ついに戦いは始まった。

義経は鵯（ひよどり）越えの坂から奇襲し、範頼も激しく攻撃し、平家を海上へと追いやった。

一ノ谷の戦いで敗れた平家は、讃岐（さぬき）の屋島に陣をとった。水軍をもたない源氏にとって、それは大きな脅威だった。

元暦二（一一八五）年二月十八日、暴風雨のなかを義経は摂津国渡辺から海を渡り、阿波国椿浦へ上陸。

上陸後、義経は土地の武士を味方にして、十九日に屋島に陣取る平家を攻めた。平家はただちに沖合に船を出し、源氏と相対した。戦いは激しい矢合戦となった。

その後、梶原景時（かげとき）が源氏の援軍に来るということを知った平家全軍は、長門国へと向かった。

そして、壇ノ浦の合戦を迎える。この間、わずか一年ほどしかなかった。

義経の鵯越え

総括!!

源平合戦

源義経

検証❶ 源氏が海戦で勝利した理由

上回った、指揮官の力量・武器・戦術

「西船東馬」という言葉がある。西国の交通機関は船、東国のそれは馬ということになる。転じて、西国軍は海戦に長け、東国軍は騎馬戦を得意としていたといえる。

だが、合戦は船や馬だけで行なわれるものではない。弓も強力な武器だ。弓は、いかに長い矢をどれだけ遠くへ飛ばせるかで威力に差が出る。源氏の弓は三人張り、五人張り、つまり弓を押して弦を張るのに三人、五人がかりということ。ちなみに、源為朝の弓は五人張りで、三〇〇メートル先の兵船を一矢で撃沈したといわれる。

しかも矢の長さは十四束、十五束といわれ、手のひら十四つかみ、十五つかみで一メートル以上の長い矢。屋島の合戦で那須与一は平家軍の扇の的を射落としたが、矢は十二束余だったという。十五束、十六束がいかに強力であるかがわかろう。

では、戦術面での源平の差はどこにあったか。海戦を得意とする平氏を破った源氏。義経の戦術（奇襲）が見事であったことはいうまでもないが、その端的な例は、まず平氏の水手（かこ）や梶取を殺し、船のコントロールを失わせたところにある。

これだけが勝利の要因ということではないが、推して知るべしで、指揮官・武器・戦術のいずれをとっても源氏は平氏を上回っていたといえようか。

検証❷ 新時代の棟梁像

政治家は軍事家に勝る？

源氏のなかで、軍事面に携っていた武将といえば範頼と義経が有名だが、範頼は凡将との見方が強い。一方、義経は軍事の天才児といわれるほど合戦で大きな働きをしている。

寿永二（一一八三）年、頼朝は都入りした義仲討伐のために異母弟範頼と義経に挙兵させた。範頼は大手（正面）の大将、義経は搦手（からめて＝側面）の将に任じられた。

範頼は瀬田川を攻め、義経は宇治川へ向かったが、宇治川は雪解け水で急流と化していた。義仲軍が橋板をすでに落としていたので、馬で急流を渡る以外、手立てはない。

義経軍は渡河を強行、畠山重忠・梶原景季（かげすえ）・佐々木四郎高綱らの働きで義仲軍の防衛線を突破し、都へ突入した。義経軍の気迫に圧された義仲は都を落ち延び、近江の粟津ヶ原で戦死した。

義経のこの果敢な戦術、さらには一ノ谷での鵯越えといい、軍事において義経は範頼より勝っていた。

一方の頼朝は、軍事面では範頼や義経を最前線に立たせていたが、政治面においては異母兄弟たちに頼らず、権力を独占していた。

平家追討の合戦に一度も出陣しなかった頼朝だが、守護・地頭・侍所・公文所・門注所などを設置した。まさに政治家頼朝の姿が垣間見えてくる。

軍事を支配する政治家・頼朝は、新しい時代の棟梁であるといっていい。

源頼朝

アフガニスタン

ゴール朝、ガズナ朝を滅ぼす

イスラム教徒同士の抗争に決着

【アフガニスタン＝一一八六年】

ゴールとガズナの二つの王朝の対立が続いていたアフガニスタンでこのほど抗争が激化、ついにゴール朝がガズナ朝を滅ぼすに至った。

ガズナ朝は、九六二年にトルコのアルプテギーンが建国、アフガニスタンのガズナを都としたトルコ系イスラム王朝。そして、今回の抗争で勝利したもう一つのゴール王朝はイラン系。

これら両王朝は一〇世紀末からインド侵入を繰り返し、七世紀以降に多くの王朝を形成したラージプート諸王国を撃破した。

イスラム教徒である両王朝は、かつてはインドに侵入し財宝や奴隷を略奪してアフガン台地に引き揚げていたが、やがてインド内部にとどまるようになり、土地と人民を永続的に支配するようになった。

しかし、やはり、両雄並び立たずか、互いの利権を巡って争いを繰り返していたが、ここにきて一気に大抗争に発展した。

ブルガリア、第二次の帝国を建設

【タルボノ＝一一八六年】

ビザンツ帝国に征服されていたブルガリアが、このほど独立を回復、タルボノを都に第二次の帝国を建設した。

歴史を遡れば、七世紀末、バルカン東南部に攻め入り、先住していた南スラブ族を撃破して建国したのがアジア系のブルガール人だった。

この第一次ブルガリア帝国（六八一～一〇一八年）は次第に発展し、九世紀後半にはビザンツ帝国を脅かすまでになった。しかし、その過程でブルガール族はスラブ人に同化していき、スラブ系のブルガリア人を形成していくことになった。

そしてシメオン一世のときに独立し全盛期を迎えたが、彼の死後、帝国は内紛により衰弱し、一〇一八年、ビザンツ帝国に征服され現在に至っていた。

美容と健康に
ブルガリアヨーグルト
※米印乳業(株)※

奥州平泉 源義経、衣川の館で自害

日本史新聞

主な記事から
◆源義経、衣川の館で自害
◆源頼朝が鎌倉幕府を創設
◆源義経の謎に迫る
◆西行法師逝く

藤原泰衡が裏切って館を急襲

衣川の館に押しよせる泰衡の兵

【平泉＝一一八九年四月三十日】兄・源頼朝の追手を逃れて奥州平泉藤原家のもとに身を寄せていた義経が、衣川の館で藤原泰衡(やすひら)の軍勢に攻め込まれ、自害して果てた。もともと義経をかくまったのは泰衡の父秀衡（ひでひら）。その秀衡の死後、頼朝の追及は厳しさを増していたが、泰衡はその圧力に抗しきれず、一転、自らの手で義経の館に攻め入るという暴挙に出たのが真相のようだ。

源平の合戦で最も戦功の大きかったのは義経。頼朝挙兵以来一貫して兄の言に従い、戦さの最前線で指揮を執り、破竹の勢いで平氏を追いつめた。その戦いぶりは注目の的だった。どうやら、この注目のされすぎが兄頼朝の不興を買ったようだ。

壇ノ浦の戦い（一一八五年）で平氏を絶滅させ、京に帰ってきた義経を待っていたのは、歓迎の嵐。まさに英雄扱いだった。そんな義経に、後白河上皇は検非違使・左衛門少尉の役職を任命。うかつにも義経はこれを頼朝の許可なく受けてしまった。怒った頼朝の表向きの理由は義経の行為が御家人体制の規律を破り処罰の対象になるというもの。

源義経

しかし、頼朝が寛容に接していればここまで事態は深刻にならなかった。頼朝は戦さ上手の義経が将来敵になることを恐れていたという声もある。そのために、この機に乗じて禍根を絶ったと。もうひとつ、後白河上皇が兄弟の仲を裂くためにあえてくだんの役職を義経に贈ったと邪推する向きもある。

いずれにせよ、義経は追放の身となり、頼朝から執拗に命を狙われ、最後に身を寄せた先が平泉だった。だが、ここも安住の地になることはなく、自ら命を絶つことになった。

義経着用の兜

追悼

西行法師逝く
漂泊の生涯に終止符

西行法師

【河内＝一一九〇年】漂泊の歌人・西行法師が河内国弘川寺で七十三歳の波乱に富んだ生涯を閉じた。

元永元年（一一一八）、武人藤原秀郷の嫡流である佐藤康清を父に、源清経の娘を母に誕生した西行。

西行は文治二（一一八六）年に頼朝に謁見している。重源（ちょうげん）の依頼を受けて東大寺再建の寄付を募るため、奥州平泉の藤原秀衡のもとを訪ねる途中、鎌倉の鶴岡八幡宮に立ち寄ったところ、頼朝の参詣とかち合ったのだ。

頼朝は西行を邸に招き、武芸や和歌について教えを請うた。翌日、西行は頼朝邸を退出した。その際、頼朝は引出物として西行に銀造りの猫を与えた。

ところが西行、門外にいた子供たちにその引出物をさっさと手渡して立ち去ったといわれる。西行のこのような振舞いは、物にこだわらない自然歌人の本領発揮というところか。西行法師は黄泉（よみ）の国へ旅立った。

源頼朝が征夷大将軍に

幕府創設、本格武士政権誕生

【鎌倉＝一一九二年】

源頼朝が征夷大将軍に任じられ鎌倉幕府を創設。ここに日本最初の本格武士政権が誕生した。弟の義経殺害以来、巷では人気のない頼朝だが、ここに至るまでの足跡を簡単にたどってみた。

●初陣大敗、蛭ヶ小島に遠島

頼朝の初陣は平治元年（一一五九）十二月の平治の乱。この戦いで義朝・頼朝は大敗を喫し、翌永暦元年（一一六〇）に二人と一行は東国に逃れようとしたが、途中、義朝は殺され、頼朝は平家の家人に捕えられ、京都に護送された。

当然、頼朝の運命は風前の灯火だったが、清盛の父忠盛の後妻である池禅尼の命乞いが叶い、一命は助けられ、伊豆の蛭ヶ小島に遠島に。ここで頼朝は二十一年間という長きにわたって流人生活を送る。

この地での頼朝の生活がどのようなものであったかについては不明の点が多い。義朝の菩提を弔うために念仏と写経の毎日だったともいわれるが、はたしてそうだろうか。

佐々木定綱、安達盛長らが従者となることを願い出ているので、彼らを相手に弓や馬などの武芸の一端を身に付けていたとの推測も成り立つ。

源頼朝

●強運の持ち主に天も味方

その後、伊豆目代襲撃を成功させたといわれるが、ここでは実際には北条時政が行動のトップに立っていた。頼朝の鎌倉入りも同様に、石橋山の戦いに敗れたあと、安房・下総・上総の武士たちを寄せ集めていくが、頼朝が指揮を執ったのではなく房総半島の武士たち、千葉介常胤（ちばのすけつねただ）や上総介広常（かずさのすけひろつね）らが執っていたようだ。

その結果、武蔵からさらに進み治承四（一一八〇）年十月六日、頼朝は鎌倉入りを果たすことができたといえる。

十月二十日の富士川の戦いは清盛の命を受けて頼朝追討のために送られてきた平維盛、忠度（ただのり）らが敗走してしまったため、戦いとは名ばかりのもの。これら一連の戦いで頼朝は指揮を執ることはなかった。武将としての頼朝の顔は見られない。その頼朝が、なぜ平氏政権を倒し、鎌倉幕府を築けたのか。

養和元年（一一八一）から翌年にかけて養和の大飢饉が西日本を襲った。日照りや大雨のために飢饉に見舞われ、五穀の収穫もままならず餓死者、病死者が数多く出た。

このような西日本の惨状が平氏の戦力を弱め、西国で勢力を誇っていた平氏にとって大きな打撃となってしまったようだ。一方、源氏はというと、東国にはこのような飢饉もなく平穏だった。

平清盛は厳島（いつくしま）神社や他の寺社の造営を盛んに行ない、さらに福原遷都など出費もかさんだ。加えて源氏との戦いで兵糧調達が重なるという、まさに湯水のように金が出ていく状況。そこに養和の大飢饉という天災が追い討ちをかけた。

天は平氏を見放し、源氏に味方したともいえるのではないだろうか。

曾我兄弟、仇討ち果たす

父親の敵・工藤祐経を富士で殺害

一一九三年五月、源頼朝は軍事上の大演習を兼ねて富士の裾野で大がかりな巻狩りを行なった。

五月二十八日、この日は最大の巻狩りを行なう予定だったが降雨のために中止と決定。参加した御家人たちは、明るいうちから酒盛りを始めた。夜になっても雨は止まないばかりか、さらに激しくなり、御家人たちは酩酊して眠り込んでしまった。

と、そのとき、頼朝の寵臣（ちょうしん）工藤祐経の仮小屋に忍び込んだ二人の男がいた。曾我十郎祐成、同五郎時致（ときむね）の兄弟だ。前後不覚に眠っていた祐経は呆気なく兄弟に討たれてしまう。父の仇討ちだ。

兄弟の父は河津祐泰といい、所領争いのため暗殺された。その犯人が祐経だった。

噂の焦点　源義経の謎に迫る

藤原秀衡のスパイだった？

藤原秀衡の死後、後継者は息子の国衡・泰衡となったが他の遺児たちを含め、彼らは互いに反目し、秀衡を頼って平泉に来た義経の立場は芳しくなくなっていった。

そんなとき、頼朝と不仲だった義経は頼朝の義経征伐の命を受けた泰衡に館を襲われ、割腹して三十一年の生涯を閉じた。

その義経には、さまざまな謎がある。例えば、中央を目指していた秀衡が鎌倉に送り出したスパイだという説。なぜ、このような説が出たかというと、義経の幼・少年期の不明な点が多いことが挙げられる。牛若丸と呼ばれ鞍馬山で天狗に武芸を学び、十五歳で山から抜け出したといわれる。その後、藤原秀衡のもとに身をゆだねたという。だが、その間の義経の武勇伝は作り話だといわれている。

牛若丸が鞍馬山から行方をくらましたことを知った秀衡が、牛若丸が自分のもとにやって来て、名も九郎義経と改めたことにしたというのだ。

要するに、義経は秀衡の家来であり、牛若丸と義経は別人というわけだ。

また、源義経北行伝説もある。義経は死んではおらず、生き延びて北海道に渡ったというのだ。さらに、義経が成吉思汗（ジンギスカン）だったともいわれる。

義経の一生は波乱に富んでいた。それがために、人々は幸薄い義経の身の上にロマンを見つけたかったのではないだろうか。判官贔屓（ほうがんびいき）という言葉があるほどだ。

藤原秀衡

日本史新聞

主な記事から

◆梶原景時、清見関にて殺される
◆モンゴル高原に大帝国誕生
◆第四次十字軍、目的忘れ暴走？
◆源頼家、幽閉される

謀殺か？

梶原景時、清見関にて殺される

鎌倉武士の見本か　一念発起、一族引き連れ上洛途上

【駿河＝一二〇〇年一月】一時は「鎌倉武士の見本」ともいわれた元侍所別当・梶原景時（かげとき）が殺害された。梶原景時は、前将軍源頼朝の没後、失脚して所領の相模国一宮に引き籠もっていたが、この新年早々、京都に向かう途中、駿河国清見関において、付近の武士により一族もろとも殺害された。

景時が頼朝を救った石橋山

事件は、相模国一宮に引き籠もっていた景時が、年が明けてようやく行動を起こし始めた矢先に起こった。景時は大がかりな反乱を企み、ひそかに一族を引き連れて京都へと出発したところだった。東海道の駿河国清見関でのこと、ちょうど地元の武士たちが集まって矢で的を射ているところに景時一行がさしかかり、怪しく思った地元の武士たちが矢を射かけて景時を討ち取ってしまったという。

◇

梶原景時は、一一八〇年（治承四）年、石橋山の戦いで平家方ながら源頼朝を救ったことから頼朝に近仕するようになり、頼朝の絶大な信任を背景に侍所別当まで務めた人物。頼朝の第一の忠臣といわれ、「彼こそ鎌倉武士の見本」と評する貴族もいた。

ただ、景時は頼朝に忠実すぎたため、同じ後家人の間での評判は必ずしもよくはなく、「まるで頼朝の走狗のよう」というのが同僚の評価だった。

頼朝の忠臣景時の立場も、昨年一月の頼朝の死を機に微妙に揺らぎ始めた。頼朝のときと同様に、新将軍頼家へも忠勤を励むべく景時が行なった告げ口が発覚し、有力後家人六十六名による弾劾を受けた。景時はなんの弁明もないまま所領の相模国一宮に引き籠もっていたところだった。

チラつく黒幕の影

ところで、景時が謀反を企んでいたことを幕府は知らなかったとは考えにくい。また、京に向かった景時に対して追討の使者が任命されたという確かな情報もある。その使者を待たずに地元の武士たちが、偶然のように討ち取っている。

事件のあった清見関は、海岸まで山が迫った東海道の要衝とされ、関所もおかれているところ。網を張っていさえすれば、獲物を捕らえるのはたやすいという。さて、駿河国の守護として国内の治安警察権を握り、後家人を統率しているのは誰か？　有力後家人六十六名による景時弾劾といい、清見関での景時殺害といい、後方に誰かの影が見え隠れしてならない。

モンゴル

高原に大帝国誕生

テムジンが全遊牧民を統一

【モンゴル＝一二〇六年】混乱の続くゴビ周辺の草原地帯をテムジンが統一、モンゴル帝国が生まれた。

オノン川の源流付近で、モンゴル部族の部族集会であるクリルタイが開かれ、モンゴル部族出身のテムジンが全モンゴル部族の主権者に推戴され、チンギス・ハーンの尊称を奉られた。ここにモンゴル高原の統一が成された。

テムジンは、トラ川とオノン川の分水嶺にあたるブルハン山を根拠地とするモンゴル部の名門氏族キャト氏のイエスゲイを父として生まれた。

チンギス・ハーン

テムジンは、父イエスゲイがタタールとの争いで殺され、早くして孤児となる。当時のモンゴル部族は勢力がふるわず、部族は散亡しかけ、困窮のなかで育つ。しかし、成長したテムジンは、父と同様部族長を目指す。忠誠をもって仕える有能なノクル（従者）を多く集めて手足とし、一二〇〇年、モンゴル部最大の対抗勢力タイチウト氏、一二〇二年、宿敵タタール部、一二〇三年、父の盟友だったケレイト部などを次々に討ち、モンゴル高原中部以東を制圧した。そして一二〇四年には西部のナイマン部とメルキト部を討ち、翌年にはかつての盟友ジャムハを処刑し、ついにモンゴル高原の遊牧民の統一を果たした。

ここに、一二〇六年、クリルタイが開かれ、モンゴル帝国の樹立を宣言した。

第四次十字軍、目的忘れ暴走？

【コンスタンティノープル＝一二〇四年】

第四次十字軍が、聖地エルサレム奪回という本来の目的を忘れて、同じキリスト教国であるコンスタンティノープルを占領するという異常事態が起きた。

コンスタンティノーブル

教皇インノケンティウス三世の提唱で一二〇二年に乗り出した第四次十字軍だが、当初よりベネツィアから多額の借金を抱え込むなど問題が多かった。この資金問題が今回の暴走の背景にあるようだ。

ベネツィア側が借金の代わりに求めたのは、ハンガリー領になっていたキリスト教徒の都市ザラの奪回だったが、一二〇二年十一月、第四次十字軍はザラを陥落させた。

一方、コンスタンティノープル宮廷ではかねてより内紛があり、地位を追われたイサキオス二世が多額の報酬と引き換えに現帝アレクシオス三世の追放の援助を求めてきた。これに応じた十字軍はコンスタンティノープルを攻撃、十四日間の攻防の末、イサキオス二世と息子アレクシオス四世は復権した。しかし、アレクシオス四世は多額の報酬の約束を履行できないまま、アレクシオス五世によるクーデターで処刑されてしまった。

何の報酬ももらえない事態に憤りを感じた十字軍は、コンスタンティノープルの再占領を開始し、現在、コンスタンティノープルは、十字軍兵士による殺戮（さつりく）と略奪の地獄絵図と化している。

頼家、幽閉される
幕府の実権 北条氏に移る

【鎌倉＝一二〇三年】

去る九月七日に鎌倉殿の地位を追われ失脚した前将軍頼家について、処分の行方が取り沙汰されていたが、伊豆に護送され、修禅寺に幽閉されたことが明らかになった。頼家失脚など、これら一連の処置は北条時政主導で行なわれたものだが、時政が執権に就任したことにより、幕府内の権力は事実上、北条氏の手に握られたことになる。

頼朝没後、政子・時政の北条派と頼家・比企（ひき）派に分裂して権力闘争が展開されていたが、頼家は時政殺害に失敗し、将軍職を弟実朝に譲り、鎌倉での蟄居（ちっきょ）を命じられていた。今回の修禅寺幽閉により、頼家の命運は尽きたとみてよい。

権力闘争に勝った北条時政は、十二歳の将軍実朝を補佐するため、執権の位に就任した。この結果、幕府の権力中枢は事実上北条時政と政子の手に委ねられることになる。

源頼家

書籍案内

隠棲中の鴨長明氏、随筆『方丈記』著す

【京都＝一二一二年三月】

京都南郊、日野の里で庵暮らしをしている鴨長明（五十七歳）氏は、自己の来し方を追想し、随筆『方丈記』（全一巻）を著した。

五十歳で出家して以来、鴨長明氏は隠者としての生活を続けている。草庵は各地を転々とし、三年前に大原から日野山の中腹に一丈四方、高さ七尺の庵（いおり）を結んで暮らしている。

このたび著された『方丈記』において、なによりも注目されるのはその文体である。鴨長明は、漢語や仏語を自由に駆使し、それを結び合わせてゆく論理的な文体を完成させたといってもよい。この簡潔そのものともいうべき文体は、氏の和漢の文章に精通する学才が、その文才と相まってはじめて成功したものといえ、これが、わが国の文章の主なる潮流となるとする評者も多い。

『新古今和歌集』成る！

【京都＝一二〇五年三月】

後鳥羽上皇が設置した和歌所にて、歌人藤原定家（ていか）らによって編纂作業が進められていた『新古今和歌集』（全二十巻）が、このたび完成した。

『新古今和歌集』の編纂は、一二〇一年の後鳥羽上皇が下された院宣により始められ、藤原定家をはじめ、源通具・藤原有家・藤原家隆・藤原雅経ら、五人の寄人たちが撰進に専念していたが、およそ四年の編纂作業を経て完成したことになる。

この新勅撰和歌集の編纂作業は、すでにまとめられた七つの勅撰集に収められていない古代以来の歌のなかから、五人の撰者がそれぞれの感性で選び抜いた歌をもとに精選され、上皇の選歌を経たうえで、草稿は撰者に戻され、分類整理を経て完成に至った。

世界短信

イギリス　ジョン王、大憲章承認へ

【ロンドン＝一二一五年六月十五日】

ジョン王は、ロンドン郊外のラニミードにおいて貴族たちと会見し、彼らの要求をのみ、六十三ヵ条の大憲章（マグナ＝カルタ）を発布した。しかし、この大憲章は、新しい権利の創出などではなく、要するに、君主に値しない国王を文書で縛り、その大権を制限しようとしたもののようだ。

ジョン王は対フランス戦で連敗して大陸の領土を失うなど、失策が多いことから、貴族たちの不満は最高潮に達していた。

イベリア半島　ドミニコ修道会認可される

【フランス＝一二一六年】

オスマ司教座教会のドミニクスは、トゥールーズにて、かねてより新修道会を計画していたが、このたび教皇ホノリウス三世より認可を受け、正式に認められた。ドミニコ修道会は厳格な清貧生活と布教活動の実践という特色を掲げている。

ノルウェー　ハーコン四世即位、内乱終息へ

【ノルウェー＝一二一七年】

内乱状態が続いていたノルウェーの政情も、スヴェッリ王の革新的な政策を経て、ハーコン四世の即位に至って、終息の様相を見せ始めている。ハーコン四世は「前王の政策を踏襲し、国力の復興、内政の刷新に力を注ぎたい」と語った。

日本史新聞

（AD1221年）～（AD1240年）

主な記事から
- ◆後鳥羽上皇の倒幕計画失敗
- ◆尼将軍政子の訴えで幕府軍団結
- ◆モンゴル、金国滅ぼす
- ◆十字軍、無血で聖地奪回

幕府軍19万騎、京都を制圧

後鳥羽上皇の倒幕計画失敗

朝廷の権威失墜、三上皇は流刑か

【京都＝一二二一年六月十五日】

十五日未明、京の都に十九万騎ともいわれる鎌倉幕府軍が進撃し、社寺仏閣に放火、略奪し、さながら占領状態となった。後鳥羽上皇は、先月十五日に発した北条義時追討の宣旨・院宣をただちに取り消すとともに、以後は幕府に従う旨を申し入れた。

後鳥羽上皇による院政と幕府の対立は、かねてより抜き差しならぬ状況にあったが、一二二一（承久三）年五月十五日、後鳥羽上皇は、幕府執権・北条義時を追討する宣旨・院宣を諸国に発し、義時を朝敵とした。幕府では、実朝の死後、将軍職を代行していた北条政子が御家人の結束を訴え、義時の息子泰時をはじめ総勢十九万騎の武士をただちに京に向かわせた。

上皇軍三万数千結束なし

上皇方は宣旨・院宣の効果に絶大な自信を抱き、東国に沸き立つ幕府軍は、十五日勝利に京の街になだれ込んだ。

遣わした使者の院宣に従って、坂東武者が義時の首をさげてくるものとばかり思い込んでいた。そこへもたらされたのが幕府側の大軍の進発の知らせだ。上皇方は在京後家人・僧兵など二万数千騎を集めたが、統率・指揮する人材を欠いたうえ、倒幕計画自体が公家全体の合意を取り付けるに至っておらず、実践面での上皇軍の対応は遅鈍なものだった。

今月五日、濃尾国境の尾張川（木曽川）にて、上皇軍の主力部隊、藤原秀康・三浦胤義（たねよし）らは幕府軍の一撃に敗走したのをはじめ、十三日・十四日の宇治川の決戦においても、幕府軍は豪雨後の宇治川の濁流を渡るという強行作戦で多数の犠牲を出しながらも突破しようという悲惨なものだった。

見捨てられた上皇方武士

さて、当の後鳥羽上皇の無責任ぶりははなはだしく、先の北条義時追討の宣旨・院宣をただちに取り消すとともに、すべて自分に責はないとして、計画の首謀者として藤原秀康・三浦胤義らの逮捕を命ずる宣旨・院宣を発布したが、哀れなのは見捨てられた上皇方の武士だ。ある者は散り散りとなって逃亡し、あるいは自殺、あるいは捕らえられるという悲惨なものだった。

朝、所々方々に放火し、社寺仏閣を略奪しながら京都市中に進撃したものだ。

この争乱は、旧来の朝廷権威と新しい鎌倉幕府との闘いともいえるが、もはや朝廷が唯一絶対の支配者ではなく、幕府こそが真の支配者であることを如実に示したといえる。

後鳥羽・順徳・土御門（つちみかど）の三上皇はそれぞれ隠岐・佐渡・土佐に流刑のほか、上皇軍に参画した上皇近臣の公卿、在京後家人らはことごとく斬殺とし、これらの人々の所領約三千ヵ所は幕府に没収のうえ東国の後家人に与えられることになった。

尼将軍政子の訴えで幕府軍団結

後鳥羽上皇が発布した北条義時追討の宣旨・院宣が幕府に伝わってきた際、鎌倉の後家人たちの間には動揺が広がった。

朝廷・天皇の権威は大きく彼らの上にのしかかっており、朝廷に歯向かうことを恐れたようだ。

幕府成立以前の惨（いな）めな宮仕えの生活を思い起させ、朝の御恩の大きさを訴え、もしこの戦いに敗れたら朝廷の支配に下り、かつての惨めな状態に戻ることを論した。政子の訴えに彼らは衝き動かされ、一致団結して幕府を守ることを誓い合った模様だ。

実朝の死後、将軍職を代行していた尼将軍政子（六五）は、義時追討の宣旨・院宣を聞いて御所に集まった多くの後家人たちを前に涙ながらに訴えたという。

- 新茶は宇治苑へ

モンゴル、金国滅ぼす

チンギス・ハーンの弔い合戦に勝利

【モンゴル＝一二三四年】

一二三四年、モンゴル帝国・の宿敵金朝は、二代皇帝オゴタイ・ハーンの執拗な攻撃に滅亡した。チンギス・ハーンは、金南方の南宋の領土を通って攻め込むという金攻略の作戦を遺言していたというが、はたしてオゴタイ・ハーンはその遺言通りに兵を進め、チンギス・ハーンの弔い合戦にふさわしい勝利となった。

金は、黄河下流域に潼関（どうかん）から西南に走る要塞線を設け、その本軍は黄河沿いに洛陽から亳州（はくしゅう）にかけて陣を張っていた。これに対し、モンゴルの一軍は正面から潼関を攻撃、一軍は南宋の領土から金の内地を攻撃、もう一軍はオゴタイ・ハーン自ら率いて黄河の上流を渡るという三路からなだれ込んだ。金軍は都汴京（べんけい）を捨てて、南端の蔡州（さいしゅう）まで落ち延びたが、これも同盟国となった南宋との連合軍の攻撃によって天子哀宗（あいそう）は自殺、金朝は滅んだ。ここにモンゴル帝国の版図は、西はカスピ海から東は東シナ海まで、北はシベリアの森林地帯に接し、南はパミール、チベット、中国中央平野に接する広大なものとなり、大帝国となった。

チンギス・ハーンによる外征は、まず南方に位置する西夏（せいか）への侵略を手始めに、一二一五年、金朝の支配下にあった北中国を陥し、黄河以北のすべての領土を手に入れ、一八年、東トルキスタンのカラ・キタイ（西遼）を吸収した。

そして、一九年より西アジアの覇者ホラズム朝によるモンゴル側使節と隊商の虐殺と略奪をきっかけにホラズム朝に遠征し、六年がかりの攻撃でブハラ、サマルカンド、首都グルガンジを占領、略奪した。

二三年、前衛部隊がコーカサスから南ロシアに侵入、クリミヤ半島の諸都市を攻撃して二五年に帰還した。その後、対ホラズム朝遠征に非協力的だった西夏に遠征し、二七年に滅ぼした。

なお、この西夏攻撃中にチンギス・ハーンが病死、二九年、オゴタイ・ハーンが二代皇帝に就いていた。

金国を滅ぼしたオゴタイ・ハーン

十字軍、無血で聖地奪回

【エルサレム＝一二二九年】

一二二九年、神聖ローマ皇帝フリードリヒ二世率いる第六次十字軍が、ほとんど戦闘もなく、聖地エルサレムの一時奪回に成功した。

フリードリヒ二世が遠征に出発したのは一二二七年だったが、ひどい船酔いのために一度引き返し、教皇から破門された身だった。

しかし、かまわず二八年に再び出発し、聖地エルサレムに渡っていた。彼は従軍期間中に戦闘はほとんど行なわず、外交努力に主力を注いだ結果、今年、アイユーブ朝との間に、聖地エルサレムをはじめとするその他の場所を十年間返還させる条約を締結したもの。これに対し、教皇庁は、フリードリヒ二世が戦闘をせずに取り引きによって奪回したとして、非難する声明を発表した。

ところで、これに先立って行なわれた第五次十字軍についても触れておくことにする。一二一七年、教皇ホノリウス三世の提唱によって出発した第五次十字軍は、エジプトのダミエッタ（カイロ）の包囲を開始したところ、エジプトは十字軍の撤退を求め、その代償としてエルサレム王国のヨルダン川以西の領土の提供を申し入れてきた。しかし、全エジプト征服を望む十字軍側はこれを拒否して攻撃を始め、ダミエッタを陥したものの、ナイル川の洪水で立ち往生してしまった。こうして一二二一年八月、十字軍はダミエッタを放棄して脱走し、成功を目前にしながら失敗に終わってしまった。

エルサレムを奪回した十字軍

幕政

独裁から集団指導体制へ

【鎌倉＝一二二五年】

この七月の尼将軍政子の死によって、政局の行方が危ぶまれていたが、この難局打開のため、執権泰時は大規模な政治改革を打ち出した。

まず、大倉の幕府の館を宇都宮辻に移転するとともに、自身の館も幕府に隣接させ、人心の刷新をはかる。

一二二一年の争乱以来、泰時とともに京の六波羅に探題職としてあった叔父の時房を呼び返し、泰時と並ぶ執権に就ける。これにより執権職は二人となるが、時房は本来の執権である泰時を補佐する任にあたる。さらに評定衆（ひょうじょうしゅう）をおき、三浦義村、中原師員（もろかず）ら十一名を任じた。

この十一名の評定衆に二人の執権を加えた十三名の「評定会議」を新設して幕府の最高機関とし、政策や人事、訴訟の裁決、立法などにあたることになった。これによって幕府の政治体制は、独裁から合議制による集団指導体制に移行することになる。

「御成敗式目」制定

【鎌倉＝一二三二年】

このたび政治改革の一環として、五十一ヵ条からなる幕府の基本法典「御成敗式目（ごせいばいしきもく）」が制定された。これは、武家社会の慣習法や頼朝以来の幕府の先例を軸に、裁判の基準を周知徹底させ、犯罪を未然に防ぎ、裁判を公平・迅速に行なわせることを第一の目的としたもので、早くから成文化された法令の制定が待たれていた。法の効力範囲については、幕府の支配下にある後家人社会としている。

鎌倉幕府に異変発生か

突然の将軍交代劇に民衆も不審抱く

日本史新聞

主な記事から

- ◆突然の将軍交代劇
- ◆モンゴル軍、シュレジエンに侵入
- ◆日蓮、『立正安国論』を著す
- ◆検証　北条時頼の「回国伝説」

四代・頼経は強制的に辞職

執権経時との関係悪化が原因？

【鎌倉＝一二四四年】

このたび、四代将軍九条頼経（よりつね）の嫡子頼嗣（よりつぐ）が第五代将軍に就任した。それにしても、頼経は働き盛りの二十七歳、対して頼嗣はまだ六歳。この将軍交代劇は、あまりにも突然で、各方面から驚きの声があがっている。

九条頼嗣が第五代将軍に

頼嗣は、つい先頃、元服の式をあげたばかりだった。わずか六歳で元服というのも異例ではあったが、それからたった二週間で将軍就任とは、もう異常としか言いようがないだろう。

記者会見では、このところ相次ぐ天変地異にかんがみて頼経自身が譲位を申し出た、という一方的な説明があったが、これを信じる者は誰もいない。当然、民衆も不審を抱いている。

鎌倉の切り通し（崩壊は内部から始まっている）

そこで、この将軍交代劇の真相を探るべく、本紙では独自の調査を行なってみた。

その結果、頼経と執権北条経時との関係が悪化していて、そこに原因があるのではないか、ということがわかってきた。初代将軍源頼朝の姪の娘を母にもつ頼経が、第四代将軍として迎えられたのは二歳のとき。政務に関わることの許されない形式的な将軍であったとはいえ、在位二十年を越えれば、自ずと一つの政治勢力となる。さらに、そこへ反北条色を打ち出したために、辞職に追い込まれたということのようだ。

今後、頼経がどう打って出るのか見ものだ。

モンゴル軍、東欧へ侵入

ポーランド・ドイツ連合軍を撃破

【ポーランド＝一二四一年】

一二三六年からヨーロッパ遠征（大西征）を続けるモンゴル軍が、ついに東ヨーロッパまで侵攻してきた。

この遠征軍を率いるのはチンギス・ハンの孫バトゥ。キエフ公国を壊滅させ、ロシアの大部分を占領すると、ポーランドへの進軍を開始した。

バトゥの一隊はシュレジエンへ向けて侵入。ところが、リーグニッツ近郊で、シュレジエン侯ハインリヒ二世率いるポーランド軍とドイツ騎士団の連合軍が、これを迎撃に出た。激しい戦闘となったこのリーグニッツの戦いは、モンゴル軍の圧勝に終わる。

その後、さらにハンガリーの首都ペストも攻略したバトゥだが、二代皇帝オゴタイ・ハンが死去したという知らせを聞くと、早々に軍を引き返してしまった。

これは、ヨーロッパからの本格的な退却と見ていいだろう。ポーランドとハンガリーの両国は、すんでのところで崩壊を免れたことになる。

モンゴル軍と欧州軍が激突したワールシュタット

宝治合戦で大豪族三浦氏が滅亡

北条氏の独裁体制確立へ

【鎌倉＝一二四七年】

安達景盛によって、三浦泰村を当主とする三浦一族が滅ぼされた。豪族のなかでも三浦氏は、最も繁栄を誇っていたが、その強大な勢力が次第に若い執権北条時頼を圧迫するようになっていたという。景盛は、時頼の外祖父にあたり、時頼の意を体して動いたものと思われる。

有力豪族を排除することにより、時頼は幕府内における北条氏の独裁体制を確立した。今後は、これまでの合議制をやめ、さらに北条氏の独占力を強めるべく専制体制に移行する予定だという。

日蓮、『立正安国論』を著す

北条時頼に献進するも黙殺される

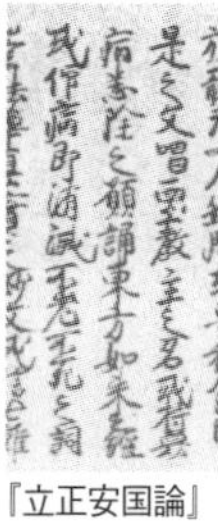

『立正安国論』

【鎌倉＝一二六〇年】

駿河国富士郡岩本の実相寺にしばらく籠もっていた日蓮が、『立正安国論（りっしょうあんこくろん）』なる著書を書き上げた。さらに、これを前執権北条時頼に献進したという。しかし、時頼は何の反応も示さなかった。完全に黙殺されてしまった模様。

辻説法に立つ日蓮

一二五〇年代後半、鎌倉は騒然としていた。地震に加え暴風雨・洪水、また逆に旱魃（かんばつ）・火災などの大規模な災害が頻発し、さらに疫病も蔓延。また、日食・月食・大流星など、人々が最も恐れる怪異現象が繰り返し起こり、巷では、末法の世の到来ではないか、という声が聞かれるようになっていた。

日蓮は、一二五三年から鎌倉に入り、布教活動を続けていたが、これらの天変地異を冷静に眺めていた。そして、次のように考えた。

「幕府の主要な人たちが禅宗にのめり込み、また多くの民衆が念仏ばかり唱えているからこういうことになる。これは法華経（ほけきょう）を信じようとしない人々への天からの警告に違いない」

しかし、法華経にはこれらに関する記述はない。そこで、日蓮は実相寺に籠もり、一切経を読み進めた。そして、一つの結論に達した。

「金光明経（こんこうみょうきょう）」「仁王経（にんのうきょう）」「薬師経」「大集経」などに見える七難のうち、五難はすでに生じている。残る二難は「他国侵逼難」（他国の侵略を受けること）と「自界叛逆難」（国内に謀叛が起こること）である。この二難を防ぐには、万民が法華経を信ずるよりほかに道がない――と。

日蓮はこのように確信すると、すぐに鎌倉に戻り、この結論を一書にまとめ上げた。と同時に北条時頼の近臣宿屋光則を介して、これを時頼に献進した。この一書というのが『立正安国論』だ。

ところが、禅宗に深く帰依している時頼は、この『立正安国論』の献進を黙殺した。さらに、日蓮は『立正安国論』のなかで、法然の浄土宗を最大の邪宗として非難しているため、浄土宗の僧や信者からかなりの反感を買った。日蓮に対して彼らが反撃することも考えられる。

裏
日本史物語
画・梅本文左ェ門
そのとき、時頼は忙しかった…
時頼様、これをお読みになってください
なんだ～
「立正安国論」でございます
そんな料理の本が読めるか～
？
なにが「一升、アンカケうどん」だ！まったく～！
うどんを一升も食えるか。バカめ…

鎌倉の大仏完成

高さ11メートル

【鎌倉＝一二五二年】

鎌倉・深沢に建立していた大仏が完成した。僧浄光の勧進（かんじん）によるもので、奈良・東大寺の大仏にはかなわないものの、高さは一一メートル余りもある。

大仏建立は、源頼朝が生前から強く望んでいたということもあって、盛大な完成披露パーティが催された。

鎌倉の新しい名所になることだろう。

鎌倉大仏（側面）

検証　能「鉢の木にみる」

北条時頼の「回国伝説」

ある雪の夜、上野国佐野のあたりの貧しい家に一人の旅の僧が訪れ、一夜の宿を乞うた。主人夫婦は、旅の僧を哀れに思い、家に招き入れ、秘蔵の鉢植えを薪にして暖を取らせた。そして、僧が素性を問うので、主人は答えた。

「自分は佐野源左衛門常世と申し、佐野荘の領主をしておりました。一族の者に所領を奪われ、今でこそ落ちぶれておりますが、いざ鎌倉の一大事とあらば、第一番に馳せ参じ忠勤をつくす覚悟です」

実は、この僧は執権北条時頼の忍びの姿であり、のちに常世は時頼から厚く賞される。

以上が「鉢の木」という有名な話で、このような時頼の回国伝説が巷に流布しているという。

中小の御家人に対して恩顧をかけるという政策をとった時頼は、地方の中小御家人の武士に大変人気が高く、こうした回国伝説が生まれた。

日本史新聞

主な記事から

- ◆「蒙古の国書」届く
- ◆日蓮逮捕「瀧ノ口の法難」
- ◆フビライ・ハン、国号を元と定める
- ◆神聖ローマ帝国でルドルフ一世即位

「蒙古の国書」届く

高麗の使者、大宰府に到着

【筑前＝一二六八年】
高麗の使者潘阜（はんぷ）が大宰府に到着し、フビライ・ハン（世祖）の日本あて詔書を差し出した。「蒙古の国書」と呼ばれるこの詔書はすぐに鎌倉へ送られ、さらに朝廷に奏上された。朝廷は結局、国書受理を拒否。石清水（いわしみず）八幡宮と東寺で「異国降伏」の祈祷をさせるという。

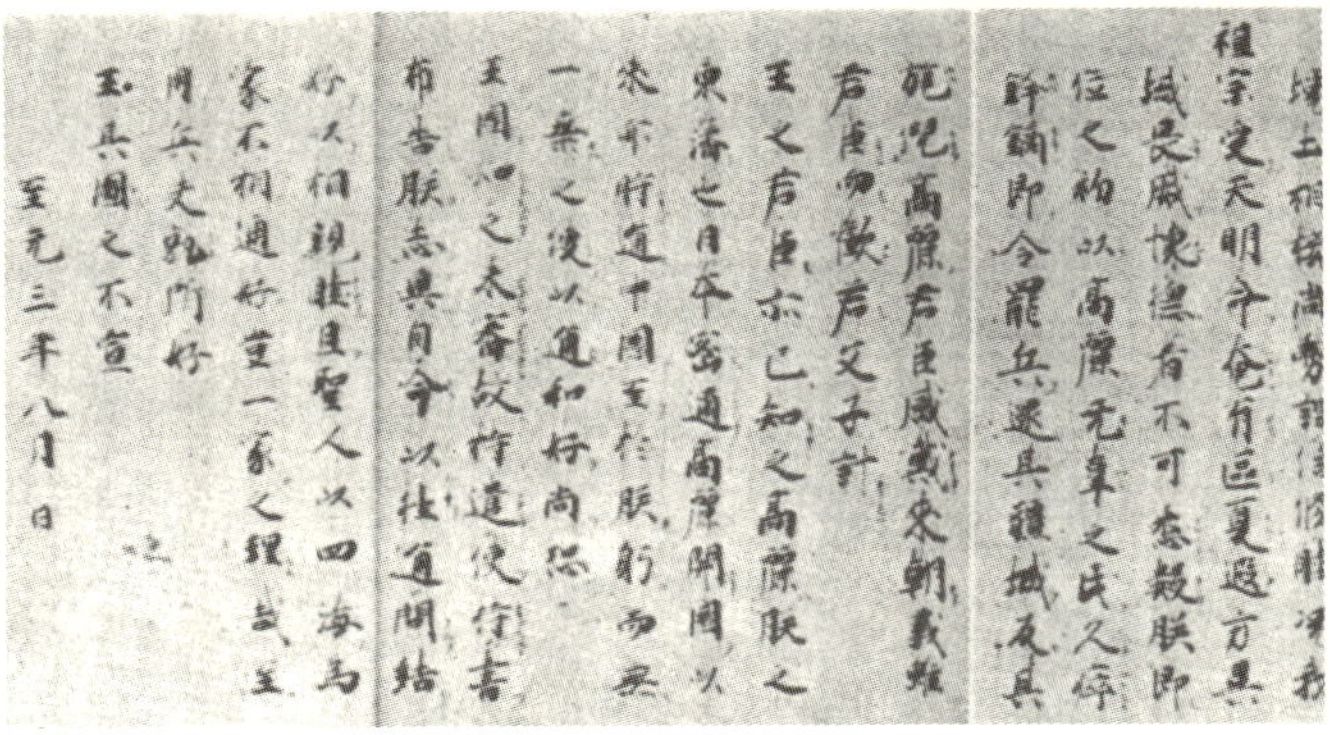
境土相接尚務講信修睦況我
祖宗受天明命奄有區夏遐方異
域畏威懷德者不可悉數朕即
位之初以高麗無辜之民久瘁
鋒鏑即令罷兵還其疆域反其
旄倪高麗君臣感戴來朝義雖
君臣歡若父子計
王之君臣亦已知之高麗朕之
東藩也日本密邇高麗開國以
來亦時通中國至於朕躬而無
一乘之使以通和好尚恐
王國知之未審故特遣使持書
布告朕志冀自今以往通問結
好以相親睦且聖人以四海為
家不相通好豈一家之理哉至
用兵夫孰所好
王其圖之不宣
至元三年八月　日

蒙古の国書

困った挙げ句「異国降伏」の祈祷

中国大陸で勢力を伸ばしている蒙古が朝鮮を制圧し、ついに日本をもその視野に入れてきた。

フビライ・ハンが日本にあてて詔書を送ってきた。

高麗からの使者潘阜が持参した、この「蒙古の国書」の内容は、日本に対して通商を求めるもので、高麗と同様に日本も来朝せよ、ということが書かれていた。さらに、この国書の最後には、来朝しなければ攻め入る、という脅しの文句まで付されていて、国書を受け取った大宰少弐の武藤資能は目の玉が飛び出んばかりに驚いたという。

国書はすぐに鎌倉に届けられたが、その取り扱いに苦慮した幕府は明確な結論が出せず、朝廷に判断を委ねることにした。

しかし、朝廷も下駄を預けられたはいいが、どうしたらいいものか全く見当もつかない。何度も議論した結果、国書受理を拒否するという結論に達した。

ところで、幕府や朝廷が、蒙古という国の存在や中国大陸の情勢について知ったのは、高麗の使者潘阜が日本に向かい、対馬に着いたときだ。それは昨年十一月のことで、潘阜の大宰府到着が一月だから、ほんの二ヵ月前のこと。いかに日本が世界情勢に疎く、外交音痴であったかがわかろう。

これでは幕府や朝廷が、この事態の対処に困るのも無理はない。当然、蒙古襲来に備える軍事力もなく、朝廷は神だのみに賭けることにした。その結果が、石清水八幡宮と東寺での「異国降伏」の祈祷だ——。

蒙古襲来の危機に都は大パニック

【京都＝一二六八年】
蒙古襲来の恐れがあるのは、京都から遠く離れた北九州沿岸だ。京の地は、幕府に命じられた御家人たちが防備を固めているため、すぐに京都が戦乱に巻き込まれる心配はない。それにもかかわらず、京都は今、大パニックに陥っている。

パニックの原因は、朝廷による「異国降伏」の祈祷にあるとも考えられるが、それ以上に問題なのが食糧難だ。本来ならば京都に送られるはずの年貢米が、蒙古襲来に備えて、兵糧米として調達されてしまったのだ。

これでは蒙古軍が襲ってくるどころか、京都の人々は飢餓によって死んでしまうかもしれない。

浄土真宗開祖

親鸞逝く

親鸞

【京都＝一二六二年】
十一月二十八日、浄土真宗の開祖親鸞（しんらん）氏が老衰のため、京都三条富小路の善法坊で亡くなった。享年九十歳。娘の覚信尼らに看取られてのことだった。

晩年は執筆活動と諸国の弟子たちとの交流に努め、主著に『教行信証（きょうぎょうしんしょう）』がある。

遺体は、東山の麓の大谷にて火葬に付される模様。

瀧ノ口の法難

国難予言の日蓮逮捕

幕府、処刑できず佐渡島への流罪に

【鎌倉＝一二七一年】

蒙古襲来におびえる今の国情は日蓮の予言する「他国侵逼難」にピタリ一致すると、日本中が動揺している。そんな人心を抑えるため、九月十二日、幕府は日蓮逮捕に踏み切った。瀧ノ口（たつのくち）で危うく処刑されそうになるが、結局は佐渡島へ流されることになった。さらに門弟たちも、流刑もしくは拘禁などの処分を受ける模様。

日蓮の受難は、今に始まったことではない。

一二六〇年に著した「立正安国論」のなかで、日蓮が浄土宗を最大の邪宗として批判していることが、浄土宗の僧や信者たちの耳に入ったたため、松葉ヶ谷の日蓮の草庵を焼き打ちされたことがある。これがいわゆる「四大法難」の始まりで、「松葉ヶ谷の法難」と呼ばれている。

翌六一年、日蓮の弾圧を望む浄土宗門徒の突き上げによって、幕府は「御成敗式目」十二条にある「悪口の科（とが）」を適用し、日蓮を逮捕。日蓮は伊豆の伊東に流され、二年間の流人生活をおくっている。これを「伊豆の法難」という。次は六五年の「小松原の法難」で、故郷安房の母を見舞おうと帰郷したところを、浄土宗信者の地頭東条景信に襲撃されている。このとき日蓮は眉間に傷を負う。

そして四度目の法難が、この「瀧ノ口の法難」だ。

しかし、こうした受難の経歴が「法華経の行者（ぎょうじゃ）」「日蓮」の名を高めているともいえよう。

中国

フビライ、国号を「元」に

易経の「大哉乾元、万物資始」から

【中国＝一二七一年】

中国・華北を統治するフビライ・ハン（世祖）が、元という中国風の国号を定めた。

元とは、易経の乾の「大哉乾元、万物資始〈けんげん〉、万物資（と）りて始（はや）む」に基づくもの。中国の歴代の王朝は、初代皇帝が皇帝になる以前に治めていた領地の地名から国号をとるのが慣例だったが、古典から国号をとったのは、元が最初。

真相はまだ明らかにされていないものの、時輔のほかにも名越時章・教時、仙波盛直など、数名の北条一門の武士

元王朝を成立させたフビライは、軍を整えて南宋攻略を目論んでいると噂される。

フビライ・ハン

日蓮

二月騒動起こる

北条一門粛清事件か

【鎌倉＝一二七二年】

執権北条時宗の異母兄弟である六波羅探題（ろくはらたんだい）の時輔が殺された。これは、時宗の兄であり、がら家督になれなかったことに不満をもつ時輔が政権奪取に向けて謀叛を企てたため、と幕府側から発表があった。

が殺されているところを見ると、時宗が不満分子を取り除くために起こした同族粛清事件であったことがうかがえよう。

「蒙古襲来という国難の時期にありながら、一門同士でこのような事件を起こすとは、何たる不謹慎」という声もあがっているが、時宗には何か考えがあってのことだろうと思われる。

マルコ・ポーロ、旅に出る

【イタリア＝一二七一年】

十七歳の少年マルコ・ポーロ、東方貿易を営む宝石商の父ニコロと叔父マッテオに連れられて、極東への旅に出発した。

彼らは、インドを経由して陸路中国へ向かう予定。この旅は二十年以上にも及びそうで、地元ヴェネチアの市民は帰国後の土産話を楽しみにしているという。

晩年のマルコ・ポーロ

神聖ローマ帝国

ルドルフ一世が即位

国王不在の大空位時代終わる

【ドイツ＝一二七三年】

神聖ローマ帝国で、ハプスブルク家のルドルフ一世が即位した。シュタウフェン王家最後の王が一二五四年に死去して以来、実質的に国王不在だった神聖ローマ帝国の大空位時代が、これで終わったことになる。

そもそも神聖ローマ帝国は、シュタウフェン王家とヴェルフェン家との間に宿命的な対立があり、さらにイングランドとフランスの両王の画策などもあって、事態はかなり混乱していた。このたびのルドルフ一世の即位も、イングランドとフランスが介入し、異例の国王二重選挙の結果によるものだ。

久しぶりの国王誕生に沸く神聖ローマ帝国だが、ルドルフ一世は自家の領地拡大を第一と考える典型的なドイツ貴族。神聖ローマ帝国は形骸化してしまうのではないか、という見方をする評論家も出きている。

♪ライブ情報♪

「猿楽の能」

紀州石王権守
宇治若石権守
世紀の競演

出演：石王座　若石座
場所：京都・高神社拝殿
日時：1271年4月3日
正午より　お問い合わせ：本紙事業部

日本史新聞

主な記事から

- ◆〈文永の役〉元の大軍来襲す
- ◆阿仏尼、訴訟を起こす
- ◆〈弘安の役〉元軍来襲、再び
- ◆日蓮、波瀾の生涯を閉じる

文永の役

怒濤の勢い、元の大軍来襲す

苦戦する幕府軍、「神風」に救われる

蒙古軍を迎え討つ大友頼泰の軍勢

【筑前＝一二七四年】

対馬・壱岐（つしま・いき）を陥れ、対馬海峡を怒濤の勢いで渡ってきた元（蒙古）軍が、博多湾の沖合に集結。ついに上陸を開始した。これを迎え撃つは鎌倉幕府軍。壮絶な戦いを繰り広げるが、戦い慣れした元軍に苦戦を余儀なくされる。さらに、元軍からは「てつはう（鉄炮）」と呼ばれる火薬を用いた武器も飛び出し、幕府軍は敗色濃厚と思われた。しかし、夜になって突然大風が吹き荒れ、元軍はほぼ壊滅状態に。一気に形勢は逆転した。

外交関係もいよいよ緊張の度合を増し、ここにきて、ついに頂点に達したといっていいだろう。博多湾沖合に姿を現わした元の軍船は約九百隻。高麗（こうらい）軍を従えて、総数およそ三万の兵が上陸してきたのだ。

対する幕府軍も、元軍の上陸をてぐすね引いて待ち構えていた。その数およそ一万。しかし、当初は士気も上がっていた幕府軍も、たちまち劣勢に追い込まれてしまう。いかんせん異国との戦は初めてであり、国内での合戦とは勝手が違いすぎた。

矢合わせのために鏑矢（かぶらや）を射放ち、一騎ずつ武者が進み出て名乗りをあげるという日本の合戦の作法は全く通用しない。名乗りをあげているうちに歩兵に周りを囲まれ、馬から引きずり落とされてしまうのだ。

また、武器も元軍のほうが勝っていた。元軍の短弓・短矢は、一見威力がないように見えるが、手ごろで肉迫戦に強い。さらに矢先に毒が塗ってあり、殺傷力も高かった。

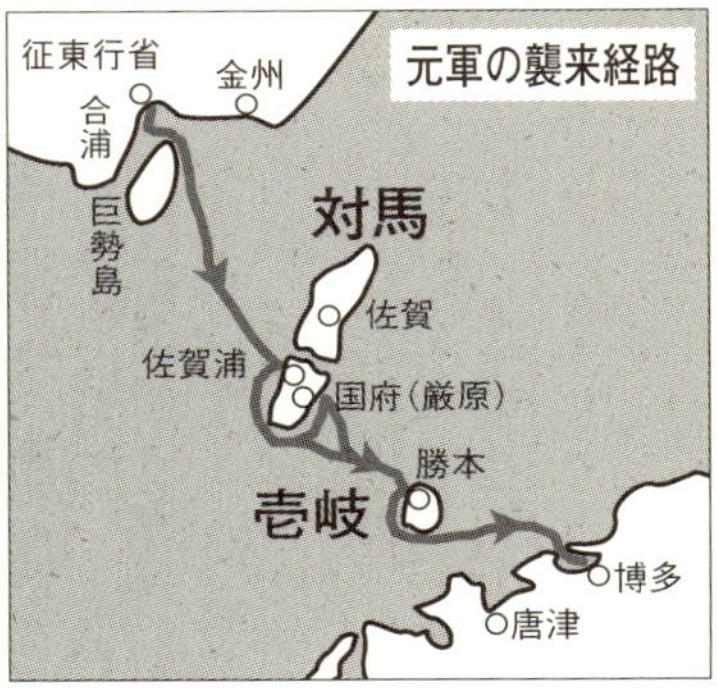

だが、それよりも幕府軍が度肝を抜かれたのは、「てつはう」と呼ばれる炸裂弾だ。火薬などというものは、日本ではほとんど知られていないため、爆裂音を聞いただけで幕府軍は大混乱を招き、防戦一方となった。

もしこのまま元軍が進撃を続け、夜も陸上に陣を構えたならば、九州一帯は占領地と化していただろう。しかし、なぜか日没とともに元軍は、軍船に引き上げてしまった。

この不可解な行動が明暗を分けることとなった。その夜、博多湾を突然襲った大風によって、海上の元軍は壊滅的な大打撃を被ったのだ。残った船団も退散し、翌朝の海上には無惨に砕け散った船の残骸しかなかった。

幕府軍からは「神風が吹いた」との声もあがっている。まさに奇跡の逆転勝利と言えるだろう。だが、安心するのはまだ早い。元のフビライ・ハンがこのまま引き下がるとは思えないからだ。

幕府は元の再来に備え、九州北部の警備をより厳重にするよう、御家人たちに命じる模様だ。

阿仏尼、訴訟を起こす

正室 側室 相続争いで直接 鎌倉幕府に

【鎌倉＝一二七七年】

歌人として知られる阿仏尼（あぶつに）が、六十近い老体であるにもかかわらず、鎌倉に赴き訴訟を起こした。原因は相続争い。

藤原定家（ていか）の子為家には、正室と側室がいた。正室は宇都宮頼綱の娘で、側室が阿仏尼。それぞれに子供がいたため、為家の死後、その遺産を巡り、正室と側室の間で相続争いが起こった。

争いの元は、相伝の所領播磨国細川荘の相続。もともと細川荘は、正室の子、つまり嫡男である為氏に譲られることになっていた。しかし、晩年になって為家は、阿仏尼の子為相に譲るという遺言を残した。

細川荘を相続する者は、俊成（としなり）・定家・為家と続いた歌の家の正統な後継者を意味する。当然、両者とも一歩も引かない。争いは朝廷、さらには六波羅探題にも持ち込まれたのだが、決着はつかず、ついに阿仏尼が直接幕府に訴えたものだ。

鎌倉での阿仏尼は、武士たちに歌道を教えて生活し、幕府に訴え続けている。母は強し、か。

裏 日本史物語
画・梅本文左ェ門
おおー、元軍が日没とともに引き上げていく！
なぜ攻めてこない！
実は元軍は…
お～日没だ～！
全員、公務員だった
さっ帰ろーと
あ～終った終った
カチャ

元軍来襲、再び

弘安の役

天は幕府軍の味方

またも暴風雨　元軍、野望とともに海に沈む

蒙古船に乗り移って戦った竹崎季長の軍勢

【筑前＝一二八一年】一二七四年の「文永の役」での思わぬ敗北以来、日本への再襲の準備を進めていた元が、十四万の大軍で北九州に再び来襲した。しかし、今回も大風が吹き荒れ、元の軍船は次々と沈没。全軍の七、八割を失った模様だ。日本はまたしても天に助けられた格好となった。

今回の元の日本遠征軍は、蒙古・高麗の兵を主体とした東路軍四万と、蛮子（元に滅ぼされた旧南宋人）を主体とした江南軍十万からなる。総勢十四万という兵の数は、前回「文永の役」の約五倍。これを輸送する軍船は、四千四百隻以上を数えた。

五月三日、東路軍は予定通り高麗を出発し、六月六日には博多湾の志賀島まで迫っていた。一方、江南軍は総司令官が重病にかかるなどの問題が起こり、出発が大幅に遅れ、先発隊が東路軍と平戸で合流したのは六月下旬のこと。両軍が伊万里湾口の鷹島に集結したときは、すでに七月の下旬になっていた。

これに対し幕府軍も、大挙して鷹島の敵船に攻撃を開始。正攻法を捨て、小船で夜襲をかけるなど、それなりの善戦は見せた。しかし、元軍の圧倒的な軍勢には全く歯が立たない。

そして、元軍がいよいよ本格的に日本を陥れるための戦いを展開しようとした矢先の閏（うるう）七月一日の前夜から暁にかけて、前回と同様に暴風が吹き荒れたのだ。

このため元軍は、その大半を失い、死者の数は十万を超えると見られている。さらに生き残った軍船も、高麗に撤退するものと思われる。

特別インタビュー

なぜ元は二度も敗れたのか？

軍事評論家・神山風大氏

——今回の「弘安の役」での勝利によって、まさしく「神国日本」を印象づけましたね。

神山氏　巷では、「神風」のおかげで勝てた、というようなことが言われていますが、はたして本当にそれだけが勝因だったのでしょうか。

——と言いますと……。

神山氏　まず元軍の構成です。そのほとんどが高麗軍と旧南宋軍、つまり元によって征服された民族で編成された多国籍軍なのです。そんな彼らが元のために本気で戦うと思いますか。

——確かにそうは思えませんね。

神山氏　それに元の兵士は騎馬民族です。本来騎馬戦を得意とする彼らは、海戦の知識に乏しかったと言えます。

——つまり元軍の指揮官が海戦を心得ていたならば、避難することもできたと……。

神山氏　そうです。さらに軍船も脆弱（ぜいじゃく）なものであったと思われます。海戦を苦手とする元には船を造る技術がないため、高麗に造らせていたといいます。しかも無理なスケジュールで造らせたものですから、粗製乱造したようです。もし頑丈な船でしたら、あそこまで暴風に破壊されることもなかったでしょう。

要するに、暴風が「神風」として幕府軍の味方をしたとも言えなくはないのですが、根本的な原因は元軍そのものにあったのです。

（聞き手・編集部）

水夫急募

幕府

お悔み

日蓮　波瀾の生涯を閉じる

国難を予言した破天荒な宗教家

【武蔵＝一二八二年】病で衰弱した身体を常陸（ひたち）の湯で養生しようと身延山（みのぶさん）を下山した日蓮が、途中の武蔵国の池上宗仲氏の屋敷に滞在中亡くなった。享年六十一歳。まさに波乱の生涯だった。

日本史新聞

主な記事から

◆霜月騒動起こる
◆時宗の開祖、一遍没する
◆イングランドで「模範議会」召集
◆幕府、鎮西探題設置

霜月騒動起こる

幕政の激しい主導権争いが原因

安達泰盛、平頼綱に襲われ死亡

【鎌倉＝一二八五年】執権北条貞時の外祖父安達泰盛（あだちやすもり）と内管領平頼綱の対立が、ついに武力衝突に発展。頼綱が安達攻めの軍を起こしたのは十一月十七日のこと。よって、この戦いは霜月騒動（しもつきそうどう）と呼ばれる。かねてから覚悟していた泰盛も御家人とともに頼綱軍を迎え撃つが結局、安達軍は敗北。泰盛は死亡し、安達氏は族滅した。

死亡した安達泰盛（右端）

前執権北条時宗の頃から、北条家の嫡流である得宗の権力は上昇の一途をたどっている。それに伴い、得宗の家臣である御内人（みうちにん）の立場も変わってきた。そもそも御内人は得宗家の家政を司るのが本来の立場。しかし近頃は、幕政にまで関与するという身分へと飛躍してきた。

このような現象を、従来から幕政に参画している御家人たちが黙って見過ごすわけがない。不満をもつ御家人たちは、引付衆・評定衆を歴任した有力御家人安達泰盛のもとへ集結し、御内人と対抗しようとしていた。そして、時宗が亡くなると、御内人と御家人の対立が一気に表面化してきた。

まず先に動いたのは、御内人のなかで現在最も権勢をふるっている内管領平頼綱だった。頼綱は、執権貞時の乳母の夫としてその信任を得て、今や得宗の筆頭家老的存在。この頼綱が、貞時に安達氏討伐を提言したのだ。討伐の理由は、泰盛の嫡男宗景（むねかげ）が源氏を称し将軍になろうという陰謀を企てているというものだった。

泰盛は貞時の外祖父にあたる。しかし、まだ十五歳の貞時は、頼綱の言葉を信じ、これを承知してしまった。

貞時の命令とあらば頼綱も動きやすい。侍所の所司（次官）を兼ねていた頼綱は、すぐに兵を集め、安達氏を攻めにかかった。

こうなることを覚悟していた泰盛は、御家人とともに頼綱軍を迎え撃つ。将軍御所も炎上するほどの激しい乱戦となったこの戦いは、多くの死傷者を出し、結局は頼綱軍の勝利に終わる。泰盛と宗景は殺され、有力御家人安達氏はここに族滅した。

だが問題は、今後の頼綱の動向だ。将軍から見れば陪臣（ばいしん）でしかない内管領が、幕政を完全に牛耳ることになるからだ。

専門家の間では、幕府の要所は頼綱が登用する御内人で固められ、頼綱の専制政治が始まるのではないかと予想されている。

ヨーロッパ

ネズミによる被害続出

ハーメルンに謎の笛吹き出現？

ハーメルン

【ドイツ＝一二八四年】ネズミの大繁殖がヨーロッパ各地で発生し、地元の人々は困り果てている模様。このネズミによる被害は非常に大きなものとなっており、穀物や種子の蓄え、鶏卵などを食い荒らすのはもちろん、子供に噛みつき病原菌をまき散らしているという。

そんななか、ドイツのハーメルンという小さな町から、変な噂が伝わってきた。笛の音でネズミを川に誘い込み、これを駆除した笛吹きが、町を救ったにもかかわらず、住民から約束の報酬を拒否されたことに怒り、百三十人の子供を誘拐し、洞窟に隠してしまったという。

話の真偽のほどは定かではないが、こんな噂が広まるほどヨーロッパの事態は深刻なようだ。

円覚寺炎上

【鎌倉＝一二八六年】円覚寺（えんがくじ）で火災が発生し、舎利殿（しゃりでん）が焼失してしまった。

円覚寺は、文永・弘安の役で犠牲となった日本軍と元軍の兵士の霊を慰めるため、一二八二年、前執権北条時宗により創建されたもの。そして昨年、執権貞時が父時宗の遺志を継ぎ、ここに舎利殿を完成させたばかりだった。

出火の原因はまだ不明で、現在必死の調査が進められている。

円覚寺

社説

再燃する荘園の支配権争い
いいかげんにやめよ、金と時間の無駄遣い

荘園の支配権に関する争いが、再び各地で活発化している。荘園の支配権を強引に獲得しようとする地頭が各地で目立つようになり、荘園領主も負けじと濫訴（らんそ）を企てているためである。

こうした動きは今に始まったことではない。鎌倉幕府成立以降、幕府により全国的に設置された地頭と荘園領主との間には、土地の管理・支配権や収益権を巡る紛争や訴訟が絶えないのだ。地頭の主な権限である荘園の土地の管理権、年貢・公事（くじ）の徴収権および荘園の治安警察権は、本来荘園領主に任免権のある下司（げす）や、その他の荘官の権限に属していた。しかし地頭の任免権は幕府にある。つまり地頭と荘園領主との間に紛争や訴訟が起こるのは当然の結果であった。

そこでこのようなトラブルの頻発に対する解決策として地頭請所や下地中分（したじちゅうぶん）などが行なわれ、地頭は幕府によって合法的に優遇されることとなった。荘園領主側も紛争や訴訟ばかり起こしていてはわずらわしいため、不本意ながらも応じるしかない。

これで一応は荘園支配に関する争いは解決したかに見えたのだが、地頭がその武力に任せて非合法に荘園の支配権を獲得しようとしてきたのである。これは事実上、地頭の荘園侵略ととらえることができよう。また、荘園領主が地頭の非法と称して濫訴を企て、これに対抗することも、十分予想できた結果だ。こんなイタチごっこのような争いは時間と金の無駄遣いであることが、まだわからないのだろうか。

時宗の開祖

一遍上人 没する
庶民から支持された差別なき布教

亡くなった一遍上人

【播磨＝一二八九年】

時宗の開祖一遍（いっぺん）が、兵庫和田岬の観音堂で亡くなった。全国を遊行（ゆぎょう）し、お札配りと踊念仏で人々を教化した一遍は、差別のない布教のため、庶民層に熱狂的に受け入れられていた。多くの信徒に見守られながらの最期だった。

一遍は、一二三九年に伊予で生まれた。幼名は松寿丸。武士の子として育てられたが、十歳のときに母を亡くし、出家を決意したという。

一二七四年、一遍が熊野に参詣したとき、熊野権現が夢に現われ、「誰にでも無条件に極楽往生を約束する念仏札を配るべし」との神託を授かった。これにより遊行上人と呼ばれた一遍の布教方法が確立したといわれている。また、踊り念仏は、一二七九年から始められた。

念仏を唱えるだけで往生できるという一遍の教えは、庶民層には深く浸透し支持されたが、阿弥陀仏以外の絶対者を認めないという生き方は、権力者たちからは歓迎されなかった。結局一遍は、生涯鎌倉には入れてもらえなかった。

享年五十一。

鎌倉に大地震、被害甚大

【鎌倉＝一二九三年】

関東に大地震が起こった。鎌倉の被害は特にすさまじく、鶴岡八幡宮や建長寺などが倒壊した。死者の数は二万人以上にのぼるのではないかと見られている。

死者多数の鎌倉大地震

平禅門の乱起こる

【鎌倉＝一二九三年】

平頼綱父子が執権北条貞時に攻められ自害した。内管領頼綱は、恐怖政治ともいわれる専制的な権力をふるっており、また嫡男を将軍にしようとしていた疑いがあった。

貞時が執権になったときはまだ十四歳。当時から頼綱の専権に任せていたが、この平禅門の乱によって、やっと自立を果たしたことになる。

幕府、鎮西探題設置

【筑前＝一二九三年】

鎌倉幕府が九州統轄のために鎮西探題（ちんぜいたんだい）を新設した。名目は外寇（がいこう）の脅威に備えるためというが、得宗の専制権力を拡大するためではないか、との声も高い。その証拠に、初代探題には北条兼時が任じられている。

九州には幕府の出先機関として、以前から鎮西談議所と鎮西奉行がある。鎮西探題には、さらに強力な権限が与えられ、京都の六波羅探題同様、九州の行政・軍事・裁判について大幅な自主裁量を許される模様だ。

イングランド

エドワード一世「模範議会」召集
実はスコットランド討伐 戦費調達のための課税が目的？

【イングランド＝一二九五年】

十一月二十七日、イングランド王エドワード一世が一風変わった議会を召集し、話題を呼んだ。その話題の中心は、議会の内容よりも、招集されたメンバー構成だった。

そのメンバーとは、エドワード一世からの直接の召集令状により招かれた大貴族（伯〈アール〉・男〈バロン〉）と高級聖職者（大司教・司教・修道院長）、またエドワード一世が州知事に宛てた一般令状により招かれた各州二名の代表騎士、各都市二名の代表市民など。

これを「模範議会」と称しているが、ここで注目すべきは年収二十ポンド以上の土地収入がある「自由土地所有者」の上層を騎士としていたことだ。要するにこの議会は、現在エドワード一世が進めているスコットランド討伐の戦費調達のために新たな課税を賦課するのが目的であって、そのために税収入を期待できるメンバーが集められたのではないか、との見方が出てきている。

「全ての人に関わることは全ての人により承認されなければならない」と召集令状には謳われていたが、「模範議会」とは名ばかりのようだ。

鎌倉幕府「永仁の徳政令」発布

鎌倉に彗星流れ、乱世のきざし

日本史新聞

主な記事から

◆「永仁の徳政令」発布
◆オスマン朝創設
◆新教皇、クレメンス五世
◆社説・「無礼講」の意味

御家人の土地は無償で返還せよ！

【鎌倉＝一二九七年三月六日】不吉な知らせというべきか、鎌倉の夜空に長く尾を引いて彗星が流れた。執権北条貞時がこの異変に合わせ、「永仁の徳政令」を発布した。これによって御家人は、借金のかたに取られた土地も、そっくり無償で返してもらえるようになった。権力の強引なごり押しは世の習い、とはいえ、債権者たちの嘆きの声が、方々から聞こえてくる。この強権政治、はたしていつまで続くか。まさに乱世のきざしのようだ。

鎌倉の空に彗星が流れた

京の都や鎌倉を中心に、貨幣が流通し始めてからかなり時間がたつ。銭がなければ人々の生活は成り立たなくなった。商業が発達し、金融も盛んに行なわれるようになって、人や物の動きが目まぐるしくなっている。

一方、こうした貨幣経済の発達で、御家人の暮らしは苦しくなるばかりだ。暮らしに行きづまった御家人たちは、苦しまぎれに所領(土地)を売り払い、そのため土地をもたない「無足御家人」が増加の一途をたどっている。

鎌倉幕府の基盤は、御家人とその所領によって成り立っており、御家人の基盤もまた、所領にある。したがって、土地を持たない御家人が増えることは、幕府にとって、その基盤をゆるがしかねない由々しき問題となった。

今回の「永仁の徳政令」は三ヵ条からなる。

まず、御家人間の所領の売買・質入は認めず、以前に売却した御家人の土地は、もとの所有者が無償で取り戻すことができる。ただし、幕府が承認した書状があるものと、二十年以上買い主が所有している土地は時効で、取り戻すことはできない。なお、買い主が非御家人や凡下(武士でない者)の場合は、二十年以上を過ぎても売り主はそれを取り戻すことができる。

そして、金銭貸借の訴訟は受け付けない(借金を返済しなくても告訴される心配はない)。

さらに、御家人の越訴(異議申し立て)を禁止し(翌年二月二十八日復活)、荘園領主の訴訟については一回だけとする。

執権の独裁を維持し、御家人の権利を回復して、鎌倉幕府の基盤を再び強固なものにしようとしたこの法令は、しかしながら皮肉な結果を生んだ。すでに困窮した御家人の数は多く、この法の発令によって土地の売買や借金ができなくなった彼らは、ますます困窮の度を深めている。

時代はもはや、後戻りできないところにまで来ている。

アナトリアにオスマン朝成立

【トルコ＝一二九九年頃】アナトリア半島の西北方に勢力を占める君侯(ベイ)オスマンが、オスマン朝を創始したと見られる。

オスマン家の出自は、中央アジアのトルコ族オズク族のうちのカイウ族で、十三世紀の前半、モンゴルに圧迫されてアナトリアに入った。当時はセルジューク朝に属し、東ローマ帝国に接する辺境の防御を使命として、封土のスウトに土着していた。オスマンの一族とその配下は、ガジ(イスラム聖戦戦士同胞団体)として東ローマ帝国と戦い、さらに同胞たちと戦闘を繰り広げながら領土を拡大した。そして、勢力の衰えたセルジューク朝を無視するように、オスマン朝を創設したもののようだ。

プルサ(のちのオスマン・トルコの首都)

幕府の力で悪党退治を！

【大和＝一二九八年】大和国平野殿荘の雑掌重実は、荘内で悪行を重ねる惣追捕使願妙以下十七人を、「違勅悪行・本所敵対の悪党人」として、幕府に捕縛願いを訴え出た。平野殿荘は東寺を本所とする荘園だが、悪党を鎮圧するだけの武力がなく、そのため幕府の力を借りることにしたものらしい。

しかし、幕府はこの訴えを、あくまで荘園内部の問題であるとして取り合わず、鎮圧に乗り出す気配はない。

フランス

クレメンス五世、アヴィニョン入城

アヴィニョン教皇宮殿

【アヴィニョン＝一三〇九年】ボニファティウス八世の後をうけ、四年前に教皇に選ばれたクレメンス五世が、ローマに足を運ぶことなく、フランスのアヴィニョンに築かれた新教皇庁舎に入城した。

このような事態にまで発展した原因は、十三年前、聖職者への課税を巡って、フランス国王フィリップ四世と、教皇ボニファティウス八世が争ったことにあった。双方の激しいやりとりが続いたが、フィリップは休暇中の教皇を襲撃して捕らえ、教皇を死に追いやって、教皇庁を自らの権力の下に置くことに成功したという。

新教皇のクレメンス五世は、国王の指図に諾々と従っている模様で、イタリアではこのアヴィニョン教皇庁を、暗にユダヤ人のバビロン捕囚になぞらえている。「カノッサの屈辱」から二百年、教皇と国王の権威は、まったく逆転した。

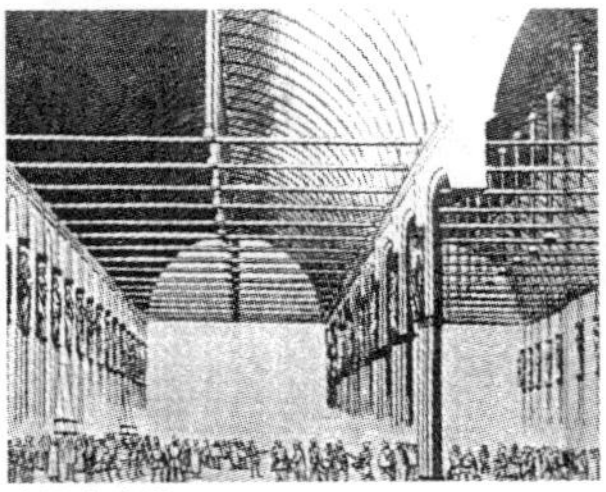

宮殿大広間

社　説

後醍醐天皇の思惑や如何に「無礼講」の意味を問う

二条加茂川べりの一角で、月ごとに〝文談会〟と称する会合が開かれている。会の参加者は中納言四条隆資・大納言藤原師賢・参議平成輔・日野資朝・日野俊基などの廷臣に加え、僧が聖護院ノ法院玄基ほか数名。それに武士として多治見国長・土岐頼兼などである。この会は当初、日野資源・俊基らが昨今流行の宋学の研究討論会を催すために開いたものだったが、議論は政治談義におよび、そして近頃は、北条氏討滅の議論にまでおよんでいる。

後醍醐天皇は数年前から、討幕のための同志をひそかに集めておられ、参加者の多くは、そのメンバーの一員なのだ。

会合は危険を伴う。そこで編み出されたのが「無礼講」という婆娑羅（ばさら）な遊宴である。花園上皇はこれを、『花園院宸記』元亨四年十一月の条で次のように記している。

「凡そ、近日ある人の云う、資朝・俊基等、結衆会合し乱遊す。或は衣冠を着せず、ほとんど裸形にして、飲茶の会あり（中略）と。これ、達士の風を学ぶか。この衆、数輩あり、世にこれを無礼講の衆と称すと……」

いかに婆娑羅が流行する世とは言っても、月ごとにこれほどの乱痴気騒ぎを行なえば、目立つのは当たり前。乱痴気の裏に隠れた本意が、ひょっこりと表に出てくるかもしれず、はたまた口外露見するやもしれず。派手好きであられる後醍醐天皇とはいえ、十分な警戒は怠らぬようお願いしたいものである。

今日の言葉

■悪　党■

火付け・強盗・山賊・海賊など、住民に狼藉のかぎりをつくす輩。むろん、これは立派な悪党で、いつの世にもいる犯罪人である。しかし今日、こうした輩とは別に、幕府の政道にたてつき、世の安寧（あんねい）を乱すものとして、幕府から悪党と呼ばれている者たちがいる。

彼らの多くは地頭や名主、または荘園内の非御家人などで、なかにはかつて御家人であったものが、所領を失って悪党になった者もいる。

彼らは本所（荘園領主）に敵対したり、他の荘園の悪党と手を結んだりしながら、従来の荘園の秩序を壊し、新しい支配の形を作ろうとしているようだ。

最近、比叡山の悪僧や衆徒の間で「人法興隆」という言葉が流行しているが、これは比叡山の、仏法によって国家を興すという「仏法興隆」に対比させた言葉で、一般庶民と一緒に新しい暮らしを興そうという動きである。いずれも幕府にとっては由々しき事態で、幕府が以前にも増して弾圧を強めるのは、必至の情勢だ。

しかしこうした動きは、旧い秩序を破壊し、新しい時代を作り上げるための、従来にはない斬新なもので、しばらくはこの動向から目を離せない状況が続きそうである。

評論

イタリア北部地域に人文主義の時代到来

イタリアの特に北部地域を中心にして、人文主義が台頭している。この北部イタリアといえばフィレンツェ、ベネツィア、ジェノヴァなどの都市国家が、海運を中心に繁栄を続けている。商人たちは船を操り、波濤を越えて地中海や黒海沿岸の各所に出かけて行くが、商取引から彼らが得たのが合理主義だった。

中世の教会を中心とした社会が崩れ、代わって人間中心の社会が台頭し始めている。非合理が合理的に、天上的なものが地上的なものに、さらには、より人間的なものへと、人々の考え方が着実に変化している。そして、教会支配を象徴する中世ラテン語は否定され、代わって地域の俗語が使われ始めた。

フィレンツェの行政長官だったダンテ・アリギエーリが、政変によって追われ、他所で書き上げた『神曲』は、ラテン語ではなく北イタリア地方の俗語で書かれた名作だ。ラテン語を教会の時代の象徴とすると、俗語は人間主義時代の象徴だ。ダンテのこの作品によって、時代は確実に変化したようだ。

日本史新聞

主な記事から

◆鎌倉幕府滅亡か
◆安堵法改正
◆雑訴決断所設置される
◆社説・「高氏憎し」

鎌倉幕府、滅亡間近？

六波羅探題壊滅

有力御家人が続々天皇方へ

高氏・義貞らが見限り、風前の灯

【近江＝一三三三年五月九日】

鎌倉幕府の命運が風雲急を告げている。そのきざしは、前年十一月の千早（ちはや）城での合戦に現われていた。三年前の赤坂城陥落以来、姿をくらましていた楠木正成（くすのきまさしげ）が、再び現われて幕府軍を徹底的に翻弄したこの戦いは、弱体化した幕府の実態をさらけ出し、反幕府勢力を一気に勇気づけた。幕府の最有力御家人足利高氏（あしかがたかうじ）は、この合戦で幕府の命運を悟り、天皇側についた。以後、ぞくぞくと幕府を離反する者が増え、そしてこの日、六波羅探題が壊滅した。

足利高氏

二日前の五月七日、足利高氏の軍勢は嵯峨から京都に突入した。激しい市街戦の後、追いつめられた幕府軍は六波羅の館に立て籠もり、死力をつくして防戦。しかし、北条仲時・時益の両探題は、七日夜半に後伏見・花園両上皇、光厳天皇らを伴って脱出。八日、ほうほうの体で近江の守山にたどり着いた。

ところが、行く手を野伏（のぶし）の集団に襲われて、時益は戦死、仲時の一行はようやく脱出したが、番場宿（滋賀県米原町）で野伏や山賊らに包囲されるなか、仲時以下四百三十人余は自刃。ここに六波羅探題は壊滅した。

一方、上野国新田荘（群馬県新田町）で満を持していた新田義貞が、前日の八日、荘内の生品明神で討幕の旗をあげた。義貞は前年、楠木正成が立て籠もる千早城に、寄せ手である幕府側の一部将として参加していた。

しかし、城が容易に落ちないばかりか、各所に義兵が起こるのを見て、大塔宮から討幕の令旨が届いたのを機に、急遽、口実をもうけて領国へ引き返していた。

新田軍は東山道をそのまま南下し、一挙に鎌倉を衝く模様。

こうした討幕のための決起は、日本の各所に広がっている。近畿から瀬戸内海沿岸、九州にかけては赤松則村・原田種昭・忽那重清・土居通増・菊池武時などの御家人が決起し、陸奥では結城宗広が立ち上がっている。

幕府の命運は、もはや風前の灯のようだ。

ルポ　奥州将軍府と鎌倉将軍府

前の大納言北畠親房（きたばたけちかふさ）の長子・顕家（あきいえ）が護良（もりよし）親王を奉じて、陸奥国の国府多賀城の将軍府に入り、奥州二州の統治に着手した。多賀城はかつて、朝廷が奥州経営の拠点としたところだったが、鎌倉幕府の北条一党は、この広大な領地を得宗領として管理していた。

ここに奥州将軍府を置くことは、北畠親房や護良親王によって構想され、後醍醐天皇が推進していたもので、目的は得宗領を解体し、得宗ゆかりの武士たちを掌握することにあった。

将軍府には引付・政所・式評定衆・寺社奉行・安堵奉行などが置かれている。まわりは厳重に警備され、あたかも幕府をそっくり移したようで、小幕府と呼ぶにふさわしい陣容だ。

鎌倉に鎌倉将軍府が設立されたのはその二ヵ月後。高氏の弟直義が、成良（なりよし）親王を奉じて鎌倉に入ったとの報告が入った。これは、高氏の後醍醐天皇に対する対抗策の一環であろう。

鎌倉の町は、新田軍の鎌倉攻略で多くが灰燼（かいじん）に帰し、今も殺伐とした光景を見せているが、そこに東北や関東から、武士たちがぞくぞくと集まっている。「万人あへて京都に帰伏せず」これが彼らの思いで、鎌倉にはまったく新政府の意向は届いていない。

こうした対立が、以降どのように進展するか。しばらくは目を離せない状況が続きそうだ。

安堵法

新政府、大混乱に驚く

朝令暮改の、「個別」から「諸国平均」

後醍醐天皇

【京都＝一三三三年七月二十三日】

先に後醍醐天皇によって発表された「個別安堵法」が撤回され、新たに「諸国平均安堵法」が制定された。

地頭・御家人にとって、土地は命懸けで守るところ。新政府による土地の安堵は、彼らの最大の関心事だ。その彼らにとって、先頃出された「個別安堵法」は大きな驚きだった。

天皇の綸旨（りんじ）がなければ、土地の領有は認めないとされたのだ。天皇が自らの絶対権力を示すための措置だったが、これで京の都は大混乱。

土地を守るため、彼らがいっせいに京に殺到したのだから。

これには新政府も驚き、事態を収拾するため、適用を北条氏の土地だけに限定する「諸国平均安堵法」に改めた。しかし、この朝令暮改ぶり、新政府に対し、彼らは大きな不安と疑惑を抱いたようだ。

社説

護良親王と足利高氏の対立状況に思う

後醍醐天皇の三子・大塔宮護良親王（おおとうのみやもりよししんのう）と、今や武門の代表者となった足利高氏の対立は、もはや抜き差しならない状態にまで差しかかったようである。

事の起こりは、親王の六波羅攻めに始まったと見ていい。攻撃の際、親王の手兵が市中で略奪を働き、治安維持のためそれを捕らえた足利方を、親王が恨みに思われたことが発端になった。

以降、親王の高氏憎しの思いはつのるばかりのようである。

禁裏にお育ちになりながら、人並み優れて気力に満ち、武人をもしのぐほどに武略にも長じた親王であるからこそ、高氏への対抗意識はすさまじいものがある。それは、高氏が天皇から鎮守府将軍を授けられたことに対抗し、親王が自ら求めて征夷大将軍になられたことにも表われている。

こうした二人の対立には、世上二通りの原因説がある。一つは、すでに前に述べた怨念説。この場合、高氏は直接親王に武力で迫るわけにもいかず、天皇のご寵愛厚い阿野廉子に訴えて廉子から天皇のお耳に入れていただくという形をとった。親王はこうしたやり方がお気に召さなかったのかもしれぬ。もう一つは、武家の棟梁として全国の武士を統合しつつある高氏を、天皇の意向を受けた親王が、公家一統の立場から事前に除こうとしたため、とする説である。

いずれが正しいかはわからない。しかし、いずれにしろ親王は、どこまでも茫洋としてつかみどころのない高氏を、そもそもお嫌いになっていたようだ。高氏とてそれは同じ。親王のように執念深く、過激なタイプは苦手なのである。

所詮、政は人の感情で決まる。二人の対立も、人間同士の好悪の感情が招いたというべきか。

土地問題

争い裁く『雑訴決断所』設置

公家と武家の利害調整進むか

土地問題にてこずる新政府は、「個別安堵法」に失敗して混乱を招いたことから、事態の回復と地頭・御家人の所領安堵、荘園領主と地頭らの争いなどを処理する機関として「雑訴決断所（ざっそけつだんしょ）」を設置した。係争のなかでも特に重要なのが、公家と武家の間の利害調整で、これは国司派と守護派の二重権力の問題ともからみ、新政府には最も頭の痛い問題となっている。

公家一統を目指す新政府にとって最大の課題となるのは、地方制度を中央集権体制にすること、すなわち、守護に代わって国司を置き、地方を直接中央の管理下に置くことだ。しかし、一所懸命の土地を守る武士にとって、それは決して受け入れられることではない。

土地所有を基盤とする武士と土地の国有化を目指す新政府。「雑訴決断所」の評定しだいでは、新政府が瓦解することにもなりかねない。

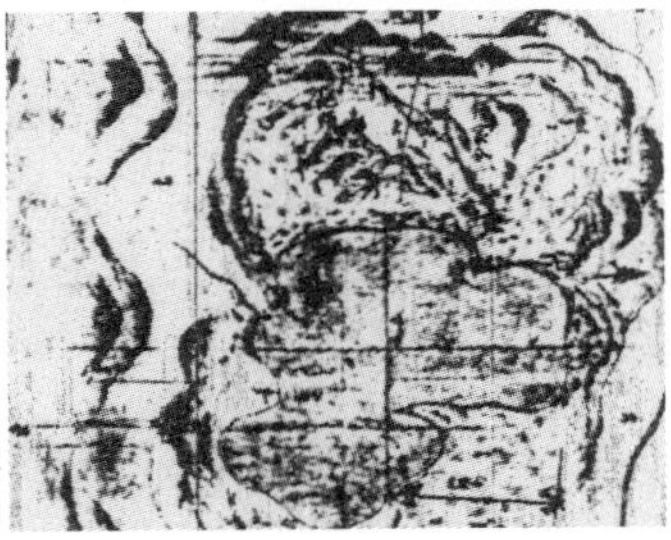

「下地中分」明示の荘園

●意見広告●

改元に異議あり！

後醍醐天皇による「建武」改元は、
あまりにも異例のことで、
驚きを禁じ得ない。
「建武」の年号は、
後漢の光武帝の例に
ならったものと思われるが、
異例はいわば不吉の予兆。
改めて再考をお願いしたい。

──「建武」改元に疑問を呈する有志の会──

引き受けます
土地の売買
安堵開発

日本史新聞

主な記事から

- ◆後醍醐天皇、新幕府開設を牽制
- ◆公宗の天皇暗殺計画が露見
- ◆「建武式目」十七条を制定
- ◆ヨーロッパで黒死病が猛威

後醍醐天皇

尊氏に「征夷大将軍」認めず

新幕府開設を牽制、両者の関係悪化進む

【京都＝一三三五年八月】北条高時の遺児時行が、諏訪頼重らに擁立されて挙兵した「中先代（なかせんだい）の乱」で、足利尊氏は奪われた鎌倉の奪回を決意した。そのため、尊氏は征夷大将軍および総追捕使に任命してほしい旨天皇に要求したが、天皇はこれを認めず、尊氏は天皇の命がないまま、自ら征東将軍と名乗って京都を発った。もはや二人の離反は決定的の模様。

後醍醐天皇

天皇が尊氏の希望を認めなかったのには理由があった。すでに二年前のことになるが、六波羅を陥れた際、尊氏はそこを私設の奉行所として用い、戦闘に参加した武士たちの統率を行なった。在京の武士たちの大半がそれに従い、以降、地方武士は彼の傘下に入ることになった。

足利は源氏の名門の家柄。自然、武士たちは尊氏を新たな源氏の棟梁として仰ぎ、彼もまたそれを、当然のこととして受け入れた。

その後、尊氏は新政府最大の有力者でありながら、政府の中枢に名を連ねることはなく、一歩身を引いた形で参加していた。市中や朝廷で「尊氏なし」という言葉が流行したのはそのことで、後醍醐天皇にとってそれは、なんとも不気味なことであったに違いない。

新政府の政（まつりごと）は、しだいに当初の期待とは違ったものになりつつある。

たとえば、武士たちにとっての最大の関心事は、言うまでもなく一所懸命の土地を安堵することだが、新政府の施策は公家と寺社の所領を安堵・優遇するに熱心で、そのため武士たちの不満は拡大している。また庶民とても、北条執権時代より年貢が安くなると思っていたのがさにあらずで、こうした思いが、すべて尊氏への期待となっているのだ。

尊氏に征夷大将軍の称号を与えれば、新たな幕府の開設は決定的だ。天皇がそれを認めるはずはない、というのが、大方の見方だ。

足利尊氏

新政府動揺

天皇暗殺計画が露見

首謀者西園寺公宗を捕縛、全容解明へ

【京都＝一三三五年六月二十二日】建武政権の転覆を目的とした陰謀が発覚し、その首謀者とみられる兵部卿権大納言西園寺公宗（さいおんじきんむね）が捕縛された。

公宗らの計画は、後醍醐天皇を暗殺して持明院統の後伏見上皇を擁立し、同時に全国の北条氏与党がいっせいに蜂起して政権を奪う、というもの。

この計画が露見したのは、公宗の異母弟公重の密告からだったが、天皇の足元で起きたこの陰謀の衝撃は大きく、新政権内にただならぬ動揺をもたらしている。

公家一統の建武政権に対する地方武士たちの不満は、日に日に増すばかりだ。

公宗の西園寺家は、鎌倉時代中期の公経の頃から、幕府と親しい関係にあった。そうした関係から、公宗は後醍醐天皇の大覚寺統とは反対の持明院（じみょういん）統に属し、そのため新政府成立後は権大納言の地位を奪われた。その後許されて再任したが、新政府の主流にはなれず、不満をかこっていた。

しかも公宗のもとには、最後の執権であった北条高時の弟時興がひそかに身を寄せており、反後醍醐の陰謀は必然のものになっていた。

公宗は「故相模入道ノ一族ヲ取立テ、再ビ天下ノ権ヲ取セ、我身公家ノ執権トシテ四海ヲ掌ニ握ラハヤ」と言って、各地に潜む北条一族やその遺臣と連絡をとり合って挙兵の準備をする一方、天皇を自宅に招き、暗殺しようとしたという。

陰謀は挫折したが、反政府のうねりは拡大の一途をたどろうとしている。

尊氏、「建武式目」十七条を制定

【京都＝一三三六年十一月七日】光明天皇の即位が実現し、神器の授与が行なわれてから五日、足利尊氏は幕府を開くにあたり、その基本方針ともいうべき「建武式目」十七条を発表した。

この式目は、二階堂是円、玄恵（げんえい）ら七人の法律家が尊氏の諮問に答えるという形式をとっている。

第一条では、幕府の拠点をどこに置くべきかについてとりあげている。

第二条以下はこれからの施政方針をとりあげたもので、具体的な方針として倹約の励行、群飲逸遊の禁止にはじまり、京中の空地を持ち主に返すべきこと、金融業を振興すべきことを提唱するなど、戦後の復興促進にその眼目を置いている。

ヨーロッパ

黒死病が猛威、全土に拡大の勢い

神の怒り？流言蜚語に人々とまどう

【ヨーロッパ総局＝一三四八年】人間がこれほどまでに、いともたやすく死にいたることがかつてあっただろうか。昨日まで何ごともなく、いたって健康だった人が突然高熱を発し、腫れものが生じた後、体中に黒い斑点ができて数日で死にいたる。

それが次々に感染していく。死体が町いっぱいになり、死臭が町にあふれて、埋葬する土地もなくなっている。

前年、クリミア半島に発生したこの疫病は、またたく間に東方に拡大し、この年に入って全ヨーロッパを覆いつくす勢いを見せている。

予兆があったのは数年前。飢饉が続いたうえに、地震、火山の大噴火、そしてイナゴが大発生した。

人々はこの疫病の原因を、神の怒りや、星座の位置、空気の腐敗などに求めている。ユダヤ人が井戸に毒を投げ込んだという風説が立ち、いくつかの町ではユダヤ人の大量虐殺が起きた。人々は流言蜚語（ひご）にとまどうばかりだ。

医者は、予防のために香草をたくことや、酒精を用いることを勧めているが、今のところまったく効果は現われていない。

この疫病の流行をどのようにして防ぐか。早急に手を打たないと、ヨーロッパはこのまま滅亡してしまいかねない。

南インド

ヴィジャヤナガル王国できる

創始者はハリハラ・ブッカ兄弟

【ヴィジャヤナガル＝一三三六年】北部インドを占めるイスラム諸王国に対抗し、南インドにヒンズー教のヴィジャヤナガル王国が建国された。

建国したのはハリハラとブッカの兄弟で、北インドのイスラム王国の臣であった二人は、版図拡大をもくろむスルタンの命で南インドに派遣されたが、イスラムを棄て、ヒンズー教徒を集合してヴィジャヤナガル王国を建国したもの。

建国によって多くのヒンズー教徒がイスラム教徒から逃れて集まり、王国は急激に強大化している。

しかし、イスラム勢力の圧迫は今後も続くと予想されることから、国家の維持にはヒンズー教徒の結束が、最大の鍵となるだろう。

英仏百年戦争

英エドワード三世、仏に進出

所領巡り対立、長期戦の様相か

【フランス＝一三三九年】イギリスのエドワード三世が対岸のフランドルに上陸し、そのまま内陸に進出した。百年戦争の始まりか？

二年前の一三三七年、フランス王のフィリップ六世は、フランスにあるエドワードの所領をすべて没収することを宣言した。これに対してエドワードは、対抗措置としてフランスの王位継承権を要求。さらに三八年一月には王位継承を宣言し、フランスの貴族にフィリップのヴァロア家に対する反乱を呼びかけた。

エドワードの所領は、フランス東部のボルドー地方だったが、強引に王位継承を唱えるエドワードは、ブルターニュ侯やノルマンディー諸侯とも結び、フランス国内の領邦に支持勢力を拡大しつつある。

求む！
黒死病撲滅薬開発スタッフ

現在ヨーロッパ全土を覆いつくしている黒死病を撲滅するため、特効薬開発に携わるスタッフと研究員を募集しています。事態は急を要しますので、連絡は一ヵ月以内に。

- ●優秀なスタッフを求めます。
- ●報酬はご相談に応じます。
- ●博士号を持つ方優遇。

ヨーロッパ黒死病対策委員会

猿楽公演　3時間大スペクタクル巨編

実録「足利幕府三人」

★兄尊氏とともに、建武新政府打倒と室町幕府開設に奔走する………足利直義

★尊氏の執事から武将にのし上がった怪物。煮ても焼いても食えない男………高師直

★名門佐々木一族の末裔ながら、「傾き者」で一躍脚光。婆娑羅大名………佐々木道

この三人の行動を追いながら、幕府創設にいたるまでの激動の時代をえぐる！

（足利一族・家臣団総出演）

日本史新聞

主な記事から
- ◆幕府の分裂、ついに終焉か
- ◆足利直義毒殺⁉
- ◆実現！南北朝合一
- ◆朱元璋、明を建国

急進派・高師直、惨殺される

分裂状態に終息、直義派が実権握る？

【京都＝一三五一年】

高師直（こうのもろなお）が足利直義派の上杉能憲（よしのり）の手の者に襲われ、殺されるという事件が起こった。一三四九年から直義と師直の対立は表面化しており、幕府は完全に二分されている。師直の死によって、幕府の分裂は一応解消されるだろうと見られているが、はたしてそう簡単にいくのか、幕府内の動向からは目が離せない。

足利幕府内紛事情

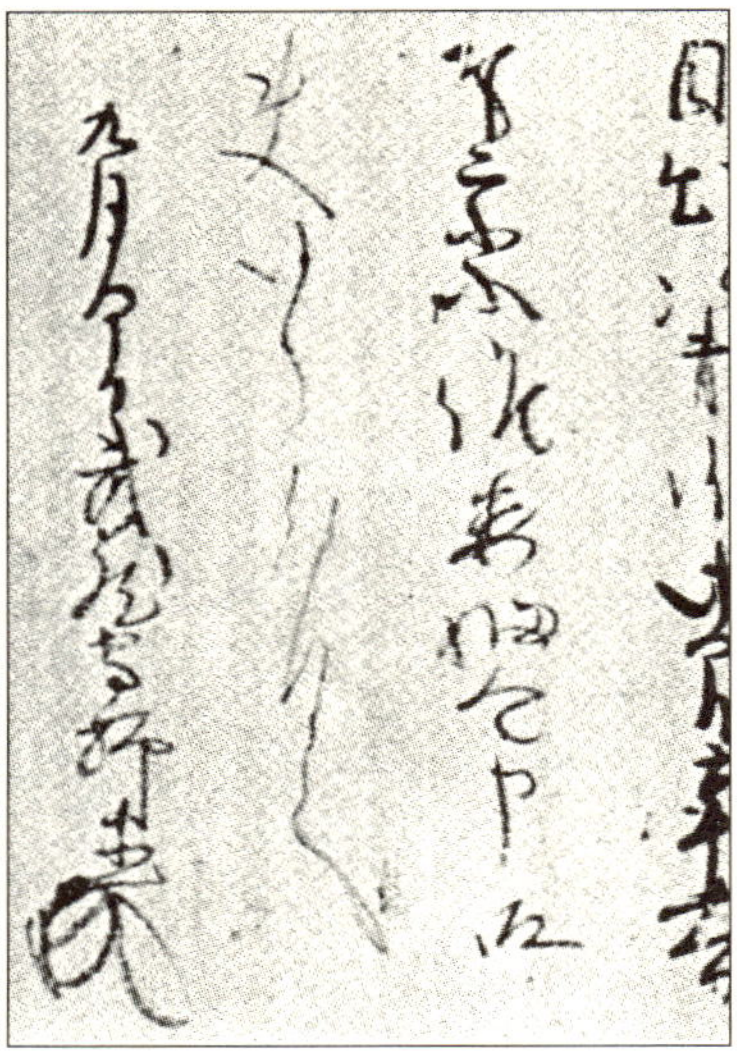
権限巨大だった頃の師直の書状

足利直義と高師直の対立は、両者の政治観の違いが引き起こした。直義が前代の鎌倉的秩序の再建を目指す穏健派であるのに対し、師直は旧権威を破壊することによって新秩序を求める急進派だった。そこへさらに両者の政治的立場がからみ、事態はまさに一触即発となっていた。

当時、師直は将軍足利尊氏の執事だったため、尊氏の命令はすべて師直を通されていた。つまり尊氏の政権樹立後、師直の権限は巨大なものとなるはずだった。しかし尊氏は政務の統括を弟の直義に任せてしまい、師直の思惑は当てが外れてしまう。

ところが師直には、彼を支持する多くの急進派がいた。この師直の一派が大きな勢力となると、当然直義にとっては脅威となる。直義と師直の二人の確執が幕府を二分するほどまでに発展したのは、自然のなりゆきだったとしか言いようがないだろう。

まず先に動いたのは直義だった。一三四九年、尊氏に要求して師直の執権職を罷免させた。だが、師直が挙兵して直義を襲撃しようとしたため、直義は尊氏の邸に避難。夢窓疎石（むそうそせき）の調停により一度は和解が成立した。

しかし今度は、師直の要求に対し、尊氏が嫡子義詮（よしあきら）を鎌倉から上京させ、直義に替えて幕政統括の地位に就かせた。これで尊氏と直義の仲も険悪なものとなり、直義が京都を出て南朝と講和を成立させると、直義派対尊氏・師直派という構図がはっきりとしてきたのだ。

以降、戦は数度にわたったが、結局は直義派の勝利。窮地に追い込まれた尊氏は、直義に和議を乞うた。これが直義に受け入れられたため、師直は出家を条件に命だけは助けられるはずだった。ところが帰京の途中でこのたびの事件となってしまった。

足利直義死亡、毒殺か

嫌疑がかかる尊氏

【鎌倉＝一三五二年】

足利直義が幽閉先の鎌倉の延福寺で急死した。幕府側からは黄疸（おうだん）が死因と公表されたが、実は毒殺されたのではないかというのがもっぱらの噂だ。消息筋も同様の情報を伝えており、どうやら噂は事実らしい。やはり兄の将軍足利尊氏によって毒殺されたようだ。

幕府内の対立は、いったんは高師直の死によって終止符が打たれたように見えたが、このときからすでに尊氏と直義の仲も険悪化している。一三五一年には直義が京都を出奔。これで両者の対立も決定的なものとなり、その後は北陸・東海・関東の各地で戦いを繰り広げていた。直義は、ついに駿河で敗れて降伏。鎌倉の延福寺に幽閉されるという形になっていた。

しかし、九州に大きな勢力を築いている直義の養子足利直冬が、各地の直義派と手を結んで幕府に反抗する構えを見せている。この対立はこれからもまだ続きそうだ。

正平の一統　尊氏、南朝と和睦成立

【大和＝一三五一年】

足利尊氏と南朝の講和が十一月二日に成立した。これは優勢な直義派と対抗するために尊氏がとった策で、この和睦のために尊氏の側が全面降伏に近い譲歩をしたと言われている。それにともない北朝の崇光天皇は上皇とされ、年号も北朝の観応を廃し、南朝の正平を用いることになった。

尊氏は今後、直義追討の綸旨を後村上天皇から得て、関東に攻め入る模様だ。

実現！南北朝合一

三種の神器、北朝に渡る

合一条件守られるのか、前途に暗雲

【京都＝一三九二年】

嵯峨の大覚寺に滞在している南朝の後亀山天皇から、北朝の後小松天皇に神器が授与された。これによって、一三三六年十二月の後醍醐天皇の吉野遷幸以来、半世紀以上にも及んだ南北両朝分裂という異常事態は終わりを告げ、ようやく南北朝合一が実現した。

南北朝に平和が訪れる？

幕府と南朝の和議は、これまでにも何度となく行なわれていた。それがこのたびの実現となったのには、いくつかの理由が挙げられる。

まずは南朝側が懐良（かねよし）親王をはじめとする要人を次々と失い、政治的にも軍事的にも完全に行き詰まっていたこと。さらに長慶天皇から後亀山天皇への譲位をきっかけに、和平路線が浮上していたことなどだ。一方の幕府側には、北朝の天皇に任命される将軍の権威を絶対的なものにするために、神器を北朝に移して天皇の正統性を確保する必要があった。

今回の和議は、和泉・紀伊両国の守護大内義弘の仲介により、将軍足利義満と南朝の間で交渉が進められた。合一条件は以下の三つ。

一、後亀山天皇は譲国の儀式をもって三種の神器を後小松天皇に渡すこと。

一、今後、皇位は大覚寺・持明院両統の迭立（てつりつ）とすること。

一、諸国の国衙領は大覚寺統、長講堂領は持明院統の支配とすること。

完全に勢力を失いかけている南朝にとっては、この上ない好条件。そこで今回の和議は実現に至ったようだ。

ところが京都に着いた後亀山天皇は大覚寺に足止めされ、神器だけが後小松天皇のもとへと届けられた。合一条件にある譲国の儀式は行なわれなかった。

このことからも今後、幕府と南朝側が約束通りに合一条件を守るかどうかは疑わしくなってきた。

イングランド

史上最大の農民反乱

ワット・タイラーの死で乱は鎮圧

蜂起した農民軍

【イングランド＝一三八一年】

六月十五日、イングランド史上最大の農民反乱の指導者ワット・タイラーがリチャード二世との会談中、ロンドン市長ウィリアム・ウォルワースの策略にかかり短剣で刺殺された。

ワット・タイラーの乱は、農業労働者・職人・都市労働者が一三五一年の労働者法及び一三七七年の人頭税に反対していっせいに蜂起したもので、指導者ワット・タイラーは十四歳の王リチャード二世に数々の要求を突きつけた。それは、奴隷身分制・人頭税・労働と売買の制限及び狩猟法を廃止することなどだったが、ワット・タイラーの刺殺事件は王がこれらの要求を受け入れた翌日のことだった。

指導者の死で反乱軍は鎮圧された。だが、民衆の不満はまだおさまっていない。

中国

朱元璋、明を建国

貧農から一代で皇帝に成り上がる

朱元璋

【中国＝一三六八年】

紅巾（こうきん）軍の一兵卒から身を起こした朱元璋（しゅげんしょう）が、金陵で即位し、国号を明と定めた。

朱元璋は、安徽濠洲の貧しい農家の生まれで、四人兄弟の末っ子だった。十七歳のときに両親と兄を飢饉と疾病で失っている。その後出家し、淮河流域を行脚。ここで紅巾軍の一派、郭子興の軍に参加し、次第に頭角を現わしてきた。

元の貴族は贅沢な宮廷生活をおくり、さらに熱狂的に信仰していたチベット仏教（ラマ教）に莫大な経費を費やしていたため、国家財政は窮乏していた。そこで元は交鈔（兌換紙幣）を乱発し、物価の高騰を招いてしまった。

これにより生活に困窮した農民が各地で暴動を起こした。そのなかでも宗教的結社白蓮教を主体とする紅巾の乱が最大のものだった。

朱元璋は、そんな紅巾軍の一兵卒でしかなかったが、そこでめきめきと頭角を現わしてくると、江南地方の穀倉地帯を手中にし、その財力を駆使して周辺地域の群雄を勢力下に吸収してしまった。そして紅巾軍に身を投じてから十六年、ついに即位と建国を果たした。

年号を洪武（こうぶ）と定めた朱元璋は洪武帝と呼ばれている。洪武帝は現在、大都に残る元を攻めて北上中。漢土からモンゴル勢力を一掃する模様だ。また今後は、皇帝による独裁制を目指しているという。

花の御所、室町第落成

【京都＝一三八一年】

将軍足利義満が、幕府の新政庁として北小路室町に室町第を完成させた。室町第の規模や華麗さは、朝廷の御所である土御門内裏をもしのぎ、花の御所と呼ばれている。

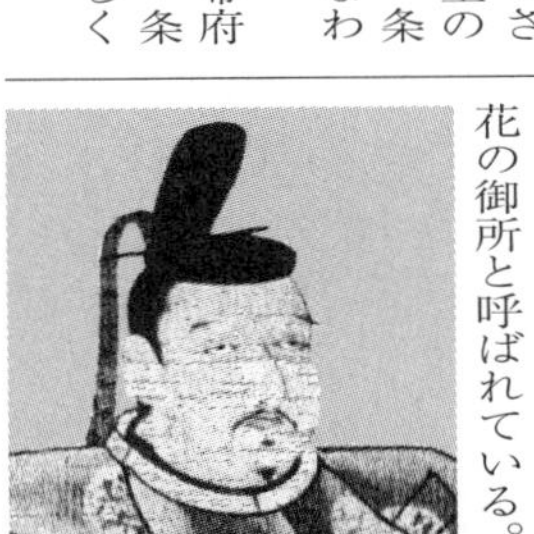

足利義満

源義経は生きていた？

【陸奥＝一一八九年】

モンゴル騎馬軍団を率いるステップの王、チンギス・ハーンが、死んだはずの源義経であることが判明した。

義経は藤原泰衡に攻囲され自決して果てたといわれているが、それは表向きの話で、実は秘かに衣川を出て北上。津軽半島龍飛岬から蝦夷地に渡り、さらに大陸へ渡ったのだという。

どうして、そんな離れ業が可能になったのか。

義経は泰衡に攻められる前から替え玉を用意。しばらく様子をうかがった後、衣川を出て北上したらしい。したがって、泰衡が討ち取って頼朝に献上した義経の首は替え玉の首であったことになる。

ところで、どうしてチンギス・ハーンが義経であることがわかったのか。

チンギス・ハーンの軍旗が源氏と同じ白色、紋章には源氏の笹リンドウを用いていること。ハーン（汗）即位式典には九本の白旗（九郎）が使われたことなどだ。

鎌倉幕府の源頼朝は事の真相を探るために信頼できる密偵を秘かに大陸へ派遣。調査に乗り出したらしい。ただし、あくまでも噂話である。

第二章

[AD一四〇五年〜AD一五九九年]

一揆、続発
「応仁の乱」勃発
天下統一へ群雄割拠
太田道灌、暗殺
北条早雲、小田原城奪う
上杉謙信、小田原城攻略
織田信長、上洛
長篠合戦、鉄砲と馬の戦い
信長、本能寺に散る
豊臣秀吉、天下統一

日本史新聞

主な記事から

前任 関東管領・上杉禅秀が反乱

幕府の西国中心主義に異議あり

三ヵ月の命運、今川軍に敗退

いまだくすぶる関東武士団の不満

【鎌倉＝一四一六年】前関東管領（かんれい）上杉禅秀（ぜんしゅう）は、足利公方（くぼう）持氏の裁判を不服として挙兵。持氏邸を急襲するが駿河の今川軍に押され、敗退。三ヵ月天下に終わった。しかし、関東御家人（ごけにん）の足利幕府への不満は根深く、簡単に収まりそうにない。

上杉禅秀の乱の舞台となった鎌倉

東国の情勢は不穏な空気にあふれていた。二年前に陸奥（むつ）の伊達持宗や出羽の村岡国世が足利公方に反旗を翻し、常陸（ひたち）の佐竹氏も持氏が後押しする養子を強引に押しつけられたことに反発し憤激していた。

こうしたなかで、鎌倉公方足利持氏が常陸の国人越幡（こしはた）六郎の所領を没収したので、関東管領上杉禅秀は「微罪」として止めに入ったが、まだ若い持氏は聞く耳をもたない。結局、禅秀は「こんな政道では管領の職にいても何の益もない」と辞職。持氏は管領職を禅秀のライバル上杉憲基に与えた。これが大乱の引き金となった。

禅秀が持氏邸を急襲したのは、それから一年後のこと。応永二三（一四一六）年秋、かねてより工作中の豪族や群小武士を集め、逃げる持氏を追って逃亡先の上杉憲基邸に火を掛ける。

持氏＝憲基方は敗れ、禅秀が勝利をおさめたが、幕府が越後の守護上杉房方（ふさかた）、駿河の守護今川範政（のりまさ）に出兵命令を下したとき、禅秀の運命は決せられた。

禅秀の天下はわずか三ヵ月で終わり、持氏は再び鎌倉公方の座に戻る。しかし、武州南一揆や上総本一揆など禅秀に通じた関東武士団の不満はいまだくすぶったままだ。

求む！

新大陸発見のパイオニア

ポルトガル政府
エンリケ航海研究所

＜職種＞船員・通訳・軍人・造船技術者・地理学と天文学の専門家

ポルトガルの偉大なる王、ジョアン１世が北アフリカにおけるイスラム教徒の拠点セウタを陥落させたとき、大航海時代の幕が切って落とされたといって過言ではない。

ジョアンの第５王子エンリケが、西アフリカ沿岸に探検隊を派遣すべく、「航海研究所」を建設したのがささやかな第一歩となった。カナリア諸島、マディラ島から西アフャカ沿岸へ。

来たれ、若人たち！海の向こうに新世界がある!!

海の国人衆「海賊」も大暴れ

【対馬＝一四一九年五月】情報筋によると、倭寇（わこう）と称する日本の組織的な海賊集団が朝鮮沿岸を荒らし回り、遼東半島の望海堝を襲うという事件が起きた。

このとき、明国司令官劉江はただちに反撃を加えたため、倭寇は十隻ほどの船と一千人の人員を失い、壊滅的な大打撃を被ったという。さらに、李氏朝鮮国が兵船二百二十七隻、兵員一万七千二百八十五人の大遠征軍を揃えて倭寇の根拠地と目される対馬を追撃する大事変が起きた。

だが、これらの噂話を真に受けることはできない。九州の松浦氏・宗像（むなかた）氏、瀬戸内海の忽那・河野・多賀谷・小早川らの海賊衆は「海賊大将」と呼ばれる海の武士団であり、いずれも海の国人衆だったからだ。

各地の話題 近畿編

京都周辺、摂津・河内・和泉・近江を中心に各種の商品生産が活発化している。近くに大消費地を抱えているからで、日本全体から見ればほんの一部にすぎないが……。

畿内周辺の商品流通

（地図：越前、美濃、若狭、丹波、山城、摂津、河内、大和、伊賀、伊勢、尾張、近江などの国々と、敦賀、米原、京都、淀、大津、奈良などの地名、および各地の特産品〈芋、昆布、絹、鉄、紙、陶器、木材、衣類、紙、塩、魚物、越後布、青苧、越中布、米、瓜、木材、魚、塩、麻苧、曲物、海苔、伊勢布、魚、水銀（白粉）、鋳物釜、米、紙、塩、木材、魚、刀、鞍金具、漆、胡麻、木材、栗、細灰など〉が記載されている）

近江菅浦
注目される「自検断の村」
荘民の自治体制、世の流れ

【近江＝一五世紀半ば】
琵琶湖北岸の菅浦において「守護不入＝自検断の所」、つまり、領主側の代理人が立ち入らず、荘民が自ら治める体制が実現された。

菅浦荘民が本来、領主である比叡山檀那院が行使するべき警察権・裁判権を掌握。荘民自らが自治権として行使することになった。

初めは軽い犯罪取り締まりだけだったが、領主側の熾烈な戦いを通じて検断権の範囲は次第に広がり、長男（乙名）と中老を中心とする惣全体の自治化が進んだ。

一般には「下克上の至り常篇を絶つ」（常識では考えられない）と噂されているが、世の大勢となりつつあるのが実情だ。

天下御用達
最高級の「柳酒」
値「杓三杯　銭百文」
五条坊門西洞院
柳酒屋

京都・奈良
造り酒屋三百四十三軒
足利幕府の財源に

【京都＝一四二五年】
北野神社が洛中洛外の造り酒屋三百四十三軒の実態調査を行ない整理中であったが、このほど、滞りなく完了した旨、神社側から発表された。

それによると、大半は土倉を兼営しており、洛中の場合、北は四条坊門、南は五条坊門、東は東洞院、西は西洞院の間に集中し、洛外では嵯峨、河東（賀茂川東岸）、伏見にまとまっているのがわかった。酒壺数は、多いところで百二十壺、少なくても十五壺で、他の業種とは比較にならない大きさの事業規模であることが数字で把握された。

足利幕府の運営は、酒屋の財力に依存するだけで十分な様だ。

明朝三代目永楽帝
成祖と称し、存在誇示

新王朝創建の意気込みを示す永楽帝は、建文4(1402)年の即位年代を洪武35年とした。

（成祖の肖像）

鄭和の南海遠征
前後七回の大事業

【北京＝一四〇五年〜】
永楽帝の行なった事業のなかでも特筆されるのが鄭和（ていわ）の率いる南海遠征だ。中国のプレゼンスをつくろうとした。イスラム教徒の鄭和にはうってつけの役目で、一四〇五年以来、遠征は七度に及び、ペルシア湾岸からアラビア、アフリカに及んでいる。

その結果、インド洋沿岸諸国十数ヵ国が明に朝貢使節団を派遣するようになった。中国人の対外認識も一気に増大している。

北方派遣軍
前後五度の大遠征

【モンゴル＝一四〇五年〜】
永楽帝の時代は、華々しい外征伝で彩られている。鄭和の南海遠征と並んで明王朝史に記録されるのはモンゴル族との攻防戦だ。

一四一〇年には自ら五十万の大軍を率いて長城の外へ飛び出し、モンゴル勢力を叩きのめす。漢人の皇帝が長城の外、砂漠に出て戦うなどは前代未聞のことだった。

結局、モンゴルとオイラト両部族の勢力争いに介入し、明の実力を知らしめるに至らず、失敗。明自体、勢力失墜を招いた。

世界短信

イタリア
フィレンツェ大聖堂完成
ルネサンス期の代表建築物に

【イタリア＝一四二六年】
建築家ブルネレスキは、偉大なるルネサンスを象徴する壮大なる建物を建築する計画がスタートした。それはフィレンツェ大聖堂、すなわち、サンタ・マリア・デル・フィオーレだ。

直径四二メートルの大ドームは、あまりの重量ゆえにアーチを競り上げるのに十年の歳月を費やした。竣工は一四三六年の予定。今からその完成が待たれている。

同時に教会の最高の頭は教皇ではなく、キリストだと主張するフスは処刑された。

ローマ
コンスタンツ宗教会議開く
教会分裂時代の幕閉じる

【ローマ＝一四一四年】
中世最大の宗教会議と思われるコンスタンツの公会議が開催された。三人の教皇が並び立つ異常事態が続いていたが、二人が廃され、三人目は退位させられた。

そして、新たにマルティヌス五世が選出され、長い教会分裂時代が終わりを告げた。

イギリス
英仏「百年戦争」
英優勢で推移か

【イギリス＝一四一五年】
一三三七年、フランス王フィリップ六世がイングランド王エドワード三世のフランス領土を取り上げると、イングランド王はフィリップの王位継承権を認めず、自ら王位を主張した。

こうして始まった「百年戦争」は一五世紀のアジャンクールの戦い以後、イギリス優勢になり、イングランド王がフランス王となる。

日本史新聞

主な記事から

◆天下揺るがす土一揆が激発
◆遣明入貢度数、アジア最下位
◆将軍、「富士遊覧」駿河出張
◆持氏「永享の乱」、上杉が討伐

畿内

天下を揺るがす土一揆が激発

武装蜂起から反権力、政治抗争へ発展か

【畿内＝一四二八～二九年】近江坂本や大津の馬借が「徳政」要求を掲げて蜂起した正長一揆が口火になり、山科（やましな）・醍醐（だいご）方面に拡大。京都市中に乱暴狼藉がはびこる最中、今度は国人と農民が連携して守護側の侍を追放する播磨の土一揆が勃発。幕府を驚愕させている。

農民たちは地蔵の左脇下に〝負債なし〟と彫りつけた

徳政要求の土一揆

正長年間は前年からの天候不順で作物の出来が悪いうえ、正月の将軍病死、五月の鎌倉公方謀叛と事件が相次ぎ、八月には伊勢の北畠満雅が挙兵するというありさま。

そんなとき、畿内近辺において足利幕府の根幹を揺るがす大事件が勃発した。借金帳消しを標榜する徳政一揆と、守護側の侍の国外退去を要求する土一揆だ。

口火を切ったのは、近江坂本、大津周辺の馬借人足たちだ。方々の借金先に集団で押し入り、証文を焼き捨てた。これが山科と醍醐に飛び火したとき、大事になった。

パニックに陥った醍醐寺らの荘園領主は、幕府に軍隊の出動を要請した。寺院は大荘園領主として年貢を取り立てただけでなく、高利貸しもやっていた。恐怖するのは当然だった。

中山定親（さだちか）という公家は「近日地下人、徳政と号し乱妨の事」とわずか一行の日記を書いている。しかし、事態はそれほど簡単なことではなかった。

守護不入退去を要求

翌年、永享元年（一四二九）になると、とんでもない土一揆が勃発する。

播磨の国人・農民が連携し、守護赤松満祐（みつすけ）配下の軍勢を成す武士団に対して、国外退去を要求。要求を拒んだ守護赤松配下の軍勢が惨憺（さんたん）たる敗北を喫したのだ。

これは守護に対する国人衆の反抗が農民を巻き込んで展開された一揆だが、幕府の支配秩序に反抗し、自らのし上がろうとする下克上の先触れとなる。

土一揆は単なる不満分子の暴動や蜂起ではなく、国人衆の反権力闘争と結びつき、政治抗争を確実に左右する力になり始めた模様。

それはかつてない、まったく新しい力を発揮しつつある。

◆データは語る◆

遣明入貢度数はアジア諸国中、最下位
記録に表われない密貿易、断トツ

本紙編集部の統計調査によれば、明国に対する東アジア諸国の入貢度数（勘合貿易）は、次の通りであることが判明した。

琉球　一七一回
安南　八九回
爪哇　三七回
朝鮮　三〇回
日本　一九回

これを見ると、日本の一九回は琉球の一七一回に比べて余りに少なすぎるという印象がないではない。

しかし、それだけで、明代における日本の海外貿易が低調だったと結論づけるのは早すぎる。元もと、勘合貿易は日明双方共、密貿易の取り締まりを目的としている。

また、日本の場合、琉球経由の密貿易が活発だった。海禁政策が強くなればなるほど、日本と中国・朝鮮・南海諸国との中継貿易が盛んになっている。

琉球商人はマラッカ、ジャワ、スマトラ、安南まで進出。生糸や絹布、刺繍・陶磁器・銅・金などを蘇木・胡椒などに代えて北に帰り、朝鮮・日本などに売り込んだ。

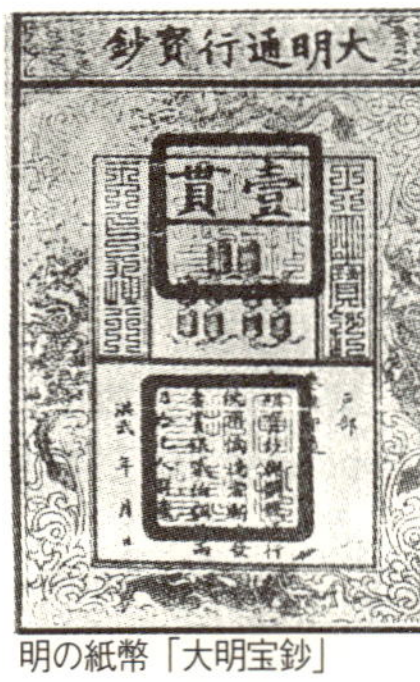

明の紙幣「大明宝鈔」

裏
日本史物語
画・梅本文左ェ門
オー.
カッコええのー
フランスではジャンヌ・ダルクが……
BS
オラたち百姓も
立ち上がるだ!
ジャンヌ・ダルクをまねして
オラのかーちゃんを
大将にするだ!
えっ
なんか呼んだだか..
オラ
帰るだ
まってけれー

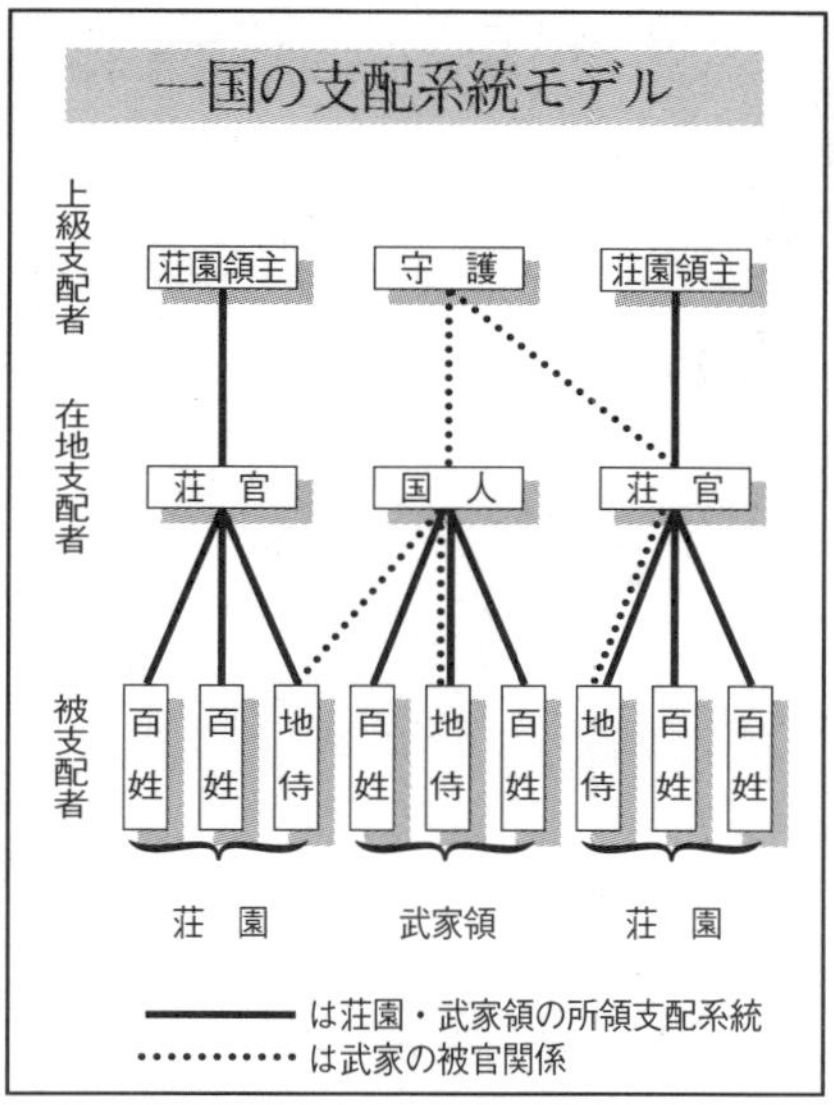
上級支配者
在地支配者
被支配者
荘園領主
守　護
荘園領主
荘　官
国　人
荘　官
百姓
百姓
地侍
百姓
地侍
百姓
地侍
百姓
百姓
荘　園
武家領
荘　園
は荘園・武家領の所領支配系統
は武家の被官関係
一国の支配系統モデル

ドキュメント 足利将軍・義教 VS 関東公方・持氏

将軍、「富士遊覧」駿河出張

【京都＝一四三二年】

将軍義持の急死によって、青蓮院義円が還俗して新将軍義教（よしのり）となった。これに対し、あからさまに反抗したのが鎌倉公方持氏だ。

新将軍は「富士遊覧」と称し諸将、公家らを伴って和歌を楽しむ旅に出る。もし、持氏が出仕すれば殺すつもりだったが、出てこない。

結局は空振りに終わる。しかし、新将軍と鎌倉公方の対決は火花を散らし、実力対決が不可避となった。

持氏「永享の乱」上杉が討伐

【鎌倉＝一四三九年】

永享七（一四三五）年になると情勢は急に動きだす。

持氏が京都派の諸将を粛清し、関東府の管轄外にある信濃に攻め入ったうえ、子供の元服に当たり、将軍の一字を賜って改名する習わしを無視、公然たる反乱に出る。

このうえはやむなし。天皇の綸旨（りんじ）を整えて出兵を命令。上杉持房と越前の朝倉孝景、美濃の土岐持益ら二万五千を先陣として出発させた。こうなると、持氏は〝袋の鼠〟同然。相手方の分裂や対立を利用して術策を弄してきたのが通用しなくなる。

永享十一（一四三九）年二月、一族もろとも、紅蓮の炎に包まれた鎌倉・永安寺にて自決して果てている。

世界短信

フランス　ジャンヌ・ダルクが英雄に「神の声」聞き、軍隊・国動かす

【フランス＝一四二九年】

一度は〝魔女〟として火刑台に上がったドンレミ村の田舎娘、ジャンヌ・ダルクが、フランスとフランス国王の危機を救った。

イングランド王国に占領された国土は荒廃し、人心は乱れていた。このとき、「神の声を聞いた」というジャンヌ・ダルクの声が軍隊を動かし、王を動かし国を動かす。

その結果、七ヵ月にわたって占領されていたオルレアンが解放され、皇太子はシャルル七世として即位。フランスは甦った。

ジャンヌ・ダルク

フィレンツェ　メディチ家が権力掌握　理想の共和政治の崩壊か

フィレンツェ郊外の古城

【フィレンツェ＝一四三四年】

古代ローマの共和制国家を理想とするフィレンツェに専制国家建設を目標とする金融王コシモ・デ・メディチが戻ってきた。

コシモは「カタスト」という所得税によって有力な敵を圧迫。銀行を通じて貸し付けた金で人々を支配する。このとき、共和政治は名目だけで、専制国家になっていた。

プラトン・アカデミーを設立したコシモは、初期ルネサンスの代表的な保護者となるが、同時に君主としてフィレンツェを支配する道を歩むようになった。

イタリア　ナポリ女王死去　気になる王国の行方

【イタリア＝一四三五年】

ナポリ王国の女王ジョバンナ二世が死去し、複雑な歴史背景をもつ王国の行方に関心が集まっている。

ジョバンナ二世はアンジュー家の系統。アンジュー家はフランス西部のアンジュー地方を支配していた家柄で、一三世紀に入って南イタリアに進出、シチリア島をも支配。が、一二八二年、島民の反乱によって島を追われてナポリ王国を支配するのみにとどまっていた。しかし、依然として、シチリア島の支配権を主張していた。その後のシチリア島は、アラゴンのペドロ三世が王を名乗っていた。そして両者が和解したのは一三七二年。この和解によって、実質的にシチリア島はアラゴンが支配し、ナポリ王国はアンジュー家の支配ということを認め合った。

が、ジョバンナ二世の死去によって、アンジュー家の王統が途絶えることになり、これまでのいきさつから、ナポリ王国はアラゴンの手に落ちることは間違いないという観測が強くなっている。

日本史新聞

主な記事から

◆嘉吉大一揆、京都を全包囲
◆将軍義教、凶刃に倒れる
◆太田道灌　他、インタビュー
◆将軍義政の凝り性＆浪費癖

嘉吉大一揆　京都を全包囲

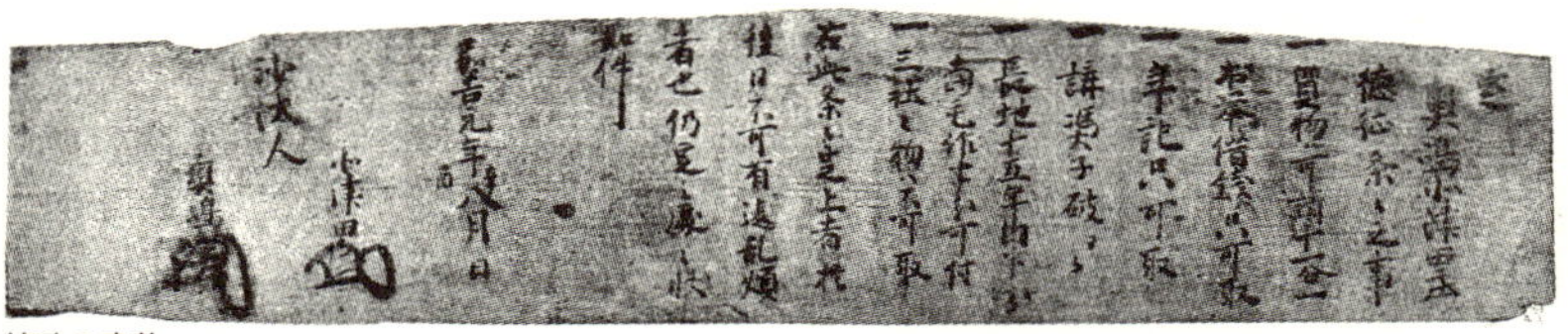
徳政の高札

出入り口封鎖、神社仏閣も破壊

幕府政所　〝一国平均の徳政令〟で危機回避へ

農民集団が大暴れ！

【京都＝一四四一年】農民集団が酒屋・土倉を襲撃し「借書」を奪って焼き捨てる事件が勃発。地侍の指揮下で京都の出入り口を封鎖。幕府政所は「一国平均の徳政令」を交付して急場を凌いだ。

規模の点でも組織の点でも圧倒的な大きさを見せる大一揆が勃発した。嘉吉元年六月の将軍義教暗殺を引き金にして勃発した徳政一揆（嘉吉〈かきつ〉の大一揆）。

八月の末、近江の馬借らが近江守護京極の兵と小競り合いを始めると、たちまち坂本や三井寺辺り、鳥羽・伏見・嵯峨・加茂など京都の周辺各地に飛び火した。

詳しく見聞して記録に留めた某僧侶（東寺）によると、九月五日の「一揆ノ陣八十六ヶ所」に及んでいる。彼らは京都の出入り口を押さえた後、幕府軍と戦いながら、組織的に酒屋・土倉を襲い「借書」を奪って焼却した。

出雲路の竜禅坊という土蔵や河崎の松蔵、鷹司富小路や鷹司高倉、正親町烏丸の土倉が狙い撃ちされ、内緒で小銭貸しをしている大小の神社仏閣も襲撃された。これに対し、幕府の徳政令は当初は「土民」に限っていたのが一揆衆に拒否されたため、公家・武家も含む「一国平均の徳政令」に拡大して再発布された。この結果、幕府内の不統一、足並みの乱れが目立つようになり、権威も権力も失われた。

徳政条々

一、永領地の事　元亨の例に任せ、廿箇年を過ぐれば、銭主領知すべし、未満に至っては、本主に返付せらるべし、但し凡下之輩たらば、年紀によらず、領主之を相計るべし
一、御判子ならびに下知状を帯ぶる地の事　既に御沙汰を経るの上は、悔還す能わず
一、売寄進地の事　改動の儀あるべからず
一、祠堂銭の事　子細同然
一、本銭返しの地、同屋の事本主に返付せらるべし
一、年紀沽却地の事　子細同然
一、質券地の事　子細同然
一、借書の事　付徳政文書子細同然
一、土倉以下流質の事　約月を過ぐれば、法に任せ銭主の計らいたるべし

告

本願寺八世　蓮如

世相厳しき折柄、私事蓮如は大谷本願寺に伝わる宗祖以来の法脈を継承することと相成りました。

この上は、比叡山の支配下から脱し、坂本の商人や守護六角氏の圧力にも屈せず、ひたすら阿弥陀如来の悲願に帰して人々の救済に力を尽くす所存であります。

一向一心に疑いなく頼む心の一念こそ、人々をして救済の橋を渡らしめる要綱ではないかと思います。皆々様の厚いお引き立てを賜りますよう、お願い致します。

長禄元年（1457）吉日

訃報　将軍義教、凶刃に倒れる

六代目将軍足利義教

足利幕府の六代目将軍義教殿は、嘉吉元年（一四四一）六月二十四日、赤松満祐邸において催された猿楽鑑賞の席上、何者かの手によって暗殺されました。

犯人は赤松満祐と目されておりますが、追い討とうとする者はなく、亡き将軍の後を追って腹をきる者もありません。果ては「自業自得」とののしる者も出るありさま。

しかし、評価はともかく、本紙編集部は謹んで冥福を祈るものであります。

「江戸城を築き、足軽戦法を開発した本当の理由」

太田道灌

特別インタビュー

——江戸＝一四五七年
——関東の形勢は如何。

道灌　わしにもわからん。

——足利成氏は古川公方と言い、山内上杉の系統。扇谷（おうぎがやつ）グループ。道灌さんが直接派遣した政知（堀越公方）が幕府の直系で、堀越公方ですから後者に属する？

道灌　とにかく、関東の形勢は関東の守護・国人同士の争いじゃ。上の方などはどうでもよい。冠などは幾らでも出入りする船も多く、浜筋は問丸も発達して結構な繁栄じゃ。それも取り込んだ。

——軍事上の理由だけ？

道灌　品川湊（みなと）にでもある。

——江戸城築城の理由は？

道灌　わしも国人領主だ。武蔵と相模の群小領主を傘下に加えねばならん。その砦としてどこにでもある。

——足軽戦法とは？

道灌　一対一で戦う時代ではない。集団の力がモノを言う。それで足軽集団を直属軍として編成し手足として動かしておる。こんなことは誰も思いつかないようじゃ。

——だから「軍略師範」とか、言われるわけですね。

道灌　ふむ。

「私はなぜ、朝鮮国王文宗の即位を祝賀する使節を送ったか」

特別インタビュー

——博多＝一四五〇年

——朝鮮国の文宗即位祝賀使節を派遣しましたね。

宗金　博多商人は対馬商人と並んで昔から対朝鮮貿易では特権を与えられてきた。これくらいは当然のことだ。

——幕府側からも種々の特権を与えられていたのでは？

宗金　幕府だけでなく、管領斯波（しば）氏や周防（すおう）の大内氏、豊後の大友氏とも結び、外国貿易を請け負ったり、外交や通商面の使者として渡ったこともたび びあった。

——朝鮮側にはずいぶん、信用があったんですね。

宗金　李朝と幕府を結ぶ外交活動、斡旋業務の万般を受け持ったからね。国内外のあらゆる事情に通じていたからこそ、できたこと。誰でもできることではない。博多湊は国際貿易港だったんですね。

遣明船

将軍義政の凝り性＆浪費癖

【京都＝一五世紀半ば】

京都市中に一揆・物盗り、悪党はては武家の家臣が入り乱れて横行し、自昼堂々と土倉を襲うありさま。幕府は分一令公布と関所設置で庶民にたかるありさま。

◆唐物収集

盛んに建築を行ない、座敷を作ると飾りが欲しくなる。義政は中国伝来の唐絵や陶器を集め始めた。そのために臨時課税をする始末。世も末だ。

◆能興行

寺院遊山に出かけ、奈良へも遠出。春日詣でに七日間も費やした。その間に覚えたのが延年舞と猿楽能（さるがくのう）。餓死者八万余人という飢饉時、将軍義政は室町邸連日、洛中洛外の目ぼしい能を楽しむ。莫大な浪費だ。

◆作庭

洛中の餓死者八万余人という時世に骨董品集めとは……「花の御所」再建工事に没頭。

庭園作り、泉水掘り、名木奇岩集めに奔走。生母重子の高倉第造営工事でも贅を尽くした。泉石の妙手善阿弥（ぜんあみ）が活躍したのは、このときだ。

義政が好んだ能

集手編帳

【異国編】

▼一四四二年＝ドイツのフリードリヒ三世時代に「帝国治安立法」が公布される。しかし、諸公が主張した仲裁裁判所の設立は回避され、骨抜きの立法。ハプスブルク家は家のことは考えても国の経営のことは考えなかったのである。

▼一四六二年＝イワン三世がモスクワ大公に就任。都市国家ロシアを周辺の諸公国・諸都市を併合して大国にした。またキプチャク・ハン国と対決するなか〝ダタールの軛（くびき）〟からロシアを解放。

▼一四五五年＝百年戦争が終結して間もないイングランドで、ランカスター家とヨーク家の間で王位継承を巡るバラ戦争が勃発。土地支配中心の封建制に代わって貴族を束ねた王権確立（絶対主義国家建設）が中心テーマになる。

▼一四六一年＝シャルル八世のあとを継いで、ルイ十一世がフランス国王となった。プラグマティストのルイは、あらゆる貴族と都市と軍隊をフランス統一の専門家集団につくり替えた。

只今、好評発売中！

活版印刷機

● 火薬、羅針盤と並んで世界の歴史を変えた三大発明品の一つ。
● 1冊の聖書を作る時間があれば、最低300冊は作ります。

ドイツ・マインツ市
グーテンベルク印刷所

ルネサンス・ツアー

人間発見、人間解放の歩みを体験しよう

花の都フィレンツェ〜水都ヴェネチア
（約3年間かかります）

自由都市・堺商人ツーリストクラブ

勃発！ 東軍 細川 VS 西軍 山名

日本史新聞

主な記事から

◆〝応仁の大乱〟勃発！
◆下克上＝地下大寄合
◆新時代の足軽戦法
◆東西新事情

畠山のクーデターが引き金か
市街戦が全国二分の大乱へ拡大

京都騒然！

【京都＝一四六七年】

正月早々、畠山義就と山名持豊が畠山政長と細川勝元を挑発し、対決の火花を散らしたのがきっかけとなり、西日本各地に火花が飛び散る。中央で出遅れた勝元らは地方で義就＝持豊勢力を攻撃すると戦火は拡大。初夏の頃には両勢力の正面衝突、大会戦、決戦もやむなしとなった。

寛正六（一四六五）年十一月、義政夫人日野富子が男子を出生した。義尚（よしひさ）だ。将軍義政は、弟の浄土寺門跡義尋（よしひろ＝義視）を還俗させ、養子にしたばかり。

義尚を将軍にしたい富子と義視（よしみ）の間には冷たい空気が漂い始め、富子が山名持豊を後ろ楯にすると義視は細川勝元に接近して拮抗した。

東軍大将　細川勝元

西軍大将　山名持豊

●正月五日 ◁
畠山政就のクーデター

将軍義政の怒りに触れ、河内に下っていた畠山義就が京都に戻り、山名持豊邸を借りて将軍義政・義視を招待。華やかな宴を開いた。

管領畠山政長が罷免され、斯波義廉（しばよしやす）が新管領になったのは二日後のことだった。怒り狂った政長派の兵士らは京都市中に火を掛け、酒屋・土倉を略奪した。

義就＝持豊は再び将軍義政に圧力をかけ、今度は細川勝元の問責を要求した。

足利義政

●正月十八日 ◁
畠山政長・細川勝元の対陣

将軍義政は戦火拡大を恐れ持豊・勝元配下の諸将に自重の通達を発したが、それは何の意味もなかった。義就が政長の陣に襲いかかった。

この間、持豊もまた兵を動かし始めたが、勝元が動かなかったため、孤立した政長は敗北。勝元邸に転がりこんでいる。

●四月初め ◁
地方で拡大、全国大乱へ

勝元は石清水（いわしみず）奉納連歌会を主催。義就と政長の戦いは私闘であり、他は関係がないという演出をする。だが、戦いを避けたわけではない。別の戦いを仕組んでいたのが、その二ヵ月後にわかった。

四月になると山名方の領地から上がる年貢米が山陽・山陰から京都へ運ばれる途中、何者かに奪われるという事件が続発する。

播磨では赤松政則（細川派）が山名方の宮上野守を攻撃。斯波義敏は越前・尾張・遠江へ侵入。世保政康は伊勢に入り、武田信賢は若狭の一色義直を追撃した。

●五月十五日 ◁
対決構図は「東軍対西軍」

細川方の反攻作戦が地方を戦場として一斉に始まると、山名方でも動き出し、京都市中は騒然としてくる。

細川党の東軍は幕府を本拠とし、相国寺・細川邸に陣を構えると、山名党の西軍は五辻通りの持豊邸を中心にして陣形を築き上げた。兵力は、東軍が十六万千五百騎、西軍が十一万六千騎という。

途中から将軍家が東軍に参戦したことで「東軍有利」となり、周防（すおう）の大内政弘が参戦すると「西軍有利」に傾く。しかし、長期戦では、補給線の遠い西軍は不利、近い東軍は有利であった。

結局、誰が勝者なのか、どちらが敗者なのか。うやむやのうちに終結する。

再刊予告

コロンブスのアメリカ到達を導いた地図

トスカネリ「世界地図」

“応仁の大乱”

新時代のエネルギー源
下克上＝地下大寄合

【備中新見＝一四七一年】
京都を舞台として始まった応仁（おうにん）の乱は、たちまち地方に波及した。だが地方では大名同士の合戦よりは、大名に対する地侍（じざむらい）と農民の反乱という形が基調となった。

備中・新見（にいみ）庄の場合、荘園領主の京都・東寺と代官請で実質支配を実現する守護細川方の、いずれもはね除け、独立せんとする地侍・農民が三つ巴になって争った。

そのとき、隣りの守護領（＝国衙領）では、細川勝久が東軍に参陣するため兵糧（ひょうろう）・人夫・兵士を割り当てたのでたちまち反発。地下（じげ）大寄合を開催して気勢をあげた。「代官就任絶対反対」。

主役交代！ 新時代の足軽戦法

結局、新見荘では「国中に侍あらしむべからず」と主張した播磨一揆と同じことになり、細川方の支配を拒絶する新見荘独立共同体を設立することになった。

地下大寄合の指導者、金子衡氏は当然の如く言う。

「いまの時分は田舎も京都も腕をもってこそ、所領も立身をもてる時分である」

彼らは名分よりも実力を尊んだ。だからこそ、従来の武士団とは似ても似つかない足軽（あしがる）集団をかき集め、直属の常備軍として育成した。

応仁の乱では足軽が活躍した

足軽は敵との正面対決を避け、虚を突いて目標に迫り、放火・略奪を容赦なく繰り返す悪党と変わりはなかった。しかも、逃げることを恥辱としなかった。

そういう集団を集めた地侍が急速に台頭してきた。幕府・守護の大名が、際限のない騒乱に明け暮れているとき、地方では着々と在地勢力が成長しつつあった。

公家や寺社などは〝隠れ蓑〟として利用されただけであった。図々しい連中が活躍する下克上（げこくじょう）の時代が始まろうとしているようだ。

東西新事情

東　朝倉孝景
下克上の論理「孝景十七カ条」

【越前＝一四七一年】
一介の国人領主にすぎない朝倉義景（よしかげ）が東軍に寝返ったとき、将軍義政の名で越前守護に任命されるという大事件が発生した。足利幕府においては前代未聞のこと。

これで、孝景が主家斯波氏の守護職を奪い、越前一国に支配権を打ち立てることになった以上、旧荘園領主との戦いも避けられない。

このとき打ち出された『朝倉孝景十七箇条』こそ、朝倉流下克上の論理だ。

主なところをかいつまんで紹介してみたい。

門閥にとらわれない。つまり、宿老を置かず、能力や忠節の度合で人材を登用する。

値一万疋（び）の名刀一振よりも値百疋の槍百本が役に立つ。

大和四座の猿楽（さるがく）を呼ぶよりも国内の猿楽上手に習わせ、楽しんだほうがずっといい。

奉公人は、たとえ不器量無能者でも忠誠心の厚い者は重用すべきだ。

合戦では吉日や方角を問わず、臨機応変の行動をとれ。

朝倉館の他に国人、地侍の塁館あるべからず。また大身の家来は領地を離れ、朝倉館の回りに移住すべし。

西　ブルゴーニュ
中世の終焉＝集団戦の時代

【フランス＝一四七一年】
「されば、武者どもの隊旗識別を容易ならしめるため、わが主君は以下の如くに仰せられる。すなわち、諸隊の旗は隊ごとに色を変え、旗に描く紋様も隊ごとに違えねばならない」

ブルゴーニュ公シャルル豪胆公が直轄軍編成に関して以上のような命令を通達した。たかが旗の色くらい、どうでもいいというのは大きな間違いで、ここには画期的な発想転換が働いている。

戦闘員の社会的地位や身分を無視し、もっぱら隊伍に属する戦闘集団の編成が企図されている。個々の旗指物や飾りではなく、集団の標識が問題になっている。

中世は終わったのだ。

太田道灌、相模にて暗殺さる

「当方滅亡」と叫んで絶命

日本史新聞

主な記事から
◆太田道灌、相模にて暗殺さる
◆〝邪淫僧〟一休和尚を想う
◆日野富子、天下の資産を牛耳る
◆足利義政、東山山荘の造営事業

犯人は主君・上杉定正

前代未聞の錯誤行為に周辺唖然

【相模＝一四八六年】江戸の国人領主太田道灌は、主君上杉定正の館に招かれて入浴中、襲われて落命した。犯人は上杉家の家臣だが、主君定正の指示による暗殺に相違ない模様。とすれば扇谷（おうぎがやつ）上杉氏による武蔵・相模・上野（こうずけ）三国支配の強化を企てていた道灌を殺したことになり、定正の自殺行為になる。

殺された太田道灌

関東国名地図

太田道灌は相模糟谷（かすや）にある主君上杉定正の館に招かれ、入浴中のところを襲われて絶命した。家臣の油断を突いて主君がだまし討ちにするという前代未聞の醜聞で、周辺のひんしゅくをかった。襲撃者は曽我兵庫という者で、太刀を浴びせかけたとき、道灌は「当方滅亡」と叫んで突っ伏したという。己の死が扇谷上杉氏による関東支配の挫折を意味することを指摘して落命したことになる。

主君定正は「道灌は堅固な城郭を造って山内上杉家に不義の企てをしたので注意したが、聞かなかったので誅伐した」と弁明しているが、それがまったくの詭弁であることは天下周知の事実。

江戸・川越両城を要とする扇谷上杉氏の防衛体制強化の企てが道灌の名声を高め、己の権威失墜を招くことになるので先手を打って暗殺に走ったのが真相らしい。

〝邪淫僧〟一休和尚を想う

「死にとうない」と言って死んだ風狂の高僧

亡くなった一休和尚

【京都＝一四八一年】後小松天皇の御落胤として誕生したという。天竜寺・建仁寺に学び、大徳寺住職となって、八十八歳の長寿を全うして亡くなった。異例の大往生といっていい。

若い時分から、さまざまな逸話を残した一休和尚であるが、何といっても肉食女犯を恐れず、常に森侍者（もりのじしゃ）という盲の女を近侍させ、これを溺愛してはばからなかったのは有名。しかも、臨終に当たっては枕元に集まった多くの弟子たちを前にして、素直に「死にとうない」と洩らして落命したという話である。率直にして大胆。欺瞞を恥じた人であった。合掌。

編集手帳　異国編

▼フランス王国＝一四七七年　ブルゴーニュ侯シャルルがロートリンゲン侯のスイス傭兵隊と戦って敗死し、国家的独立を失ったので、フランス王ルイ十一世がブルゴーニュを併合する▼イタリア＝一四七八年　ロレンツォの成長と共にメディチ家は躍進し、フィレンツェの町は強大な都市国家となりルネサンスを掌握する▼オスマン帝国＝一四七八年～一四八三年　ハンガリー王国やナポリ王国の援助で抵抗してきたアルバニアとヘルツェゴヴィナがメフメト二世によって征服された▼スペイン王国成立＝一四七九年　カスティリア王国のイサベルとアラゴン王国のフェルナンドが結婚し統一国家となる。続いて、グラナダ王国を併合してイスラム勢力を抑圧する一方、ユダヤ人を放逐。さらにカトリックの教えを徹底して新国家建設を推進する▼フランス王国＝一四八三年　シャルル八世即位。ミラノ王国とボルジア家の教皇アレクサンデル六世からの要請でイタリア遠征に乗り出す。分裂するイタリアに中央集権化しつつあるフランスの力と大砲、スイス傭兵隊で圧倒する▼明王朝＝一四八七年　孝宗（弘治帝）即位。成化帝がヤオ族の娘に生ませた子供であるが、男子に恵まれなかったため、皇太子となった異色の帝王。臣下の意見を聞き、よく王朝を保った。無事、これ名馬を地で行く帝王となった。

どっちがどっち？夫婦の資産比較

夫人・日野富子

刹那的な利潤追求 天下の資産を牛耳る

【京都＝一四七七年】さる大寺院の僧侶の日記に曰く、「公武上下日夜大酒ばかりである（中略）。御台所（みだいどころ）富子は天下を牛耳っており、巨万の富をその手もとに集めている。

御台所が握ってしまった観がある。そして近頃は米倉のことを仰せられた。米を買うために投機をやろうというのだ。

畠山義就も先日御台所から一千貫文を借用した」

利益追求のためには手段を選ばない富子は、平気で格式や儀礼を無視し、自分勝手な振る舞いに終始した。

将軍義政が極力、荘園侵略を抑制すると富子は公然たる侵略を見ぬふりをするなどは朝飯前のことだった。

戦費に困っている両軍の大名たちは致し方なく高利を払ってこの金を借りている。そのため天下の金はことごとくのでこの手に集まっている。

将軍夫人・日野富子

将軍・足利義政

戦乱に荒れた国情無視 東山山荘の造営事業

【京都＝一四八二年】政治への無責任と遊び好きという点では夫婦共通であるが、将軍義政は富子と違って内向的であるためか、表面だけの華やかな生活には満足できないようだ。義政は東山山荘の造営に取りかかった。義満の北山山荘に倣うものだが、事情はまったく違う。将軍家の直轄地は守護大名や国人に蚕食（さんしょく）され、寄進する者もごくわずかになっている。

こうしたなかで、どうやって造営するのか。美濃の土岐成頼・山名持豊・播磨の赤松政則・越前の朝倉氏景だけが造営費を献上しているが、細川氏は無視している。

それにしても、東山文化の粋を集めた枯れた味わいを演出する山荘が実現される。それは禅的な世界観を反映した作品なのかもしれない。

将軍・足利義政

現代アート 雪舟 特別展より

【周防山口＝一四七九年】水墨画は元もと、禅宗と共に中国大陸から伝えられたものであるが、それを完成させたのが雪舟である。

それまでの水墨画は謎掛け的な問答図がほとんどであったのに対し、雪舟の場合、自然観察を素直に表現し、禅的素養のない者でも理解できる構成になっている。

作品としては『山水小巻』『四季山水図』『倣李唐牧牛図』などが有名。

ただ、いつ頃描いたものか、年代がはっきりしないものが多く、『山水図巻』だけは、一四七九年の作と伝えられている。

誰にも親しみやすい題材をわかりやすく描いてくれたのが雪舟人気の秘密のようだ。

四季山水図「春」の部分

秋冬山水図「冬」

「雪舟特別展」開催中！

現代美術専門 **室町画廊**

雪舟作品の鑑定・買取、承ります。
通信販売、作品カタログ進呈。

雪舟

MONEY-SHOP 富子

富子

天下を牛耳り
百万の富を集める
幕府公認の信用金庫

貸し渋りなし！
モットーは
敵と味方を問わぬ
中立公正な貸付事業

日本史新聞

（AD1494年）〜（AD1507年）

北条早雲、小田原城奪う

関東進出の第一歩か

【小田原＝一四九五年】
難攻不落の小田原城が、鹿狩りの勢子（せこ）に扮装した兵を率いる北条早雲に乗っ取られるという珍事が出来。下克上の始まりを示す動きとして注目されている。

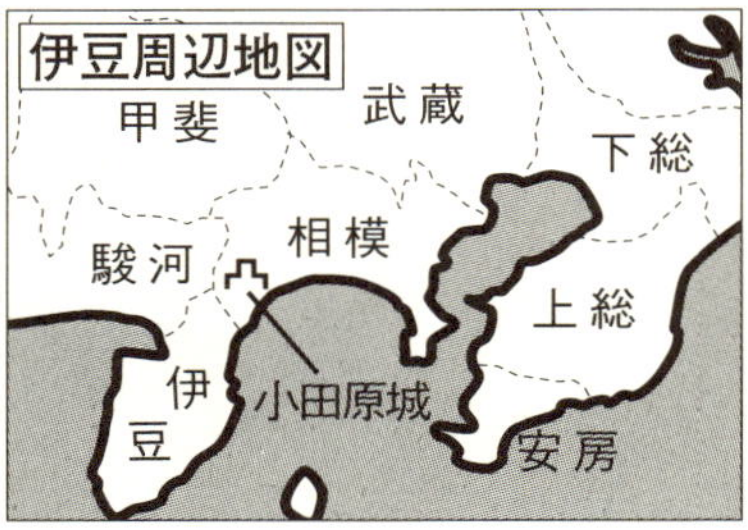

小田原城乗っ取りは衆人監視のなかで公然と行なわれた。

尋常の手段では落ちないことを見抜いた早雲は、鹿狩りの勢子に扮装した兵を小田原城近くに集結させ、夜になって討ち入り。城を乗っ取ってしまった。

鹿の巻狩りといえば、軍事訓練と決まっている。それを小田原城主大森藤頼にまったく警戒させなかったのだから早雲の謀略は長けていたのであろう。

城を乗っ取った早雲は、その後は兵を動かさず、ひたすら小田原周辺の国人衆・百姓衆と接触。松田氏他、相模衆十四家の帰服を待ち、なびいてくるよう、手を打っている。

「鹿狩り」装い、夜急襲

下克上の謀略行動に注目集まる

信虎、甲斐源氏を継承

名実ともに有力大名の一人に

【甲斐石和＝一五〇七年】
甲斐国府に近い石和（いさわ）館において武田信縄が死に、弱冠十四歳の信虎が甲斐源氏十八代目の当主となった。

武田家は、室町幕府が地方官として国ごとに置いた守護職を伝えるだけでなく、伝統ある古代国家の国衙（こくが）機構をも掌握していた。

ところが、武田家の内部相剋が激しく、叔父の油川信恵や大井一族、栗原一族が繰り返し襲いかかってくる始末。戦争好きの信虎は難なく平定し、あっと言う間に甲斐を代表する勢力となった。

武田信虎は有力な戦国大名の一人にのし上がった。

日本史新聞

主な記事から

◆北条早雲、小田原城奪う
◆信虎、甲斐源氏を継承
◆大航海時代へ、先陣切る西・葡
◆ヨーロッパ新時代情報

小田原城乗っ取り記念

北条早雲 特別講演会

主催／本紙事業部

時／明応四（一四九五）年春
所／小田原城大手門前
題／『天下取りのノウハウと長寿の秘訣』

『君主論』発売記念

特別講演会

「支配者たる者は民衆に愛されるよりは恐れられなければならない」

講師　マキアベリ氏
日時　一五一三年秋の夕べ
場所　フィレンツェ
主催　本誌欧州支局

きょうの言葉

『甲斐源氏』

新羅（しんら）三郎義光を始祖とする甲斐の武士団をいう。武田信虎は十八代目当主、信玄は十九代目当主。悠久五百年の歴史を刻む。「御旗・楯無も照覧あれ」と誓いの言葉を述べる出陣式は、義光伝来の遺産を武門の象徴としたことに始まっている。

伊豆周辺地図
甲斐・武蔵・下総・駿河・相模・上総・伊豆・小田原城・安房

北条早雲

武田信虎

相次ぐ発見と開拓

ヨーロッパ、大航海時代へ

先陣切るスペインとポルトガル

中世の全時代を通じて、ヨーロッパは絶えず東から北から南から異民族の侵入に悩まされ、ユーラシアの西端に追い詰められてしまった。そのとき、断崖絶壁と思った海が対外拡張のルートとなる。先鋒となったのが他ならぬスペインとポルトガルだった。

1502年

コロンブス（スペイン）

アメリカ大陸に到達

サン・サルバドル島に上陸するコロンブス

イタリア・ジェノヴァ出身の航海者コロンブスが、スペインのイサベル女王と探検航海の協約を結んだのは十年前の一四九二年だった。

コロンブスは「西回り航路をとったほうがインドに近い」と主張。同年から一五〇二年までの間に四回の航海を重ねたが、彼のいうインドとは中米及びベネズエラ沿岸だったことが判明した。

ところで、コロンブスの西回り航路はポルトガルの東回り航路と対抗的に発想されているようだ。競争は発展を招く。面白い時代になった。

1498年

ヴァスコ・ダ・ガマ（ポルトガル）

カリカット経由インド着

ヴァスコ・ダ・ガマ率いる船団が、アフリカ南岸の希望峰を回ってインドのカリカットに到着した。というとありきたりのようだが、その航法は独創的だ。

従来は沿岸沿いに南下するのが普通であるが、ガマはリスボアを出航するとヴェルデ岬に寄港。そのまま一気に南下して希望峰近くのサンタ・エレナ湾に入港した。

それ以後、アフリカ東岸では逆に小刻みに寄港しながら北上し、インド洋を横断してマラバル海岸のカリカットに入港した。

ガマがインドに到着した意義は小さくなかった。東洋の香料貿易がイスラム教徒によって独占されており、一大変動を来すことになるのは目に見えていたからだ。

ポルトガルのマヌエル王が武力による征服を発想し、大船団を派遣したのは間もなくのことだ。

裏日本史物語
画・梅本文左エ門
オ～、早雲の鹿狩りか～
アッパレ
アッパレ
ドドド
ハァ～
鹿が城に入ってきたか
殿～
早雲の軍が
城に～
?
鹿じゃ
鹿じゃ
なあ～んだ
馬鹿殿
狩りか～
やっと
わかったか
アレ～

1500年～

ブラジル

新条約によりポルトガル領に

ヨーロッパは今、まさに大航海時代に突入し、コロンブスやガマらによる新地発見が相次いでいるが、今度はカブラルによって新地が発見された。インドに向かう途中で偶然にもブラジル海岸に漂着したのだ。この新領土は一四九四年、ポルトガルとスペインの間で結ばれた＜トルデシーリャス条約＞に基づいてポルトガル領となった。

しかし、この条約の不備については各方面から指摘されており、近い将来、紛争の火種になりそうな気配である。

ヨーロッパ新時代

イタリア

メディチ家、利権を喪失

【フィレンツェ＝一四九四年】

ルネサンスのフィレンツェはメディチ家を抜きにしては語れない。メディチ・リッカルディ宮殿に飾られた『三賢王の行列』画が物語る。

だが、そこに描かれたロレンツォの死後、長男ピエロが政権と都市から追放される。フィレンツェに返り咲くのは十八年後のことである。

スイス

ハプスブルグ家から独立

【スイス＝一六世紀初め】

ウィルヘム・テルの伝説で名高い独立運動以来、スイスの農民や市民たちは、独立の形を十三州から成る連邦体制にまとめあげた。

貴族的か市民的か。州によって違い、使用言語がドイツ語であるのはドイツ的だが、政治権力の主体が貴族であるドイツと違って、農民であり市民であること。

いかにも自由国スイスらしい。

イングランド

領土に関する新条約締結

【スペイン・ポルトガル＝一四九四年】

新大陸発見競争でしのぎを削っている両国で＜トルデシーリャス条約＞が結ばれた。

コロンブスの新大陸発見以来、領土権のそれぞれの主張でもめていたが、これによって、大西洋上で新しく発見される地は、ベルデ諸島西方五六〇キロ地点を通る経線の東側の新領土はポルトガル、西側がスペイン領となる。

発売予定
エラスムス著
「愚神礼賛」
神聖ローマ帝国

日本史新聞

主な記事から

- ◆細川、大内両貿易船が激突
- ◆法華宗徒が反乱
- ◆イギリス教会、ローマから分離独立
- ◆イエズス会が結成総会

寧波騒動

細川・大内両貿易船が激突

中国役所を焼き払う不祥事も発生

【寧波＝一五二三年】勘合貿易船団が中国・寧波（ニンポー）に到着後、大内方と細川方に分かれて騒乱に及び、中国の役所に放火する不祥事を引き起こした。原因は正式の勘合船である大内船よりも細川船が優遇されたことで、大内方が憤激したため。国内事情を反映した事件となった。

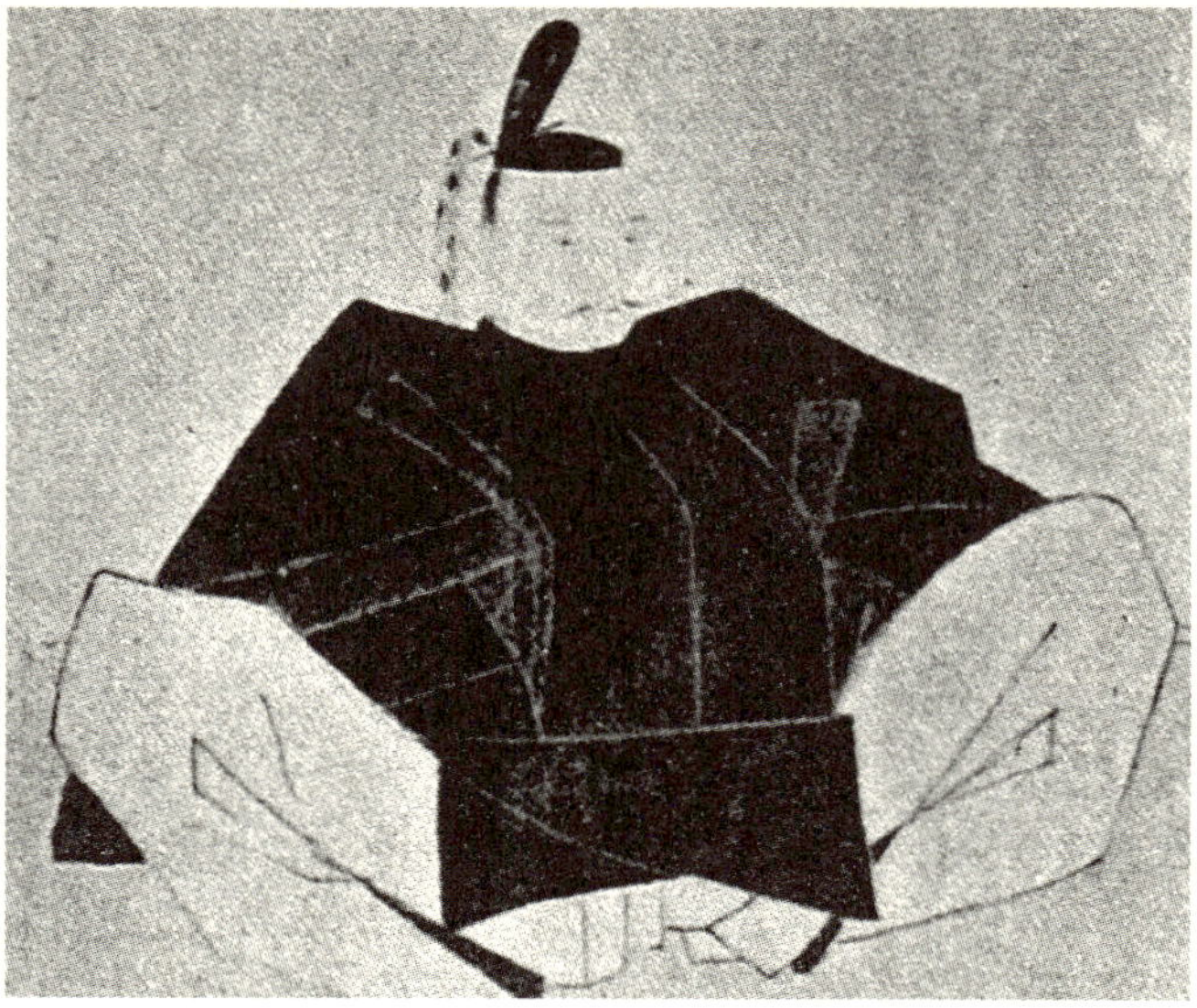

対明貿易で山口の繁栄を築いた大内義隆

●遣明三号船の謎

細川方と大内方の勘合貿易を巡る争いが猛烈を極め、ついには中国で武力衝突を引き起こすまでになった。

大永三（一五二三）年、正式な勘合符を持つ大内船三隻と、古くて無効になった勘合符を持った細川船一隻が、同時に出発したのが事件の始まりとなった。

形式上は細川船が不利であることは言うまでもないが、抜け目なく明人宗素卿なる人物を乗せ、寧波の役人に渡りを付けたので、細川船が優遇されたようだ。

憤激した大内船の正使は、腹いせに寧波の役所に放火。細川勢と正面対決し、武力衝突に及んだ。

一万貫の物資を運べば三、四倍に売れる貿易の妙味が、こうした争いを引き起こした原因となった。

●背後の商人団存在

勘合貿易は本来、日本国王が明国皇帝に朝貢するもので、国家間の事業だが、事実上、国家と国王（将軍）、大名に名を借りた私商人の貿易事業になっていた。

細川方には和泉の堺商人団が付いており、大内方の背後には博多商人団がいた。彼らはスポンサー（資本家）兼事業家（商人）として、絶大な力を行使した。

滅多にないチャンスだからこそ、堺・博多の商人たちは、その瞬間に命をかけて張り合った。生半可なものではなかったのだ。

京　都

法華宗徒が反乱

細川家中・三好氏が挑発か

【京都＝一五三六年】足利将軍と細川一族が、法華宗徒の解体作戦に乗り出したため、法華宗徒は自衛策として京都市中に塹壕を掘り、抵抗の構えを見せている。

四年前は法華宗徒をそそのかし、山科本願寺を攻撃させた細川氏だが、今度は一転して〝法華潰し〟。これも上京・下京とも、自治的諸権利を握った法華衆が町地子納入を拒否するようになったためだ。

法華衆の背後に細川家中の三好氏がおり、挑発しているというもっぱらの噂だ。

騒がしくなった京都市中

イングランド

ヘンリー八世の謀略成功？

イギリス教会、ローマから分離独立

ヘンリー8世

【イングランド＝一五三四年】

ヘンリー八世は、己の欲望を達成するために「国王至上法」を議会に提出。承認されたため、イギリス教会はローマから分離＝独立し、国王の支配下に入った。

夫人キャサリンとの離婚を認めるよう、法王に要求して却下されたためにイギリス国教会を分離＝独立させたなどとは誰も思いつかないはず。お粗末な一コマだった。

パリ

イエズス会が結成総会

少数精鋭の厳格な宣教師集団に

【パリ＝一五四〇年】

バスク地方の古い貴族出身の男、イグナティウス＝デ＝ロヨラを指導者とする反宗教改革団体「イエズス会」が、あたかも軍隊のような規律と階級を備えた厳格な修道会として組織された。

会員は約十名。熱烈な信仰の同志集団として誕生しており、ザビエル、ライネスなどのパリ大学仕込みの優秀な神父が揃っていたため、法王パウルス四世が満面に喜色を浮かべて祝福した。

統制のために会員相互の監視制度もつくられ、腐敗と堕落を防いだ。少数精鋭主義の宣教師集団となった模様。

マルチン・ルター、満を持して発表

「95カ条の命題」

神聖ローマ帝国の宗教改革運動

大学教授ルターの悩み 神学の専門家になれ？

【ドイツ＝一五〇八年】

マルチン・ルターは、ザクセン選帝侯フリードリヒが建設したウイッテンベルグ大学の哲学教授として招かれた。弱冠二十五歳だった。

しかし、哲学には元もと興味を抱けず、神学こそが「胡桃の核、麦の芯、骨の髄をなしている」と考えていたので、聖書を研究していた。

あるとき、保護者にして副修道院長がルターに言った。

「修士君、あなたは博士の学位をとってみてはいかが」

神学の専門家になれ、と進められたのであった。

真摯なドイツ的精神を訴える 改革のきっかけはローマ巡礼

【ドイツ＝一五一七年】

ルターが宗教の改革者となったきっかけは、ローマ巡礼の旅に出たことだ。

一五〇七年、ローマ法王庁を訪れたルターは、そこで頽廃（こうはい）と堕落、考えられる限りの汚辱とあらゆる罪悪を見ており、宗教界において直面している事態の本質を完全に把握していた。

帰国したルターは教会の壁に「九十五カ条の論題」を貼り出す。このときから、ルターの運命は大きく動き始めるようになる。

スペイン王国

家《ハプスブルグ》のカルロス一世 ドイツ皇帝に就任

【スペイン＝一五一九年】

スペイン王カルロス一世がカール五世としてドイツ皇帝に就任した。宗教改革の嵐が吹きすさぶなか、カルロスも教会や修道院の粛正と改革に力を入れたが、あくまで内からの改革にとどまった。

先手必勝のピサロ インカ帝国を滅ぼす

【インカ＝一五三二年】

ピサロは約百八十名の兵士と二十七頭の馬を率いてインカ帝国に侵入。先手必勝とばかり、インカ帝国の精鋭、数万の兵士が見守るなかで皇帝アタウワルパを逮捕。抵抗する者をあたり構わずなぎ倒し、一気に三千人ほど殺しまくった。沈着冷静な判断が大国制覇を難なくものにできた最大の力だった。

躍進する

ポルトガル & スペイン

ポルトガル

インド・ゴアを拠点にアジアの支配権確立へ

【インド＝一五一〇年】

スペインとポルトガルが、世界を分割する「トルデシリヤス条約」を結んだため、インド計略に専念。

まず拠点に選ばれたのが、インド西海岸のほぼ中央にあり、よい停泊所をもち、海陸の敵の防御にも便利なゴア。この地をアジア支配の根拠地にすることが決定した。

片足のマゼラン、世界一周に成功

【スペイン＝一五二二年】

マゼランの世界一周はスペインの事業として記録されているが、マゼランはポルトガル人だ。したがって、ポルトガルの項目に編入する。

一五一九年夏、セビリヤ港を出た船は旗艦トリニダッド号以下五隻。いずれも一〇〇トン以下のオンボロで、乗組員は合計二百三十七名。

南米大陸を南下してマゼラン海峡を発見。太平洋に出て九十八日間の航海の後、ようやくフィリピンに到着。

マゼランは原住民と戦って戦死。残り十八名の船員がセビリアに戻ったのは出発以来、三年後のことだった。

堺　交易商会

●南洋日本人町と直結した交易

●安全・格安

●個人輸入、大歓迎

最新の交易船

博多組

●明国・朝鮮交易はお任せ下さい

●海賊は味方です

●個人輸入はできません

明の製陶工場

日本史新聞

主な記事から

◆イエズス会、日本に上陸
◆種子島に鉄砲伝来
◆武田信玄、無敵の進撃
◆上杉謙信、兄晴景を下す

イエズス会、日本に上陸

フランシスコ・ザビエルら３人の宣教師

仏教・仏僧を激しく非難

島津貴久、一旦認許するも禁止に

鹿児島

【鹿児島＝一五四九年八月】フランシスコ・ザビエルらイエズス会の宣教師一行三名が、キリスト教の布教活動を目的として鹿児島に来航。領主島津貴久の認許を得て活動を開始したが、激しい仏教非難、仏僧非難が不人気の的となり、禁止された。

フランシスコ・ザビエル

フランシスコ・ザビエルら三人の宣教師が、マラッカから明国のジャンク船に乗って鹿児島にやってきた。日本がキリスト教の布教と伝道の地として有望であると判断されたためだ。

ザビエルは、マラッカで出会った日本人青年弥次郎を上陸させると早速、たどたどしい日本語で布教活動を開始した。これを見た領主島津貴久も強い関心を示し、ただちに布教の自由を認許した。

天竺から渡来した仏教の一派と考えたため、最初は耳を傾けていたが、教義の輪郭が明らかになり、仏教・仏僧攻撃が激しくなるにつれ、貴久も布教禁止を言い渡す。

ザビエルも鹿児島から平戸へ移り、博多・山口を経て京都へ向かう予定であることを発表。鹿児島を後にして平戸へ旅立った。

時堯が驚いた〝鉄の砲〟

この武器が日本の歴史を変える？

【種子島＝一五四三年九月】台風の季節になると、難破船が漂着するのは珍しくない。だが、見たことのない大船が種子島西岸の入江に漂着したときは違っていた。

礼儀作法も知らず、食事も手掴みでする人々だが、驚くべき道具を持参していた。真っ直ぐで、中が空っぽの筒で、底の部分が詰まっている。

試みに、丸い鉛玉を入れ、火をつけたところ、遠くの的を一瞬にして吹き飛ばした。吹き出す火花は稲妻のようで音は雷鳴に似ている。

驚いた島主種子島時堯（ときたか）は、百方懇請した上に法外な金を積んで入手した。

そして、鉄砲鍛冶に製法を学ばせ、火薬の製法を自家薬籠中のものとしたとき、鉄砲が誕生した。

これは、あっと言う間に日本全国に普及し、歴史を変える武器になるかもしれない。

ザビエルが見た「ニッポン人」

1552年の報告書

ザビエルが上陸した鹿児島

ゴア宛の報告書より。

「日本人は、いままで発見された東洋諸国民のなかで最も優れていて、名誉を重んじ、礼節を尊び、長上と武士にはよく服従し、知識欲が大であって、道理に叶った話を聞くことを喜ぶから、キリスト教はながく伝わるだろう。

ただし、そのためには非常な努力がいる。そこで宣教師を派遣する場合、特に人選を慎重にし、日本の識者、ことに僧侶と議論をして説き伏せられる弁舌と学識を持たねばならない。

また、身を持すること堅固で、他の誹謗（ひぼう）を受けるようではいけない。……老人や少年のくるべきところではなく経験豊かな者を派遣したほうがいいだろう」

武田信玄、無敵の進撃
兵疲れ果てるも領地拡大が薬に

【信濃＝一五四六年】

武田信玄は父信虎の追放以来、わずか五年にして甲斐と信濃を征服。「風林火山」の旗が向かうところ、敵なしの陣形を築き上げた。

訪下社の金刺氏、高遠頼継らと呼応して、父信虎以来の目標、諏訪征服を達成した。

●諏訪・伊那両郡の制圧

信玄の第一目標は、南信濃の諏訪・伊那両郡に勢力を広げていた諏訪一族を制圧すること。天文十一（一五四二）年初夏、二十二歳の信玄は諏訪信濃の第一歩を踏んだ。

●中信・北信の制圧

第二、第三の攻略目標は、甲斐の下級武士や百姓は一年に二度の合戦に疲れ果て、上田原の敗戦、戸石崩れを経験するが、着実に領地を拡大。天文二十二年春、小笠原・村上両勢力を駆逐して、諏訪侵入以来、十二年にして信濃制圧の宿願を果たす。

しかし、越後の雄、上杉謙信が登場、川中島で合戦が開幕する模様だ。

科学の目

コペルニクス（ポーランド）
『地動説』発表
1543年

太陽を中心に惑星が回っていることが明らかにされた。しかも、太陽から惑星までの距離が正確に計算され、地球から見た惑星の逆行現象についても解明された。

それは一五三〇年、『天球回転論』という形でまとめられたのだが、著者のコペルニクスは引っ込み思案のため、公刊されるまで十三年も時間を空費。公刊の朗報は臨終の床で聞くことになった。

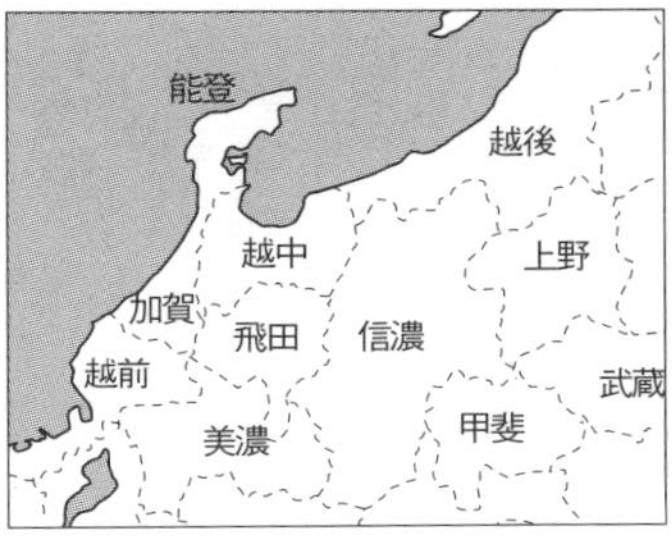

突撃インタビュー
敗軍の将　村上義清氏に聞く
「川中島合戦が始まったのは私のせいです」

【越後＝一五五三年】

上杉謙信殿は、越後領内に逃げ込んだわしを温かく迎えて下さっただけでなく、旧領回復まで約束して下さった。いま、必死に展開中の川中島合戦は、そのための戦いなのじゃ。謙信殿は自分のための戦さはしない。義のために戦い、義のために死ぬ。そういうお方なのじゃ。

上杉謙信、兄晴景を下す
名実の「北国の雄」となる日間近

【越後＝一五四八年】

越後守護の上杉定実が、守護代の長尾為景死後、跡目を相続した長尾晴景・謙信兄弟が険悪な関係になっているのを憂慮。弟謙信を兄晴景の養子とし、家督を相続させるのを斡旋した。

為景死後、跡目を相続した嫡男晴景が病弱であったため、下郡の諸豪が従わず、出仕を拒否。ために越後は上・中・下三郡に分かれて争うようになった。

そのとき、謙信は栃尾城城主として中郡の古志長尾家と三条長尾家を掌握。今度は兄晴景に代わって春日山城の主となり、府内長尾家を支配下に組み入れるのに成功。いよいよ関東街道を扼（や）す上田長尾家の攻略が課題となった。南から北に並ぶ長尾家枢軸体制の完成は間近だ。謙信デビューは近い。

「さすが、信玄公」
河川改修工事に期待の声

釜無川・笛吹川・芦川など暴れ川が毎年のように氾濫する甲府盆地で、武田信玄を施主とする河川改修工事（十カ年計画）が始まった。

計画によれば、高岩下流から続く本土手に三十三の亀甲出しを付けた石堤を築き、堤防に竹・松・柳を植える等、随所に工夫が見える。結果が楽しみだ。

売ります

忍びの技（飯縄流）
ただし、一定の契約期間を限る（これを派遣業務という）
人数は求めに応じ変幻自在。

求む

鉱山開発技術者　若干名
勤務先　秘密
給与　要面談

武田家鉱山奉行

いま話題の種ヶ島銃の製作、承ります

堺：橘屋又三郎（鉄砲又）

根来筒には負けません！

尋ね人

初恋の人
早く帰って来て下さい。あれから独身を通しています。周囲の者はホモではないかと言って笑っています。私は悲しい。早く帰って来て下さい。

上杉謙信

尋ね人

軍師　山本勘助
突然現われ、どこへともなく去った私の軍師の姿を見かけた者は、すぐにご一報を！
薄謝進呈　お望みの城一つ

武田信玄

探し物

私の青春

北条早雲

日本史新聞

主な記事から
◆上杉謙信、小田原城攻略
◆謙信、〝関東管領〟に就任
◆桶狭間で信長の奇襲、成功す
◆長宗我部氏、勢力拡大

上杉謙信、長駆して小田原城攻略

空前の兵力十一万三千を動員、総攻撃をかける

小田原城

【小田原＝一五六一年】

残雪残る春、上杉謙信は、関東奥羽の諸将二百が率いる兵十一万三千を引き連れて厩橋（うまやばし）城を出発。小田原城を包囲攻撃すること一ヵ月。北条氏康を城中に押し込めることに成功した。

前管領上杉憲政と共に、上野（こうずけ）厩橋城で越年した上杉謙信は、正月早々、関東・奥羽各方面から参集した諸将と共に北条氏康が待ち受ける小田原城を攻略した。

その数、十一万三千。武蔵を横切り、相模に入る途中、北条方の城砦を一揉みに揉み潰し、二月に鎌倉到着。藤沢・平塚・大磯と民家を焼き払って進軍している。

小田原に入ったのは三月半ば。休む間もなく総攻撃を開始。謙信は兜もつけず、白い布で頭を包み、朱塗りの軍配一つを手にして陣中を駆け回り下知をした。

命知らずの行動に恐れをなした諸将は奮い立ち、指揮のままに戦ったが、長期滞在は叶わず、一ヵ月の後、陣払いとなった。北条氏康は城中に押し込められたまま、動くことができなかった。

北条氏康

謙信、〝関東管領〟に就任

関八州の成敗掌握も志半ば

小田原包囲の陣も一ヵ月に及んだところで、陣払い。謙信は鎌倉の鶴岡八幡宮に向かって軍を返した。関東管領就任式を執り行なうためだ。

すでに関白近衛前嗣（このえさきつぐ）と前関東管領上杉憲政が威儀を正して社殿に待ち受けるなか、神官の先導で恭（うやうや）しく進み出た謙信は深く拝礼し柏手を打つ。

そして、剣と馬、黄金大枚を奉納する目録が読み上げられると、宮司から関東管領補任が告げられ、それを祝う祝詞が奏上された。

謙信はいい気分になったが氏康、信玄との戦いは始まったばかりであり、関東一円における諸将の向背は瞬時とも落ちつかず、何一つ、決着がついたわけではなかった。

それどころか、氏康は謙信方の小豪族を攻め滅ぼして領地を拡大し、信玄は西上野を併合。謙信配下の領地は次第に狭くなりつつあった。

鶴岡八幡宮

戦国時代の鎌倉・鶴岡八幡宮

謙信が関東管領就任式を執り行なった頃、鶴岡八幡宮は荒れ放題に荒れていた。

【鎌倉＝一五六〇年】

康正元年（一四五五）、鎌倉公方足利成氏が、上杉房顕に攻められ、下総古河に敗走するまでは、鎌倉も関東武士団のルーツに相応しい威容を保っていた。

しかし、成氏の去った後、鎌倉の市街地も鶴岡八幡宮も後ろ楯をなくした瞬間から輝きを失い、急速に荒廃した。主なき都は消滅する。

謙信が、その鎌倉で関東管領就任式を華々しく挙行することを発表したのは、関東武士団の本流を継承するのは自分であると周囲に訴える狙いがあったのだろうか。

桶狭間　信長の奇襲、成功す

2万5000の今川軍崩壊

【桶狭間＝一五六〇年】

東海一の大守、今川義元が駿・遠・三の三ヵ国の兵二万五千を率いて上洛の途についたところ、尾張の小豪族織田信長に奇襲攻撃を受け、首級（しるし）を挙げられた。

これで、今川全軍は崩壊。織田信長は存亡の危機を免れたばかりか、「尾張の田舎にとんでもない麒麟児がいた」と世間の噂に上る。

それにしても、わずか二千の兵力で二万五千の大軍を打ち破る策とは？　世間はいま、この話題で持ちきりだが、肝心の信長はにやりと笑うばかり。

「果報は寝て待て。勝利の秘訣はこれ一つよ」とうそぶいたとか。どこまで本当の話なのか。目の離せない男が現われ、面白くなってきた。

「尾張の大うつけ」とは、やはり麒麟児だったのか。

織田信長

四国　長宗我部氏、勢力拡大

細川氏に代わる実力者に浮上

【土佐＝一五六〇年】

四国土佐の小土豪長宗我部国親（ちょうそかべくにちか）が「一領具足」と称する地侍を兵力に加え、周囲の土豪を実力で切り従えて勢力を拡大しつつある。

また、鎌倉以来の在地土豪香宗我部一族と通じる一方、永禄三（一五六〇）年五月、最大のライバル本山一族を長浜城に破り、土佐の統一事業を飛躍的に発展させた。

このとき、次代を引き継ぐ元親が初陣を飾っている。

長宗我部元親

社　説

拝啓上杉謙信殿　少しは欲を出したらいかがですか

新しく関東管領に就任された上杉謙信殿は、大義のために戦い、大義のために死ぬのであって、領地獲得などという私欲は一切、持ち合わせていないらしい。

なるほど謙信殿が、はるばる三国峠を越えて関東に出陣すること十二回、一説には十四回といわれている。なぜ、天下の険とされる三国峠を真冬の季節、毎年のように往来するのか。

戦さに勝っても占領した土地に領国経営の政治を行なわず、簡単な成敗をして引き上げるからではないのか。味方になったり、裏切ったり、忙しく向背を繰り返す。

拝啓　上杉謙信殿。きれい事では世の中は動かない。目を覚ましていただきたい。

上杉謙信

中　国　還暦の元就　息子たちに教訓状を下す

【安芸＝一五五七年】

毛利家が、安芸（あき）を本拠として周防・長門・石見（いわみ）・出雲の五ヵ国を支配する大守と言われるようになった頃、元就は還暦を過ぎ、隆元・元春・隆景の三人の息子に向かって「教訓状」を与えることにした。

「三人心持の事」で始まる書状は、毛利家の未来を担う息子たちに託す老父の願いであり、「毛利という名字を末代まですたらせぬよう三人が力を合わせて努力せよ」というもの。

国人大名から成り上がった元就なりの苦労があった。

毛利元就

天下は、いつ、誰の手に？

「天下取り」を当てて、貴方も億万長者！

『天下取りくじ』好評発売中！

※天下を取る人と、天下統一の年月を予想して下さい。
※配当金は黄金にてお支払いします。
※『天下取りくじ』の収益金は、青少年の健全な育成のために使用されます。

超ワイド特集
太陽の沈まない国スペイン
①フィリピン征服で達成された大西洋と太平洋の制覇
②インカ征服の副産物　黄金を独占するスペイン
③イギリス女王メアリ、フェリペと結婚　便乗するイングランド
④フランスの内乱＝ユグノー戦争に干渉　反宗教改革派の勝利
勃興するイングランドのホープ
エリザベス一世の素顔
グラフィック　南蛮12
Namban12
神保町文芸社
本日発売!!

日本史新聞

主な記事から

- ◆織田信長、上洛一番乗り
- ◆本当か？　斉藤道三の国譲り
- ◆関東情勢、謙信の去就やいかに？
- ◆毛利元就、山陽・山陰を制す

織田信長、上洛一番乗り

天下布武の号令一下　美・尾・伊・三・遠の五ヵ国を平定

上洛一番乗りを果たした織田信長

【京都＝一五六八年】流浪の将軍足利義昭を迎えた織田信長は、松平元康（徳川家康）と提携。「天下布武」の号令一下、美・尾・伊・三・遠、五ヵ国の兵を動員して上洛の途についた。これによって信長は、天下に並ぶ者なき武勇第一の者となった。

元康は東へ信長は西

信長の手によって、征夷大将軍・参議左近衛権中将、従四位下に叙せられた足利義昭は、いよいよ念願の幕府再興に取りかかったが……。

有頂天になった義昭は信長に御内書を送り、自らが将軍であることも忘れ、信長を御父と呼び、殿の敬称を用いた。最大の敬意を払ったつもりだったようだ。

しかし、権力者は信長であり、三河に本拠を置く松平元康と攻守同盟を結び、元康は東へ進み、信長は西へ行く約束があって実現された上洛戦だった。

信長の面白さは、義昭を京都に送り届けるとさっさと岐阜に帰国してしまったこと。まるで未練を示さない。義昭が用意した論功行賞もことごとく辞退して帰国している。

商工業の拠点を重視

しかし、商人の町である和泉堺と近江草津だけは直轄支配地として拝領した。それは美濃鷺山城を岐阜城と改称、飛躍の分岐点としたことと同じ狙いがあった。

交通の要衝、商工業の拠点は新しい国づくりの頭脳と心臓になる役目をもっていると信長は認識していた。

田圃や畑になる土地を領土として獲得するのではなく、流通ルートを掌握し、商工業が生み出す技術と情報、カネに立脚する権力。それが織田信長だった。

社会変革と市場統一

したがって、土地にしがみつく大名の保守的な発想と体質とは根本的に相容れなかった。それが「武力による社会の変革」を呼号する基本的な理由になっていた。

信長の戦いは、大名や荘園領主の封建割拠とわがままを打破し、市場を統一するものだった。

商人の利益にもなった。だからこそ、胸を張って堺商人に献金（矢銭）を要求できたといえる。

天下布武の印判

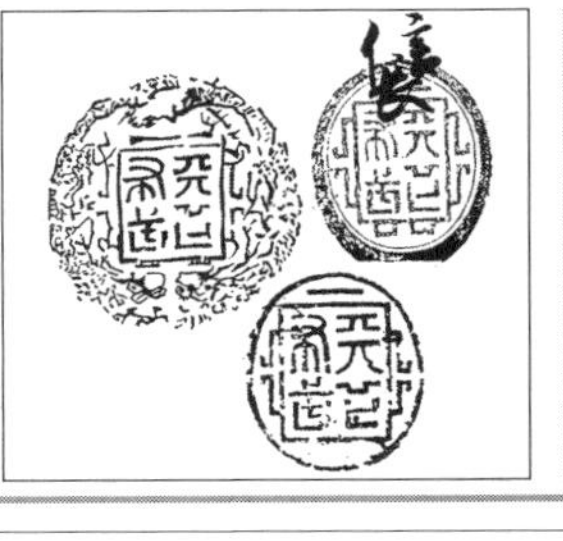

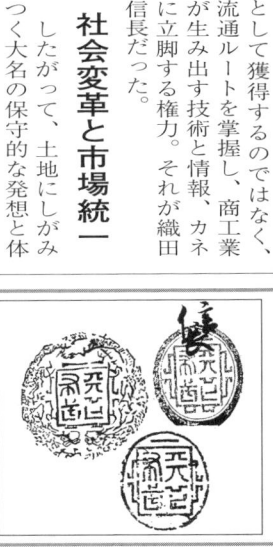

永禄十（一五六七）年、美濃平定と同時に使用された印判。

形は何度か変わるが、一貫しているのは天下統一をうかがう気概である。

本当か？　斉藤道三の国譲り

斎藤道三

【ひとくちメモ】美濃の斉藤道三に関する胸熱くなる一五五五年頃の話。

名目上の嫡子斉藤義龍が、道三の実子である弟二人、龍重と龍定を殺害し、土岐義龍と名乗ったうえ、道三打倒を叫んで挙兵した。

このとき、道三少しも慌てず、義龍方一万八千に対し、二千七百で立ち向かいながら娘帰蝶の婿、織田信長に手紙を書いた。

「わが領国である美濃の処置はすべて信長に任せる」

信長は、その遺言通り、美濃を平定し譲り受けた。

裏
日本史物語
画・梅本文左ェ門
信長は足利義昭を上洛させると…
ヨッ
すぐ帰ってしまった
バイバーイ
なぜか？
義昭
…
この性格がいやだったのである
信長さま～ん
はなせ～

焦点

東　「甲相弓矢」VS「越相和睦」

【伊豆＝一五六九年】

信長が東を家康に託して中央計略に当たっているとき、関東は越後の上杉謙信、甲斐の武田信玄、相模の北条氏康（うじやす）が三つ巴になり、駿河・遠江の今川氏真がいた。

まず信玄が駿河を攻め、家康が遠江を侵すと北条氏康が怒った。氏真の妻が氏康の娘だったからで、北条氏は海上から支援する一方、越後の上杉謙信に通じる。

そこで、自ら信玄との対立を「甲相弓矢」と言い、謙信との間を「越相和睦」と称して同盟工作に走る。

ところが、信長も「甲越和睦」を策して動き始めた。謙信は非常に難しい立場に立たされることになった。

武田信玄

西　「雲州弓矢」VS「豊芸和睦」

【出雲＝一五六六年】

毛利元就は生涯の敵、出雲尼子氏の居城富田月山城を四年にわたって包囲し、永禄九年、ついに滅ぼしてしまう。それによって因幡・隠岐・美作もなびき、山陽・山陰を制するに至る。

こうしたことは、大内時代から継続しており、主として石見（いわみ）大森銀山が争奪戦の対象となった。したがって、元就の本拠安芸と出雲とは、長い間、「雲州弓矢」の関係にあったということだ。

一方、九州・四国における大友氏との対立が激しくなれば、豊・筑の動揺常なく、諸勢力が元就に誼（よしみ）を通じてくる。ここに「豊芸和睦」の構図が出来上がる。これも騒乱の震源地であったと言わねばならない。

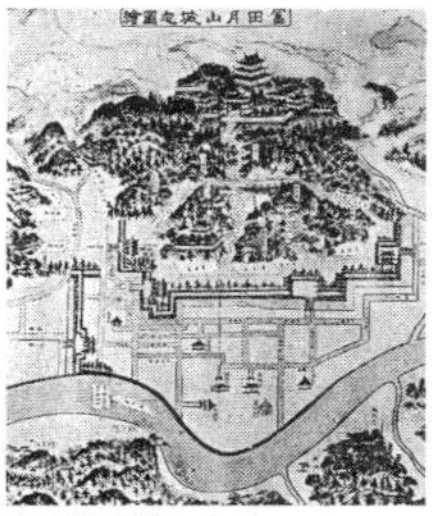
富田月山城

各地の話題

薩摩

訃報　南九州の覇者島津貴久、死去

【薩摩＝一五七一】

生涯を薩摩・大隅・日向の統一事業に捧げた人。伝来して間もない鉄砲を日本で最初に実戦（加治木城攻め）に用いた。没年齢、五十八歳。

岐阜

尾張の風雲児・織田信長、上杉謙信に屏風絵図贈る

【岐阜＝一五七四年】

織田信長は、足利義昭を追放し、浅井・朝倉を攻め滅ぼしたとき、狩野永徳が描く『洛中洛外図屏風』を上杉謙信に寄贈している。

長崎

大村純忠、長崎開港　ポルトガル船入港を許す

【長崎＝一五七一年】

福田浦を貿易港にしたが、外洋港であったにもかかわらず盛況を呈し、手狭になったため、内港長崎を提供する。洗礼者も出るため、教会堂も建ち、ようになった。

武田信玄儀、上洛戦途上にあって進軍中のところ、持病の胃ガンが悪化して再起不能となり、そのまま他界致しました。

生前のご友誼に付きましては本人になり代わりまして厚く御礼申し上げます。

尚、三年間は喪を秘して家業に専念せよ、という遺言でしたが、私の一存により公表させていただきました。

天正元年　喪主　諏訪勝頼

世界短信

オランダ

スペイン支配から独立　ネーデルラントの北部七州

【オランダ＝一五七六年】

ネーデルラントにおいて、「海乞食」と称するカルヴァン教徒のゲリラ部隊が出没。一五七二年秋には、ホラント、ゼーラント両州の全都市を占領するに至った。

だが、スペイン軍の弾圧が凄まじく、南部諸州はスペインに降伏、北部七州が連邦共和国（オランダ）として事実上の独立を戦い取った。

フランス

聖バルテルミーの惨劇　半日で二〇〇〇人殺される

【フランス＝一五七二年】

パリのノートルダム大聖堂でフランス国王の妹君マルグリットと王族アンリ・ド・ナヴァールの婚儀が行なわれた。マルグリットは熱心な旧教徒で、アンリは新教徒ユグノーの指導者。

予想通り、対立は爆発点に達する。聖バルテルミーの祝日、全国から参集したユグノー派貴族はルーブル宮殿の内外で一斉に襲撃・虐殺される。騒ぎはパリ市内にも拡大し、半日で二千人が殺された。

半日でユグノー派2000人が殺された

日 本 史 新 聞　（ＡＤ1575年）〜（ＡＤ1576年）

無敵の甲州軍団壊滅

日本史新聞

主な記事から

◆無敵の甲州軍団壊滅
◆織田・徳川連合軍、長篠で大勝利
◆越前一揆で信長、妥協なき追撃
◆柴田勝家に領国

長篠合戦

"鉄砲"が"馬"に勝つ
三段構えの新兵器に勝頼屈す

【設楽ケ原＝一五七五年】東三河の長篠城を巡る織田＝徳川連合軍と武田勝頼軍の攻防戦は意外な形で決着した。歴戦の強者揃いの武田方の武将たちが、織田＝徳川方の名もない雑兵らが放つ鉄砲玉に打ちのめされ、わずか八時間で壊滅状態に陥った。

（2面に解説記事）

馬防柵の陰で鉄砲を構える織田・徳川連合軍

織田信長

決戦は五月二十日夜から始まった。武田方の鳶ノ巣（とびのす）砦を奇襲する別働隊が闇夜に紛れて動き出す。

鳶ノ巣砦を奪えば、長篠城包囲網の一角を食い破り、籠城兵の救出が可能になるだけではない。武田軍の退路を絶つことができる。

二十一日早朝、鳶ノ巣砦が陥落したとき、長篠合戦の勝敗は決したといってよい。武田軍は退くに退けない状況に追い込まれたからだ。

織田＝徳川連合軍が三千挺の鉄砲を三段に分け、筒先を揃えて待機する前線に向かって進む他になくなってしまったのだ。

このとき、信長は極楽寺山に本陣を設け、家康は弾正山に座った。そして、二つの山全体を山城同様に改造した。塹壕を掘り、丸木柱を逆母木にして立て、横木を渡して頑丈に締め上げた。

馬の道を防ぐこと。その一点で考えた前代未聞の陣地づくりだった。

死に急ぐ武田方の名将・老将
弾丸の雨のなか半狂乱状態

開戦と同時に飛び込んだ真田信綱・昌輝兄弟は、退くに退けずに狙い撃ちにあって即死。老将土屋昌次も胸と腹を撃ち抜かれて即死。

山県昌景も羽柴・柴田・丹羽らを横から突き上げて追い込む途中、徳川勢の雨あられの弾丸を浴びて即死した。

武田軍団は誰もが半狂乱状態になり、我も我もと前に押し出すばかりで、むざむざ殺人ゲームのターゲットになるだけだった。

武田信廉・小幡信貞・武田信豊、馬場信晴、音に聞こえた名将の相次ぐ死……武田信玄が手塩にかけて育てた無敵軍団は、わずか八時間で壊滅した。

敗れ去った武田の武将たち

告

長篠城主奥平貞能・信昌父子に告ぐ。背反の趣は判った。全てを水に流す。一刻も早く武田家に帰心せよ。

諏訪勝頼

祝 落成

鉄砲製作専用工場

日産15挺の生産能力を備えた最新鋭設備が完成！

堺鉄砲鍛冶

長篠合戦

鉄砲戦以前に勝敗決す

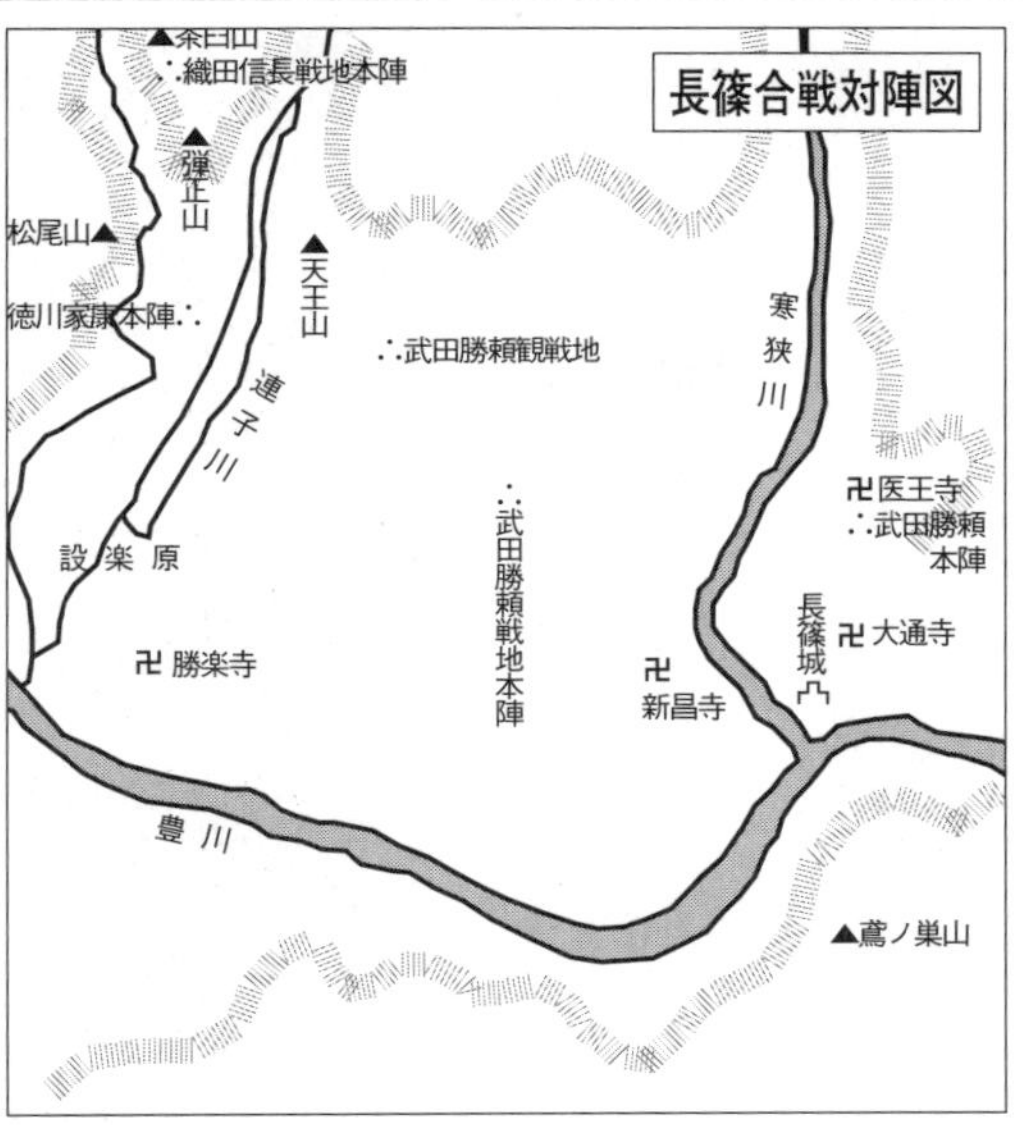
∴織田信長戦地本陣
▲弾正山
松尾山▲
徳川家康本陣∴
▲天王山
∴武田勝頼観戦地
連子川
寒狭川
卍医王寺
∴武田勝頼本陣
設楽原
長篠城
卍大通寺
卍勝楽寺
∴武田勝頼戦地本陣
卍新昌寺
豊川
▲鳶ノ巣山
長篠合戦対陣図

長篠城攻防戦の背景

長篠城は奥三河にある。城の規模は小さく、屋根も板葺きの簡素なものだが、天険を利して守りはかたい。しかも、信濃伊那と東三河を結ぶ交通の要衝を占める。

この城に武田勝頼が率いる武田軍が襲いかかった。城を守る奥平貞能（さだよし）・貞昌父子は元もと、武田に属していたのが、二年前、徳川家康の誘いに乗って寝返ったためだ。

初めから勝頼の恨みと奥平父子の覚悟がぶつかり、簡単に事が済むはずはなかった。

しかも、多勢に無勢。家康一人の後詰では頼りない。ぜひとも織田信長の援軍を乞う他はなかった。

ここに長篠城を巡る決戦が展開される背景があった。

鳶ノ巣砦奇襲の必然性

信長の戦略眼は凄まじい。いきなり、長篠城を救援することは愚の骨頂と判断した。長篠城を見下ろす鳶ノ巣砦の武田勢を破れば、長篠城の籠城兵を救出する突破口が開かれる。そう判断した。

しかも、長篠城が息を吹き返し、防衛拠点として動き出せば、武田軍の退路を絶つことができる。一石二鳥とは、このことなり。ということで決行されたのが、鳶ノ巣砦の奇襲作戦だった。

作戦は見事に成功する。

●酒井忠次さんの話

世間では華々しい設楽ケ原の鉄砲戦だけが話題になってますが、本当の決戦はこちらなんです、はい。鳶ノ巣を落としただけで勝ちなんです。とにかく、よかったです。

越前一揆攻略

信長、妥協なき追撃

「府中町は死かい計にて一円あき所なく候」

【越前敦賀＝一五七五年八月】長篠合戦に大勝した織田信長は、休む間もなく越前方面に移動。敦賀に本陣をおいて一揆解体作戦に取りかかったところ、わずか四、五日間で作戦は完了した。

発表されたところでは、一揆の首領下間筑後以下、門徒衆は、それぞれの城と寺に籠もって抵抗したが、確たる命令系統もなく、武器も劣悪で不十分だった。

しかし、追撃は厳しく、処刑は苛烈を極めた。山奥、谷の陰まで探索し、五十、百と高手小手に搦（から）めて連行。斬首や磔（はりつけ）はまだしも、まとめてなぶり殺しにされる者が多かった。わずか四、五日間で処刑された者は一万二千二百五十人余に及んだ。

哀訴する者がないわけではなかったが、信長は頑として聞き入れず、逆に「府中町は死かい計にて一円あき所なく候」と周囲に自慢した。

本願寺顕如（けんにょ）が妥協を申し入れてきたのは、越前一揆が解体され、加賀一揆が鎮圧された直後のことだった。

顕如

北国平定

柴田勝家に越前を預ける

ただし経営に九箇条の掟

柴田勝家

【越前＝一五七五年九月】越前一揆、加賀一揆の解体作戦が完了したので、信長は越前一国を預けた柴田勝家に経営の心掛けを細々と述べた『掟九箇条』を授けた。

柴田勝家は独立したのではなく分国大名にすぎないことが繰り返し述べられ、「何事においても信長が申す指図に従って実践する覚悟が寛容である」と釘を刺された。

ボーダンが『国家論』を発表

新概念「主権」を取り込んで論を展開

【フランス＝一五七六年】フランスの法学者であり思想家でもあるボーダンが、『国家論』を発表した。

ボーダンは、一〇年前の六六年に『歴史を容易に理解するための方法』を発表し、自らの学問の方法を述べているが、それは政治学、法学、倫理学に限らず、自然学、神学を含め、それらを総合的にとらえた上で体系化したものだった。それまでのボーダンにはこ目立った活動はなく、その著書によって思想家として認知されたと言えた。

今回の『国家論』は、それに、「主権」という新しい概念が加えられており、宗教家たちの論争が起こることは必至の情勢だ。

「万が一…」の備えは万全ですか？
わずかな掛け金で、大きな保証
戦国保険　あきらめプラン
戦災時にも適用される、生命保険です。
詳しくは、戦保レディーにご相談下さい。
戦国生命保険相互会社

日本史新聞

主な記事から

◆雑賀鉄砲隊、織田軍十万を翻弄
◆無断陣払いの久秀が自爆
◆木下藤吉郎、播磨で工作
◆上杉謙信、手取川で織田軍を撃破

壮絶！雑賀合戦

織田軍十万、無謀の力押し

雑賀鉄砲隊の「知と技」が大軍を翻弄

【紀州＝一五七七年】鉄砲のスペシャリスト集団〃紀州雑賀（さいが）党〃を根絶しなければ、本願寺との戦いに勝てないと判断した信長は、総勢十万という空前の兵力を結集。海陸双方から雑賀庄に押し入ったところ、迎え討つ雑賀党も雑賀庄全域を砦と化し、織田全軍を手玉に取って追い返した。

勇猛な根来衆は信長方についたが…

本願寺勝利の立役者

元亀元年（一五七〇）以来、すでに七年を数える対本願寺合戦に終止符を打つべく、織田信長は総軍十万の雑賀出陣を命じた。これは理由のないことではない。

前年の天王寺攻防戦、木津川沖海戦が本願寺の大勝利に終わり、信長は屈辱的な敗北を強いられた。そのとき、本願寺勝利の立役者となったのが鈴木孫一率いる紀州雑賀党だった。

ところが、反孫一派の雑賀三緘衆（宮郷・中郷・南郷）が寝返った。根来寺（ねごろじ）の杉坊衆も信長方につくことを約束。意外に早く反撃のチャンスが訪れた。

和泉志立において陣立てを行ない「浜手攻め」組と「山方攻め」組に分けると、織田軍は一斉に雑賀庄になだれ込んだ。このとき、信長は「雑賀党の半分を味方につけ、半分を敵に回すのだから勝てる」と確信していたようだ。

雑賀庄全域が要塞化

浜手方三万は孝子峠を越えて紀州に入り、そのまま中野城を包囲。あっさりと軍門に下るのを尻目に孫一の本拠平野城に攻め掛かったところ、激しく抵抗を受けた。

最も手ひどい抵抗を受けたのが山方攻めの兵三万。紀ノ川右岸を下り、中流部で渡河。小雑賀川を越えて雑賀庄に突撃せんとしたところ、一斉射撃を食らう。

川床に大小の桶や壺が埋められ、川岸にはびっしりと柵が立ち並ぶ。岸が高く上げられ、うろうろしているところを狙い撃ちされた。

雑賀庄全域が要塞基地に仕立てられていたのだった。結局、勝敗はつかず、織田信長は撤収する他になかった。

信貴山城

無断陣払いの久秀が自爆

籠城の末、名器〃平蜘蛛〃もろとも

【大和＝一五七七年】信長の命令で、石山本願寺を攻略中の松永久秀が、無断で天王寺から陣払いして大和に帰国。信貴山（しぎさん）城に籠もって反旗を翻したことが明らかになった。

本願寺攻めの戦況が思わしくないうえ、越後の強豪上杉謙信が柴田勝家を加賀で破り、越前まで追撃中で、そのまま上洛するという噂が流れてきたためらしい。

信長は嫡男信忠を大和に差し向け、「秘蔵の茶釜平蜘蛛（ひらぐも）と城を差し出せば許す」と伝えたところ、久秀は首に鎖で平蜘蛛の釜を巻き付け、火薬を積んで自爆して果てたという。

幻の男、雑賀孫一とは誰か

神出鬼没の雑賀党を束ねる大男、雑賀孫一。だが、誰も本物の雑賀孫一に出会った人はいないらしい。実像が浮かび上がってこないからだ。

大体にして、雑賀孫一という姓名がおかしい。「紀州雑賀庄に住む鈴木孫一」と名乗るべきところ、いつの頃からか、圧縮されたらしい。

それによって、雑賀庄を仕切る旧地頭の雑賀家と混同されたり、雑賀庄を代表する年寄衆と見られたり、さまざまな誤解が生まれている。

いずれにしろ、鉄砲隊の首領、水軍の棟梁等など、いろいろな顔をもつ快男児であったことは確かだ。

売ります

秘密厳守

雑賀鉄砲隊の技

○水陸両用タイプ
○射撃のスペシャリスト
○条件　われわれは本願寺門徒ではないが、本願寺には敵対しない。

雑賀党　鈴木孫一

木下藤吉郎が潜行
播磨工作で知略発揮か

木下藤吉郎秀吉

【播磨＝一五七七年十月】松永久秀が自爆して果てた信貴山城籠城事件（1面に関連記事）が解決し、ひとまず落ちついた頃、木下秀吉は播磨国に深く潜行する日々が続いた。

●姫路城服属

秀吉は播磨国中、夜を日に継いで駆け回り、ことごとく人質を取り付けるのに成功。播磨国中が信長に服属することになったということだ。

その拠点が小寺政職の居城姫路城で、黒田官兵衛孝高（よしたか）が守っていた。

合戦に及ぶことなく、平和裡に進めることができたのは、孝高らの力に負うところが大きい。

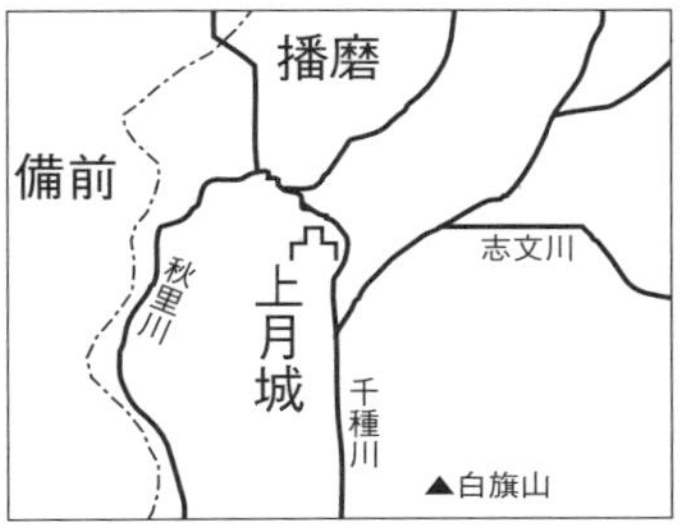
播磨
備前
秋里川
上月城
志文川
千種川
▲白旗山

●上月城攻防

秀吉は但馬（たじま）国にも手を伸ばし、山口岩淵城、竹田城を下すと弟秀長を城代に指名。竹中重治と黒田孝高を備前宇喜田直家の居城福原城（播磨）の攻略に差し向けた。

一方、自らは毛利の拠点、上月（こうづき）城攻囲に回り、籠城兵をことごとく処罰すると尼子（あまこ）勝久と山中幸盛を入れた。

●三木城攻防

ところが、喜びも束の間、三木城主別所長治が毛利氏に通じて反乱。秀吉は休む間もなく播磨の書写山に移り、三木城を包囲するが、毛利方は上月城包囲に動く。

高度な戦術だ。秀吉に援軍はない。二つの敵を相手にすることは叶わず、上月城を見殺しにして三木城の反乱鎮圧に全力を注いだ。

手取川の夜戦
上杉謙信、七尾城攻略に続き
織田軍精鋭を撃破

【加賀＝一五七七年】上杉謙信は一度も織田信長と直接、対戦したことはなかった。それが能登七尾城を攻略した勢いに乗って、加賀方面に進出。総勢三万の軍勢を率いて松任（まつとう）城に入った。

このとき、謙信は織田軍が小松・本折・安宅・富樫らの一揆勢を蹴散らしながら北進中との報告を受けていた。

しかも、軍の中心は柴田勝家・明智光秀・羽柴秀吉・前田利家・滝川一益・丹羽長秀らの錚々たるメンバー。信長はやる気十分だ。

それと知った謙信は大杯を干しながら悠々と『実盛（さねもり）』を演じさせると、「名を北国の巷に揚げ」という件で「これは吉兆」と叫ぶ。

謙信が決戦の決意を固めたとき、織田軍は七尾落城を知らなかった。軽率にも手取川を越えて水島に駐屯したのがいけなかった。松任城とは一里半（約六キロ）の間だ。

七尾落城と知って退却を開始したとき、謙信の追撃を受けた織田軍は激流に飲まれて命を落とす者が数知れず。対岸にあった信長は、ただ一騎で京都へ逃げ帰った。

『仲秋十三夜の月』

霜は軍営に満ちて秋気清し
数行の過雁月三更
越山併せ得たり能州の景
遮莫家郷の遠征を懐うは

ネーデルラント
イングランドと同盟締結

【ネーデルラント＝一五七七年】ネーデルラントの北部七州がユトレヒト同盟を結び、事実上の連邦共和国として独立すると、スペインの国力は急激に衰弱していった。

このとき、連邦共和国の独立を側面から援助したのが、イングランドのエリザベス女王だ。夫のスペイン王フェリペと衝突しながら独立を援助したことが力になった。

南蛮菓子は如何？
金米糖（コンペトー）
カステーラ
長崎／ぶつくさ屋

技術評論

諸名人の評議で決定した
“天下一”のライセンス

信長はアイデマンだ。人をやる気にさせる名人だ。

天下統一とは、戦いに明け暮れる侍だけの事業ではなかった。商人の世界でも、職人の世界でも役立つモノや技術、技能があれば、ことごとく天下に広め、普及に努めた。

たとえば、職人対策——。

優れた技術や技能があれば、彼らに「天下一」の号を授けて進歩と発達を奨励した。

信長は次のように言う。

「天下一の号を取る者、何れの道にても大切なる事なり。ただし、京中の諸名人として内評議ありて相定むべき事」

要するに、天下一の称号は勝手に名乗ってはならず、諸名人が集まって評議一決しなければならない、ということなのだ。

これによって、自意識を刺激され、煽られた職人たちは次々に表舞台に出てくる。

天下一の鏡作、天下一の釜作、天下一の畳刺、天下一の工芸師……封建的な土地支配だけが話題を占めるなか、こうした信長の発想は、どこか、ひょうきんなところが憎めない。面白い。

墨俣一夜城の築城にも技術者集団が活躍した

日本史新聞　（ＡＤ1578年）　～　（ＡＤ1580年）

天下無双の安土城竣工

日本史新聞

主な記事から

◆天下無双の安土城竣工
◆天下人信長の動き
◆村重が反旗、将軍らと盟約
◆毛利両川、上月城包囲

わずか4年の突貫工事で完成
信長の理想世界実現へ一歩前進か

【近江＝一五七九年】

丹羽（にわ）長秀が普請奉行となり、突貫工事で進められてきた安土城がついに完成した。琵琶湖に突き出した安土山の山頂部から山腹に築かれた壮麗かつ豪壮な大宮殿は、古今東西に見られないもので新時代の到来を予見させる。

安土山遠望（信長の理想は実現するか）

宣教師ガスパル・クエリヨが「それは欧州の最も壮麗な建築と比することができる」と本国ポルトガルに書き送った安土城が完成した。

天正四（一五七六）年の着工以来、足掛け四年（正味三年半）の突貫工事。城下町の建設が残されているが、とりあえず安土城は完成した。

山頂に聳え立つ五層七階の天守閣が人の目を抜く。高さ二四メートルの石蔵の上に南北四〇、東西三四、高さ三〇各メートル。周囲を見下ろして屹立している。

各層が朱色、青色に塗られ、最上層は金色。屋根は唐人一観が焼いた青い瓦で葺かれ、白い壁に黒漆の窓枠。きらびやかな外観だ。

内部も狩野派の描く墨絵や金泥極彩色の襖絵などが描き分けられ、目に見える金具はことごとく金で飾られている。その壮麗かつ豪華な装飾は世界にも類がない。

安土城の出現は従来の城のイメージを変えた。単なる軍事施設であった城が、天高く聳え立つ大天守閣を備えたことによって、まったく異質な施設になった。

経済生活を営む人々の活動と一体化した施設となり、政治＝経済の中心地になりそうだ。城と城下町がドッキングした世界こそ、信長が早くから心に描いてきた理想世界だったようだ。

普請奉行を務めた
丹羽長秀

画期的な安土城の設計思想
「天主」

安土城は南蛮の宣教師が伝える教会（天主堂）の影響を受けて発想されたという噂があるが、どうだろうか。その影響がないわけではないが、明らかに異なっている。

石蔵の上面を土台として、石垣上の三階に至るまで吹き抜けになっているが、吹き抜けの空間の中心部に東向きの宝塔が据えられている。

宝塔とは法華経（ほけきょう）に説かれている仏舎利（ぶっしゃり）塔に由来するもので、その正面の東西一間、南北二間には礼拝所とか、祈祷（きとう）所のように思われる一室を備えている。

こうして見ると、天守閣とは「天なる神と仏の降臨する施設」と考えるのが妥当であり、人間中心の説明から外れていくのがわかる。

だが、この天守閣は不遜にも宝塔を見下ろし、見学する回廊が備わっており、架橋が施されている。信長の尊大な発想が、ここで顔を覗かせている。神・仏を見下ろして生きていたのか。

祝　安土城　完成
安土城建設で証明された
最新の技術と確かな信頼
安土ゼネコン

天下人信長の動き

安土城下の出火に激怒

【安土＝一五七八年正月】

御弓の者福田与一の宿所が焼失した。信長は「是れ偏に妻子を引き越し候はぬ故」と菅谷九右衛門に調査させると御弓衆六十名、御馬廻六十名の妻子が引っ越していないことが判明。尾張に妻子を残す者の私宅はことごとく放火して強制的に引っ越しさせた。

鉄張り装甲艦建造

【堺沖＝一五七八年六月】

毛利水軍による石山援助、補給ルートを遮断するために巨大な鉄張り装甲艦七隻を建造。堺港で観閲した。船首から船尾まで総矢倉とし、厚さ二～三ミリの鉄板で覆う。これに大砲を搭載して破壊力は抜群。ポルトガルの宣教師も度肝を抜かれた。

村重が反旗、将軍らと盟約
秀吉の播磨平定作戦に支障来す

【摂津＝一五七八年十月】木下秀吉が別所長治の籠もる三木城を包囲中、伊丹（いたみ）有岡城の荒木村重（むらしげ）が謀叛。秀吉の播磨平定作戦に重大な齟齬（そご）を来すことになった。

村重は、信長上洛時、摂津における池田・和田・伊丹の三守護をすべて服属させ、本願寺攻囲や播磨平定でも抜群の戦功を挙げていた。

ところが、石山合戦時、村重の族人中川清秀の郎従らが大坂城中に食糧を売り込み、利殖する者があった。責任を感じた村重は、安土に赴き、母を人質にして信長に陳謝しようとした。

これに対し、中川清秀らは「信長の気性を考えると効がない」と説得。村重も「どうせ成敗されるならば」と謀反を決意した。

細川藤孝と秀吉は慰撫（いぶ）に努めたが、村重はがえんじなかった。

こうして見ると、低劣な処世哲学で蠢（うごめ）いている中川清秀が一番悪い。己の部下の不始末によって村重が責められているにもかかわらず、まったく反省の色がない。

しかし、そんな清秀を成敗し、潔く身辺を整理できなかった村重はもっと悪いといえなくもない。

焼け落ちた摂津伊丹城

希代の英雄、上杉謙信殿の死を悼む
大酒が原因か、関東出陣を目前にして他界

【越後＝一五七八年三月】越後の虎、上杉謙信が、三月十五日の天下取りを目的とする関東出陣を前にした九日、にわかに脳溢血で倒れ、十三日に不帰の人となった。

法名は不識院殿真光謙信。行年四十九歳。遺骸に甲冑（かっちゅう）を付けて甕棺（かめかん）に納め、春日山城下の林泉寺に埋葬された。

大酒が脳溢血を招いたのは疑いなく、遠征の疲労が重なった。死の一ヵ月前、肖像画と辞世の句を残しているのは不思議な因縁だ。

毛利両川、上月城包囲
尼子家再興の望みを砕く

【播磨＝一五七八年】上月（こうづき）城は播磨と美作（みまさか）・備前の三国国境に位置している。この城に尼子（あまこ）勝久を頭に戴く山中幸盛らの尼子遺臣団三千が籠もっている。そこに毛利全軍が急行中と報ぜられた。

毛利輝元三万五千、小早川隆景二万八千、吉川元春二万三千、宇喜田秀家一万、総計十万弱だ。他に七百隻（五千人）の水軍が加わる。

三木城攻略中の秀吉はただちに救援を決意。信長も即刻、嫡男信忠を急行させたが、総兵力は七万二千。しかも、四万二千は三木城の抑えとして留まる。

間もなく「上月城を見捨てろ」という信長の決断が下り、秀吉は救援を断念せざるを得なくなり、泣く泣く立ち去る途中、落書を拾った。

「夏山に立てる羽柴の陣なれば秋（安芸）風吹けば散り失せにけり」

見捨てられた尼子残党の死こそ哀れ。再興の夢は無残に打ち砕かれてしまった。

ニュース短信

イエズス会所領となった長崎港

【長崎＝一六世紀後半】軍資金の用立てに困った国人大名大村純忠が、長崎を担保としてポルトガルに借金。そのまま質流れになってポルトガルに接収された。

長崎港

世界の〝火薬庫〟となったドイツ

ルター派のザクセン侯とカルヴァン派のプファルツ侯が反目しているとき、カトリックのバイエルン公マクシミリアンがドナウベルトを併合。

プロテスタント側はプファルツ侯を指導者とするプロテスタント同盟を結成すると、バイエルン公も武力対決に備えてカトリック同盟を組織、緊迫化しつつある。

また、プロテスタントをオランダやイギリス、フランスなどが支持し、カトリック側をスペインと教皇庁が支持。一触即発となっている。

新大陸アメリカの銀が急激に流入
ヨーロッパの物価を高騰させる

【ヨーロッパ＝一六世紀半ば】スペインが新大陸アメリカで見出した最大の富はメキシコとペルーの銀だ。

原住民を強制的に駆り出して開発したペルーのポトシ銀山やメキシコのサカテカス銀山で大量の銀を掘りまくり、間断なくヨーロッパに送り続けることができた。

しかし、大量の銀が急激にヨーロッパに流入したために物価は三～五倍に高騰。「価格革命」といわれるほどの一大インフレーションを引き起こし、問題視されている。

しかも、生産力をもたないスペインを素通りしてオランダ、イギリスに流出。東方物産との交換貿易に活用されている。

御馬揃 衆目を驚かす閲兵式

日本史新聞

主な記事から

信長配下集合 威風堂々の入場行進 「見事サ先代未聞、未来得べからず」

【京都＝一五八一年二月】信長配下にある五畿内隣国の大名・小名・御家人たちがことごとく京都へ召し寄せられ、駿馬（しゅんめ）を集めて軍事パレードが行なわれた。いずれも綺羅を尽くした華やかな出で立ちで、天皇はじめ公家・殿上人（てんじょうびと）の耳目を賑わした。

織田信長（馬揃えは、信長にとって一世一代の晴れ姿を披露する一大デモンストレーションだった）

天下統一を目前にした信長は、畿内近辺の方面軍をことごとく京都に招集。天正九（一五八一）年二月二十八日、天下の駿馬に打ち跨がった武者たちの軍事パレードを行ない、天皇・公家以下、殿上人に披露した。

一番隊は惟住（これずみ）長秀が率いる摂津衆・若狭衆・西岡の河島衆が威風堂々と隊伍を整えて進むと、二番隊の蜂谷兵庫頭が率いる河内衆・和泉衆・根来寺（ねごろじ）の大ケ塚衆・佐野衆が粛々と威厳を払って行進。

さらに、惟任日向守（これとうひゅうがのかみ＝光秀）が率いる三番隊の大和衆と上山城衆が続き、陸続として騎馬が続くと、ようやく北国平定の立役者となった柴田勝家が先導する越前衆が入場し、殿（しんがり）を弓衆が務めた。

しかし、まだ続く。遠く奥州津軽をはじめ、全国から集められた天下の名馬が披露された。このとき、見物した多聞院（たもんいん）は「見事サ先代未聞、未来得べからず云々、中々言慮の及ばざる事也」と語り、日記に認めている。

山内一豊、出世の道を開く 東国第一の名馬に信長が感激

武者たちの綺羅を尽くした華やかな出で立ちを見た信長は、ご機嫌斜めならず。自ら高砂太夫の出で立ちとなり、梅花を手折って首に挿して馬に乗り、満場を沸かせた。

ところで、その信長を唸らせたのが知行わずか五百石の山内一豊が引いた馬だ。「あっぱれ名馬や」と感嘆した信長は、一豊が久しく浪人の後に士官したことを聞いて、さらに声が高くなった。「家もさぞ貧しからんに買ひ得たる事の神妙さよ、且は信長の家の恥をすすぎ、且は武士のたしなみ、いと深し」

山内一豊は、これによって信長の目に留まり、とんとん拍子に出世する道を開くか？

ホット・インタビュー

「何もかも妻のお陰です」

ラッキーボーイとなった山内一豊

「馬が御大将のお目に留まって感激です。妻が鏡の筥（はこ）の奥にしまっていたヘソクリ十両を出して『馬を買いなさい』って出してくれたんです」

織田信長氏に聞く

「馬揃えは安土城下の正月祭がヒントになった」

「畿内は無論、北国・中国・山陰を平定したので一区切りをつけたかった。そこで閃いたのが、安土の正月祭だ。

馬廻一同が頭巾、装束を結構して騎乗し、爆竹と囃子が鳴る中を駆け回った。そのまま町々へ乗り出すると見物群衆が引きも切らず、大いに話題になったと聞く。

そこでキンカン頭（明智光秀）に命じて〝御馬揃〟を準備させたのじゃ。各々が程に及んで結構を尽くし、京都に罷り出よ、とな」

キリシタン少年使節団
ローマ教皇と会見へ

【長崎＝一五八二年正月】九州を代表する三人のキリシタン大名（大友宗麟〈そうりん〉、大村純忠、有馬晴信）は、将来、日本の指導者となる少年をして欧州の盛大なることを目撃せしめるため、少年使節団を編成。ただちに派遣した。使節団の正使となった少年は大友宗麟の近親、伊藤マンショ（十五歳）と大村純忠の甥、千々和（ちぢわ）ミゲル（十四歳）の二人。副使も原マルチノ（十三歳）と中浦ジュリアン（十五歳）の二人が任命された。

もちろん、彼らだけでは所期の目的を達成するのは困難なので、パードレ二人が引率者として付添い、ポルトガル船に乗船。長崎港から一路、マカオに向かった。

予定ではコチン、ゴアに立ち寄り、補給をしながらアフリカ喜望峰を迂回してイスパニア王（ポルトガル王兼務）に面会。ローマ教皇と会見する予定だ。

千々和ミゲル

伊藤マンショ

中浦ジュリアン

原マルチノ

『日本使節対話録』（エドワルテ記録集）

一・ローマ教皇並びにポルトガル国王に対し、日本のキリシタンを代表して敬意を表し、さらに援助を願い、日本における伝道事業を盛大ならしめんことを期した。

二・日本におけるイエズス会の伝道の素晴らしい成績について教会や他のヨーロッパ人に実証し、宣伝した。

三・将来、日本の指導者となる少年をして、ヨーロッパにおけるキリスト教的文物の盛大なることを目撃させ、教会の威厳に親炙させることによって、日本における教会の発展に貢献した。

信長が命令
武田討滅戦始まる
勝頼自害、武田源氏二十代で消滅

【安土＝一五八二年十一月】かねてより武田討滅を企図していた信長は、岐阜城の信忠から「美濃苗木城主遠山友政経由で木曽義昌より出陣要請があった」との報告に接し、ただちに全軍出動を命じた。

自ら信忠と共に木曽口から攻め入ると同時に東海方面の徳川家康には駿河口、関東方面の北条氏政には関東口、そして、金森長近には飛騨口から、それぞれ一斉に侵入するよう、命じた。

これに対し、武田方は一向に士気が上がらず、次々に降伏。骨のある抵抗戦に出たのは高遠城の保科氏くらいで、勝頼を守る者はなかった。

勝頼は廉中一門と共に新府城を脱出。岩殿城に向かう途中、天目山で自害する。新羅三郎義光以来の武田源氏は、二十代を数えて絶える。

天目山で自害した武田勝頼

なんでも質問箱

Q 宣教師のフロイスは「庶民の女性は恋愛自由、女房の外出は自由だった」と言ってますが、本当ですか信じられません。外国人の偏見ではないですか。〈ある武家の結婚前の女〉

A 本当です。若い娘でも両親に断わりなしに遊び歩くのは当たり前で、二日でも三日でも遊びに出たまま、帰宅しない例は普通です。既婚女性も夫に内緒で行きたいところへ行き、やりたいことをしています。奔放で、貞操観念も希薄。不倫などは日常のことです。

Q 和泉の堺や筑前博多の商人たちは自由自在に外国貿易に従事したといいますが、相手国は中国・朝鮮だけではないのですか。〈田舎の商人〉

A ポルトガルやスペイン、オランダの商人が登場するにつれ、中国と朝鮮に限らず、琉球・フィリピン・ベトナム・マレー半島・インネシアに取引に出掛けています。

木下秀吉、奇想天外の戦法
中国地方

鳥取の渇泣かし

【鳥取＝一五八一年六月】中国方面を転戦中の木下秀吉は、備前・美作（みまさか）方面から因幡に入り、いよいよ毛利方の吉川経家の守る鳥取城を囲んだ。堅固な山城になっているのを見た秀吉は、即座に干殺しの準備を始める。

まず、鳥取城の貯蔵食料を放出させるため、若狭商人を動かして五穀買い占めをさせた後、城の外側に堀を掘り、塀を立て、要所要所に二重三重の櫓（やぐら）を上げた。

結局、包囲四ヵ月にして城中は生き地獄となり、秀吉の軍門に下った。

高松の水攻め

【備中＝一五八二年五月】播磨・但馬・因幡三ヵ国の兵を率いて姫路を出た木下秀吉は、備前各地の支配権を確認しながら岡山に着陣。高松城主清水宗治に内応を勧める使者を派遣するが、拒否されたので包囲陣形を築く。

そこで奇抜な戦術が実行される。泥田に囲まれた高松城を遠回りに囲み、梅雨で増水しつつある足守川をせき止める堤防（下幅一二一×上幅一一×高さ七メートル）を築いたのだ。

水かさを増した足守川の激流は堤防にせき止められて逆流。城の石垣を洗った。これでは救援に駆けつけた毛利両川とも、手が出せず、延々とにらみ合いが続いている。

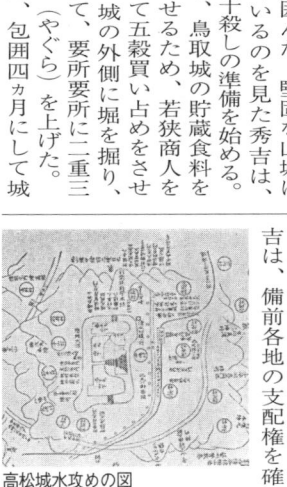

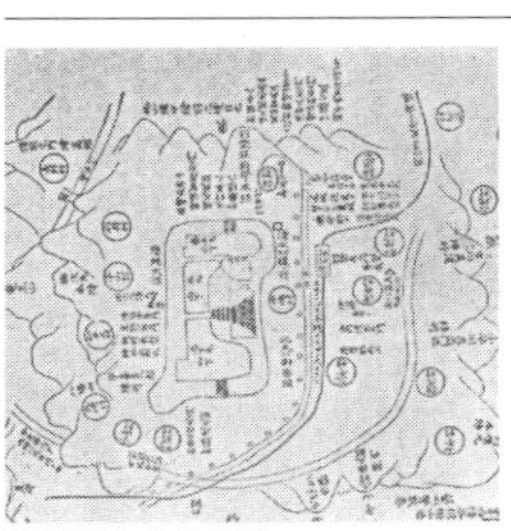
高松城水攻めの図

信長、本能寺に散る

「是非に及ばず」と防戦も、火を放ち自害

日本史新聞

主な記事から

本能寺の変後、現在地に移転し、再建された本能寺

明智光秀

織田信長

明智軍一万三千、謀反の夜襲

光秀の私憤怨恨、信長の慢心を突く

【京都＝一五八二年六月二日】武田討滅戦に続き、四国平定作戦、中国方面の対毛利決戦を準備中の織田信長に対し、数々の恨みを抱く惟任（これとう）光秀が謀反。一万三千人の兵を指揮し、数十人の近習や番衆が守るだけの本能寺に襲い掛かり、信長に報復した。

六月二日未明、織田信長の宿所となっている本能寺目指して、光秀が率いる一万三千の兵が突撃・急襲。信長以下、近習の者、表御堂の番衆、厩衆（うまやしゅう）に至るまでことごとく討ち平らげた。

夜明け方、外の騒々しさに目覚めた信長が体を起こすと鉄砲が打ち込まれ、鬨（とき）の声が上がったため、「これは謀反か、如何なる者の企てぞ」と聞くと、森蘭丸が「明智が者と見え候」と言上した。

信長は「是非に及ばず」と短く答えると、ただちに表に出て番衆と一手になり、防戦した。さらに御厩の中間衆が加わろうとすると乱入した敵兵に阻まれ、あっと言う間に討ち取られて全滅。

頼りの近習は、森蘭丸、他の者共が己の身を楯にして必死に防戦。高橋市松は比類なき戦いぶりを見せた。信長も弓を取り、槍に持ち替え、周囲を圧倒するが、何しろ多勢に無勢。

信長は御殿に火を放ち、燃え盛る紅蓮（ぐれん）の炎に巻かれながら切腹して果てた模様。だが、誰も信長の遺骸や骨を見た者はいない。

光秀は、ただちに二条御所に籠もる信長嫡男の信忠も成敗。勝利の凱歌を上げると安土に凱旋。蓄えられた財宝を部下に分配し、金銀をばら蒔いて人気取りをした。

証言　そのとき、私は現場を見た

一　宣教師　ルイス・フロイス

六月二日早朝のこと

わが聖堂は信長の所よりわずかに一街を隔てたのみであったゆえキリシタン等がただちに来て、早朝のミサを行なうため着替えていた予に対し、宮殿の前で騒ぎが起こり重大事件と見えるゆえ暫く待つことを勧めた。

そのとき銃声が聞こえ、火が上がった。次に喧嘩ではなく、明智が信長に背いてこれを囲んだという知らせが来た。

明智の兵は宮殿の戸に達してただちに中に入った。同所ではかくの如き謀反を嫌疑せず、抵抗する者がなかったため、内部に入って信長が手と顔を洗い終わって手拭で清めていたのを見た。

而してその背に矢を放った。信長はこの矢を抜いて薙刀（なぎなた）を執って暫く戦ったが……。

二　連歌師　里村紹巴（じょうは）

五月二十八日のこと

光秀殿は愛宕山の西の坊にて百韻の連歌を興行された。発句は光秀殿、次は西坊、私が最後を引き取った。

ときは今あめが下知る五月哉
水上まさる丹羽のまつ山
原落つる流れの末を関とめて

三　博多商人　島井宗室（そうしつ）

六月一日夜のこと

信長殿に招かれ、本能寺書院に罷り出た。九茄子、珠光小茄子など、秘蔵の名器三十八種を披露して下さるとのこと。近衛前久公ら殿上人も多数臨席され、身に余る光栄。翌朝の事件は、まさかのことで、残念でなりません。

緊急特集

羽柴秀吉の「本能寺後」驚天動地の六カ月

羽柴秀吉

本能寺の変は、瞬く間に各地の諸将に伝えられた。
だが、柴田勝家は前面の敵に備えるのに手間取り、上洛の時期を失い、東山道の滝川一益も上野厩橋から動けず。四国征伐のために大坂城にいた神戸信孝は兵士の逃亡のため、動けず。
徳川家康は穴山梅雪と共に堺遊覧中であったが、急報を得て伊賀越えに三河に戻り、出陣準備に掛かる。そして、羽柴秀吉は備中高松城を水攻めの最中で動けず。誰が一歩、先に動くか。
運と不運を語るなかれ。そのとき、その場所にある者にとって、自ら選択した行動が正しかったか、間違っていたか。誰にもわからない。ただ結果が出た時に選択の善し悪しを知るのみである。激動の六ヵ月を検証してみた。

6月13日

山崎合戦

昇龍の勢いの秀吉　疲労困憊の光秀

備中高松城の攻略戦は、城主清水宗治が四日正午に切腹してピリオド。陣払いは六日午後二時。姫路城に帰陣したのは八日朝のことだった。

そのとき、秀吉は城に蓄えた兵糧八万五千石と金八百枚、銀七百五十貫を全部、家臣団に分与。籠城しない。城に戻らない。不退転の決意を行動で示したのである。

そして、神戸信孝・丹羽長秀以下・池田恒興（つねおき）、中川清秀、蜂谷頼孝らを味方に付け、山崎に向かったとき、秀吉軍は三万六千の大軍に膨れ上がり、昇龍の勢い。

一方、光秀は細川藤孝・忠興に背を向けられ、筒井順慶に裏切られて意気消沈。公家のご機嫌取りに明け暮れているとき、秀吉が尼崎に着陣したのを知って仰天する。

時、すでに遅し。中国大返し十二日、秀吉方は山崎の町と町を見下ろす天王山を占拠。有利な陣形を築いていたのである。

秀吉軍と光秀が激突した山崎

6月27日

清洲会議

信雄・信孝を排除　三法師を担ぐ

柴田勝家が「談合申すべき子細あり」と触れを回してきたので、柴田勝家の他、惟住長秀、池田恒興、羽柴秀吉が清洲城に来会した。

そこで、後継者は秀吉の推す嫡男信忠の嫡子三法師（秀信）と決定され、次男信雄・三男信孝が排除される。以後、秀吉が頭一つ分、他に抜け出るようになる。

◇

10月15日

大徳寺法要

信長の志を継承する　心意気と実力を示す

「信長公が亡くなられて数ヵ月もたつのに葬儀を営む喪主がいない」と、秀吉は大徳寺で葬儀を執り行なった。

贅を尽くした柩に信長の木像を納め、池田輝政が先導すれば、於次丸（秀勝）が棺後に従い、幼い長丸（信長の八男）が位牌を持ち、秀吉が太刀持ちとなって列に従う。

大名や公家たちは、秀吉が大徳寺に奉納した金額が銭一万貫、銀一千枚と知り、法外な金力に腰を抜かす。

大徳寺焼香の図

◇

11月7日

山崎茶会

天下人の座につく　茶人の顔ぶれ揃う

山崎茶会に信長の茶頭であった今井宗久、津田宗及、千利休の他、当代一流の茶匠である山上宗二、万代屋宗安らが勢ぞろいした。

この意味は誠に重大で、茶湯の世界で活躍する一流人がことごとく結集しただけでなく、同時に畿内・近畿の商人団が秀吉をポスト信長政権として認定したことを意味した。

いよいよ下克上も仕上げの段階に到達し、最高権力への道を上り詰めて行くのか？

徳川家康

「本能寺後」の強かな経営

信玄・勝頼の菩提を弔い、武田武士団をそっくり編入

【三河＝一五八二年七月】

本能寺の変後、みるみるうちに最高位に上り詰めた秀吉が唯一、敵わなかった相手が徳川家康だ。

かの信長でさえも客将として遇し、その接待に気を配った相手であれば、秀吉とても他の武将と同じ扱いをすることはできなかった。

家康は本能寺の変後、翌月には駿河大宮から甲斐府中へ軍を進め、さらに諏訪へ出て勝頼の遺臣らを招降する作業を根気よく繰り返した。

彼らは「信玄親類衆・譜代衆・惣家中衆・家康様江被召抱候時之起請」をつくり、分散前、旧組織のまま、徳川軍団に編入された。

その際、信玄・勝頼父子の冥福のために消失した恵林寺を修復し、勝頼自害の田野に景徳院を建立する等、手厚い保護策を取っている。

日本史新聞　（ＡＤ1583年）　～　（ＡＤ1585年）

日本史新聞

主な記事から

◆大坂城築城「五十年の静謐の計」図る
◆小牧長久手合戦――兵八万と三万五千
◆信長家臣、その虚実と明暗
◆遣欧少年使節団「ヨーロッパ日記」

大坂城築城

「五十年の静謐の計」図る

石山本願寺跡に天下一の巨城
安土城を凌ぐ規模と華やかさ

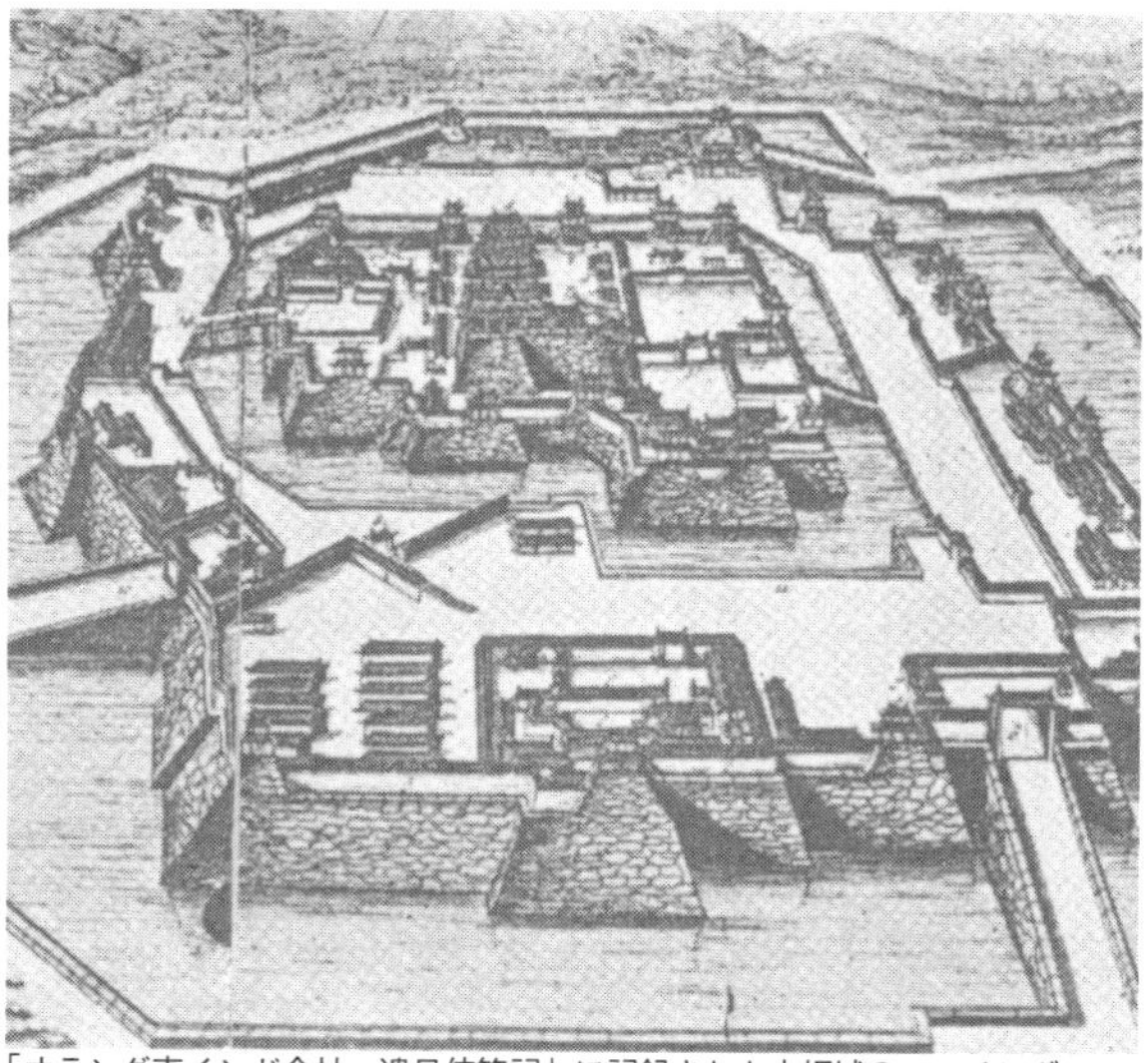

「オランダ東インド会社・遣日使節記」に記録された大坂城のエッチング

関白・豊臣秀吉

【大坂＝一五八三年六月】亡き信長以来、待ち望まれていた天下一の巨城建設計画がいよいよ動きだした。場所は石山本願寺跡。中州に囲まれた高台を中心とする広大な敷地に「向こう五十年の静謐（せいひつ）の計をなす城」を建設する槌音が響き始めた。

石山本願寺跡に天下一の巨城を建設する計画が、いよいよ動き出した。

羽柴秀吉は六月二日早朝、大徳寺において信長一周忌の法要を早々に済ませるとただちに大坂に向かった。

このとき、側室摩阿に当てた手紙のなかで「大坂を受け取り国々の城を破却して、向こう五十年の間、無法がないようにし静謐の計をなすようにしたい」と述べている。

周囲を中州に囲まれた島の高台に残された焼け跡に立って、秀吉はテキパキと指図した。黒田官兵衛に縄張りを命じる一方、浅野長政を普請奉行とし、早速人足の動員令をつくらせた。

その結果、旧石山本願寺城を再建する程度のものではないことがわかってきた。濠幅を広げ、土塁を石垣にし、石垣を土台にして大天守を上げるだけではない。

石山周辺の湿地帯に運河を掘り、湿地帯を埋め立て、道路を切り、四天王寺から大坂湾に至る一帯を大市街区に干し上げる計画が示された。町の建設と一体になっていたのだ。

城と町が一体化した城。それこそ、織田信長の理想とした城造りだ。

お騒がせ致しました。当寺は紀州鷺森に引っ越しました。
本願寺法主

小牧・長久手合戦

兵八万と三万八千の戦い
家康したたか、秀吉 三河落とせず

【尾張＝一五八四年三月】秀吉は安土に迎えた三法師（秀信）と信雄に対し、信長在世時と同様に臣下の礼を取っていた。しかし、心からの帰服ではなく、信雄も処遇に不満を抱いていた。そこへ家康が介入したのでこじれ「秀吉八万対信雄＝家康三万八千」の合戦となる。家康が清洲で信雄と会している間に、秀吉は伊勢方面の信雄方の城を攻撃。尾張犬山城を抜いた。

しかし、信雄＝家康も小牧山を占領。尾張を一望に見渡す要衝だ。秀吉も楽田に本陣を置いて対陣するも動けず。間もなく三河急襲作戦に出るが、見事に失敗。森長可と池田恒興が小城攻略に手間取り、戦死したために三河攻略ができなかった模様。

一五八五年 ダイジェスト

三月
羽柴秀吉、紀州雑賀党と根来衆の征伐行動に出る。雑賀党残党（太田党）、最後まで抵抗し、秀吉の水攻めに屈する。

六月
羽柴秀吉、未完の四国平定作戦に着手。旧光秀派の長宗我部元親と対立し、阿波・讃岐・屋島・伊予の三方面から上陸。

八月
越中・飛騨を支配する佐々成政の帰服。成政、切腹を免れ新川一郡を与えられる。

九月
関白任官に続く新佳姓「豊臣姓」の賜姓。羽柴秀吉は関白・豊臣秀吉となり、源平藤橘に続く第五の姓を創始する。

信長家臣 その虚実と明暗

武闘派？ ↑ 柴田

故柴田勝家

【越前＝一五八五年】

現在、柴田勝家の画像が、どこにも見当たらず、真実と事実が見失われつつある。

一般に伝えられる柴田勝家のイメージは「猛将柴田」とか、「カメ割り柴田」とか、武張った男のイメージだけが強調されている。

しかし、本当の柴田像は違う。知る人ぞ知る。軍人としての柴田よりは、政治家としての柴田の方が有能であり、よく知られていた。

後に、秀吉が大々的に実行する「刀狩り」は勝家が十数年も前にやっていた。また、秀吉が大坂城を築く前から北の庄城は平城だった。

土木工事をしても、足羽川に架けた九十九橋は「半石半木橋」で、南半分が石、北半分が木造になっている。戦さになれば、半分を壊すだけですむというもの。

武辺張った発想ではなく、合理的かつ柔軟な発想ができる人だった。それを我々は後世まで伝える義務があるのではないだろうか。

豊臣 ↑ 羽柴

豊臣秀吉

【京都＝一五八五年九月】

天正十三（一五八五）年三月、羽柴秀吉が仙洞御所を造営した功により、正二位・内大臣となった。このときから秀吉は、自分なりの権力形態を模索し始めたようだ。

第一のモデルは、師匠の信長が一時採用した権力形態だが、平清盛のように自ら太政大臣となり、一門・家臣が帝臣としてなだれ込む「六波羅方式」。第二は、足利幕府が、つい最近まで継続してきたスタイル、「頼朝以来の治」と秀吉もいうところの征夷大将軍を頂点とする「鎌倉幕府方式」。いずれを採用するか。揉みに揉んだ挙げ句、第三の道を選択している。藤原氏の独占物とされた関白職に就任。執行機関として「五大老・五奉行」職を考案。折衷形態を編み出した。

そして、関白職に相応する〝第五の姓〟として源平藤橘に次ぐ「豊臣姓」が考案されたとき、第三の道が開けた。

遣欧少年使節団

ヨーロッパ日記

◆リスボン＝一五八四年七月

長崎を出発して二年半。少年たちはゴア経由の喜望峰回りでリスボンに着いた。

その頃、ポルトガル国王はイスパニア国王が兼任していたので、一行はマドリードに回って大友・大村・有馬三大名の書簡をフェリペ二世に呈し、再び船上の人となった。

◆ローマ＝一五八五年二月

北部地中海を横断し、北イタリアのリボルノ港に入港。翌年二月になって、ようやく目指すローマに到着した。

金糸の刺繍をした絹の着物に袴を穿ち、腰に大小を帯びて白馬に跨がる東洋の少年を一目見んとローマは立錐の余地もなく埋め尽くされた。

◆サン・ピエトロ寺院

老教皇グレゴリオ十三世と東洋の果てから来た少年貴公子の劇的会見は、万座の感涙を誘って止まなかったという。

ローマ教皇グレゴリオ十三世

佐々成政

涙のザラ峠越えと黒ユリ事件

【富山＝一五八四年十一月】

柴田勝家亡きあと、進むべき道を見失っていた佐々成政が息を吹き返した。

小牧・長久手の戦いが勃発したとき、成政は「時節到来」と喜びの声を上げ、浜松城の徳川家康を訪ねた。

ところが、その手段が常軌を逸している。東を上杉景勝、西を前田利家に阻まれているので日本アルプスを越えて信濃に下る道をとったのだ。

それも雪の十一月に、深雪と吹雪を越えて浜松城に着いたが、すでに秀吉との講和が成立。虚しく帰国すると、成政を待っていたのは、愛妾早百合の不義密通事件。

美しい早百合を妬む正室のデッチ上げだが、失意と絶望の淵にある成政には正常な判断力は失われていたようだ。

本日発売!!

週刊陣潮

神保町文芸社

立体検証！秀吉の離れ技

秀吉天下取りのターニングポイント!!

中国大返しの謎を解く

秀吉は信長のXデーを知っていた

用意されていた中国路の退却路

光秀 驚愕の大誤算

2大独占インタビュー／合計12時間ロングラン!!

中川清秀

今だから明かそう!!

信長殿は生きているこれだけの理由

千利休

商人は武家の力を利用する

側室ワイド

秀吉の側室BEST5

①淀殿―浅井長政の長女茶々
②加賀局―前田利家の三女摩阿
③松丸殿―武田元明の妻
④三条局―蒲生氏郷の妹とら
⑤三丸殿―織田信長の五女

日本史新聞

主な記事から

関白秀吉の九州平定作戦
35カ国から兵25万を動員

行装の美観、比べるものなし
島津義久 驚愕、戦わずして降伏

関白の威光

島津氏の本拠薩摩の桜島

島津義弘

【大坂＝一五八七年正月】島津義久・義弘の勢威が全九州に及ぼうとしているとき、大友宗麟（そうりん）が関白秀吉に救援を依頼したため、九州平定の大号令が発せられた。畿内近国中心の三十七ヵ国から動員した兵力二十五万、食料一年分、馬二万頭を前に島津方は戦わずして降伏した。

秀吉は前年四月以来、大友宗麟・義統（よしむね）父子と立花宗茂に書を遣わし、黒田孝高を軍奉行とし、毛利輝元・吉川元春・小早川隆景らを赴かせることを告げていた。また、仙石秀久も長宗我部元親（ちょうそかべもとちか）らを督して豊後に出陣。島津方との力関係を有利に転換したが、筑後方面に転戦すると謀叛がぶり返すありさま。

そこで、いよいよ関白直々の出陣となった。正月二十五日、先鋒の宇喜田秀家を出陣させた後、弟秀長はじめ諸将を順次出発させ、三月一日になり、佐々成政・浅野長政らを率いて九州に向かった。

このとき、九州に向かった兵員の総数は二十五万。用意された兵糧が一年分・三十万人分。馬二万頭と一年分の飼料も準備された。古今東西の歴史上、他に類を見ない大規模な合戦だ。

わずかな期間内に準備され動員されている点でも驚異的な出来事だった。

秀吉が、畿内から北陸五国、南海方面、中国方面の他、近江・尾張・伊賀・伊勢志摩などを中心に三十七ヵ国に徴兵令を発し、遠征軍を編成したのは、前年十二月一日だ。

命令一下、あっと言う間に軍容を整え、馳せ参じる機動力こそ、関白秀吉の権威と権力と威力であり、それに敵対する力は現在、日本国中どこを探しても見当たらなくなっているのが実状だ。

遠隔地間の大量輸送は安心してお任せ下さい。私たちは堅気の水軍です。
村上海賊衆
（能島水軍・因島水軍・来島水軍）

博多再興、伴天連追放令
秀吉、天竺征服に向け指令続発

関白秀吉は、豊前小倉城において陣立てを行なった。弟秀長と小早川秀家らを日向方面に送り、秀吉本人は筑前・肥後方面に向かった。これに対し、島津義弘・家久は小さな戦闘を繰り返しながら秀吉軍を薩摩本国に誘い込む作戦でいたのか。撤収する素振りが見えたのだが、四月十七日になって局面が変わる。

島津の大軍が秀長・藤堂高虎連合軍と衝突、打ち破られてしまう。これによって、秀吉に対する認識は一変。義久は剃髪し、無条件降伏した。

秀吉も義久の深い謝罪の態度に配慮を示し、所領を安堵したが、事態は急速に転回、秀吉の目は本朝から唐・天竺に向いていた。

島津成敗に続く博多再興、キリシタン禁令、朝鮮国王の来朝要請は、ことごとく唐・天竺の征服という野望と結びついているのだろうか。

編集手帳

▼あまり目立たないことだが筆者は、秀吉が本願寺光佐を本陣に同道していたことに注目している。光佐を連れて行けば、一向一揆衆の手助けが得られるからだ▼二十五万の大軍で力押しをしながら、島津の意表を突いたのが、一向一揆衆の導きで水路水俣から出水に上陸したこと。島津方も知らない移動ルートであった▼こうして国内産の宗教団体とは密着し、共同歩調をとるようになったのだが、外国生まれの宗教キリシタンとは非妥協的であった▼キリシタンによる社寺の破壊、僧侶の迫害、庶民への入信強制、日本人を奴隷としてインドに輸出するという事態が発生していたためだ▼しかも、率先して社寺破壊、僧侶迫害、入信強制をしているのは大友・有馬・大村らのキリシタン大名で、天下の法度に従うよりはキリシタンの法に従うのを善しとする傾向が強かった▼こうした現実を目の当たりにして、秀吉は仰天したのであろう。日本の国土、領土の管理を預かる領主そのものの鈍感さ、無責任さ、いい加減さに怒ったのである▼領主の不始末に対する怒りがキリシタン全体に対する怒りとなって爆発したのが『キリシタン禁令』だったのではあるまいか。

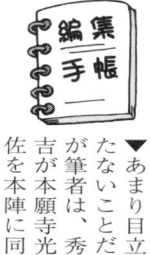

関白秀吉、家康を大坂城に誘う

家康、秀吉に兄事し同盟関係を結ぶ

【大坂＝一五八六年十一月】関白秀吉にとって、待ちかねた日がやってきた。徳川家康が秀吉の軍門に下り、兄事して同盟関係を結ぶことになる日だ。

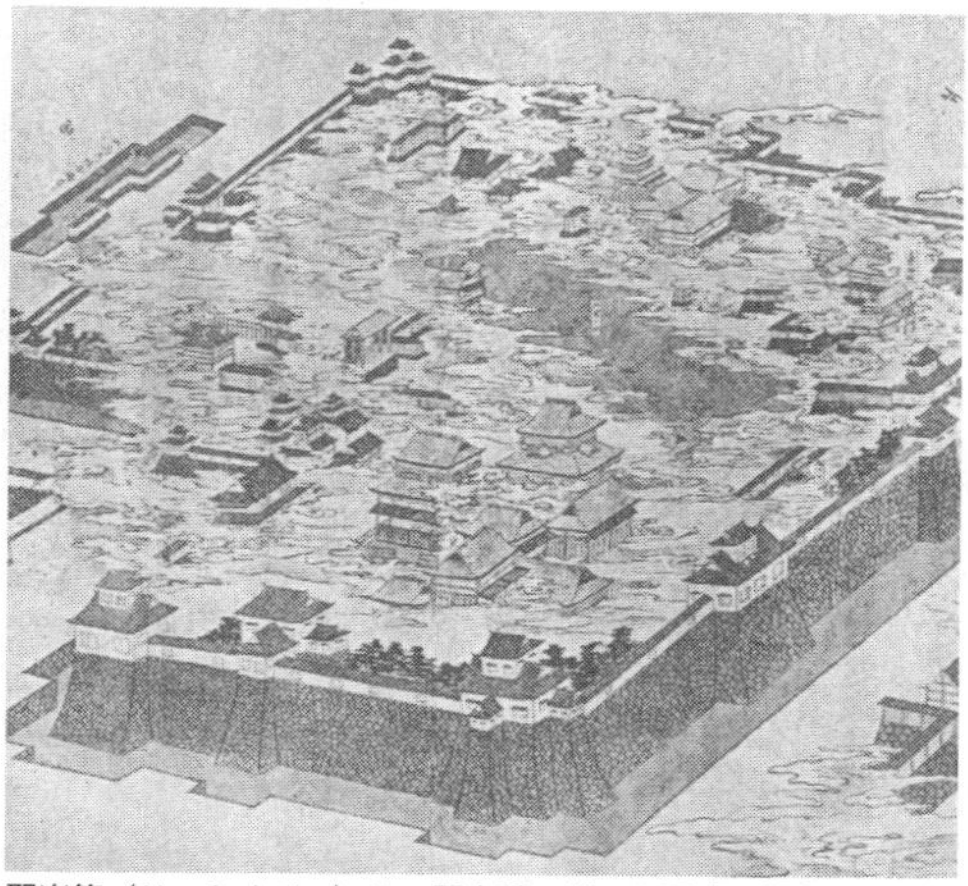

聚楽第（じゅらくてい）は、関白職に就いた秀吉に相応しい居館として、旧内裏跡の内野に建設された。居館といっても城郭といったほうがぴったりする構えであり、城内には主要な大名らの屋敷もあり、広大な敷地には安土桃山風の豪壮華麗な建築群が軒を並べた

十一月二十日に岡崎を出た家康は二十四日に入京。二十六日には大坂に至り、羽柴秀長の邸宅に宿を借りた。

すると、秀吉は待ちかねたる様子で即夜に訪れ、手に手を取って喜びを満面に表わして歓待したという。

石川数正が出奔　秀吉配下に鞍替え

【三河＝一五八五年十一月】しかし、家康が上洛するに至るまでには容易ならない決断が必要とされた。

本能寺の変後、家康は甲斐・信濃攻略に集中していたが、思いがけない事件が勃発した。酒井忠次と並ぶ徳川家の老将、石川数正が突然、三河岡崎を出奔したのだ。

秀吉は数正に和泉一国をあてがって歓迎したが、家康は気が気ではなかった。ただちに岡崎城を修築し、軍制を改めて万が一に備えた。

旭姫の婚儀成立　秀吉、家康に上洛促す

【三河＝一五八六年正月】秀吉から上洛の誘いがあったのは、そんなときだ。

織田長益らが使者となり、家康入京を促したが実らず、天正十四年正月、織田信雄が秀吉との和議をまとめている。その条件が、秀吉の異父妹旭姫との結婚だった。

豊臣・徳川両家の形式的な同盟関係は成立したが、それでも家康はなお、上洛しようとはしなかった。しぶとい男だった。

秀吉、大政所を人質に　家康、ようやく腰上げ上洛

【三河＝一五八六年九月】秀吉としては最大限の妥協を強いられる羽目になる。

家康は容易に膝を屈しないが、これを無視したところに天下統一の実現はあり得ない。結局、大政所を三河に下し、家康の上洛を求めることになった。十月十四日、家康は浜松を、大政所は大坂を同時に出立することに決した。家康という男、なかなか食えない男のようだ。

大坂城建設の立役者

大工頭中井正清氏に聞く

大坂城建設に関わるきっかけは何ですか。

中井　殿下から養父中村が召しだされたのですが、高齢のため任に耐えないので養子正吉を推薦しますと言って差し出されたのが最初です。

それで大和武士中井家を相続し、正清を名乗った？

中井　そうです。その中井家がまた古代渡来人巨勢家の子孫なんですね。中村家が古代以来の宮大工ですから不思議な因縁です。

城郭建築の経験は？

中井　もちろんです。松永久秀の多聞山城に採用された多聞櫓とか、四重櫓、あるいは信長公の安土城の天守造作にも関わりました。

プロフィール

なかい・まさきよ／法隆寺四大工家の筆頭・中村家の養子孫兵衛正吉。実父は大和の名族巨勢氏（帰化人の子孫）。名築城家藤堂高虎、軍師小堀遠州と組んで全国の城郭を建築した。

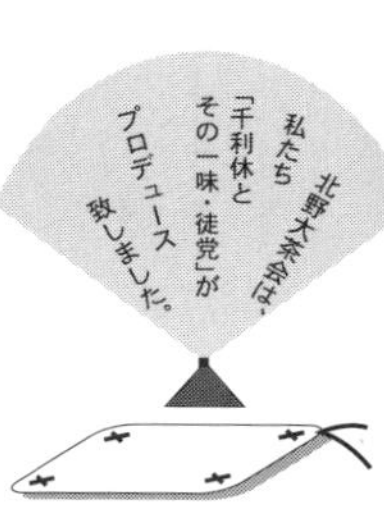
北野大茶会は、
私たち
「千利休と
その一味・徒党」が
プロデュース
致しました。

【北野＝一五八七年十月】東西とうざーい。ここに取り出しました一枚の和紙には、十月朔日より十日間、北野の森で、天気次第、大茶湯なさる御沙汰について、御名物共残らず相揃えられ、数奇執心の者に見せなさるべきため、御催しなさる事が縷々（るる）認めてございます。

茶湯執心においては、若党・町人・百姓によらず、釜一つつるべ一つ、呑物一つ、茶なき者はこがしにても不苦候間、提げ来り仕るべき事。

座敷の儀は、松原にて候間、畳二枚、但し、侘物は、とち付き（つぎあて、つくろい）にても、いなはき（稲掃筵）にても苦しかるまじく事、着所之義は次第不同たるべし。

日本之義は申すに及ばず、数奇心懸有之ものは、唐国の物までも罷出づべき事。

さてさて、このような茶事の大イベントは、何事であれ関白殿下のお指図によりまして、千利休とその一味・徒党が工夫させていただいております。ごゆるりとお楽しみ下さいますように。

北野大茶会図

千利休

茶会イベント
企画制作・演出進行管理まで
一切、お引受け致します。
千利休とその一味・徒

日本史新聞

（AD1588年）〜（AD1591年）

関白秀吉、小田原出陣
「連年富士山一見之望」を果たす

主な記事から
- 関白秀吉、小田原出陣
- 小田原・北条氏直、秀吉に降る
- 秀吉、義光・政宗を召集
- 葛西＝大崎一揆の鎮圧

【京都＝一五九〇年三月】西日本平定が終わったので、関白秀吉はいよいよ東日本の直接成敗に乗り出した。北条氏政・氏直父子が籠もる小田原城を下し、関東・奥羽の仕置きに取りかかる予定。出遅れた奥羽の青年大名、伊達政宗も一矢報いんと好機を待っている。

秀吉が見たがっていた富士山

北条氏直

長期攻囲戦の仰天戦法
陣中の酒宴、遊舞は自由
兵糧は米二十万石、黄金一万枚

時代遅れの籠城戦法

秀吉は天正十三（一五八五）年の北国平定時、すでに「連年富士山一見之望」を果たした、と宇都宮氏に書状を送り、暗に北条征伐を洩らしていた。

秀吉は何度も小田原に使いを発し、氏政（うじまさ）・氏直（うじなお）の上洛を促していたが、二人の反応は鈍く、天下の仕置きを秀吉に委任しようとしないため、小田原城包囲の大軍が発せられることになった。

これに対し、氏直は武田信玄・上杉謙信を相手に戦ったときと同じ籠城戦法を採用、長期包囲の余裕があれば相手に時代錯誤ぶりを露呈した。籠城戦法は通用しない作戦だった。

長期戦の志気を鼓舞

秀吉の出陣に先立って、家康と信雄が東海道、利家・景勝が東山道を進み、九鬼・脇坂らが水軍を編成し駿河清水港に向かった。

一方、兵站（へいたん）部隊は米二十万石を駿河江尻、清水両港に輸送し、黄金一万枚に相当する糧秣（りょうまつ）を用意。工兵隊も道路と橋梁の補修に全力を傾注していた。

こうした戦法は、従来の合戦とは全然違っていた。

最初から長期攻囲戦を想定。備えを固める一方、将士に倦怠のないよう、商売人を出入りさせ、酒宴遊舞を自由にした。秀吉は自ら淀殿を招き、諸大名にも女房を呼ばせたほどだ。

千利休も従軍し、盛んに陣中茶会を催した模様。

政宗遅参と北条降伏

ところが、物騒な男がいた。青年大名伊達政宗（だてまさむね）だ。氏直に誼（よしみ）を通じ、佐竹義重を挟撃せんとしており、秀吉の命令に服さなかった。

しかし、正面切っては逆らえず、六月五日、遅れて参陣となる。しばらく底倉に閉じ込められた後、九日、家康、利家の居並ぶなかで引見。罪を許されている。

さて、北条方は完璧の籠城態勢を築いたが、包囲側の兵站能力が何倍も上回った。六月二十九日、氏直は織田信雄に和議の調停を依頼するに至る。ようやく段違いの力格の違いを知ることになった。

南蛮美術部のご案内
屏風、絵画、双六、椅子など多数あり
古美術商・狩野屋

やきもの専門
〈取扱品〉
美濃の可児／土岐／丹波／信楽／備前／伊賀／唐津／京都長次郎／その他
桃山屋

秀吉、義光・政宗を召集
陸奥・出羽の平定と支配概略提示

【会津＝一五九〇年七月】
関白秀吉は陸奥（むつ）・出羽（でわ）を平定するため、下野（しもつけ）宇都宮に着陣。最上義光と伊達政宗を召集して支配の筋目を立てた。

大崎義隆・葛西（かさい）晴信・石川昭光・白河義親（よしちか）が小田原参陣を怠った罪で、領邑（りょうゆう）を没収。大崎・葛西の地は木村吉清・清久父子に与え、政宗から収公した会津、その他は蒲生氏郷（がもううじさと）に与えられた。

なお、津軽為信がいち早く津軽一郡安堵の朱印を得た。出遅れた南部信直・利直父子は津軽、九戸の反逆を訴え征討を申し出、九戸討伐を諭されただけだった。

秀吉は会津滞在三日間で京都に帰陣した。

葛西＝大崎一揆の鎮圧
「政宗の忠節に疑義あり」

【陸奥＝一五九〇年十月】
秀吉が京都に帰陣して間もなく、早くも木村吉清・清久父子の新領土となった葛西・大崎で一揆が勃発した。

葛西・大崎氏木村父子はにわかに重用されたので、譜代（ふだい）の部下もなく、葛西・大崎両氏の旧配下にも気配りをしなかったのが原因。だが、一揆の黒幕は政宗という噂もあり、蒲生氏郷は前面の一揆と対峙しながら、背後の政宗と対立する困難な局面に立たされた。

これは秀吉にも伝えられたが、秀吉は政宗の芝居染みた演技を喜び、かえって政宗を重用するようになった。

社説

千利休の切腹事件

小田原の役、奥羽征伐が終わっても沸き立つような喜びがないのはなぜか。

天正十九（一五九一）年正月早々、豊臣秀長殿が亡くなったからか。二月になると追い打ちを掛けるように今度は千利休殿の堺追放事件が表沙汰になって、ついに今度は切腹したのはなぜか。

利休殿が命ごいもせず、自ら切腹したのはなぜか。疑問の多い事件だ。商人は邪魔者になったのか。

関白秀吉殿にもの申す
どこか、狂っていませんか

ければなりません。
小田原の役に、奥羽征伐も終わりお体、大切に。「唐入り」のためにやっているとしか思えないからだ。

たがおかしいわけだから度量衡の統一、戸籍の把握が進めば、喜ぶべきところだが、なぜか喜べない。

それなのに関白秀吉殿は、わざわざ海外に遠征してまた合戦を繰り広げるという噂です。もう合戦はいやだ。そう叫ぶ民衆の声が聞こえませんか？

もうやめませんか。疲れた体を大切になさって下さい。

刀狩りと検地

百姓上がりの関白殿が、一揆停止を目的とする兵農分離を図り、刀狩りと検地を手掛けるとは皮肉な話だ。

従来、税収を丼勘定で済ませてきた戦国時代に終止符を打たねばならない。日本統一の偉業が達成された以上、長い戦国時代に終止符を打たねばならない。

祝 掛川城完成
（株）小田原土建

掛川城推定復元図（掛川市教育委員会作成）

【静岡＝一六世紀末】
小田原の役が終わったところで、関白秀吉殿は江戸に転封になった徳川家康殿に対する最前線の備えとして掛川城を建設し、山内一豊殿を配置することになりました。

当社におきましては、山内一豊殿のご命令によりまして高さ三〇メートル余の古城を中心とする小山を利用して縄張りを行ない、通常の城には見られないさまざまな仕掛けを随所に工夫致しました。城内には板石と玉石で固めた水路を回し、敵に望見される箇所では石造りの地下水路を用意しました。城内に降った雨は全部壕に蓄え、地下水路を通して下の壕に回す仕組みになっています。

自然の雨を無駄にせず、合戦になっても心配要らず。新城建設時には是非、当社へご一報願います。

世界短信

スペイン無敵艦隊敗れる

【イギリス＝一五八八年六月】
スペイン王フェリペはエリザベスを王位から追放するため無敵艦隊（アルマダ）を派遣したが、暴風雨に翻弄されているとき、機動的なイギリス海軍に捕捉され、返り討ちにあった。これによって、スペインは大西洋における制海権を喪失した。

ガリレオの落体実験成功

【トスカナ＝一五八九年】
「重い物ほど早く落ちる」というアリストテレス説が誤っていることを証明するため、ガリレオ・ガリレイがピサの斜塔で公開実験を行なった。また、空気抵抗がなければ、落下時の速度と距離は一定であることを証明する数式を発表し、話題になった。

唐入り=朝鮮渡海の陣

太閤秀吉、日本全国に出動指令

日本史新聞

主な記事から

◆秀吉、唐入りに乗り出す
◆李舜臣が指揮に日本軍苦戦
◆関白秀次、追放され切腹
◆［建築］聚楽第を見る

全軍16万、玄界灘を渡る

連戦連勝も先行きに暗雲漂う

慣れぬ海外
大名も重圧

【京都=一五九二年十二月】国内平定を終えた太閤秀吉は、いよいよ唐入り（明国平定）に乗り出した。諸国諸将に出陣命令が発せられ、海陸の夫馬や渡船の準備、米穀蓄蔵が準備される一方、朝鮮平定が当面の課題として示された。諸国諸将は続々と肥前名護屋（なごや）に参集。玄界灘を渡り、朝鮮半島に上陸している。

朝鮮渡海の本営・名護屋城地

毛利輝元・小早川隆景（たかかげ）らが海陸の夫馬と渡船の調達にかかると、島井宗室（そうしつ）と神谷宗湛（そうたん）が米穀蓄蔵のため博多津の倉庫を空けて待機する。

また九鬼嘉隆（くきよしたか）・藤堂高虎・脇坂安治（やすはる）・加藤嘉明（よしあき）ら九千二百人で臨時水軍を編成、朝鮮沿海の掃海作戦を開始した。

過酷な軍役負担

唐入りの軍役負担は朝鮮との地理的関係で決められた。

四国・九州は高一万石につき、六百人。中国・紀州は五百、五畿内は四百、近江・美濃・尾張・伊勢は三百五十、東海以北は三百、越後・出羽は二百という割合。

合戦続きのところへ慣れぬ海外遠征ともなれば、諸大名には、かなりの重圧になったことは言うまでもない。

民衆の厭戦気分

玄界灘を渡り、朝鮮平定作戦に従軍する者は約十六万。九軍に分かれ、渡海する予定だが、これ以外にも家康と利家・景勝・政宗ら十余万が名護屋に在陣中だ。

これに対し、民衆の反応は冷やかなもので、「太閤が一石米を買いかねて、今日も五斗買い、明日も五斗買い」と揶揄（やゆ）する始末だった。

行長の講和論も

九軍に分かれた日本軍は次々に釜山に上陸。ソウル目指して東路・中路・西路に分かれて進軍した。ほとんど連戦連勝で進み、戦勝気分に酔いしれて当然だった。

加藤清正・小早川隆景、立花宗茂らが勢いづいて深入りしつつあるとき、朝鮮に詳しい小西行長・宗義智らは次第に和議に傾きつつあった。

渡海の陣

朝鮮水軍、英雄李舜臣が指揮

装甲船=亀船の威力に日本軍苦戦

【朝鮮=一五九三年五月】日本軍の釜山上陸後、朝鮮は急激に変化しつつあった。

朝鮮水軍水使元均に代わり全羅道水軍節度使李舜臣（しゅんしん）が指揮を執ると、巨済島の東岸、泗川・唐浦などの海戦で連戦連勝。陸地とは逆の状況が生まれつつあった。

それは李舜臣の国土防衛に懸ける愛国心のみならず、亀船という装甲船を用いて日本船に突進し、大砲を存分に活用したためだ。図体の大きい日本船は、潮の満ち引きが激しい朝鮮沿岸を知らず、機敏な駆け引きができなかった。

制海権を失えば、陸地の戦闘が尻すぼみになるのは必至だった。

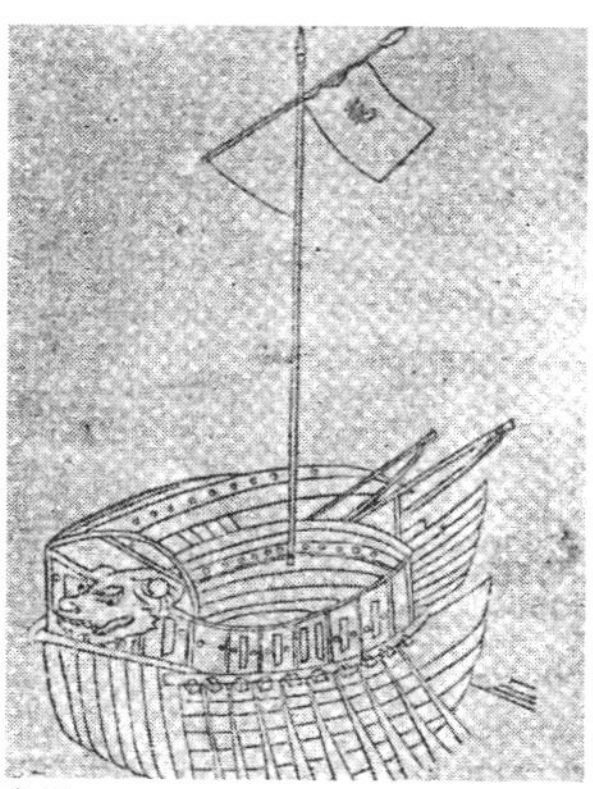

亀船

「殺生関白」追放され切腹

子女妻妾三十余人も処刑される

謀反の秀次

【京都＝一五九五年七月】

かねてより太閤秀吉と不和の噂があった関白秀次が、謀反の疑いで逮捕され、紀州高野山へ追放されて謹慎中だったが、七月十五日、福島正則らを検使として切腹した。

しかし、この事件には大きな疑問がある。妊婦の腹を割いて胎児を見たとか、あらぬ噂はでたらめで、無実の罪が着せられた可能性がある。

しかも、子女妻妾三十余人がことごとく三条磧に引き出され、斬刑に処せられたことは残酷の極みと言わなければならない。恨みは深い。

受難！哀れを誘う駒姫

慚愧の涙に暮れる父、最上義光

【京都＝一五九五年】

関白秀次事件の始末は、上義光、伊達政宗が譴責を受けた他、医師延寿院や連歌師紹巴が流罪に処せられた。

哀れを誘ったのは、三条磧で首をはねられた子女妻妾三十余名。そのなかには上京して間もない駒姫（最上義光女）もいた。駒姫は秀次に会ったこともなかった。父義光は後悔先に立たず、慚愧（ざんき）の涙に暮れつつ菩提を弔った。

最上義光

延々と広がり、秀次と親交があったという科（とが）で最

秀吉の素・顔・拝・見

1587～8年 聚楽第
独占の金銀を分配

大判、極印銀が鋳造され、金座の後藤、銀座の常是座から莫大な運上が届いた。それを秀吉は聚楽第（じゅらくだい）で廷臣・諸将に惜しみなく分配した。金銀を山と積み上げ、信雄と家康に金一千両・銀一万両、秀長に金三千両・銀二万両、その他。総額は三十六万両に及んだ。

1592年8月 伏見城学問所
『御咄衆』と共に

大政所（おおまんどころ）を失い、心の虚しさを感じるようになった太閤秀吉は、隠居所を求めて伏見に城郭を建設。注目されるのは、一画に構えた学問所と滝の座敷。源実朝が和漢の古事を学ぶところ、織田有楽（うらく）、古田織部（おりべ）の御伽（おとぎ）衆、御咄（おはなし）衆が参じて秀吉の無聊（ぶりょう）を慰めた。

ここに茶の御学問所に因む。

1593年8月 大坂城
実子拾丸誕生に驚喜

実子を諦めていた秀吉に再び実子が授かった。拾丸と命名すると、わずか二ヵ月の拾丸を関白秀次の娘と婚約させようと図った。

1593年10月 宮中
猿楽自演で楽しむ

五日から三日間、宮中で猿楽を演じた。太閤の演能には手甲（褒め言葉を述べる役）がいて、祝いの言葉を述べる無邪気に喜んだ。

洛中洛外 落首コンテスト

◎特選
まつせ（末世）とはへち（別）に
ハあらし木の下の
見るに付ても さる（猿）関白を

◎秀逸
おしつけて ゆへハゆわる、十らく
村々に こしき（乞食）のたねもつ
きすまし しほりとらる、公状の米

◎次席
十ふんに なれハこほる、世の中を
御存知なきハ うんのすへ哉

◎選外

聚楽第を見る

豪華絢爛たる飛雲閣

秀吉の時代を象徴するものに、豪華絢爛たる建築がある。いまにも空に飛び立たんとする躍動感を感じさせる建築物が多いのは偶然ではない。一つの時代の全体が空間を上り詰め、それでも伸び上がろうとする力があらゆるところに漲（みなぎ）っていた。建築は時代を具現する。

（学芸部・辰野金吾郎）

作為的「侵略者論」の愚
秀吉外征に想う 気鋭の論客がズバリ直言！ 最上孝太郎

「唐入りの陣」か「朝鮮の役」か？

特集 家康の周辺
●「棚からボタ餅」の心境か？
●「苦しむ秀吉、笑う家康」

マニラ総督 独占手記 一挙公開150枚！

スクープ!!
立体証言──奥女中衆は知っていた!!
秀頼は誰の子か？
関白秀次の頻繁な出入り
茶々の行状に太閤も激怒！

黄金崇拝・豪華絢爛建築に見る
「侘・寂」を忘れた日本人
もし関白に攻められていたら？

陣潮 45
神保町文芸社

日本史新聞　（ＡＤ1597年）　～　（ＡＤ1599年）

豊臣秀吉、死す

なにわのこともゆめのまたゆめ

日本史新聞

主な記事から

◆豊臣秀吉、死す
◆強硬外交に恐懼するマニラ総督
◆「二十六聖人」殉教、キリシタン磔刑
◆唐入りの陣、日本兵「戦線離脱」続発

利家、家康の二頭政治始まる

【伏見＝一五九八年八月】

太閤秀吉が、かねてより病気療養中のところ様態が悪化。そのまま他界した。行年六十三。息を引き取る寸前まで夢に現（うつつ）に心配するのは秀頼のことばかり。一国の運命を預かる天下人の末路としてはスケールの小さな話で、再び天下の行方が混沌としてきた。

家康、次第に勢威を増す

石田三成の朝鮮撤収作戦

石田三成

家康と利家が取り組んだのは在朝鮮の将兵撤収作戦だ。使者を朝鮮に送り、諸将をして和を講じて順次帰国させるよう、命令。同時に毛利秀元・浅野長政・石田三成を博多に派遣。帰国する将兵の撤収作業に当たらせた。

ここで能吏ぶりを発揮したのが三成だ。

船舶調達と配置の要領次第では、追撃する敵に襲われて思わぬ被害を出す。それを安芸宰相毛利輝元他、博多商人神谷宗湛（そうたん）、島井宗室の支援を得て、三成は滞りなく遂行。無事に完了する。

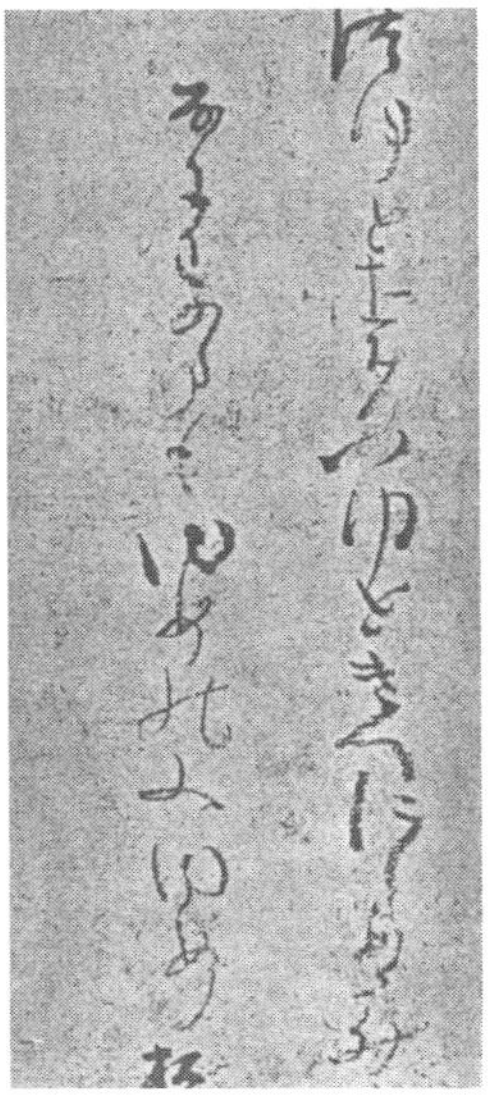

秀吉の辞世

毛利輝元「天下殿」の貫禄

在朝鮮将兵の撤収作戦遂行中、三成は輝元と急接近。秀吉亡き後の家康に対抗する豊臣方勢力の中心的存在は輝元の他にないと判断したらしく種々画策している。

これには伏線があり、田原の役の際、秀吉は「此の城聚楽（じゅらく）をば輝元に預け申すべく候。秀吉出陣の間は天下の仕置、又は、則ち天下殿と輝元思はれ候へとの御意にて、聚楽を御預けなされ候」と発言している。

秀吉の側近として行動していた三成だから、それについては当然、承知していたのであろう。

徳川家康、誓約違背事件

ところで、慶長四（一五九九）年に転機が訪れる。

正月元日、豊臣秀頼は伏見城で歳首の賀を受け、すぐに大坂城に移った。傅役（ぶえき）前田利家も秀頼と共に大坂城に移ったため、伏見城は空き家になってしまった。

この伏見城に目をつけた家康。図々しく住み着いてしまったのであるが、その途端、勢威を強め不遜な態度に出るようになった。

今井宗益を介して六男忠輝に伊達政宗の女を娶ろうとした他、縁故の女を養女とし、福島正則の嗣子忠勝や蜂須賀家政の子至鎮と婚姻させた。明らかに私婚を禁止した「太閤法度違反」だ。

しかし、力づくの政治に共鳴する者が出てきた。これによって、大坂の豊臣派と伏見の徳川派が明らかに色分けされてしまうかもしれない。

一瞬の静粛を味わいたい。そんな時は、どうぞお出で下さい。一服の茶に幽玄の世界が映ります。

利休茶室こと
堺・南宗寺実相庵

死への恐怖

醍醐の花見

厳戒体制下に行なわれた盛大な花見の宴
～1598年3月15日～

花見の好きな太閤秀吉が、いつにも増して豪華な醍醐の花見を催した。しかし、厳重な警護のなかで行なわれたため、参加者の間から疑問と不満の声があがっている。

醍醐の花見が行なわれたとき、五十町四方山々には柵やもがりが回され、至るところに警護所が置かれ、弓・槍・鉄砲を打ち揃えた御小姓（おごしょう）衆、御馬回衆が徘徊するありさま。

いくら趣向を凝らした店棚が用意されても心から楽しめるものではなかった。

秀吉、強硬外交を展開

恐懼するマニラ総督、対策協議へ

【マニラ＝一五九七年一月】キリシタン禁令違反で逮捕されたフランシスコ会宣教師がマニラ副総督宛に、次のような書簡を送った。

「噂によれば、彼（太閤秀吉）は元来は朝鮮との事件に忙殺されていて、いまは企てないものの、来年はルソンに赴くとのこと。

この目的を達成するために、彼は琉球列島と台湾島の占領を計画し、同島を経て軍隊をカガヤンに送り、さらにマニラに殺到する由である」

マニラではパニック状態となり、総督はじめ軍首脳が対策を協議し、「日本に先んじて台湾占領すべし」という意見もあったものの、明国に台湾占領計画がある旨、内報するに止まった。

朱印船

●マニラ総督談話

「いま、日本国に攻められたら一たまりもない。とても太刀打ちできない。明国でも台湾の対岸、福建省沿岸の防備を固め、澎湖島に戦艦と兵員を集中したと聞く。やると言ったら、本当にやるから日本人は怖い。何とか、平和裡に通過したいものだ」

1570年につくられた東インドの地図（オルテリウス作）

ニュース解説

「殺生関白」＝秀次事件の背景

論説委員　沢井田三

●秀次は凡人だった

秀次は平凡な人物だった。関白とは名ばかりで、三成ら太閤直属の執行＝行政機関が動き回るので、秀次は月次連句や詩会などの学問に馴染む他なかった。

だが、秀頼誕生後、落ちつかぬ毎日になった。正親町（おおぎまち）天皇諒闇（りょうあん）中に狩猟をしたとか、妊婦の腹を割いて胎児を見たという〝非行の噂〟が出始めたからだ。

●三成に対抗した

秀次には単なる家政機関しかなかった。しかも、人材を得ない。それにもかかわらず、「関白印」を捺して国事決裁をしなければならない。これは矛盾だった。

たとえば、蒲生氏郷の嗣子鶴千代の遺領相続時、三成らは「不正がある」として知行没収の上、堪忍分二万石を与えることにした。

ところが、秀次は「別儀なし」と却下したため、執行停止となった。こうしたことがたびたびあったとしたら由々しいことだ。行政は麻痺してしまう。

秀次処刑の伏線は、そのあたりにあった模様だ。

「二十六聖人」の殉教

キリシタンを磔刑に処す

慶長元(1596)年10月、土佐の浦戸沖にイスパニア船サン・フェリペ号が現われた。そして、水先案内人が自慢げに語った。「イスパニアの領土は広大である。なぜなら、わが国はまず宣教師を派遣し、信者が相応の数になったとき、軍隊を差し向けて征服するからだ」

【長崎＝一五九七年二月】スペインのマニラ政庁が派遣した使節という名目でたびたび来朝し、大坂や京都で教会や病院を建て、公然と伝道するキリシタンが一斉に逮捕された。

逮捕されたのは、フランシスコ会の宣教師バプチスタら六人の他、日本人のイエズス会員三人、日本人信者十五人。合わせて二十四人。

一同耳を切り落とされ、両手を縛られ、首に縄を打たれて京都・伏見・大坂・堺を引き回された後、陸路を長崎に送られ、浦上に着いた。

ところが、途中で殉教精神の高揚を止め難くなった二人が列に加わったため、二十六人となり、合わせて磔刑に処せられた。キリシタンらは争って死骸に近寄り、布に血潮を受け、着衣の一片を引きちぎって「聖宝」として持ち帰った。

二十六聖人殉教（ローマ：サン＝アントニオ蔵）

日本軍兵士の「戦線離脱」続発

朝鮮、降倭対策に大わらわ

【朝鮮＝一五九七年】唐入りの陣において朝鮮半島に渡った武将たちは、引き揚げに当たり、才技に優れた者を多数伴って帰国した。しかし、自ら降伏して土着した日本人将兵もあった。

記録上、確認できるのは、毛利秀元の武将萱島元規で、胡人を撃破する軍人として使役されている。しかし、混乱が深まると、まとまって降伏する者が続出した。

その結果、遼東半島に配置されたり、慶尚道閑山島の水軍に編成されたり、あるいは「投順軍」として土賊追討部隊に編入された。投降しても戦争稼業から脱することはできなかったのである。

厭戦（えんせん）気分で投降しても救われるものではない。

隠された豊臣家埋蔵金

四億五千万両はどこへ消えた？

【大坂＝一五九八年】

死期が迫りつつあることを悟った豊臣秀吉が、勘定奉行幡野三郎光照と金山掛奉行の渡来人今川賀造振龍に対し、軍用金四億五千万両を埋蔵するよう、命じたという。

消息を伝える某怪文書には「秀吉公仰せられ候は、日本国も治り、これより上の金は入用これなく、一先瓢単間歩ならびに四ヵ所（の大鉱脈）とも慶長三年十一月限り差止め候旨、仰せられ、秀頼十五歳まで日本国の政事は徳川家康へ預け申し……秀頼十五歳を限りに日本の政治、受け取り、諸国治金入用の節は瓢単間歩ならびに四ヵ所」の間歩を掘り立てよ、と指示したと伝えられる。

結局、命令を受けた幡野・今川両名は埋蔵金四億五千万両を五百数十名の囚人を動員して秘かに多田銀山（摂津国川辺郡）に運び込み、数十ヵ所の廃坑に分散埋蔵した。

然る後、幡野は八名の修験者に盗掘封じの呪詛を修法せしめ、満行の日、一人の修験者を生贄とし、五百数十名の囚人も抹殺され、坑道に放り込まれて埋められた。

その後、何度か、掘り立てられ、軍用金に転用されているが、それでも莫大な埋蔵金が手つかずのままに眠っているという。その場所、埋蔵両等を知る者はいなくなり、いまは杳として知れない。

残された埋蔵金はいったいどうなったのか。

第四章

［AD一六〇〇年～AD一七九一年］

天下二分の関ヶ原合戦
徳川家康、天下を取る
海外貿易活発に
商人台頭、越後屋が新商法展開
赤穂浪士、討ち入り
徳川幕府、財政ピンチ
幕政改革に吉宗登場
田沼時代の明暗・功罪
田沼意知殺害さる
寛政の改革

日　本　史　新　聞　（ＡＤ1600年）　～　（ＡＤ1600年）

「家康、天下殿に成られ候」

"60年分の忍耐"解き放つ

日本史新聞

主な記事から

◆家康殿、天下殿に成られ候
◆会津遠征・三成挙兵・中間派の動揺
◆東西両軍の大激突間近？
◆ヨーロッパ新時代

古ダヌキ

主導権確立へ動く
有力大名を各個撃破

徳川家康

【日本各地＝一六〇〇年】豊臣秀頼の傅役、前田利家が亡くなったので、徳川家康は誰はばかることなく天下取りに向かって動き始めた。そして、都合よく自ら標的となる小官僚三成が現われ、決戦陣形を築き始めた。その結果、日本列島が真っ二つに割れ、次第に激しく軋（きし）み始めた。

豊臣秀頼の傅役、前田利家が大坂城に引き移った後、数ヵ月して亡くなった。

痛恨の一大事となったのが石田三成だった。防波堤を失ったため、加藤清正ら武断派諸将につけ狙われ、絶体絶命の窮地に追い込まれる。

このとき、家康は三成と武断派の対立を最大限に活用し、標的を絞り上げた後、反対派を各個撃破する作戦に取りかかった。

決戦の構図が固まる。

前川利家

会津遠征

6月18日

上杉討伐を決定 景勝を挑発す

興福寺の僧侶多聞院英俊（たもんいんえいしゅん）は利家が亡くなり、家康が伏見城に入ったとき、「家康、天下殿に成られ候」と書いた。

それから半年後、その通りになった。大坂城を訪れた家康の周囲に前田利長、浅野長政、大野治長らの「家康暗殺計画」が露見。関係者が厳しく処罰された。

さらに「上杉景勝謀反」の密書が届いた。会津領内の諸城修築や道路橋梁の普請、武具の調達が書いてあった。家康は「絶好の口実になる」と言い上杉討伐の軍を起こす。

石田三成

三成挙兵

7月2日

諸大名に家康弾劾文を送る

三成が挙兵の意思を明らかにしたのは七月二日、親友大谷吉継が佐和山城に訪ねてきたときのことで、相次いで増田長盛、安国寺恵瓊（あんこくじえけい）にも打ち明けている。

それが正式な軍令となったのは、七月十七日、増田長盛・長束正家・前田玄以の三奉行が連署し、宇喜田秀家（げんい）が確認した「檄文」を諸大名に公布したときだ。いよいよ舞台は回り始めた。

島津義弘

中間派の動揺

7月半ば～

不承不承の西軍派諸将

西軍には旗色のはっきりしない大名が多かった。

島津義弘は東西両軍にも利害関係は弱く、小早川秀秋はどちらにも強い。脇坂安元は嫌々ながら参陣。そして、吉川広家は毛利輝元が西軍総大将に祭り上げられたのでやむなく従軍。これでは戦意も高揚するはずがない。

一瞬にして瓦解し、混乱を増すばかりだった。

飛脚便「速配サービス」開始
江戸～大坂間
ご依頼の書簡・荷物は
3日間でお届け致します
ただし、荷物の場合、
大きさと重さに制限があります。
黒犬武の飛脚便

東西両軍の大激突間近？

伏見城攻防戦

7月〜

徳川家の鳥居元忠、善戦も西軍四万に屈す

伏見城の守将
鳥居元忠

戦いの火蓋は七月十八日、西軍勢力圏に打ち込まれた楔（くさび）＝伏見城の攻防戦で切って落とされた。

島津義弘・小早川秀秋・毛利秀元ら四万の西軍が包囲するなか、忠義一徹の三河武士、鳥居元忠率いる千八百の兵が籠城する。

籠城兵が全員玉砕の覚悟で待ち構えているとき、包囲側の腹が決まらないので、なかなか勝負はつかない。

あっと言う間に二十九日になった。苛立った三成は督戦に駆けつけたが、それでも落ちない。ようやく城内の甲賀者を脅して内応させ、攻略の糸口を掴む。

八月一日、伏見城は陥落。続いて、丹後・伊勢・美濃尾張の各方面を次々に制圧するが、足並みの揃わない西軍としては上出来だった。

小山会議

7月25日

豊臣系大名、家康支持に回る

七月十九日、まだ江戸城に滞留していた家康のもとへ、一通の密書が届いた。

「一筆、申し入れ候。今度、垂井において大刑（大谷吉継）両日相煩ひ、石治少（石田三成）出陣の申分、ここもと雑説申し候。なほおひおひ、申し入るべく候。恐々謹厳」

密書の送り主は増田長盛。三成が謀議を凝らした相手であった。家康は驚いたが、慌てない。予定通り、江戸を経って下野小山に向かう。

二十四日、伏見城の鳥居元忠から下野小山に届いた知らせを見て、初めて随行した諸将八十余名に事情を明かし、評定に委ねることにする。三成を討つか、討たぬか。

「三成に味方する御仁は遠慮なく陣払いしてよい」

しかし、誰一人、席を立つ者はなかった。

江戸滞在

8月末

豊臣系大名の優柔不断を叱る

評定の場で、「余人は知らず。拙者は妻子を捨てても内府殿にお味方仕る」と真っ先に発言した福島正則は、翌日早く西に向かって出立した。

しかし、肝心の家康が江戸城に帰城すると動かない。東軍諸将は尾張清洲城に集結して軍令を待つが、具体的な指示が何も届かない。

十九日、ようやく「諸将が未だに戦端を開かないのは何事か」と咎める家康の使者が清洲城に到着する。忠誠の証を見せろ、と。

信濃上田城攻防

9月7日

秀忠、関ヶ原に遅れる
真田父子の奇策に苦杯

約三万八千の兵を率いて、秀忠は中山道を進むことが決まった。ところが、秀忠はなぜか、真田昌幸が籠もる上田城攻撃に執着した。「大事の前の小事」と本多正信が諫めるのも聞かず、秀忠は上田城目がけて一直線に迫ったところ、虚空蔵山の麓から突然、伏兵が出現。秀忠の本営を急襲した。

同時に上田城の大手門が開き、中から鉄砲隊が一斉に火を吹いた。真田幸村の一隊も突撃してきた。おかげで大損害を被ったばかりか、関ヶ原合戦に遅れてしまった。

美濃赤坂に到着したのは、関ヶ原合戦の四日後。家康に大目玉を食らった。

裏
日本史物語
画・梅本文左ェ門
家康
今こそ60年間たまったものを…
う〜ん力が入るわい
ブ〜
ありゃ〜天下No.1になっちゃった

決戦前夜
●東西両陣営の武将に迫るルポルタージュ　本紙特別取材班

ヨーロッパ新時代

フランス

シュリーの「二乳房論」功奏
財政改革で復興成る

【フランス＝一七世紀初め】

「ナントの勅令」後、アンリ四世下のフランスは、財政整備、税制改革、商工農業の保護育成、土木諸事業、貿易・植民によって、目ざましい復興を成し遂げる。

カナダのケベック植民地の建設が進み、養蚕・絹織物業やゴブラン織物が急速に発達した。その立役者こそ、「耕作と牧畜とはフランスの二つの乳房」と常々力説するシュリー公だった。

ドイツ

三百数十カ国に分裂
秩序も基準もなし

【ドイツ＝一七世紀初め】

神聖ローマ帝国とは名ばかりで、実際はハプスブルク家を頂点とする諸侯三百数十人が、それぞればらばらに自分の領地を支配する分裂国家の集合体だ。

何の統一性も秩序も基準もない。諸侯は思うがままに立法、課税を行ない、それぞれの勝手気ままに諸外国と同盟を結んだ。宗教改革は結局、戦乱と殺戮、略奪の戦場を生み出しただけだった。

アンリ４世時代のパリ

日本史新聞　(AD1600年) ～ (AD1601年)

東軍の大勝利！

日本史新聞

主な記事から

◆天下二分、関ヶ原の合戦、勃発
◆家康、大坂城に入る
◆もうひとつの関ヶ原の合戦
◆インタビュー島津義弘・小早川秀秋

正味七時間の激闘
勝敗分けた小早川の裏切り

西軍予想外に善戦

【関ヶ原＝一六〇〇年】秀吉の死後、その覇権を争って静かな緊張が続いていた石田三成グループと徳川家康陣営。いずれ、合戦での決着は避けられないと見られていたが、遂に両陣営が関ヶ原で大激突、壮絶な戦いを展開した。

●布陣――午前五時

関ヶ原が合戦場となったのは、家康が大垣城に籠城する西軍を野戦に誘い出すために三成の佐和山城を攻撃。続いて、大坂城を攻める気配を見せたためだ。

三成は十四日深夜、慌てて大垣城を出て関ヶ原盆地の西北端に陣取った。家康は喜んで関ヶ原に急行。盆地を西に見下ろす桃配山に本陣を置いて朝を待った。

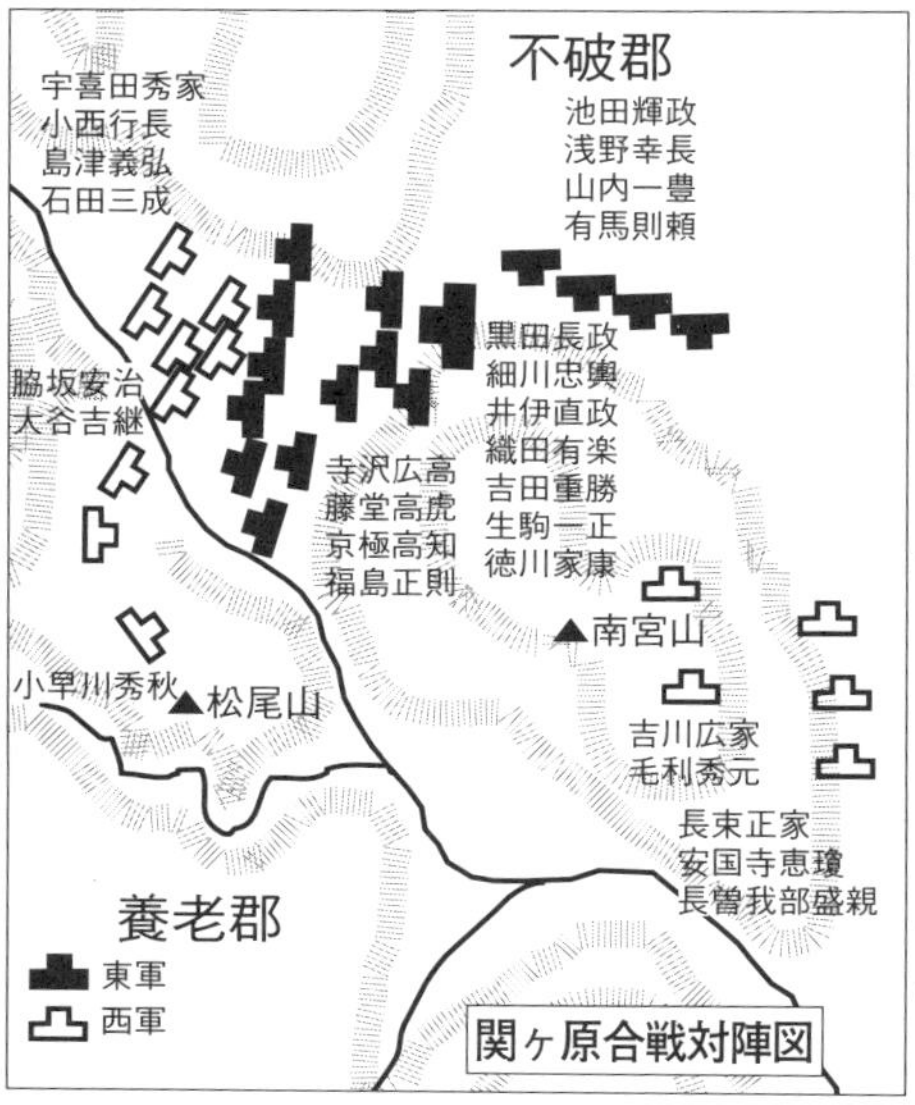

不破郡
宇喜田秀家
小西行長
島津義弘
石田三成
池田輝政
浅野幸長
山内一豊
有馬則頼
黒田長政
細川忠興
井伊直政
織田有楽
吉田重勝
生駒一正
徳川家康
脇坂安治
大谷吉継
寺沢広高
藤堂高虎
京極高知
福島正則
南宮山
小早川秀秋
松尾山
吉川広家
毛利秀元
長束正家
安国寺恵瓊
長曾我部盛親
養老郡
東軍
西軍

関ヶ原合戦対陣図

●激突――午前八時

午前五時頃、東西四キロ、南北二キロの狭隘な関ヶ原に西軍八万五千、東軍七万五千、合計十六万もの大軍が集まった。

午前八時前、両軍が相対峙する最前線に向かって移動する一団があった。赤備えの井伊軍団三十騎、井伊直政が選抜した精鋭だ。

福島正則の前に出ると、西軍島津隊に発砲した。

●乱戦――午前九時

銃声が鳴り響いたとき、関ヶ原には濃霧が立ち込め、お互いに陣形や兵力も明確には把握できず、細かい作戦は決められていなかった。

とにかく、目前の敵を叩くだけ。そのとき、攻撃目標となったのが西軍の石田隊だ。東軍諸将は我先に襲いかかり、石田隊も大筒で応戦。怯んだ隙に斬り込んだ。

●変化――午前十二時

一進一退を重ねる両軍を見下ろす松尾山に陣取る小早川秀秋。西軍の三成も東軍の家康も、それぞれの期待を込めて松尾山を見上げた。

悩む秀秋。とうとう裏切りの下知を下す、「目指すは大谷刑部の陣なるぞ」。一万五千の大軍が松尾山を下り西軍の脇腹に突進した。

●決着――午後一時

大谷吉継は少しも慌てず、待機させていた兵に迎撃させ押し返す。ところが、その味方のなかから脇坂・朽木・小川・赤座の四隊が裏切る。

大谷隊が壊滅すると情勢は一変。隣の小西隊が浮足立ち、宇喜田隊も混乱の極に達し、支離滅裂となる。

●終局――午後四時

緒戦より傍観していた島津隊は東西両軍に義理も利害もない。戦場を離脱する決意を固め、敵中突破をはかる。戦場に残るは東軍だけであった。

刀剣売買

お手持ちの刀剣類の買入、評価鑑定・研・白鞘の製作等、承ります。

播州宮本村
武蔵屋

家康、大坂城に入る

徳川家康

【大坂＝一六〇〇年九月末】関ヶ原合戦には勝ったが、大坂城の毛利輝元が秀頼母子と共に健在である限り、家康は安心できなかった。

そこで輝元の大坂城退去をはかる一方、中央政府軍の統帥権者として、自ら大坂城西の丸に入城する。

これによって、秀頼母子とは気まずい関係になるが、関ヶ原合戦の勝利者という家康の立場と力に相応しい形を与えられた。

天下二分　関ヶ原合戦、勃発！

関ヶ原合戦は７時間に及ぶ激闘だった

インタビュー

命懸けの敵中突破術

島津義弘

三成の小輩め。馬上から助勢を要請する無礼を犯した。許し難し。加勢どころか、襲いかかって一刀両断にしてやりたい気分であった。

ともかく、六十六歳のわが身では不屈の意思を示して死ぬ他にない。そう思ったが、豊久らの勧めで戦場離脱を決意。再起をはかったのじゃ。

火の玉になって敵中突破をはかったが、千五百のわが兵力が牧田川を渡ったとき、わずか八十になっていた。どんな犠牲を出しても初志を貫く。これが薩摩武士じゃ。

裏切りの瞬間

小早川秀秋

故太閤殿下の御恩は山よりも高く、大政所（おおまんどころ）様の愛は海よりも深い。しかし、わが家臣一万五千を預かる身としては将来の身の振り方も考慮しなければならん。

過去は過去として、現実を考慮したまでのこと。といっても優柔不断な性格は直らないものじゃ。内大臣（家康）殿に付け入る隙を与えてしまった。あーあ。疲れた。

ご要望通り、系図を作ります。

江戸・徳阿弥

編集手帳

合戦始末記

▼わずか一日の合戦で、西軍の死者は四、五千人、あるいは死傷者を合わせて八千人といわれている。東軍の死傷者数を伝える公式発表はないので集計はできないが、二倍近くはあっただろう▼狭隘な関ヶ原に流された血潮と失われた肉体の数に驚き、ひたすら供養の祈りを捧げるだけであるが、敗者の行方は哀れなものであった▼輿に乗って部隊を指揮した大谷吉継は、部下の兵が全滅したのを聞いて自決。首は家臣が持ち去った。長束正家は居城の近江水口に戻り、城を明け渡した後、自決▼肝心の三成は伊吹山中に逃げ、単身近江に戻り、各所で隠匿を頼むが、拒否されて放浪の後、ある者に訴人させて逮捕される▼キリシタンであるため、自殺のできない小西行長も逃走中に出会った村人に家康本陣へ連行するように勧め、逮捕された▼安国寺恵瓊は伊勢に逃れた後、京都に潜入。東本願寺の坊に隠れていたが密告され、京都所司代奥平信昌に逮捕された。

もうひとつの関ヶ原合戦

上杉と最上が山形で激突　直江兼続が最上義光を圧倒

【山形＝一六〇〇年九月末】会津に本拠を置く上杉景勝の家老、直江兼続（なおえかねつぐ）が、最上義光の山形城攻略のために総勢二万七千の兵を率いて米沢城を出発した。

最上義光

本拠会津では旧領回復を叫ぶ伊達政宗と正面対決している最中だったが、政宗と妥協してでも義光の山形城を奪取したい理由があった。

上杉家の所領庄内と米沢を地続きにするには義光の山形城がぜひとも必要で、近い将来、家康と決戦を迎えるに当たって、どうしても必要不可欠の戦略だった。

上杉勢が攻略に失敗した山形城

兼続は全軍を三隊に分け、山形城山形盆地に下ったが、山形城本城を支える長谷堂城がどうしても落ちない。上山城攻略に至っては奇襲部隊に背後を突かれて失敗。

戦陣が膠着状態に陥ったところへ届いたのが上杉景勝の「西軍敗北」を伝える書状。が、兼続は少しも慌てず悠々と殿（しんがり）戦を展開。「さすがは謙信の鍛えた武者振りよ」と周囲を唸らせた。

日本史新聞

主な記事から

- ◆伏見城で宣下式典
- ◆江戸に幕府、天下普請始まる
- ◆家康の巧みな戦後処理
- ◆ハムレット、大人気

伏見城宣下式典

徳川家康、征夷大将軍に

武家出身者の就任は源頼朝以来

【伏見＝一六〇三年二月】

関ヶ原合戦に圧勝した家康は、その地位に相応しい権威と権力を得ることになった。足利幕府の崩壊以後、絶えて久しい征夷大将軍職に就任。江戸に幕府を開くことになった。

征夷大将軍という職は、古くは坂上田村麻呂が任命されたが、説明するまでもなく蝦夷征伐の将軍職。しかし、武家の棟梁、実力で地位を確立した覇者として就任する職となったのは源頼朝以来

御恩と奉公の主従関係

関ヶ原合戦に圧勝して一年半。家康は多くの大名から所領を没収し、これを再配分し、さらに大幅な配置替えを実行した。家康は単なる軍事統率者ではなくなった。

つまり、家康によって所領の給付・加増をされたり、移動させられたり、安堵を受けた者はことごとく領有の確認を受けることになり、家康との間に新しい御恩と奉公の主従関係を結ぶことになる。

征夷大将軍の補任

このとき、家康はいかなる立場で主従関係を結ぶのか。それが問題になった。そこで示されたのが征夷大将軍に就任することだ。

一月二十一日、内裏（だいり）の勅使より内意を受けた後、二月十二日、伏見城を会場として将軍宣下の式典が執り行なわれることになった。

衣冠束帯（いかんそくたい）に威儀を正した勅使が家康を征夷大将軍となすと宣旨を伝えた後、源氏長者、淳和（じゅんな）・奨学両院別当への補任、牛車・兵仗許可、右大臣転任の宣旨が渡された。家康は名実共に天下人となった。

江戸に幕府

開幕の天下普請始まる

築城と市街地造成、同時に着工

【江戸＝一六〇四年】

征夷大将軍として武家を取り仕切る幕府は、江戸に開設されることになった。江戸といえば、いうまでもなく家康の本拠江戸城だ。

まず、石材を運ぶ船の建造から伊豆方面の石の切り出し、駿河・遠江・三河方面の木材伐採、青梅方面の漆喰製造など、基本的な資材・機材の調達が始まった。

また、江戸は海岸の入江が武蔵野の奥深くまで侵入しているので、運河開削工事、埋立工事と丘陵地帯の切削工事によって城下町となる市街地造成が進められた。

しかも、江戸城建設と市街地建設は戦争出陣と同じ意味の軍役だったので、大名たちの自己負担で行なわれた。

江戸城天守閣完成予想図

世界短信

オランダ

いつまで続くの？チューリップ景気

【アムステルダム＝一七世紀初め】

オランダは東インド会社によって運営された。会社は商業資本家を中心とする重役団によって独裁的に運営され、法外な独占権を行使した。その中心地となったのがアムステルダムだ。

一六〇九年、ある高級チューリップに高値が付いたのがきっかけで「先物取引」が始まり、農民・職工・女中らが投機に熱中し始めたが、あるとき、大暴落。夢は壊れた。

イングランド

英王ジェームズ一世、「約束の土地」へ向かう

【エジンバラ＝一六〇三年】

スコットランドの首府エジンバラから美々しい行列が出発した。スコットランド王ジェームズ六世がイギリス王ジェームズ一世となり、ロンドンで戴冠式を行なうためだ。

南下するにつれ、暖かく豊かな土地が広がる。

彼は叫んだ。「見よ。私の約束された土地を」

戦後処理

家康、巧みかつ狡猾

取り潰し・再配分等を徹底敢行

西軍の総大将となった毛利家潰しをリークしながら、家康は西軍大名の取り潰しと東軍大名の配置替え、再配分を徹底して行なった。これは戦国時代の終焉を告げる動きとなるのか。

廃絶された西軍大名 八十七家＝四百十四万石

西軍の総大将となった毛利輝元は周防二ヵ国に削減。旧領百二十万石のうち、三十六万石だけが残された。

宇喜田は五十七万石没収。上杉は百二十万石のうち、米沢三十万石のみ。その他、ことごとく領地は没収された。

こうして、西軍に属した大名のうち、廃絶が八十七家、没収所領は四百十四万石。それに毛利・上杉らの削減所領分二百二十一万石を加えると六百四十万石に達した。

吉川広家

豊臣家、六十五万石 地方大名へ格下げ

豊臣家は所領没収の対象外だったはずだが、いざ戦後処理が終わると二百万石ほどあったはずの所領が六十五万石になっていた。

これは処分というよりは直轄領の明示がない領地が多かったために削減されてしまったわけで、事実上の処分に等しい。

結局、摂津・河内・和泉の三ヵ国分、六十五万石に削減となった。

淀君

加封・ベスト20

武将名	旧石高	新石高	増加高
結城秀康○	10.1	67.0	56.9
蒲生秀行	18.0	60.0	42.0
松平忠吉○	10.0	52.0	42.0
池田輝政	15.2	52.0	36.8
前田利長	83.5	119.5	36.0
黒田長政	18.0	52.3	34.3
最上義光	24.0	57.0	33.0
福島正則	20.0	49.8	29.8
加藤清正	25.0	52.0	27.0
田中吉政	10.0	32.5	22.5
細川忠興	18.0	39.9	21.9
浅野幸長	16.0	37.7	21.7
小早川秀秋	35.7	51.0	15.3
山内一豊	6.9	20.2	13.3
藤堂高虎	8.0	20.3	12.3
武田信吉○	4.0	15.0	11.0
加藤嘉明	10.0	20.0	10.0
奥平家昌		10.0	10.0
堀尾忠氏	17.0	24.0	7.0
真田信幸	2.7	9.5	6.8

単位は万石、○印は徳川一門、譜代

資料／「歴史群像」

徳川一門・譜代層 関東から近江へ

家康は没収した所領のうち、まずは直轄領を増やした。おそらくは二百五十万石余ほどであったと思われる。

続いて、井伊・本多ら譜代家臣を独立した大名とし、関東を中心にして京・大坂を結ぶ諸国諸地域に配置。他人の土地を踏むことなくして江戸と京・大坂を往来できるようになった。

これ以来、豊臣政権下では徳川家臣団として一段低い格付けをされていた者が、いまは外様（とざま）大名と呼ばれている旧豊臣系大名と対等に応対できるようになった。

島津家、家康に起請文提出

忠恒上京 薩摩・大隅等の相続承認さる

【伏見＝一六〇二年十二月】家康は、島津義久・忠恒（ただつね）父子か、義弘本人に上京・謝罪をするよう求めていたが、なかなか実現しなかった。

慶長七（一六〇二）年三月、義久は従弟忠長を上京させ、本多正信宛、義久・忠恒連名の起請文を提出したので、家康も起請文を送り、薩摩・大隅・日向諸県（あがた）の本領を安堵、忠恒相続を承認した。

やがて十二月末、上京した島津忠恒は家康と面会。和解して帰途に着いた。

秀吉の日本統一以来、再び台風の目となった薩摩

大人気の悲劇『ハムレット』

本当の作者は誰？――イングランド

舞台劇ハムレット

【ロンドン＝一七世紀初め】

劇作家シェークスピアの作品として発表され、ロンドンで大人気の舞台劇『ハムレット』の本当の作者は誰か。

芝居好きなロンドンっ子の話題になっている。

一五八〇年代にロンドンで上演され、人気を呼んだ「作者不詳の劇」を原作として、シェークスピアが脚色した疑いが強くなってきたのだが、真相は不明である。

本件について詳しく知りたい方は次の連絡先へご一報下さい。

東京本郷座

◆紙上展覧会◆

レンブラント（オランダ）

オランダでは実証的な科学や文化が急速に発達した。解剖学・臨床医学・数学・物理学・生物学などだ。それは芸術の世界にも浸透した。

レンブラントの光と闇を巧みに生かした写実的な作風に見られる通り、何でもない市民生活の光景を極めてリアルに描いている。

アムステルダム（レンブラントはこの町に移って数々の傑作を発表した）

徳川秀忠、二代将軍に就任

日本史新聞

主な記事から

- ◆徳川秀忠二代将軍に就任
- ◆狩り場事件
- ◆伊達政宗、遣欧使節を派遣
- ◆島津義久、首里城（琉球）占領

伏見城・将軍宣下式典

全国諸大名、先を争って先陣後陣に加わる

【伏見＝一六〇五年四月十六日】伏見城で徳川秀忠の二代将軍宣下式典が行なわれた。式典の規模が大きく、雰囲気も初代家康の時とは段違いの華やかさ。上洛する行列の前後に伊達政宗・上杉景勝ら東国を代表する大名が随行し、宣下御礼の皇居参内（さんだい）には西日本の島津家久・前田利常らが参列した。譜代大名と肩を並べ歩行で行列に加わる者も現われ、徳川幕府の安泰ぶりを世間に印象づけた。

二代将軍に就任した徳川秀忠

徳川秀忠に対する二代将軍宣下の式典は、初代家康と同様、京都伏見城において執り行なわれた。

朝廷より「征夷大将軍と成す」宣旨が下され後、同様に源氏長者並びに淳和（じゅんな）・奨学両院別当への補任、牛車・兵仗許可の手続き等が繰り返された。

これによって、名実共に徳川幕府を主宰する二代将軍が誕生したわけだが、初代家康の時とは大幅な違いが目立つようになっていた。

家康の場合、天下分け目の関ヶ原合戦が終わって間もなくの時だったので式典に参列する大名を制限。将軍宣下に対する御礼言上のため御所に参内した時は、外様大名は細川忠興・池田輝政・京極高次・福島正則の四人だけで、他は三河以来の譜代大名と旗本衆のみ。

これに対し、新将軍秀忠の上洛には先陣に伊達政宗・堀秀治・上杉景勝・真田信幸、後陣に最上義光・佐竹義宣・南部利直らが従い、御所参内には毛利秀元・京極高次・島津家久・福島正則・前田利常らが参列。仙石秀久・真田信幸・有馬豊氏・加藤嘉明（よしあき）らは譜代大名と一緒に徒歩で先駆する程だった。

全国の諸大名は家康個人を畏敬してきたが、これによって将軍家に臣従することになり、代々徳川本家が将軍職を世襲することが事実上、定着した。豊臣家には、家康引退後、将軍職が秀頼に譲られるのを期待する向きがあったというが、そうした甘い願望は一瞬にして消し飛んだようだ。

狩り場事件

初代家康、「道理よりも上意が優先する」と二代秀忠に諭す

——二元政治の始まり

【駿府＝一六〇六年正月】大御所家康と新将軍秀忠の間に思わぬ事件が発生していたことが明らかになった。

家康の鷹場に勝手に入り、網や罠を仕掛けた犯人を探してみると、関東総奉行青山忠成・内藤清成であることがわかり家康は激怒した。

驚いた秀忠は青山・内藤両名に切腹させようとするが、二人は野鳥が繁殖しすぎて麦の芽を食べるので害を除こうとしたとのこと。

民政官としては当然の処置だった。

それでも秀忠は律儀に切腹を命じると、さすがの家康も事情を知って二人を助命するが、将軍といえども大御所には逆らえないことを諭す。

家康が駿府城に向かって出発したのは、それらから二ヵ月後のことだった。

海外通信

▼一六〇五年／三年前、世界初の株式会社「連合東インド会社」が誕生、オランダ七州が事実上独立したことを意味するものと注目を集めたが、その後も順調に推移している。

▼一六〇八年／フランス人シャンプランケベック植民地の建設に着手。北アメリカにおける唯一のヨーロッパ型城郭都市として有名になる。

▼一六〇九年／世界初の振替銀行（いわゆるアムステルダム銀行）が出現。各国間の商業・交通が盛んになるにつれ取引決済の迅速化が要求されるようになった。

裏
日本史物語
画・梅本文左ェ門
伊達政宗は
だれの家来でも
ないわい！
秀吉、家康の
できぬことを
やってやるわ！
西欧に
使節団を送れ！
なぜ行くかって？
それは殿が
行けって言った
から…
それだけ…
そのころ船の上では
……
んな
あほな！

支倉常長

伊達政宗

伊達政宗、遣欧使節を派遣

【仙台＝一六一三年九月十五日】

仙台の青葉城に本拠を定めた伊達政宗が、幕府と合意のうえ、今度は国際舞台に乗り出すことになり、スペイン（フィリップ三世）とバチカン市国（パウロ五世）に使節団を送った、と発表した。

使節団は支倉常長をはじめとする伊達家家臣十一名と幕府の船手十名他、商人団から成る総員百四十名。新建造のサン・ファン・バプチスタ号（五〇〇トン）に乗り込んで、月の浦を後にした。

案内人として宣教師ルイス・ソテロら南蛮人多数が乗り込んでいるが、キリシタンを迫害しながら「宗経分離」と「貿易優先」を唱える使節団のご都合主義にヨーロッパがどう反応するか。

かつては秀吉に逆らい、いまは家康・秀忠と虚々実々の駆け引きに明け暮れ、〝奥州王〟を自認する政宗。スペインとバチカン市国に何を期待するのか、真意がどこにあるのか、まったく明らかにされていない。

島津義久、首里城（琉球）占領
尚寧王、あっさりと降伏

【薩摩＝一六〇九年四月五日】

島津家久は、樺山久高が率いる琉球遠征軍千五百名が首里城を攻略し、尚寧（しょうねい）王を降伏させて城を受け取った旨、報告が届いたと発表した。

かねてより琉球に使者を送り、自分が後継者となったので慶賀の使者を送るよう要求する一方、日本六十余州を統治する幕府へ挨拶に来るよう促していたが叶わず、今回の武力決戦になった。

ところで、大御所家康は琉球征服を喜び、琉球を家久に与えたが、明帝国がこれを喜ばず、今度は琉球王を通じて継続してきた貿易を拒否してきた。はたして、琉球征服の算盤勘定は黒字か赤字か。

時の話題

大久保長安の周辺に何が起きたのか？
死者にムチ打つ家康の只ならぬ所業

【一六一三年四月二十五日】

中風で半年ほど、寝込んでいた幕府〝財政長官〟大久保長安が息を引き取った。遺族と家臣は遺体を出身地の甲州へ運び盛大な葬儀を営む段取りだった。

ところが、突如家康が現われて禁止し、「生前に甚だしい不正を働き陰謀の疑いもある」と厳しい取り調べが始まった。その結果、おびただしい遺産は全部没収、子息七人は全員切腹、家臣は諸大名に召し上げとなった。

妙なのは必ず連座する人物の先端に秀忠側近の第一であり、譜代久しい名家の大久保忠隣（ただちか）の名が出てくる点だった。

莫大な資金と結びついた大久保一族の羽振りのよさが処罰の対象となったらしい。奢（おご）る者久しからず。

駿府城
漬物の塩加減

【一六〇六年夏】

家康が駿府に隠居して間もなくのこと。奥女中衆が「浄慶坊主ほど憎い者はない」と語る声を耳にした。

訳を聞くと大根の漬物が辛すぎるので塩を減らしてくれ、と頼んでも一向に聞いてくれないという。今度は浄慶に聞くと「今のように塩辛くしても食べすぎるのに好み通りにしたらどうなるか」と答えたという。家康は納得する。

神田文芸社　月刊宝話　10月1日号 本日発売

特集／立体構成
権謀と術策で貫いた伊達政宗 天下への野望
○謎の「百万石お墨付き」
○遣欧使節の真の狙いは？
○「大久保事件の黒幕」説の真偽？

■スクープ（1）
家康が有能な武将に育った結城秀康を斥け、律儀一点張りの秀忠を将軍にした理由
■スクープ（2）
大船狩りは何のため？
大船解体の総責任者・九鬼守隆氏に聞く
■全解説／武家諸法度・公家諸法度の解釈と運用

男装の麗人　出雲の阿国、〝平和〟を踊る

日本史新聞

主な記事から

出身不明も人気急上昇中

現象《かぶき》　歓楽と遊興の象徴、旧都に広がる

出雲阿国と京の都

【京都＝一七世紀初め】徳川家康が江戸に幕府を開き、長い戦乱の世に終止符を打ったとき、庶民の暮らしにもようやく平和を楽しむ余裕が見えてきた。いま、京都では「出雲阿国（いずづものおくに）」と名乗る女性の主宰する〝女歌舞伎〟が人気の的になっている。

●通称は「天下一対馬守」

いま、京都の町で大人気なのが〝女かぶき〟だ。

出雲大社の巫女（みこ）と称する女性が、豪華な衣装を身につけて男装し、茶屋女と戯れる様子を歌と踊りで表現する。それを京都町衆は〝かぶき踊り〟と呼んでいる。

女性の名は「阿国」。だが、本名で呼ばれることは少なく、通称「天下一」とか、「対馬守」と呼ばれた。これを許可したのは誰か不明であるが、阿国は「天下一対馬守」を看板にしている。

●結城秀康が落涙

あるとき、徳川家康の次男に生まれながら、悶々として晴れない日々を過ごす結城秀康が、この阿国一座を招いて、踊りと歌を楽しんだ。そして、別れしなに言った。

「天下に数多の女がいるが、天下一と呼ばれるただ一人の女なり。それに比べ、われは天下一の男になれず、阿国に劣りたる」

秀康は、はらはらと涙を流していたというが、真意のほどは誰にもわからない。

●かぶきの元祖

ところで、肝心の阿国という女性の正体は、どこで生まれ、どこで育ったのか、まったくわかっていない。

ただし、町衆の間で評判になる前、芸事にはうるさく、目の肥えた公家の屋敷や宮廷に招かれ、そこで暮らしを立てていたというのだから確かなものだ。

彼女は踊りの名手であるだけでなく、なかなかアイデアに富む人であることは確かなようだ。女性二人で踊るややこ踊りとか、時流に乗った念仏踊りを採り入れ、常に人々の共感と支持を得る工夫を忘れていない。

人気者だけに物真似が後を絶たず、「かぶき現象」という形で広がりつつある。

◆今日の秀歌◆

武士（もののふ）の知らぬは恥ぞ　馬茶の湯
はじより外に恥はなきもの

細川藤孝

編集手帳

▼小さな老朽船が、通常は十数日か、遅くとも二十日ほどで到着するところを一ヵ月も費やして、ようやくマニラ湾に入港した。▼小さな老朽船には、大勢の流人が押し込められて牢獄よりもひどく、船足は遅く、船底からは浸水が始まり、水夫は絶えず水掻きと穴埋めに追われた。▼そのうえ、暴風や逆風が続き、ついには四人も死者が出る始末。そこに六十歳を超えた老武者高山右近がいた。▼慣れぬ船旅で、すっかり弱っていたが、一六一四年十二月二十一日、マニラ全市をあげての大歓迎を受けて上陸。礼砲が轟き、儀仗兵が守るなかを凱旋将軍のように行進し、総督官邸に入った。▼おりから大坂冬の陣を間近に控え、本土は風雲急を告げる日々にあり、著名なキリシタン大名が大坂城に入るのを恐れた幕府の緊急対応としての追放策であった。

大坂冬の陣

徳川軍20万、大坂城を包囲
罠か、講和交渉も進める「古狸」家康

大坂城

【大坂＝一六一四年十二月】大坂城を包囲する徳川幕府の軍勢は、総計二十万。大僧正義演（ぎえん）の日記によれば、「日本残らず前陣後陣ことごとく供奉（ぐぶ）す」という。ただし、福島正則・黒田長政・加藤嘉明（よしあき）は江戸に残し、加藤清正の子忠広、蜂須賀（はちすか）家政を国に帰らせている。そして、大坂城を蟻のはい出る隙間もなく包囲した。

しかし、いつまでたっても攻撃命令が出ない。血気にはやる松平忠直・前田利常・井伊直孝らは我慢し切れず、真田幸村が守る出城真田丸に飛びついたところ、返り討ちに遭って、被害甚大。

攻撃中止のまま、家康主導の講和交渉が進む。

淀川をせき止めて天満川（てんまがわ）の水位を落とし、城内へ地下道を掘る。毎夜の如く鬨（とき）の声をあげ、そして、大砲と大筒を連続射撃して威嚇した。

あるとき、大砲の弾丸が天守閣に命中。

柱を砕き、千畳敷に弾丸が飛び込んだとき、驚いた淀君が講和を決断する。大坂城の主は淀君か？

大坂夏の陣

死闘の最終決戦、豊臣家絶滅
秀頼・淀君自爆、八歳国松哀れ処刑に

淀君

豊臣秀頼

【名古屋＝一六一五年四月】名古屋城で義直の婚儀を終えた家康は「大坂城に召し抱える浪人を追い出せ」と最後通牒を出した。

これに対し、大坂方は裸同然の大坂城に籠もっては戦さにならず、初めから野戦に出る他にない。窮鼠猫を食む如く、大坂方の戦意は凄まじく、しばしば幕府軍を圧倒した。

とりわけ真田幸村は、茶臼山（ちゃうすやま）の家康本陣を急襲。旗本衆を三里ほど追い散らし、気が付くと家康の側には金地院崇伝（こんちいんすうでん）と本多三弥しか、いなくなっていたという。

秀頼と淀君は、天守閣下の倉で自殺。大野治長も殉じている。弱冠八歳の国松は六条河原で処刑され、豊臣氏は残らず息絶えた。

哀悼＝大坂五人衆

大坂の名だたる武将は、あたかも長篠合戦における老臣団の如く殉じている。

四月二十九日、和泉樫井で塙直之（はなわなおゆき）を失い、五月六日、後藤基次（もとつぐ＝又兵衛）、薄田兼相（すすきだかねすけ）、木村重成、真田幸村が相次いで戦死。好んで死地に赴き、落命しているように見えた。

細川忠興は大坂五人衆の手柄・武勲を讃えた後、「勝敗は半々であったが、結局こちらの人数が多いから勝った」と国元へ書いている。

えっ何?! 講和事件顛末記

【大坂＝一六一四年十二月二十日～】

交渉の結果、大坂城は本丸のみを残し、二の丸、三の丸を取り壊すこと、織田有楽、大野治長から家康へ人質を出すこと等を条件として、講和することになった。ところが、大坂方は「惣構えの壕、三の丸の外側の壕を埋める」と解釈していた。埋め立てが始まったとき、すったもんだが起きるが、後の祭。大坂城は本丸を残して、丸裸に。実際は、本多正純が「大御所が自ら兵を出して何も戦果がないのでは過去の名声に傷が付く。そこで大御所の出馬記念に城の外側を取り壊してはどうか」と言ったのが、事の真相らしい。

大坂方は、うっかり承諾を与え、江戸方は拡大解釈をした。何事も政治である。言った、言わないは力関係で決まる。ご用心、ご用心。

ご存じですか?

豊臣にとどめをさした、
当社開発の大筒の威力。

射程距離1500～1600メートル
藤堂・井伊各隊が大坂冬の陣で実証。

国友鉄砲鍛冶

●移民のご案内●

狭い日本は住み飽きた。
殺伐とした日本を脱出しよう。
南洋はパラダイス！
海があなたを待っています。

南洋日本人町居留民会
（安南・交趾・カンボジア・シャム・ルソン・高砂）

日本史新聞

（AD1615年）〜（AD1619年）

主な記事から
- 発展する南洋日本人町
- 駐在員事情
- スクランブル発信
- 徳川家康、逝去

朱印船貿易、花盛り
発展する南洋日本人町

商売上手、貿易の鍵握る日本商人
対抗のオランダ人・イギリス人、悲鳴あげる

【東南アジア＝一七世紀前半】

力押しの秀吉外交と違って、家康は親善外交を基本にした民間貿易の発展に力を注いだため、東南アジアの諸国諸地域に「南洋日本人町」が次々に誕生した。だが、商売上手な日本人とオランダ人、イギリス人の対立が激化。国際問題になりつつある。

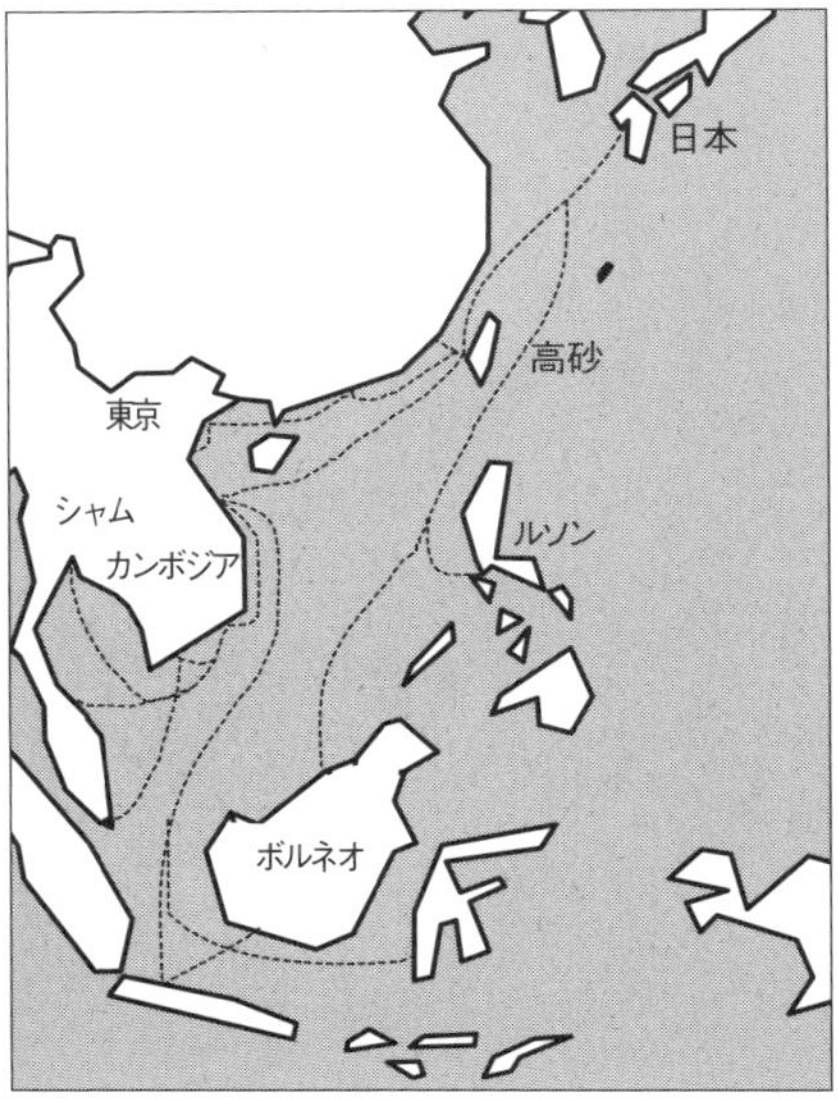

関ヶ原合戦後、徳川家康は親善外交の使者を関係各国に送り、「貿易船は朱印状を持つ者に限る」と通告したところ、内外から歓迎する声が強く、朱印船貿易は年々増大する傾向にある。

朱印船の渡航先は、北は高砂（台湾）や西洋（マカオ）が多く、インドシナ半島ではベトナム、カンボジア、シャムに集中し、島嶼（とうしょ）部ではルソン（フィリピン）やボルネオが多かった。

なかでも、渡航者の集中したベトナム、カンボジア、シャム、ルソンに日本商人の活動拠点となる「南洋日本人町」が誕生。いちいち帰国せず、常駐して仕入れや販売ルートを開拓するようになった。軍隊と宣教師が石造りの砦

日本人は商売上手？

スクランブル発信
世界産銀の1/2近くを占める日本銀

朱印船か、外国貿易船か、その違いを問わず、外国に出航する貿易船は、銀座役人が厳重に監督するなかで木造りの事務所と倉庫をもつだけで、簡素なもの。

現地の場合、現地取引に要する木造りの事務所と倉庫をもつだけで、簡素なもの。

それでも商売上手な日本人は、あらかじめ手付金を現地人に渡して買い占めてしまうことが多く、オランダ人やイギリス人の間で悲鳴があがることがしばしばだという。

現在、東アジア世界におけるビジネスは日本商人の圧倒的優勢下に進められている。

四、五隻となると軽く一万五、六百貫を超える。ポルトガルやオランダ、イギリス、中国の船も出入りし、千両箱や革袋に詰めた銀を積み出す段取り。

一回に積み出す銀は、平均六百貫余。それが年間十七、五〇〇キロ）になる。現在、日本を除く世界の銀産出額は四〇万キロ前後だというから、二分の一近い産出量ということになる。

や教会をつくってから動き出すヨーロッパ人と違って、日本人の場合、現地取引に要する木造りの事務所と倉庫をもつだけで、簡素なもの。

駐在員事情
急増する南洋在住日本人
目立つ武士とキリシタン

朱印貿易商は、それぞれ目当ての土地に現地駐在員を常駐させるようになった。

ベトナムの角屋七郎兵衛や平野屋六兵衛、そして、シャム在住日本人の頭となった糸屋太右衛門などだ。いずれも著名な朱印貿易商の一門に属する身。

こうしたなかで、一旗あげようと商人に転向して移住する武士も少なくないうえ、追放されたキリシタンが増えて

いるとなると、永住指向が出ていないはずだが、出ない。いつまでも母国日本のライフスタイルを捨てられず、チョンマゲや着物、畳にこだわるのが理由と見られる。そして、土地の人と結婚。同化して民族性を喪失してしまったのだ。

求む 幻の茶器 "呂宗の壺"
但し、太閤時代の舶来品に限る。値は交渉次第。
茶屋四郎次郎

スクランブル発信

中国

ヌルハチ 後金国建国

【満州＝一六一六年】

女真族の一商人だった男、ヌルハチが建州部を統一した後、貂（てん）皮や人参の貿易独占によって、一七世紀初期、女真勢力を統一した。

以来、明国皇帝李成梁（りせいりょう）の支援を得て遼東半島の支配を任されてきたが、「八旗制度」という部族単位の軍事・行政制度を確立したのを転機に独立。

国号を「後金」とし、自ら「ゲンギェン・ハーン（聡明なるハーン）」と名乗りを改めたことは、明国と正面対決する道を選択したヌルハチの決意の表われのようだ。

中国大陸にも新しい転機が訪れた模様。

即位する太祖ヌルハチ

イギリス

ジェームズ一世 王権神授説唱える

【イギリス＝一六一六年】

ジェームズ一世は叫んだ。

「王の大権を侵してはならない。王の絶対的大権は法律家の議論の題目とはならない。善良なキリスト教徒は神の言葉に啓示された神の意思に対して満足している。王が何をなしうるか、なしえないかを論じるのは僭越である」

ジェームズ一世

イギリス

シェイクスピア、故郷で逝去す

【イギリス＝一六一六年】

世界的な劇作家で詩人のシェイクスピアが、故郷ストラットフォードで永遠の眠りについた。享年五二。

功成り名を遂げた芸術家としてはきれいな晩年だったというほかない。成功した芸術家の晩年のこれまでのパターンは、奔放放埒のうえに、零落の最期を迎えるのが相場だった。その点、シェイクスピアは、人の世をうまく渡り歩いたと言える。

シェイクスピアが劇作家として登場してくるのは一五九二年頃だが、この九〇年代に言われるところの代表作を次々世に出している。「ロミオとジュリエット」「リチャード二世」「ヴェニスの商人」「ハムレット」「マクベス」「リア王」等々。

そして、一六一一年にはさっさと筆を折り、故郷に引っ込んでしまうのだ。その前には用意周到に故郷に土地家屋を購入しているし、ロンドンでは劇場の株主としての収入も得ている。

我々が彼に見習うべきは、作品よりもその生き方、処世術なのかもしれない。

日本

将軍の権威は絶対？ その尊厳、決して侵すべからず

越前

松平忠輝 将軍の旗本斬殺

【大坂＝一六一五年】

大坂夏の陣。松平忠輝が近江に向かって進軍中、将軍の旗本衆が乗り打ち（馬で行列を横切ること）をしたという理由で、斬り捨てにするという事件が起きた。

家康は「父たる自分が生きているときですら将軍の尊厳性を犯す。まして自分の死後、どうなることやら」と悲しみ、蟄居（ちっきょ）を命じた。

松平忠輝

広島

福島正則 無断修築事件

【広島＝一六一九年】

慶長十四年にも無断修築で家康に咎められた福島正則が再び同じ理由で幕府から咎めだてを被った。

正則は謝罪の上、新築箇所を取り壊すことになったが、本丸の一部を取り除いただけで、二の丸、三の丸には手をつけなかった。

結局、備後・安芸の四十九万石召し上げ、川中島蟄居。六十四歳で死去した。

堺商人

菱垣廻船 走らす

【堺＝一六一九年】

堺商人のひとりが、酒、醤油などを積んだ廻船を江戸に向けて走らせたという一報が届いた。江戸庶民の日常物資の需要を見込んでの試みらしい。船は、船腹に菱垣を巡らして荷が崩れないようにしていることから菱垣廻船と呼ばれるらしい。

訃報

鯛のテンプラに食あたり？ 徳川家康殿が永眠なされました。

【駿府＝一六一五年】

大坂夏の陣で豊臣氏を滅ぼし、徳川幕府を磐石のものとした徳川家康殿が、元和二（一六一五）年正月十四日、突然の腹痛に襲われ、万病丹を服用するなどで痛みを取り去った後も一進一退を繰り返していたが、四ヵ月後、四月十七日、ご他界なされた。

行年七十五。侍医の見立てでは上方で流行の榧（かや）の油で揚げた鯛が原因とのことであるが、ガンの疑いもあり、結論は出ていない。

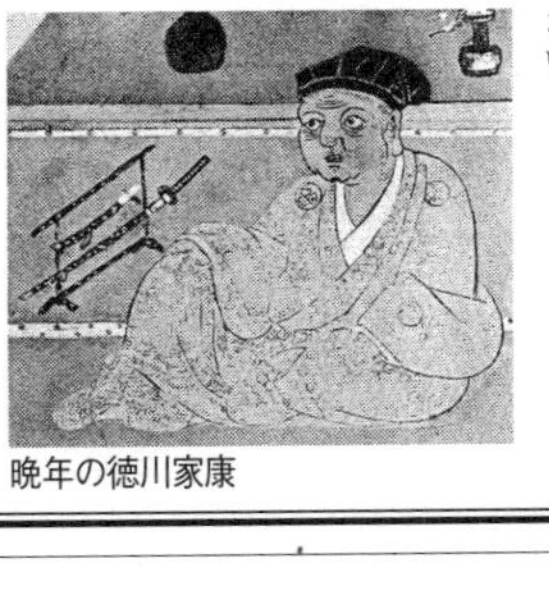

晩年の徳川家康

裏
日本史物語
画・梅本文左ェ門
東南アジアの貿易黒字ヘラシナサ～イ！
わかったわかった
チットモ改善サレテナ～イ
もーちょっとまってね
イッタイ、ドーナッテイルノ～
そーだなー
それから、250年後…
国は変われど…
イツマデマタセル！
まあ、まあ

◆本日重版◆
妖狐に憑かれた明末の世相を代表する文学作品。
隠れたベストセラー
淫書ナンバーワン
『金瓶梅』
発売：日本史新聞社出版部

日本史新聞

主な記事から
◆朱印船船頭、蘭商館を襲撃
◆日本、対オランダ貿易を禁止
◆キリシタン弾圧強まる
◆家光、三代将軍就任

末次船・浜田弥兵衛の私兵
オランダ商館を襲撃

突如の不当取引課税に激怒
幕府が介入も　改善なく日・蘭正面衝突に発展

【台湾＝一六二八年】暴挙か、それとも武勇伝か。朱印船の船頭・浜田弥兵衛が、台湾貿易を巡ってのオランダ人の不当な扱いに立腹、商館を襲撃した。幕府による商館への再三の注意にも扱い改まらず、ついに武力行使に出たもので、今度は幕府の弥兵衛への扱いが注目される。

日本、先制開発を主張

長崎代官末次平蔵の仕立てた朱印船の船頭、浜田弥兵衛は、生糸と鹿皮、その他の中国製品を輸入するために台湾に入港したところ、オランダ人が取引税を課したことに激怒。正面衝突に発展した。

弥兵衛は「台湾の貿易場は日本人がオランダ人より先に開拓した」と主張。帰国後、オランダ人の不法を幕府に訴えたところ、老中が平戸のオランダ商館に注意。

ところが、双方とも、尊大な対抗意識丸出しで、結局、間に立った弥兵衛は私的な武装集団を組織して台湾のオランダ商館を襲撃。商館長ヌイツ某を捕らえて謝罪させた。

オランダ商館を襲撃した浜田弥兵衛

日本、対オランダ貿易を禁止

【長崎＝一六二八年】台湾を巡る日本とオランダの対立は日に日に悪化。事態は深刻化している。

台湾のオランダ商館長ヌイツは、浜田弥兵衛の襲撃を受けて屈伏。五人の人質と生糸、賠償金を渡し、弥兵衛が長崎に悠々と帰国するのを見送る他になかったが、これでおさまらなかった。

長崎に到着すると人質は無論、乗組員も獄に繋がれ、船は船具や大砲が外されたうえ、動けないように土俵で囲まれていた。

そして、とどのつまりが貿易禁止だった。

貿易禁止！　オランダ人の発想にはないことだった。

キリシタン弾圧強まる
平山常陳事件

【長崎＝一六二〇年】バタビアを出帆して日本に向かっていたイギリス船ムーン号とエリザベス号、オランダ船のバンタン号とツラウなどが船隊を組んで航行中、台湾と澎湖島の間で一隻の日本船と出合った。

望遠鏡を覗くと、ヨーロッパ人が甲板上を散歩している。ポルトガル人、イスパニア人らしいので、そのまま逮捕して曳航。日本の役人に引き渡したところ、これがキリシタン宣教師だった。

宣教師は火刑、船頭らは打ち首となった。以来、いよいよキリシタンの取り締まりが厳しくなっていく。

編集手帳
南洋編

▼シャムのアユチャ商館駐在のオランダ人は、日本人商人の活動を次のように報告（一六二四年）している。

▼「シャム在住日本人は、帆船ムイデン号の来着に先んじて、鹿皮十六万枚ならびに蘇木二十万斤を非常な安値で買い占め、同地から船に積んで日本に送ったので、ムイデン号は不良の皮わずかに八千枚を入手するに止まって商利を失った」

▼あるいは、一六一三年の報告も「日本人らの当地（シャム）に来着する前は、百枚に月三十五～四十匁の鹿皮が、九十匁、百匁、あるいは百十匁に騰貴した。これはべらぼうな高値である」

▼こうした報告は、常に日本商人がオランダ人を圧倒し、優勢な状態でビジネスを展開している状況を伝えてくれる。いったいなぜ、それが日本側記録に残されていないのか。

▼東南アジア市場を巡って、日本商人とオランダ、イギリスやポルトガル、イスパニアの商人たちが熾烈な攻防戦を展開していた。なぜ、そこから日本は撤退してしまったのか？

家光、三代将軍就任会見

「余は祖父家康や父秀忠と違って生まれながらの将軍である」

徳川家光

【江戸＝一六二三年】二十歳になった家光が、居並ぶ外様大名たちを前にして将軍就任の挨拶をした。

「前代までは、その方共と同列の大名であった時期もあったが、余は生まれながらの天下人である。今日よりその方共を譜代大名と同じく家来として遇するから、左様心得るいたすがよい。不承知の者あらば、謀叛様。三年の猶予をつかわす故、国元へ帰って、その支度をいたせ」

いきなり喧嘩腰に出られた外様大名は、唖然として聞き入っていただけであるが、将軍の側近筋は「さすがは将軍の勢威よ」と褒め讃えた。妙なことだ。

現代っ子、世に憚る 旗本奴 VS 町奴

【江戸＝一七世紀前半】大名、旗本も代替わりが進み、乱世を知る者が少なくなるなかで、力を持て余した二世、三世たちは、いらぬところを飾りたて、強烈に誇示することで鬱憤を晴らしている。

頬髭を伸ばし、揉み上げと繋きながら、鬢（びん）付油で固めた髭を逆ねじに捻る。そんな顔の男が、三匁の鉛を裾に入れ、はね上げて歩く。なかには、牛首皮の帷子（かたびら）とか、熊の皮の長羽織、馬の皮の太帯を身につけ、漆や白檀、皮を用いた大脇差しを腰に落として闊歩する者もある。

人々は〝かぶき者〟とか、〝奴〟と呼んで嫌がるが、連日のように酒屋や茶屋で悪さを働くと、町衆の間でも〝町奴〟が発生した。

彼らは犬猿の仲となり、日夜にらみ合いを繰り返している。

■家光、将軍就任の弁

「市中に出られず少々不自由」

適当に書いておいてちょうだい。表のことは土井利勝か堀田正盛。奥向きのことは、春日局（かすがのつぼね）に聞け。

それにしても、昔は江戸市中に気軽に出られたものだが、この頃は警護が厳しい。少々不自由になったのが残念だ。

前代未聞!? 無位無官で？天皇に謁見

春日局

【京都＝一六二三年】家光の代参として伊勢の内宮、外宮に詣でた春日局が、ついでに上京し、ご機嫌伺いの謁見を願い出た。

三条西実条の妹分として参内（さんだい）し、天皇より盃を賜った。

将軍の信任が強く、江戸では権勢強き人でも、所詮は無位無官。武家の召使いにすぎない。

天皇に謁見するなどは前代未聞のことだった。

世界短信

デンマーク

クリスティアン四世 三十年戦争から撤退

【デンマーク＝一六二九年】イギリス、オランダの新教国の援助を受け、ドイツ北部新教徒連合の盟主たらんとしたが、南下につれ、兵力を分散したのが敗因。旧教徒連盟と皇帝の軍隊に大敗した。

傭兵隊に給料が払えなかったのが根本的な理由。カネの切れ目が縁の切れ目か。戦争は戦争請負企業家に担われる時代になっている。

イギリス

チャールズ一世「権利請願」却下 絶対君主時代へ突入

チャールズ１世

【イギリス＝一六二九年】ジェームズ一世の子、チャールズ一世は「われわれの至高の主たる国王陛下に対し、議会に招集された聖俗の貴族ならびに庶民は恭（うやうや）しく奏上し奉る」という「権利請願」を却下。議会なしに統治を始めた。

国王は、いかなることであれ、議会の承認なしには政治を執行できないとされたためだ。それでも議会が抵抗するので、チャールズ一世は有力議員を逮捕。ロンドン塔に幽閉した。

これによって、イギリスは絶対君主時代に入った。わずか十一年の短命だった。

フランス

ラ・ロシェル攻防戦 英仏海軍がぶつかる

イギリスの艦隊

【フランス＝一六二八年】「ナント勅令」によって安全を保障された新教徒たちは、ラ・ロシェルという都市を拠点に共和国の建設計画を進めていることが判明した。

しかも、この計画にはイギリスが絡んでおり、イギリス海軍が支援に向かったが、事前に察知したフランス海軍はこれを撃退。続いて、ラ・ロシェルを封鎖した。

その結果、ラ・ロシェルはたちまち飢餓状態に陥るが、降伏を潔しとせず、しばらくの間、抵抗し、間もなく武装解除。武力なき宗教団体に生まれ変わった模様。

シャム

山田長政 六崑王に左遷される

【シャム＝一六二八年】メナム川東岸にある日本人町の長となった駿河の浪人、山田長政は、シャム国王の日本人傭兵隊八百余名の指導者として忠勤に励み、大いに活躍した。

山田長政

ところが、忠勤に励んだ王が一六二八年、にわかに他界。長政は王位を狙う摂政に敬遠され、遠い地方の六崑王に左遷されてしまった。

それにとどまらず、王と王位継承者を次々に殺し、長政も毒殺して摂政自らシャム国王に就任するのは間近いとみられている。日本人町もおそらく焼き払われるだろう、と。

日本史新聞　（AD1634年）～（AD1639年）

日本史新聞

主な記事から

◆島原の乱起こる
◆バタビア、対日貿易独占
◆日光東照宮、大改修
◆社説・鎖国の影響

“紅顔の美少年”天草四郎、決起

農民・浪人ら一揆軍3万7000と共に

戦う島原の農民

島原の乱

島原・唐津両藩の虐政に反抗

幕府軍十万、キリシタン信仰壊滅へ

【長崎＝一六三七～八年】島原藩主松倉氏と天草を領有する唐津藩主寺沢氏の虐政に抗して、三万七千の浪人衆と農民らが原の古城に籠城。十六歳の美少年天草四郎時貞を総大将として、公然と反旗を翻した。これに対し、幕府は総軍十万を動員。徹底的に鎮圧して反抗の根を断ち切った。

貿易を禁止された大名の活路

徳川幕藩体制は、農業を主たる財源として成り立っている。否、それだけでは成り立つはずがないにもかかわらず、鎖国と商業抑圧によって不自然な形で成立している。

その影響をもろに被ったのが九州の大名だ。九州の大名は痩せた土地に依存できず、海外交易に頼る他になかったのだが、それを絶たれたいま、過酷な年貢収取を図る他になかった。

虐政に喘ぐ農民の活路

しかし、見栄を張って、実収石高を上回る石高を申告している大名の支配下にある農民は悲惨だった。島原と天草がまさにその典型だった。

凶作になれば、年貢を納められない農民は苛烈な責め苦に遭った。しかも、キリシタン禁制と絡んでいる島原・天草であれば、なおさら、その責めはきつかった。

落ちた原城

行き先を見失った浪人の活路

現世の苦しみを逃れ、あの世の幸せを願って農民が決起すると、行き先を見失った浪人たちも一縷の望みを懸けて集まってきた。そして、土地の庄屋たちと合体した。

その結果、時貞を総大将とし、鉄砲大将・普請奉行・軍奉行・旗頭・使番などの軍事組織が整った。

キリシタン信仰で結ばれた人々

こうして見ると、幕府の鎖国政策によって発生した被害者の群れが島原・天草に集中し、時ならぬ反乱に決起した様子が見えてくる。

そして、その結び目に見え隠れするのがキリシタン信仰だ。幕府が異様とも思える物々しい陣容で出動し、事に挑んだのも当然のことだった。一揆は壊滅した。

独占インタビュー

天草四郎時貞氏は語る

「私はママコスの予言の天童として誕生した」

天草四郎

寛永十四（一六三七）年秋、しばしば空が赤く焼け、将軍家光も余命幾許もないと噂されていたとき、「ママコスの予言」を知った。二十三年前、天草を追放された宣教師ママコスが言ったことだ。

「今から二十五年目に十六歳の天童が出現する。国土は鳴動し民家草木は焼け滅びる。人はクルスをいただき、山野には白旗がなびき、キリスト教の宗威は異教を飲み込み、天帝はあまねく万民を救う」

私自身は、その天童なのかどうか、わからない。しかし、あまりにピタリと適合することから、人々は私を予言の天童だとはやし立てたのだ。

オランダ

日本の"鎖国"を祝うバタビア総督府

朱印船の地盤を奪い、対日貿易を独占

【ジャカルタ＝一六三九年】バタビア（ジャカルタ）港にあるオランダ総督府において、日本政府（幕府）がポルトガル船の日本来航を禁止し貿易を停止したことを祝うパーティーが行なわれた。

事実上、バタビア総督府が対日本貿易を独占することになったわけで、総督以下、主な吏員・軍人・市民が参集し、盛大なる祝賀と感謝のパーティーが執り行なわれたのも無理のないことだ。

オランダ船はメキシコから来航するイスパニアの銀船を攻撃・だ捕し、南シナから生糸等を供給するシナ船を攻撃。いずれも商品を奪って濡れ手に粟の利益を上げ、防御同盟解消後はイギリス船を脅かし、ポルトガル人の排撃に努めていた

常々、カトリック教国民の侵略的植民政策とキリシタンの関係を幕府に吹き込んでは反感をそそり、ポルトガル人の貿易と朱印船の渡航禁止を言い立ててきたオランダの政策が実ったのだ。

こうなると、東アジアにおけるオランダの貿易利権はほぼ独占されたことになり、イスパニアやポルトガル、イギリスは撤退を余儀なくされることになりそうだ。

社説

鎖国政策は子々孫々に至るまで悪い影響を残さないか

論説委員　最上孝太郎

【日本＝一六三五年】日本政府（幕府）が日本船の海外渡航禁止令を発布すると、バタビアのオランダ総督府は次のように対応した。「日本の皇帝（家光）が死刑の厳罰をもって国民の海外渡航を禁止したので、この絶好の機会を利用して、彼ら国民が従来渡航していた地方、なかでもカンボジアのように、かつて我等が貿易を行なわなかった地方に会社の貿易を拡大することを決定した」（総督府決議録）

つまり、日本の朱印船が長い間かかって築き上げてきた地盤の上にオランダの商権を拡大することを決定したということだ。オランダ船は、さっそくカンボジア、シャムに使節を送り、朱印船に代わって日本との中継貿易を実施できるよう、手筈を整えている。

こうした対応を見るとき、朱印貿易船に乗って東アジア世界を駆け回り、そこにおいて果たしてきた日本商人団の役割と力の大きさを改めて感じさせられる。

その貴重な利権を日本政府（幕府）は簡単に切り捨て、わざわざライバルに無償で与えてしまったのだ。

鎖国――国の内外を出入りする動きを封じ込めて、いったい何を実現するのか？　子々孫々末代に至るまで悪い影響を残さないか。よくよく考えてみたい。

市民の集い
-最新科学を学ぶ-

日時　17世紀半ば
場所　ロイヤル・ソサイアティ
講師　ロバート・ボイル
演題　『ボイルの法則』

一定量の気体の体積Ｖは圧力ｐに反比例し、絶対温度Ｔに比例するという法則は、常温、常圧の場合に成立するが、低温、高圧の場合、ズレが出る。

主催　ロンドン市民クラブ

徳川家

家康を崇拝する家光

日光東照宮の大改築を行なう

【日光＝一六三四～六年】三代将軍家光が熱狂的な家康ファンであることは広く知られているが、父・秀忠在世中は堂々と表明するのを憚っていた。

しかし、秀忠が他界すると早々、日光東照宮の大改築に取りかかった。

すでに現存する東照宮でさえも「綺羅を磨きたる結構、なかなか申すべき様これなく候」「見事さ目を驚かすまでに候」と言われていたのを改築したわけで、金五十六万八千両、銀百貫目、米千石の総経費を費やしている。

工事は二年後に完成する。

日光東照宮・陽明門

宮廷サロン
-最新哲学を聞く-

日時　17世紀半ば
場所　スウェーデン王室
講師　レーナ・デカルト
演題　『方法序説』

精神と物質の徹底した二元論と機械論的自然観によって、近代科学の理論的枠組みを最初に確立した思想家の思想形成史を跡付ける。理性の解放者として知られる。

主催　クリスティーナ女王

世界短信

ピューリタン移民団マサチューセッツ建設

【アメリカ＝一六三〇年】イギリスのピューリタンがアメリカのマサチューセッツに移民。セーラムやボストンなどの町を開き、新しい植民地建設に乗り出した。

移民者総数二万。オックスフォード、ケンブリッジ両大学の卒業生がおり、経済的に恵まれていたため、急速に発展。間もなくハーバード大学が創設された。

「清国」を名乗る軍団明国を襲撃する

【中国＝一六三八年】中国全土、各地で「土寇」といわれる盗賊集団が蜂起。その一つに清国を名乗る軍団があった。

日本史新聞　（AD1640年）～（AD1645年）

日本史新聞

主な記事から

◆オランダ商館、出島に移転
◆東インド会社、絶頂期に達する
◆第一次蘭英戦争の勃発
◆明代の口語体小説

オランダ商館

長崎出島に移転、幕府の管理下に
純益上昇するも、生活窮屈極まりなし

長崎港

【長崎＝一六四一年】オランダ人は、寛永十八年六月末、住み慣れた平戸から長崎出島に引き移った。この年、都合六隻が出島に来航。積み荷の総額は一〇八万七〇七七グルデンに及んだが、取引手続きは一変。真に窮屈極まりないものになった。

平戸時代の商館では自由な生活ができた。館外の出歩きはもちろん、日本女性との結婚もできたし、いちいち警護されることもなかった。

しかし一度、長崎に移るや許可なくして一歩も出島の外に出られなくなっただけでなく、日本人の出入りも極度に制限されてしまった。

陸地の移動だけでなく、水上においても船の接近を禁止し、オランダ人は狭い小島に隔離されたに等しい状況を強いられることになってしまった。

こうなると、貿易面でも長崎奉行の厳しい統制の手が及ぶようになり、幕府の意思が直接かつ露骨に伝えられるようになってきた。

入港船は厳重に検査され、事前に積荷目録の提出が義務づけられ、厳しい監視の下に陸揚げされる。

しかし生糸貿易を中心にして、オランダは年々五十万から百万グルデンの純益を上げることができる模様。

《禁制の条》

禁制　　出島町

一、傾城のほか女人の入ること。
一、高野聖のほか出家や山伏の入ること。
一、勧進をする者ならびに乞食の入ること。
一、出島周囲にある某杙の傍示から内へ船を乗り入れること。
付　橋の下に船を乗り入れること。
一、断わりなくして、オランダ人が出島から外に出ること。右の条々を堅く守るべし

長崎出島のオランダ商館

商館員の構成

商館長（カピタン）＝商館事務のすべてを統括した。

次席館員（ヘトル）＝事務長のこと。

その他＝蔵荷役（倉庫係）一、二名。上筆者（書記官）一、二名。上医（医官）と下医、簿記役が一、二名。筆者（下筆役）が六～七名。

以上の他、料理番やバター製造人・大工・鍛冶職・旗縫工や黒人召使などの下級雇用員がいる。ただし、女性は遊女の他にはいない。

長崎役人の関係

長崎奉行＝長崎の行政権と貿易事務一切を監督する。寛永十年以後、定員二名・一年交代制となった。

代官＝町役人代表。町政万般から渉外実務も担当する。

町年寄＝奉行補佐。配下の地役人を監督し、市政の実権を握るが、出島についても乙名（おとな）三名を監督する。

オランダ通詞＝日頃からオランダ人と接触。

重版出来

わが国初の算術書！
ソロバンの利用を伝授！

吉田光由著『塵劫記』（じんこうき）

●初版＝寛永四（一六二七）年以来、重版を続ける大ベストセラー。各界から絶賛の嵐!!

日本史新聞社出版局

オランダ

東インド会社、絶頂期に達する

日本・ジャワ・マラッカなど 対貿易国を拡大、東アジアを支配

【ジャカルタ＝一六四〇年代】

オランダの東インド会社が東アジアにおける勢力拡大と貿易活動の発展を続け、絶頂期に上り詰めた。

香料諸島における香料貿易独占が実現されたのに続き、鎖国体制を完成した日本の貿易も独占。ジャワ島の二大強国、マタランとバンタンとの敵対も好転した。

東インド会社の貿易船

また毎年、ゴアとマラッカの封鎖を続け、一六四一年には海陸からマラッカを攻囲して占領。セイロン島では国王と結んでポルトガル要塞を占領。シナモン貿易の大半を奪ったのに続き、インド各地のポルトガル要塞も攻撃。

オランダは東アジアの海洋世界を支配する。

イギリス

ピューリタン革命に発展か

クロムウェル、議会軍率いて国王軍を破る

【イギリス＝一六四五年】

イギリス国内でひとりの軍人・政治家が話題になっている。名は、クロムウェル。ピューリタンで国王反対派の主要人物として知られるクロムウェルは、ここ数年の間に頭角をあらわしてきていたが、なんと、この六月に、議会軍を率いて国王軍を打ち破ってしまったのだ。

クロムウェルは、四二年の第一次内乱のとき、自身の騎兵隊を率いて議会軍に参加、戦功をあげたのち、騎兵連隊を組織して議会軍を助けた。そして、四四年には東部連合軍の副司令官になって活躍、その部隊は鉄騎隊と呼ばれるようになった。

今回、国王軍を破った議会軍は、この鉄騎隊にならって改組された軍隊だったのだ。

このクロムウェルから、当分のあいだ、目が離せそうもない。

寸言

退化した日本人

地図と地球儀を見て驚く家光

【江戸＝一六四〇年】

三代将軍家光に面会したオランダ人は、その人物評を次のように伝えている。

「この三年間、地図や地球儀、あるいはヨーロッパに至る旅程説明書を注文していたが世界の広さと国々の多いこと、並びに日本の小さいことを知って大変驚き、今後どのようなキリスト教国民でも日本に来させてはならないと心から思うようになった」

脅え、竦んでしまった家光の姿を戦国の天下人信長や秀吉、家康が見たら、いったい、どう思うだろうか。

訃報

「地動説」のガリレオ・ガリレイ死す

【イタリア＝一六四二年】

イタリアの天文学者であり自然学者でもあるガリレオ・ガリレイが死去した。享年七八。

ガリレイといえば「地動説」を唱えた人として知られるが、この地動説の先駆者はコペルニクス（一四七三～一五四三）。

ガリレイは、彼の説を早くから信じていたが、それを決定的にしたのは、自身が製作した倍率三〇の望遠鏡で天体を観測してから。

このとき、木星の四個の衛星、太陽の黒点、月面の凹凸などを発見している。そして、観測に基づく原理の解明から、のちに地動説的宇宙論を「天文対話」で発表する。これが時の教皇の逆鱗に触れ、異端審問所から断罪されて、地動説の変更を迫られることになるのだ。

しかしガリレイは叫んだ、「それでも地球は動いている」と。

合掌。

主張

明代の口語体小説は庶民の〝なぐさみ本〟か？

せっかく明代末期に盛んになった口語体小説が、清代に入って消滅しつつある。たとえば、次の通りである。

明文化を代表する三大口語体小説

諸葛孔明や関羽・張飛・曹操らの豪傑が活躍する『三国志演義』や、及時雨宋江・花和尚魯智深・黒旋風李逵など百八人の盗賊が天に代わって道を行なう『水滸伝』。

そして、玄奘三蔵と孫悟空、猪八戒らの奇想天外な空想小説『西遊記』。これらの三大小説は地方都市の商人の色と欲の行状記を描いて大ヒットした『金瓶梅』に続く口語体小説の代表作だ。

口語体小説は無教養、低級な慰み本か？

中国の伝統的な支配者である士大夫らは、血沸き肉踊る口語体文学を「内容、文体共に無教養丸出し、淫と盗を教える不届きな書物だ」と叱る。しかし、それでよいのか？

素直な心を忘れては、いかなる行為も成り立たないのではないだろうか。

明版『金瓶梅』

明版『西遊記』

日本史新聞

（AD1646年）〜（AD1660年）

幕府、明の援兵要請断わる

鄭芝龍起つ「清賊打倒・明友援兵」

[国姓爺合戦]

徳川家光　　鄭芝龍

「国姓爺合戦」

【江戸＝一六四六】

鎖国体制も固まった正保三年正月、明（みん）の海将鄭芝龍（ていしりゅう）から「清朝を倒し明国を助けるために援軍を出してほしい」という書状が幕府に届いた。将軍家光と御三家当主らはヤル気満々だが、意見を求められた元老井伊直孝は「出兵無用論」を主張して曲げなかった。

正保三年正月早々、長崎から届けられた書状を見た将軍家光は、老中松平信綱に命じて元老井伊直孝を訪ねさせ、善後策を相談した結果、一応援軍を断わることにした。

幕府はただちに長崎奉行宛、「援軍拒否となった」旨、通達したが、将軍家光は、もし正当な肩書をもつ者から要請があった場合、援軍を出してもよいと判断。出兵の内意を諸大名に伝えていた。

二度にわたる援兵要請の使者

九州の立花宗茂は、真っ先に出征準備を指示。若き日の太閤秀吉によ

る唐入りの夢が果たされるきがきたと喜んだ。京都所司代の板倉重宗も出征準備に取りかかった。

そこへ飛び込んだのが、明の唐王が自ら送った請援の使者。書状には「先には兵三千を借りたいと言ったがまったく足りない。明は日本の友邦であるから手を貸してほしい」とあった。

元老井伊直孝が出兵無用を主張

幕藩体制護持・鎖国こそ幕政の本道？

紀伊、尾張両家のヤル気満々発言

将軍家光は、老中職の他、御三家当主の紀伊頼宣（よりのぶ）、水戸頼房（よりふさ）、尾張義直を加え、たびたび秘密会議を開いた。

このとき、頼宣は「諸国牢人十万を集め総大将となって出兵する」と高言すると頼房、義直も出陣を願って譲らなかった。しかし、元老井伊直孝だけは「出兵無用論」を主張して曲げなかった。

幕藩体制護持、鎖国の総力を傾注貫くことに幕政の本道をすべきことを主張したものと思われる。やはり、二度目の要請も拒否することに決した。

▼このところ妙に世情が喧しいのは気のせいだろうか。

慶安四（一六五一）年夏、「天下に大乱を起こす陰謀を企てた」として、槍の名手丸橋忠弥が本郷で逮捕され、江戸の軍学者由井正雪と門弟らが駿河梅屋界隈で旅の途中追われ、自決する事件があった。（慶安の変）

▼大風に乗じて小石川塩硝蔵の火薬庫に放火し爆発と同時に各所に放火したうえ、驚いて登城する老中らを鉄砲で撃ち取り「紀州様、御登城」と称して江戸城を乗っ取る計画であったという。

▼軍学者たる者、こんな幼稚な戦術で行動するだろうか。しかも江戸城を乗っ取った後、どうするつもりか。まったく計画がなかった。

▼江戸、大坂に浪人が満ち満ちていたので、それらが馳せ参じて一大事になるという筋書きが用意されていたというが、大坂の陣、島原の乱で使い古された口実であり、説得力がない。

▼四月に家光が四十八歳で他界し、新将軍家綱は弱冠十一歳。世の乱れが出る前に生贄（いけにえ）が必要だったというのが真相ではないか。

日本史新聞

主な記事から

- ◆幕府、明に出兵せず
- ◆前田家、「改作法」を実施
- ◆堀田家の悪政に佐倉宗五郎、直訴
- ◆伊達家に内部分裂起こる

●島原移民者

全国諸藩に対し、石高一万石につき一戸の割合で移住させているが、定員に足りません。追加募集します。

　幕府・長崎奉行所

‥‥急募‥‥

編集手帳

早くも曲がり角に来た幕藩体制

旧幕五十年　矛盾露呈、藩政改革・直訴等相次ぐ

【日本各地＝一七世紀中前期】

家康によって固められた幕藩体制は、開設以来、五十年も過ぎないうちに矛盾を露呈。外国貿易を禁止され、国内商業が厳重に監視されるなかで農業中心の国づくりを余儀なくされてきた地方の諸国諸藩においては、にっちもさっちもいかない状況を前にして、ただ過酷な農民支配に向かうばかり。解決の道はないのか。各地からレポートする。

加賀

前田家、「改作法」を実施

家臣の窮乏、農村の荒廃に対処

【加賀＝一六五一年】

前田家でも家臣の窮乏が目立ち、雇人削減や家財道具の処分、借金が珍しくなくなってきた。農民搾取の強化が厳しくなったため、農村の荒廃も目立ってきた。

そこで、隠居利常が指揮を執って実施されたのが「改作法」だ。従来、家臣が知行所を直接支配していたのを藩主支配とし、代わりに俸禄を支給することになった。

農民も豊凶に関係なく一定比率で藩主に直接租税を納入することになり、家臣・農民双方が直接交渉することはなくなった。藩が一時に放出した銀と米は多かったが、確実に増収がはかられた。

前田家の菩提寺「皇円寺」

緊急重版
1660年版
『日本藩勢図会』
諸藩のデータ全比較！
●日本藩勢社

下総

堀田家の悪政に怒り

佐倉宗五郎、幕府に直訴

【佐倉＝一六五四年】

堀田正盛支配の佐倉において、三百五村の名主が年貢軽減を訴願する連判状を作成。老中久世大和守に駕籠訴（かごそ）した他、将軍家綱に直訴するという事件が勃発した。

発端は堀田正盛の子正信が正盛の死後、年貢諸役を増やし、色々と難渋させたことにある。大小農民は田畑山林を売り、子女を奉公に出して年貢を整えるようになった。

しかも、緩むことなく一層苛烈になったため、印旛・埴生・千葉・相馬・上総・武射の三百五村の名主が集合。直訴決行の企てがまとまった。そして、企ては実ったが、首謀者宗五郎は磔刑となった。

仙台

伊達家に内部分裂起こる

経済強化巡り改革・保守の二派に

【仙台＝一六六〇年】

仙台伊達家が、藩主経済強化を巡って改革派と保守派に分裂。伊達兵部と原田甲斐らの改革派が保守派の反撃にあって挫折したが、新田開発や津留めによる財源開発は受け継がれ、一定の成果をあげた。原田甲斐は死んで後、芽を出したかっこうだ。

青葉城

今日の言葉

■幕藩体制■
徳川家康が「発展と成長こそ争いの原因」とし、発展と成長のない農業を基本とする国造りを企画したとき出現した、日本独特の国家体制。

ヨーロッパ新時代

フランス

フロンドの乱

【パリ＝一六四八年】

三十年戦争を戦うために摂政マザランが増税をはかったところ、パリ市民の不満が爆発。高等法院に集まって反政府運動を開始した。しかし、本気かどうか、まるで戦いを楽しんでいるありさま。三ヵ月足らずでマザランに降伏する。

ドイツ

ウェストファリア条約

【ドイツ＝一六四八年】

三十年の歳月と一千万人を超える人命を犠牲にした三十年戦争が終わっても、会議の準備に二年、会議に四年、膨大な浪費が続いた。このなかで漁夫の利を占めたのがフランスとスウェーデン。ドイツは三百数十カ国に分割され、事実上、消滅＝死亡した。

イギリス

チャールズ一世処刑

【ロンドン＝一六四九年】

チャールズ一世の処刑はヨーロッパ大陸諸国に重大な衝撃を与えた。ロンドン駐在の外国大使の大部分は憤慨して退去し、外国ではイギリス大使が侮辱された。しかし、直接的な干渉戦争はなく、イギリスはクロムウェルを指導者としてますます過激化。独裁政治の開始は間近に迫っている模様。

チャールズ一世

オランダ

対イギリス和平

【オランダ＝一六五四年】

オランダの指導者デ＝ウイットは「財閥オランニェ家を公職から外せば講和する」という実現できそうもないイギリス案を強引に議会で可決。離れ業をやってのける。

ジャマイカ

砂糖プランテーション

【ジャマイカ＝一六六〇年頃】

オランダ資本によって、ジャマイカを中心とする西インド諸島にサトウキビ栽培と製糖技術が導入され、一大砂糖プランテーションが出現。世界一の生産地となる日も近そうだ。

抗清活動の鄭成功、台湾占領

オランダを追放、援兵拒否の日本を誘う

日本史新聞

主な記事から

◆鄭成功、台湾占領
◆池田光政、閑谷に学問所創設
◆河村瑞見、日本一周
◆ヨーロッパの新しい息吹

清の海岸閉鎖「遷界令」に対抗

長崎～台湾～印の貿易ルートに活路

【日本各地＝一六六一年～】

鄭芝龍（ていしりゅう）・成功父子は、日本政府（幕府）の援兵拒否にもかかわらず、抗清活動を継続。父芝龍が清朝の招撫を受けて投降した後は、成功が南京攻略に決起して清朝支配を揺るがした。そして、清朝が海岸線を厳重に閉鎖する「遷界令」を布告するや、今度はオランダ人を追放して台湾占領に打って出た。

鄭成功

鄭成功、またの名を国姓爺（こくせんや）という。父芝龍が平戸に滞在中、日本人女性田川氏との間にもうけた子供で、長じて唐王から明王室の姓「朱」を賜ったもので、国姓爺と呼ばれるようになった。

成功は、父芝龍が清朝に降伏した後も節を曲げず、桂王と通じ、南京攻略を開始した。すると、清朝は「遷界令」を発布。江蘇・浙江・福建・広東の沿岸三十華里の住民を内地に移し、成功と接触できないようにした。

しかし、成功は発想を転換。台湾を占領し、そこを中継基地として、母の故郷長崎とフィリピン、インドを結ぶ中継貿易を担うことに活路を見出した。

今日、マニラは生糸と絹織物を満載した唐船の密貿易基地として繁盛している。そして、インドから綿を積み込んで北上してきたイギリス船が錨を下ろしている。

成功の子、経もまた、その事業を継続し、孫克爽（かっそう）の代まで続く模様。

池田光政、教育にも力入れる

農民の子弟も学べる学問所を創設

【備前岡山＝一六七〇年】

備前岡山の藩主池田光政が、藩内の閑谷（しずたに）に学問所を創設した。ここで学べるのは、肝煎庄屋、村庄屋・年寄りの子弟から、下人を召し使える程度の農民の子弟までと幅広い。

池田光政

光政が藩主として備前入りしたのは寛永九年（一六三二年）だが、以来、大胆な藩改革を推し進めてきた。知行割りや年貢の率、さらには役職の再編成など。要は、光政の命令が直接民衆に届くような仕組みにしてきたのだ。今回の学問所の創設もその一環で、光政の仁政を民衆に理解させる狙いと同時に、堕落しきった僧侶たちを教育の場から排除する意図も隠されているとは、消息筋の話。

しかし、民衆に門戸を開いた学問所の創設は全国に類を見ない試みだけに、成り行きが注目される。

次代の世界覇者はイギリスか

ポルトガル、アジアからの撤退続く

【南アジア＝一七世紀後半】

ボンベイをイギリスに譲渡し、事実上、インド支配から撤退したポルトガルは、セレベス島もオランダから実力で奪い取られ、次々にアジア世界における植民地を喪失しつつある。しかし、そのオランダさえも急激に成長と変化を遂げつつあるイギリスの勢いには敵せず、アメリカでは敗退を重ねているという。

オランダの次は、おそらくイギリスが世界の覇権を握るのかもしれない。

河村瑞賢、日本一周
東・西の海上交通路を開拓

【江戸＝一六七〇年〜】「天下にならびない富商」といわれた河村瑞賢（かわむらずいけん）が、幕府命令によって江戸を中心とする海上輸送路を開拓。陸奥方面に通じる太平洋の東廻りと下関経由で瀬戸内海、太平洋に出る日本海の西廻りが江戸湾で繋（つな）がった。

これによって、陸奥方面から米や農作物が運ばれ、上方からも木綿・酒・油・酢・醤油などの大量輸送が可能になった。わずか二十年で日本一の大都会になった江戸の消費生活を支える物流システムとなる。期待は大きい。

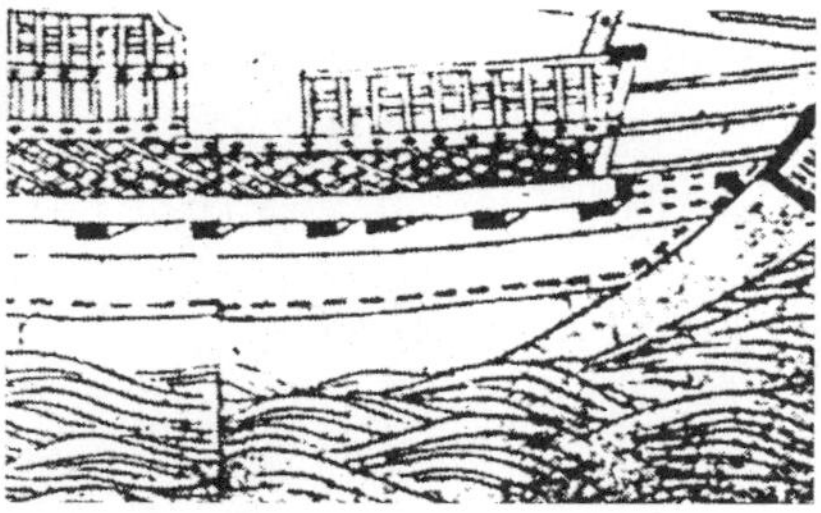

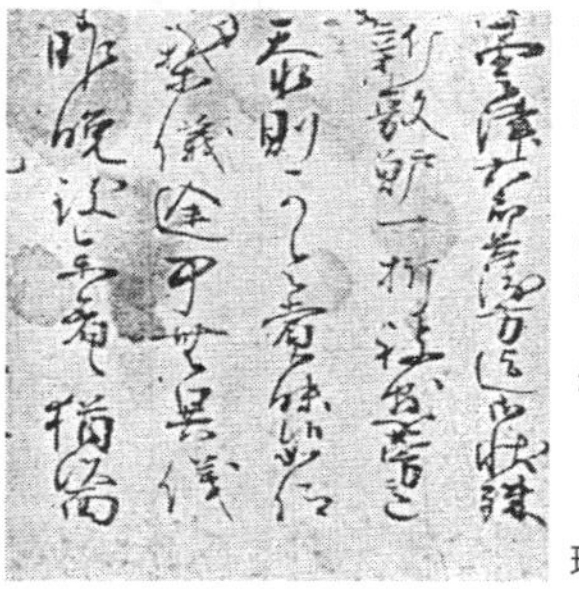

海上航路は、わずかな人数で大量の荷物を運べる。それは誰でも知っていたが、実際的な潮流や季節風に応じて日本一周の海上航路を選択できる者はいなかった

瑞賢の書状

セミナー

『五輪書』入門
講師／門人・寺尾孫之丞勝延

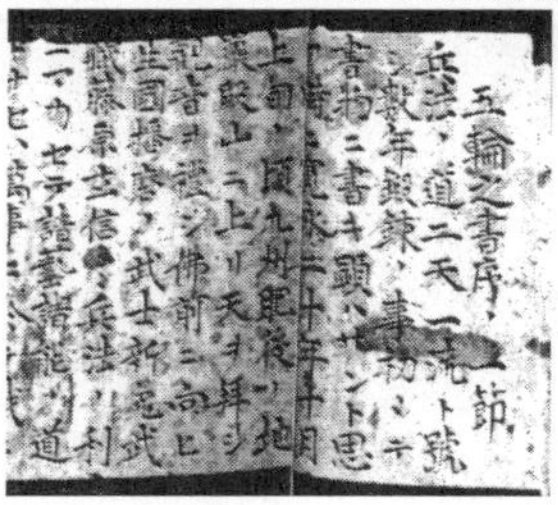

■寛文七（一六六七）年
■肥後熊本城・大広間
■テーマ
「二天一流の基本的伝書に記された武蔵独自の兵法観」

宮本武蔵が、肥後熊本藩主細川忠利の招請に応じて移住してきたのは、寛永十七年八月のことである。そこで書き綴られたのが兵法指南書『五輪書』であった。しかし、門人寺尾孫之丞に授けられた後、どこへ行ったのか、長い間、紛失したままになっていた。

今回、武蔵の死後二十年余を経て、写本が山本源介によって発見されたのを記念。細川家のお許しを得て、特別に講演会を行なうものである。

ヨーロッパに新しい息吹
プロシアとロシアが台頭、国造りへ

【東欧＝一七世紀半ば】三十年戦争によって三百数十ヵ国に引き裂かれたドイツのなかで、最も有力だったのはホーエンツォレルン家のプロシア国だ。ベルリンを中心とする中央集権の官僚制度と常備軍をつくり、ユンカーから政治権力を奪い、ドイツの統一が始まった。

一方、ロシアでもピョートル一世（大帝）を指導者とする「西欧化」が進み、富国強兵を中心とする新しい絶対主義国家建設が進められている。いずれも似たような体質をもつ国造りのようだ。

コーヒーハウス・イン・ロンドン

自由にお入り下さい。地主様もご商売の方も職業には関係なく歓迎致します。そして店内では席順などに構わず、無礼講で願います。

イギリス、アメリカでオランダを圧倒

【アメリカ＝一六六四年】イギリスは「ジョン＝カボットによって探検された地域はイギリス領である」という主張のもと、三隻の軍艦を派遣してオランダ領ニュー・アムステルダムを占領した。

多くのイギリス植民地に囲まれているだけでなく、中世的な領主経営だったため、オランダ系植民者も「将来に希望がもてない」とイギリス軍の占領に協力。そのままイギリス植民地となった。

そのため、名称も国王チャールス二世の弟ヨーク公に因んで「ニューヨーク」と命名されることになった。

今がチャンス!!南洋ビジネス
海外雄飛のノウハウ
◆国禁を破るリスクを冒す価値あり！
安全ルート全検証＆穴場ガイド
薩摩・琉球経由の台湾行き
◆日本人二世が活躍！
鄭成功が支配する国
台湾のインフラ

総力特集●注目の台湾ガイド

オピニオン　最上屋孝太夫
抜本的な国家再建策を問う!!
幕藩体制は破産した

長崎コンフィデンシャル　ヤン・マンデン
オランダ日本日記

スクープ!!
先代家光の男色
松平伊豆はホモ達だった!!
★大奥女中「春日局様は女御を近づけるのに苦労なさいました」

豪華景品が当たる
創刊記念クイズ
●ビジネスとオピニオンをリードするチャンピオンマガジンは「季刊カン○オーネ」！
※○の中に該当する文字を1字入れてください。正解者の中から抽選で豪華景品をお贈りします。
1当●アラブ産の馬一頭
2当●備前長船の名刀一振
3当●南蛮渡来の珍奇な品々
4当●柿右衛門の絵皿

創刊！
ビジネスとオピニオンのチャンピオンマガジン!!
季刊　カンピオーネ

日本史新聞

主な記事から

◆三井・越後屋の新商法登場
◆前田分家富山藩、薬の製造・販売
◆西鶴・ケンペル、商都大坂を描く
◆俳人松尾芭蕉「奥の細道」へ

話題沸騰

三井・越後屋の新商法登場

「よろず現金、掛け値なし」に江戸っ子驚喜

【江戸＝一六七三年夏】錚々たる老舗の大店が並ぶ江戸の本町通りに変わった呉服屋が開店した。「よろず現金、掛け値なし」と大書した看板を掲げる伊勢商人三井高利の店、越後屋だ。気取らない現金取引の小商い商法が江戸っ子に支持され、大評判になっている。

活況を呈す越後屋

老舗の呉服屋が立ち並ぶ江戸の本町通りに一風変わった呉服屋が出現した。「よろず現金、掛け値なし」という看板を掲げ、通り掛かりのお客を相手にした現金取引の小商いを始めたのだ。

従来は、呉服屋といえば、大名屋敷や金持ちの自宅に反物を持参して販売し、代金は年二回の季節払いというのが常識だったので、これには江戸っ子もびっくり。

掛け値なしの現金取引だから、とにかく安い。しかも、まとまった単位の反物だけでなく、わずかな一寸四方の端切れでも気取らずに切り売りしてくれるとあって、ますます評判がよくなった。

さらに江戸っ子を唸らせ、感心させたのは、急ぎの俄（にわか）仕立てが必要なお客が訪れた場合、一服している間に専門の針子たちが即座に仕立てるサービスが行なわれることだ。

とにかく、安い、早い、品数豊富、さらにはサービス満点とあっては評判にならないのがおかしい。いずれ、売り上げを伸ばし、江戸随一の大店に急成長すると見られている。

幕府広報

「生類憐みの令」が交付されました。蚊一匹、蝿一匹を殺してもいけません。

北町奉行所

前田分家富山藩

財政改革で薬の製造・販売

民活利用、行商人二千人が全国へ

【富山＝一六七四年】加賀藩前田家の分家、越中富山藩の前田家が、財政改革のために薬の製造・販売事業を興し、積極的に他国へ輸出することになった。

薬を製造し、自分の店で販売するのは古くからあった。しかし、積極的に他国に出て稼いでくるという例は他になく、全国でも初の試み。

しかも、藩直営ではなく、およそ二千人前後の行商人が二十二組の仲間（同業組合）に分かれ、富山藩の庇護の下で独自に活動する仕組みになっている。

その際、藩当局が座して利益を吸い上げるというわけではないのがポイント。

藩主前田正甫は、参勤交代で江戸城中に出仕した際、諸国大名に「越中富山の薬」を営業宣伝。行商人の販売活動にご理解を、と外交活動に専念しているという。

こうした民間活力を生かした新事業育成によって、どれだけ藩財政が改善されるか、今後に期待する向きは多い。

ファーストフード

寿司 発明物語

【江戸＝一六七三～八一年】

寿司といえば、昔はフナやアユ、サケなどの魚を酢でしめた後、米と一緒に漬け込んで重しを掛けて、一年とか、半年とか、熟成させた後に食べるものだった。

ところが、近年に至り、そんなに悠長に待っていられないという、気の短い江戸っ子の要請に応え、「早鮨（はやずし）」が登場した。箱鮨とか、押し鮨ともいい、大評判になっている。

その早いこと。箱に酢飯を詰めて魚肉を乗せ、上から落としぶたをして重しを掛けること数時間ででき上がり。後は包丁を入れて一口大に切れば食べられる。

一方、早鮨の一切れ、切り落とした端切れが勿体ないというので握ってみたら、これも評判になり、「江戸前の握り寿司」という呼び方で流行っているという。

いずれも気の短い江戸っ子にはぴったりの食べ物だ、と喜ばれている。

ルポ合戦

西鶴・ケンペル、商都大坂を描く
中之島・歓楽街、二人の目はどこに……

北浜の勢いを描く西鶴

日本経済の心臓部をなす大坂・中之島を見た井原西鶴は次のように表現した。

「淀の大川にかかる難波橋より西を見渡せば、数千軒の問屋がいらかをならべ、曙の雪にもまさる白壁造り、積み上げた米俵は、さながら山を移したにも似て、人馬につけて送れば、大道もとどろいて地雷のごとくである」

歓楽街を見るケンペル

大坂の活気、賑わいに引かれ、いろいろな人々が集まってきた。オランダ商館のドイツ人医師ケンペルは、その印象を著書『日本誌』に次のように述べている。

「日本人は皆、大坂を遊興の楽園と言う。劇場にも私宅にも毎日のように演劇がある。歓楽の市場では争って客を呼んで観覧を勧め、見せ物もあれば手品師もいる。富裕な他郷の人々や旅行中の人々が日本国中のどこよりも多く集まって逗留する」

歓楽街の賑わいこそ、大坂の誇り、象徴だ。

井原西鶴
ケンペルの『日本誌』の扉

裏 日本史物語
画・梅本文左ェ門

- 江戸っ子は短気なんでぇい！
- 時間がねえ　スシだスシだ！
- 服は越後屋の早仕立てよ〜
- バッキャロ〜江戸っ子は金もねえんだ！／オーイ代金は〜！

イギリス
ジェームズ二世、仏へ亡命
議会「権利宣言」、立憲君主国家へ

【ロンドン＝一六八九年】カトリック王ジェームズ二世（ヨーク公）は、トーリー、ホイッグ両党の支持を失い、フランスに亡命したため、イギリス議会は、オランダ総督ウイリアムとメアリー王女に王冠を捧げた。同時に「臣民の権利及び自由を宣言し王位継承を定める法律」、すなわち、「権利宣言」を両名に提出、承認させた。このことによって、王は議会の承認なしには何事も実行できなくなった。

イギリス人は、この改革を「名誉革命」と呼んでいるが、議会勢力が王と女王の共同統治を復活させたわけだから、革命とはいえない。立憲君主国家の復活はクーデターによる政変だった。

■■おわび■■

只今、ジョン・ロック著『統治論』が品切れでご迷惑をお掛けしております。いましばらくお待ち下さい。
イギリス王立協会

世界●短信

ロシア
ピョートル大帝即位

【モスクワ＝一六八二年】ピョートル大帝は、兄のイワンと共に帝位を共有する王として即位したが、摂政ソフィアに追放され、長い間、モスクワ郊外で暮すのを余儀なくされた。
しかし、森林や丘陵を飛び回り、事実上の軍事訓練に明け暮れているとき、ソフィアが放った刺客に狙われたのを逆手に取り、反撃。そのまま帝位を独占した。

『奥の細道』
俳人　松尾芭蕉
陸奥・出羽を往く
「行春や鳥啼き魚の目は泪」

【江戸＝一六八九年】時は元禄二年春のこと。杉風の別宅を出て隅田川を遡り、千住で奥州街道に入った松尾芭蕉は、夜の寒さを防ぐ紙子一枚と浴衣、雨具、墨縁の他、わずかばかりの餞別を持って旅に出た。

予定では江戸に戻るのは、五年後の元禄七年。日光東照宮を参拝した後、奥州、出羽を巡り、技と心を磨く。

旅に出ます

陸奥、出羽方面を巡り、俳諧の修業をしてきます。
元禄二年　松尾芭蕉

求む

事業拡大のため、大急ぎで募集しています。
仕立職　十名
寸法直し職　十名
報酬　日給月給制
待遇　住み込み
三井越後屋人事部

ご免なさい

火事の避難先で会った小姓吉三に会いたくて自宅に放火したことで多くの皆さんにご迷惑をお掛け致しました。天国より地獄に落ちて皆さんにお詫び申し上げます。ご免なさい。
天和三年三月　八百屋お七

ちょっと一言

火付けにご注意
め組組頭

内匠頭、上野介を襲う

「この間の遺恨おぼえたか」

日本史新聞

主な記事から

◆「松の廊下」内匠頭、上野介を襲う
◆「松の廊下事件」内匠頭、即日切腹
◆ドイツ人ケンペルの意外な日本観
◆ヨーロッパ連合王カルロス二世が死去

松の廊下

前代未聞、殿中で刃傷沙汰

内匠頭、伊達左京亮ら取り押さえる

【江戸城＝一七〇一年】
年頭の賀使として江戸に下った勅使と院使の接待役となった播州・赤穂藩主浅野内匠頭（あさのたくみのかみ）が、江戸城中の松の廊下で吉良上野介（きらこうずけのすけ）に「この間の遺恨おぼえたか」と脇差しを抜いて斬り掛かる事件が起きたが、詳細は不明。

三月十四日午前十一時頃、勅使御馳走人の浅野内匠頭長矩（ながのり）が、江戸城内の松の廊下で指南役の吉良上野介に「この間の遺恨おぼえたか」と声をあげるや、いきなり斬りかかる事件が発生した。

近くにいた梶山与惣兵衛が内匠頭に飛び掛かると、伊達左京亮や高家衆、坊主たちが駆け寄り取り押さえた。一方、上野介に大事はなく、切傷の治療を受ける程度で事はおさまった。

取り押さえられた内匠頭は大広間へ連行され、さらに詰所柳之間溜り廊下の杉戸まで行く間、わめき続けたという。

「上野介はこの間中から遺恨があるので、殿中と申し、今日のことと申し、恐れ入ることではあるが、是非におよばず討ち果たしたのだ」

すると、取り囲んでいた者たちも声を制して言った。「もはや済んだこと。黙り申され候え。あまり声高にてはいかがでござろう」

これには内匠頭も沈黙し、これ以上は何も語らず、烏帽子（えぼし）・大紋・衣紋を直して沙汰を待つこととなったようだ。

浅野内匠頭長矩

「松の廊下」事件

内匠頭、即日切腹

上野介は「お構いなし」

幕閣の老中と若年寄は、事態を収拾するために与惣兵衛に一部始終を尋ねた。「上野介は脇差に手を掛けたか、あるいは抜き合いなどはしたか」

返答によっては、喧嘩両成敗か、内匠頭の切腹か、どちらかに転ぶ質問だった。それに対し、与惣兵衛は「帯刀には手をかけ申さず」と答えたようだ。

老中らは早速、側用人柳沢吉保（よしやす）を通じて将軍綱吉に言上したところ、即座に「内匠頭切腹」「上野介は罪なし。傷の養生をするように」という裁断が下された。

内匠頭の身柄は田村右京太夫に預けられ、日が暮れた後、その屋敷の庭上で見事に腹を切って果てている。辞世の句は次の通り。

風さそふ　花よりもなほ
我はまた　春の名残を
いかにとかせん

編集手帳

▼貞享三（一六八六）年六月小姓の伊東淡路守基久が、勤務向きがよろしくないので流罪になり、南部遠江守に預けられた▼理由は頬に食いついた蚊を手で打ち殺しただけでなく、井上彦八が「顔に血がついている」と言ったとき、紙で拭い、手を洗って勤務を続けたためらしい▼噂では上聞に達したとき、「鳥類畜類は元より蚤、蚊まで殺すなと命じてあるのに、それに背いたからだ」という、まことしやかな説が流された▼彦八も見ていながら言上しなかった罪で閉門になったという▼翌三年になると、食料のために魚・鳥・貝類・亀を飼養して売るのは禁止になり、娯楽のために飼うことだけが許可された▼将軍綱吉自らの指示によるものか。幕閣の拡大解釈によるものか。この点、はっきりしないところがあったが、どうやら綱吉自身の指示らしい▼病馬を荒れ地に捨てた者は遠流、犬を斬った者は八丈島流刑、燕を吹き矢で殺した者が斬罪。ついには「犬目付」という役職まで誕生。犬畜生は「御犬様」と呼ばれる▼綱吉の頭では人間は生類のうちに入っていないらしい。一禽一獣のために一身どころか、一族一門が絶えたところもあるという。

ドイツ人ケンペル

西欧人の意外な日本観

江戸を「世界一の都市」と激賞

【江戸＝一六九〇年】徳川幕府の鎖国政策について、厳しく批判する見解は捨てるほどあるが、それを良しとする意見はあまりない。

そこで非常に目立つのが、オランダ東インド会社の医師として来日したドイツ人エンゲルベルト・ケンペルの見解だ。一部紹介しよう。

「日本は他の大陸より隔絶している島国で、自然の恩恵は豊かである。人口が稠密（ちゅうみつ）で、しかも、国民は勤勉であり、優秀な工芸品を作っているから自給自足が可能である。そして、法律が厳しく、国内の統治はうまくいっている。不平を鳴らし内乱を起こすのは諸国民の傾向であるが、日本は落ち着いている。だから、国内に動乱や面倒を起こす恐れのある外部からの原因を断ち切ることは極めて当を得たことである」

ヨーロッパ人の目で見た日本観には予想もしない事実が含まれており、学ぶべきところが多い。

ケンペル著『日本誌』のご一読をおすすめする。

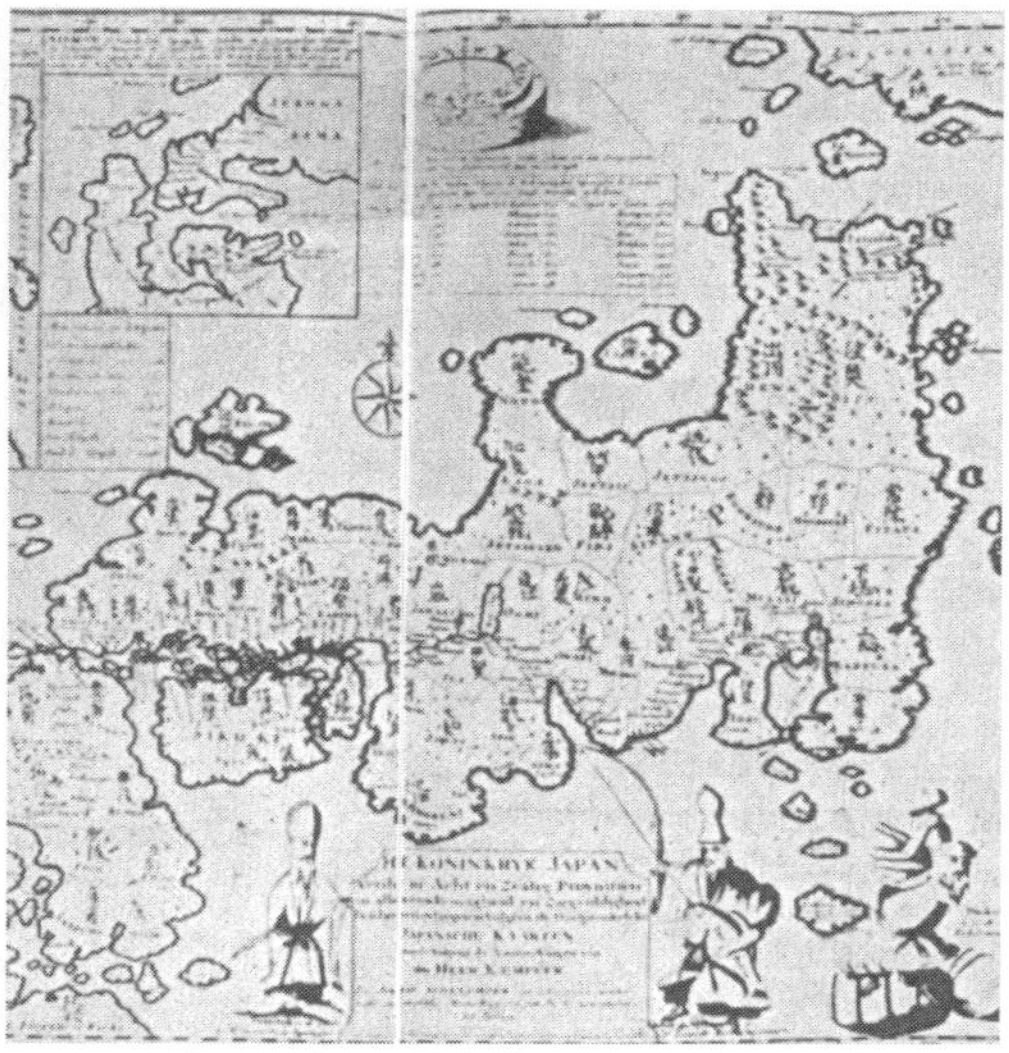

ケンペルが描いた日本王国図

社説

竹島領有権を問う

厳正な事実調査から始めよ

【日本海＝一六九二～三年】隠岐諸島の北西一五七キロ（北緯三七度〇九分・東経一三一度五五分）にある竹島は、一六一八（元和四）年、伯耆の大谷・村川両家が徳川幕府から拝領し漁場の開拓をした島である。

ところが、ここ数年間、韓国からの国境侵犯と出漁が盛んになり、目立つようになったため、幕府は李氏朝鮮に対し、対馬藩主宗氏を通じて厳重抗議のうえ、出漁禁止を申し入れた。

ところが、李氏朝鮮側は自国の領土である、と主張するばかりで、交渉は成立せず、文字通りの暗礁に乗り上げている。

竹島は男島（西島）と女島（東島）、そして、十数個の岩礁から成る小さな島（〇・二三平方キロ）だが、豊富な漁場を形成している。この島がどちらに帰属するか。専門家から成る学術調査団を編成し、正々堂々、事実に即して領有権を判定すべきではないだろうか。

ヨーロッパ

イングランド銀行設立

手形の割引、銀行券の発行も行なう

【イギリス＝一六九四年】イギリスでイングランド銀行が設立された。

業務内容は、手形の割引が中心であり、銀行券の発行も許されている。

ユニオン＝ジャックの旗

銀行の歴史は意外に古く、紀元前三二〇〇年頃の古代バビロニア時代まで遡ることができる。ウルクの赤い神殿が銀行の建物だったらしいのだ。業務内容は、家畜や穀物などの実質金利をとっての貸付。

その後、時代を経てギリシアやローマでも銀行が造られているが、内容は支払い委託の引受や両替商的な色彩が強い。また、中世に入って為替手形も発生しているが、裏書き譲渡が可能にまでは至っていない。つまり、この裏書ができるのは、イングランド銀行が最初になるのだ。

止まれ、日本がどんな状況だ？　まだ、日本には銀行が登場していない。あるのは両替商だけだ。

全比較　美術倶楽部

金の光琳 VS 銀の乾山

安土桃山時代の狩野派に代わって、尾形光琳（こうりん）・乾山（けんざん）兄弟が元禄時代を代表する画家として注目されている。

兄の光琳は、父の宗謙から狩野派の技法や本阿弥光悦（ほんあみこうえつ）流の書を引き継いで、さらに俵屋宗達（たわらやそうたつ）について装飾的画風を学びとった。

その結果、写実風から象徴的表現に変わり、まるで蒔絵（まきえ）のように金地に緑青で葉を描いたり、群青（ぐんじょう）で花を描くなど迫力満点の絵を完成させた。

これに対し、渋い燻銀（いぶしぎん）の画風を開発したのが乾山だ。日本画の花鳥には和歌の讃を入れ、漢画の山水には詩文の讃を入れるなど、調和と個性の両立を重んじた。派手な兄と渋い弟の作風。面白い違いだ。

世界短信

▼ウイリアム三世（イギリス）は、一六九四年、増大する臨時軍事費を捻出するのに長期公債や手形の発行に頼っていたが、高利貸の食い物になるだけなのでイングランド銀行（資本金＝一二〇〇ポンド）を創設した▼一六九八年、ロンドン株式取引所が開設された▼トルコが一七〇〇年前後、西ヨーロッパ文化導入による新国家建設期（チューリップ時代）に入る▼新大陸アメリカにエール大学誕生。神学に対抗する理性の科学が強調されるようになった。

和信、すぐ帰れ　母

播州赤穂四十七士 吉良邸討ち入りに成功

上野介の首級、内匠頭墓前に報告

大石内蔵助が作法通りの復讐戦を指揮

【江戸＝一七〇二年十二月十五日未明】大石内蔵助（おおいしくらのすけ）率いる赤穂浪士四十七名が、主君浅野内匠頭の無念を晴らさんと、一味徒党を成して吉良上野介邸に討ち入り。一人の犠牲者もなく、見事に本懐を遂げた。

強硬派・堀部安兵衛

内蔵助嫡男・大石主悦

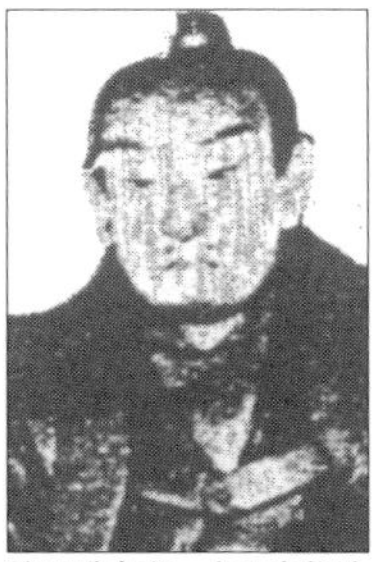
筆頭職家老・大石内蔵助

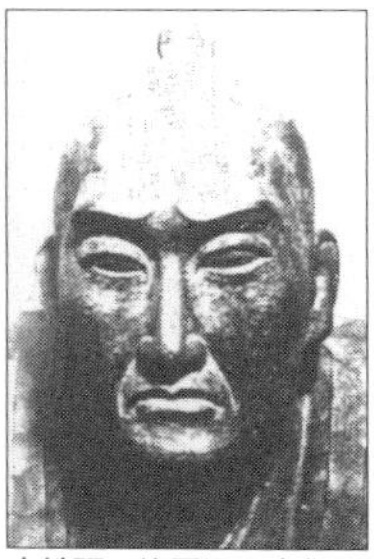
小姓頭・片岡源五右衛門

風雅の士・大高源五

長老の一人・小野寺十内

事件を目撃した吉良邸前の豆腐屋によれば、赤穂浪士隊四十七名は、上から下まで火事装束に身を拵（こしら）え、手に手に異様な道具を提げてゆるゆると集合したという。

そのとき、手槍や薙刀・野太刀・大弓・半弓を提げているのはわかるが、竹梯子とか、大槌・マサカリ・げんのう・大鋸・金槌・梃子（てこ）などを携行しているのが妙だった。

しかし、それらの道具を使って塀によじ登り、門扉を開けて侵入する様子を見て「なるほど」と合点したという。

それから、およそ一刻（二時間）ほどして外に出てきたとき、「高々と上げられた槍の先には吉良上野介殿の首級（しるし）があった」と語った。

結局、大将たる大石内蔵助は、大名火消し〝浅野火消し〟の伝統と作法に従って、ゆるゆると吉良邸に近づき、電光石火の早業で敵を仕留め、現場を立ち去ったようだ。

しかも、撤収の作法が見事だった。火の始末をして粗相のないように見回った後、細かく点検のうえ、現場を撤収しているのだ。

四十七士、覚悟の切腹

不覚の吉良家、知行没収される

四十七名の浪士たちは、芝高輪の泉岳寺に眠る旧主浅野内匠頭の墓前に上野介の首級を供え、焼香をした後、それぞれの運命を待った。

幕閣では、四十七名の浪士たちを熊本細川・松山松平・長府毛利・岡崎水野各大名家へ分散せしめ、種々論議のうえ、切腹を命じている。

また、吉良左兵衛義周は領地召し上げの上、諏訪家預かりの身となり、後に病死。お家断絶となる。結局、赤穂浪士は、死して、ようやく本望を遂げたかっこうだ。

討ち入り装束＆小道具

鬼鹿化無佐志鐙

赤穂浪士の拵えは入念の上にも入念を入れている。

頭は鉢金を入れた火事頭巾（兜頭巾）で守り、体は鎖帷子（くさりかたびら）で固め、結び目を右脇とする帯、股引きにも鎖を縫い込んで防御していた。

要するに上から下まで火事装束に擬して武装は目立たないように工夫しているが、これは大名火消しの経験から発想されている。

武装の道具類にしても極めて実用的なものばかり。手槍や薙刀、それに大弓と半弓は理解できるが、特別拵えの野太刀には驚く。

その他、竹製の梯子や大槌・マサカリ・ゲンノウ・大鋸・金槌・カスガイ・梃子などを持参する集団を見たとき、どう思うだろうか。

用意周到に準備され、練り上げられた計画に則って行動するプロの戦闘集団に見えるかもしれない。

日本史新聞

主な記事から

◆播州赤穂四十七士、吉良邸討ち入り
◆四十七士、覚悟の切腹
◆人形浄瑠璃『曽根崎心中』大盛況
◆野郎歌舞伎の團十郎殺さる

人形浄瑠璃

大坂人の胸打つ『曾根崎心中』

連日満員、押すな押すなの大盛況

【大坂天満＝一七〇三年】

人形浄瑠璃（じょうるり）『曾根崎心中』が大坂で大評判だ。連日、押すな押すなの盛況で、興行主の竹本義太夫もびっくり。

「此の世のなごり。夜もなごり。一足ずつに消えて行く。夢の夢こそあはれなれ」

二十五歳と十九歳の男女が道ならぬ恋に落ち、死出の道行きに語るセリフの一言、一言が大坂人の胸を打っている。

理屈はともかく、義理と人情を書けば天下一の近松門左衛門。腕を奮って、存分に観客の涙をしぼっている。

歴史的に見れば、浄瑠璃は語り物であるが、近松門左衛門と竹本義太夫が登場してから操り人形と結びついた形で普及。一般化した

経済ジャーナル

「御蔭参り」はいいことだ！

一五〇万人参加、路銀三万三五〇〇貫消費

人々は何を求めていく？

【伊勢＝一七〇五年】

宝永二年のこと。

わずか二ヵ月の間に三百六十二万人もの参宮人が「御蔭（おかげ）参り」と称し、伊勢の参宮街道を通ったことが報ぜられ、大きな話題となった。

『翁草（おきなぐさ）』の著者神沢貞幹の試算では、五ヵ月間に百五十万人が参宮街道を通ったとすれば、路銀に費やす金額が銀三万三千五百貫だという。

銀三万三千五百貫は、米一石が五十六匁とすれば、約六十万石（百億円）。大変な経済効果を与えたことは容易に想像できる。それが二ヵ月間に三百六十二万人となるとどうなるか。半分以下の期間に三倍の人数が集中したのだ。それだけの人、金が動く時代になったということか。

伝説・奇談・異聞の宝庫！
『翁草』　神沢貞幹　著

怨恨か？

野郎歌舞伎の團十郎殺さる

名優だが、人柄に欠ける面が……

團十郎

【江戸＝一七〇四年】

豪壮華麗な野郎歌舞伎の第一人者、市川團十郎（だんじゅうろう）さんが、江戸市村座の楽屋で殺害されるという事件が起きた。犯人は同じ役者の生島半六で、怨恨によるらしい。独特の隈取りと荒々しい足拍子、見得（みえ）という演技術を開発。好評を得ていただけに惜しむ声が大きいが、普段から人柄に欠けるところがあり、問題視されていた。

好評発売中
井原西鶴シリーズ
●『好色一代男』
●『好色五人女』
●『日本永代蔵』
●『世間胸算用』

天下の悪法、解除

「生類憐みの令」

【江戸＝一七〇九年】

五代将軍綱吉の葬儀の二日前、「生類憐みの令」が解除された。中野などに設置された犬小屋は即刻廃止、鳶や雁などもすべて解き放たれた。鳥を飼う店、鰻屋、どじょう屋も元に戻った。

世界短信

▼一七〇七年、イギリスがスコットランドを併合し、大ブリテン王国を成立させる▼一七一〇年、パリの南西一一キロのヴェルサイユの森に壮大な宮殿が完成した。建築家と美術家を総動員して建設された宮殿も驚きだが、セーヌ川から水を汲み上げるマルリーの機械も評判になった▼イギリスのアン女王は十六人の子供を産んだが、いずれも早死。スチュアート王朝は断絶し、代わってドイツのハノーバー選帝侯ジョージがジョージ一世として即位した。

緊急討論
江戸中が沸いた討入り!!
赤穂浪士の討入りは是か非か
否定派　気持は判るが過激な手段
肯定派　ギリギリの選択
中立派　楽しめたけど…
絵島事件の表と裏
表　増上寺参りは名目で山村座の芝居見物と乱痴気騒ぎが目的だった
裏　家宣正室天台院の復讐劇「月光院が憎い、まとめて追放じゃ」
地方商人に学べ
外に出て稼ぐ近江商人
呼び込み上手の伊勢商人
江戸商人が見習うべきはどちら？
江戸人　edo jin
新春特別号本日発売
神保町文芸社

8代将軍に就任

日本史新聞

主な記事から

◆徳川吉宗が八代将軍に就任
◆質実剛健を地で行く吉宗
◆「大岡政談」のウソ・ホント
◆世界短信――イギリス・ロシア

藩政改革に〝切り札〟登場か

勢力争い、譜代層が新将軍を担ぐ

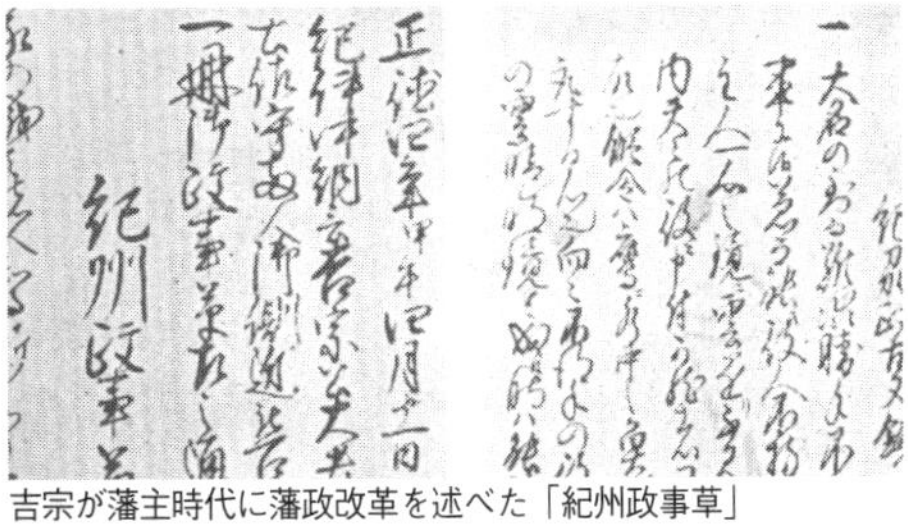

吉宗が藩主時代に藩政改革を述べた「紀州政事草」

8代将軍徳川吉宗

【江戸＝一七一六年】「絵島事件」以後、月光院を押しのけて勢力回復をなし遂げた天英院は、大奥における勢力交代にとどまらず、譜代大名らと結び、間部詮房（まなべあきふさ）・新井白石らの追放、将軍交代を画策。紀州藩主吉宗を新将軍に据えることになった。

改革へ最適任者がトップに

江戸城中はもとより、京都・大坂でも金銀は使い果たしていた。幕府財政は破綻したにもかかわらず、綱吉以来の華美な風俗は改まらなかった。

「絵島事件」の発覚以後、大奥における粛正が進み、月光院から天英院へ勢威が移るにつれ、幕府の表舞台においても大きな勢力交代が進行しつつあった。

幕政を牛耳ってきた能役者出身の間部詮房と浪人上がりの新井白石に対する譜代層の反発と批判が強まり、公然と批判し、反対する機運が強まってきた。

その結果、まったく異質の新将軍擁立の画策が公然と動き出したのだ。

無骨な将軍

天英院と結んだ譜代層は、行き詰まった幕政を一新するため、紀州藩主徳川吉宗を新将軍に迎え、財政改革に着手することになった。吉宗は質素倹約を基本とする改革にはうってつけの人材だった。

衣類は粗末な縮帷子（ちぢみかたびら）で、肌着は木綿。腰の刀は赤銅と鉄、赤がねの拵えで専ら実用を旨とした。食事も制限。品数は極めて少なかった。そして、射芸や馬術・遊泳・拳法などを奨励した。

こうした男が突如、華美と奢侈（しゃし）に馴れた江戸の世に出現した。

時の勢い

吉宗は、すべての政治を天和以前に帰すことを宣言、武張った政治を復活させた。本来、こうした反動は歓迎されないが、多くの人々の心をとらえる新鮮な力があった。

なぜならば、従来の幕政では見られなかった政策を数多く実行したからだ。倹約に基づく財政改革の他、斬新な防火対策に基づく街づくり、目安箱の設置、無料病院の開設等々を手掛けている。

吉宗のスタッフ

御側御用取次＝紀州藩時代の腹心、有馬氏倫と加納久通。有馬はガミガミ。加納はにこやか顔で正反対らしい。

江戸町奉行＝大岡忠相。防火政策に基づく都市造りを進め常火消（いろは四十七組）の編成、貧民救済の無料病院（小石川療養所）を開設。

老中職＝水野忠之。参勤交代の在府期間を短縮し代わりに「上米令」を発布。新田開発などで活躍した。

この他、幕政改革のブレーンとして荻生徂來（おぎゅうそらい）、室鳩巣（むろきゅうそう）、太宰春台らの儒者、青木昆陽らの実学者を登用。従来にない政治を実践する模様だ。

驚異のベストセラー

大店50家は、こうして破産した
逆に読めば、成功の否決が判る

『町人考見録』

発売記念　特別講演会

講師／三井高房
（越後屋三代目）
日時／享保13（1728）年
場所／越後屋店頭

紀州藩主徳川吉宗が

〝質実剛健〟を地で行く吉宗

吉宗はもともと庶子の身。それが丹生三万石、紀州五十五万石、そして、将軍となった。

■倹約将軍

享保元年、七代将軍家継の葬式を執り行なった。四周の垂簾を金銀珠玉で飾り、立派な刀掛けや椅子を拵え、荘重に仕立てた柩を見たとき、吉宗は破棄を命じ、質素かつ簡素な柩に作り替えさせた。

最初からやり直すことは相当な失費となったが、倹約政治の手本を形で示すためには重要な仕事になった。これを機会に幕政の形式と手順はことごとく質素倹約を旨とする天和度に帰された。

■情報通

尾張藩の秘密文書『鸚鵡籠中記（おうむろうちゅうき）』によると、将軍吉宗は享保元年、幼少将軍家継の後見職になったとき、紀州の間者（スパイ）が尾張屋敷に探索に来ていたと書いてある。

将軍職に就いた後も「お庭番」という間者を使って全国大名や市中の噂を収集しているという。表沙汰にできない危ないことも多数あり、周囲を震え上がらせている。

記録に残されないので、噂の域を出ないものの、知る人ぞ知ることだ。

■八木将軍

商人の力が強い江戸の町

将軍になると同時に農民と旗本の困窮を救うため、さまざまな手を尽くした。その結果、享保十三年、米切手の転売を許可するに至る。

そして、正米が出回るのを抑え、米の消費地に入るのを防いだり、買い占めを行なうことによって米相場を上げることに腐心した。

人々は吉宗を「八木（米）将軍」と呼んだが、凶作や豊作のたびに千変万化する値動きはままならず、天下の将軍でも左右できない経済法則があり、商人の力があった。

■天文台を建設

とにかく、何事にしても吉宗の事実に即してモノを考えるという性癖は、さらに洋学への道を開く。

アラビア馬の療馬法を翻訳したり、自由気ままに渾天儀を作って天体観測を試みたり、自ら神田佐久間町に天文台を建設して測量の便を図った。

何事も実際的な見地から判断されている。

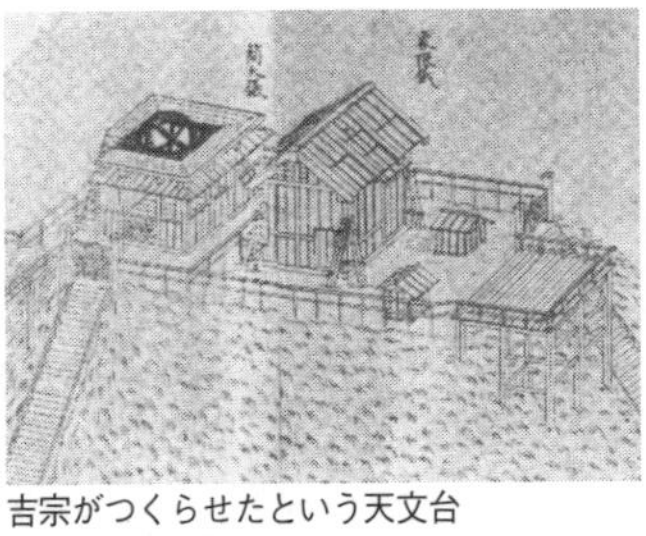
吉宗がつくらせたという天文台

「大岡政談」のウソ・ホント

大岡忠相

大岡越前守忠相といえば、ほとんどの人が「町奉行」と答え、裁判が主たる仕事であると思われているが、裁判だけが仕事ではない。

名奉行ぶり

町奉行には行政という重要な役目があった。浅草の米相場にと取り組み、株仲間の結成や問屋支配の強化を図ったり広範な分野に及んでいた。

その他、江戸名物になった火事対策として防火都市対策を進める一方、町火消「いろは四十八組」を組織した。

町火消の創設

九百余町を数える江戸の火事を防ぐには大名火消だけでは足りず、大岡忠相は、隅田川以西に「いろは四十八組」をつくり、隅田川以東の本所、深川で十六組を組織した。有名なめ組は増上寺、浜松町辺りで二百三十人もいる。

世界短信

イギリス

ウォルポール、責任内閣制を主宰

【イギリス＝一七二一年】

ホイッグ党の領袖ウォルポールが、王に代わって閣議を主宰し、議会に対しても責任を負う首席大臣に就任。「同輩中の首席」を意味する首相と称する。

また、経済政策面でも工業製品の輸出関税を廃止し、逆に奨励金を交付して輸出を奨励する一方、工業材料の輸入税も廃止した。

ロシア

エカテリーナ一世 独裁政治を開始

【ロシア＝一七二五年】

ピョートル大帝が五十三歳という男盛りの時期に他界。帝位が宙に浮いて寵臣や高官が集まったとき、突然、近衛兵の一団が行動開始。クーデターによって、エカテリーナ皇妃が皇帝になった。

告示

種芋（薩摩芋）をお分け致します。

享保十九年春　小石川薬園

日本史新聞　（AD1732年）　～　（AD1744年）

尾張藩主、将軍にライバル意識？

日本史新聞

主な記事から

◆尾張藩主、将軍にライバル意識？
◆神聖ローマ帝国、分裂
◆現代思想――荻生徂徠・石田梅岩
◆美術評論――浮世絵

境遇似るも、思想正反対の二人

幕政批判の宗春、〝わが世の春〟を謳歌か

【名古屋＝一七三二年】

尾張三代藩主綱誠（つなのぶ）の第二十番目の男子、通春（みちはる）が吉宗の一字をもらい、宗春となって名古屋城の主となった。将軍吉宗と同じく、部屋住みが一躍大身となったわけで、境遇は一致した。しかし、願うところはまったく正反対のようだ。

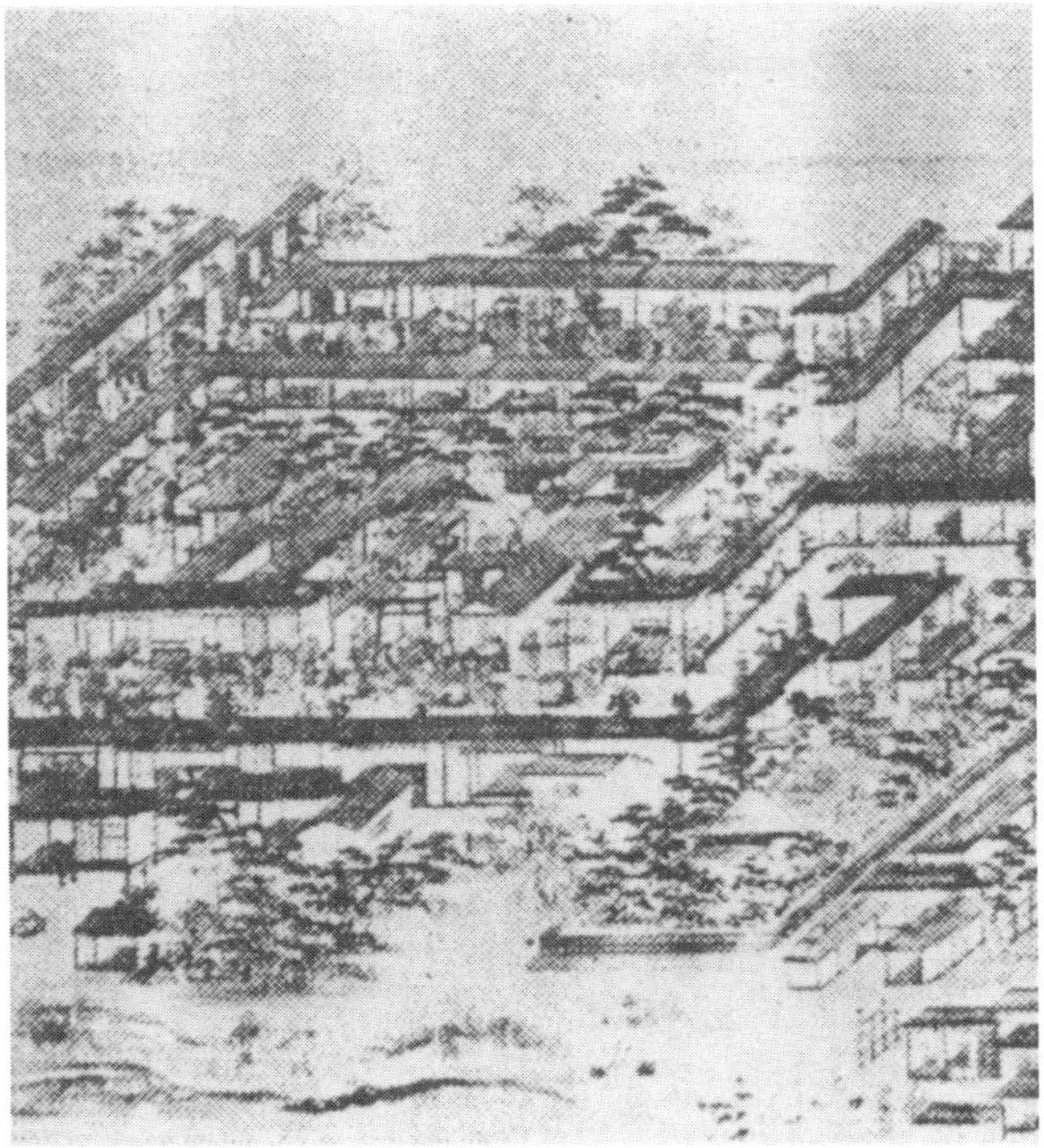

活気のある名古屋城下町

宗家を継ぐべき兄たちが次々に死んで、いつの間にか、順番が回ってきた。それは将軍吉宗も尾張藩主通春も共通している。いずれも強運の持ち主と見ていい。しかし通春は、倹約政治を実践する吉宗を真っ向から批判し、対立するようになる。

『温知政要』

享保十六（一七三一）年四月、宗春は初めて名古屋に国入りしたが、直前に政治心得『温知政要』をまとめている。「自分ならば、こういう国づくりに励みたい」という理想を記したものだが、御三家の一つたる尾張藩で吉宗の政治を修正してやるという気負いに溢れていた。

開放的機運

宗春は就任早々、芝居や遊所の禁を解き、祭礼や寄合の制限を除くなど、二十年も続いた倹約政治を解除した。

その結果、美濃・尾張両国の農村地帯における陶器や大根・煎茶・西瓜・木綿・素麺や和紙などの商品生産が一段と活発になった。

享保改革でどこも火が消えてしまったとき、名古屋だけは陽気に満ち溢れていた。

吉宗の詰問

宗春が藩主となって一年後のこと。将軍吉宗は使いを送り、詰問したところ、宗春は次のように答えている。

「江戸入国入ともに物数奇花美をすれども費なし。故に花美却て手下の助となる。国に法度繁からねば、罪人もなく盗人の愁なければ、火難もおのづから遠ざかる」

名古屋の街は堰を切ったように繁栄の夢を追って走り始めている。吉宗の思惑とは正反対の方向に向かって動き始めていたようだ。

只今、
絶賛発売中！
『温知政要』の注釈として最適かつ唯一の書
温知政要輔翼
中村三近子（京都）

大坂

鴻池家成功の秘訣はどこに？

確実な借家経営と新田開発が軸

越後屋三代目の三井高房は、面白いことを言っている。

「このころ、大名貸しをする商人が次々に倒産しているが鴻池だけはますます身代厚くなっている。これも若年より仕事に励み、身上を慎み、また親孝行を重ねてきたためである」（『町人考見録』）

大坂今橋の鴻池両替店

なるほど、鴻池（こうのいけ）家は代々、普段からの努めと心がけがよかったのは間違いないが、商いは実利の伴わない精神主義ではやっていけない。確実な方策があったようだ。

第一は、鴻池家は代々、急増しつつある都市住民を対象とする大量の賃貸住宅の建設と提供を心がけてきた。

そして第二は、干拓や灌漑＝水利工事を起こすことで広大な新田を開拓し、農民（農家の次・三男）を募集しては新しい村を建設する事業。

都市と農村で確実な需要を見込める事業が展開していたのだ。民間デベロッパーの先駆といえるだろう。

神聖ローマ帝国、分裂

プロシア軍、オーストリアに侵入
マリアの帝位就任妨害、領土要求

【オーストリア＝一七四〇年】ハプスブルク家のカール六世が亡くなり、弱冠二十三歳のマリア＝テレジアが帝位に就こうとしているとき、突然、プロシア軍がオーストリア領シレジアに侵入した。

マリア＝テレジア

「プロシアはマリアの帝位継承を認め、さらに、マリアの夫トスカナ公フランツのドイツ皇帝（神聖ローマ皇帝）就任を助け、二〇〇ターラーを供与しよう。その代わり、シレジアをよこせ」フリードリヒ二世は「通告文」を送り、プロシアはシレジアに対して歴史的権利を有していると主張した。だが、シレジアの分離併合は、そのままプロシアの独立宣言となったようだ。

名目はともかく、シレジアは東ドイツで、かなり工業の発達した唯一の地方だ。人口二百五十万の貧しい国が、人口百万の豊かな領土を加えることは非常に重要な意味をもった。

マリアは激怒し軍隊を派遣したものの、モルヴィッツ会戦で敗北。もはや、勃興期の若きプロシアに敵するところではない。

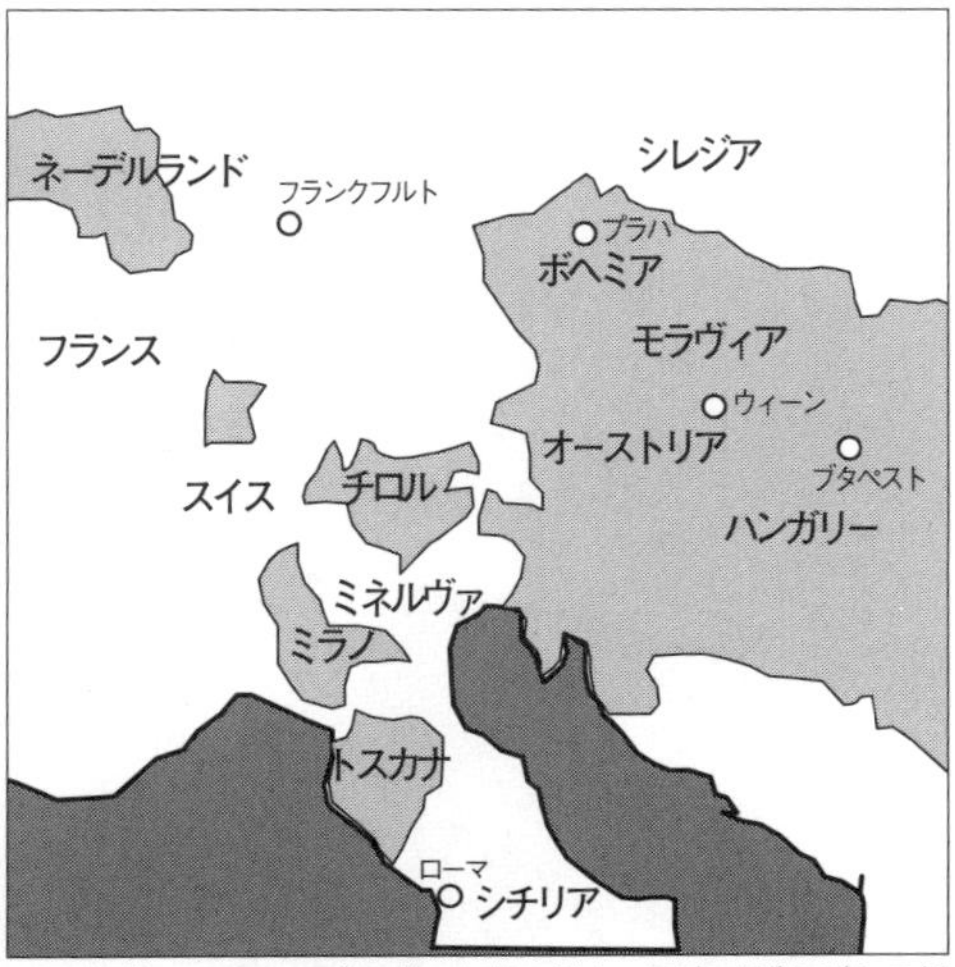

1740年代におけるハプスブルク家の領土。国家がばらばらの領土からなっているように役所も領土ごとに独立し、互いに牽制し合っていた

中国・清朝 乾隆帝即位

【中国＝一七三五年】清朝の勢威が絶頂期に達しつつある頃、雍正帝が亡くなり、第四子の弘暦が乾隆帝として即位。それに伴い、政治の力点は内治中心から外征中心に切り換えられた。

乾隆帝は外治に次ぐ外征に明け暮れ、統治する領土は明をはるかに凌駕。乾隆帝は外征戦に一度も敗れたことがなく、ついにはチベット征服に至る。

美術評論
浮世絵
素直に美を表現する

鳥居清信の「結髪図」

てきた。しかしいま、普段着のまま、手に取って楽しむ絵画が注目されている。版画の技法で描かれた浮世絵だ。自称「大和絵師」を名乗る菱川師宣（ひしかわもろのぶ）によって創始され、鈴木春信が完成した。

浮世絵は「美しいものは美しい」という主張で貫かれている。とりわけ、女性は美しく、美しい女性に心を動かすことは少しも恥ずかしいことではないという。

艶めかしい美しさを描く春信の浮世絵は評判が高く、細絵が十二文、大錦が二十四文、中錦で銀一枚の値段がついた。

現代思想
荻生徂徠 & 石田梅岩

徳川幕府は「勧農抑商」と「貴穀賤金」を基本とする士農工商の身分制社会を元禄時代以後、土台として成立した。しかし、そういう解釈は通用しなくなった。

そのとき登場したのが、新しい儒学者荻生徂徠（おぎゅうそらい）である。

徂徠は「数百万人の商人一枚となりたる勢いには勝ぬ事にて、何程御城下にて御下知有り、物の値段下らぬ筋も有り」と語り、物価や商人の力は、もはや幕府の力の及ばないことを指摘する。

一方、神道も仏教も儒学を適当に咀嚼（そしゃく）し、心学という形で自己流に組み立てたのが、石田梅岩（いしだばいがん）であった。人間の本性とは何かを探り、深く掘り下げていく。

そうなれば、士農工商の区別はあるはずもない。あるのは生身の命ばかり。凡人ほど苦しみは多いが、耐えて進むところに悪の道に陥らない安心があるとしている。

大名や旗本らの威厳に満ちた邸宅や豪商たちの贅を尽くした屋敷を飾る技術として利用されてきた絵画。狩野派や土佐派の絵師たちは皆、そのために腕をふるっ

裏 日本史物語
画・梅本文左ェ門

殿、繁栄するということはその分、必ずどこかが犠牲になっているということです…
（吉宗／先生）

たとえば尾張の繁栄は…
わしは知ってるぞ！

農民の犠牲の上であろう！！
いいえ、

江戸で倹約した分が尾張に流れているのです
江戸が犠牲になってるのね

新将軍家重、吉宗に反発

功臣 松平乗邑を罷免

徳川家重

真相は？ 鍵握る大岡忠光の側用人政治始まる

【江戸＝一七四五年】 六十二歳になった八代将軍吉宗が、延享二年、将軍職を嫡男家重に譲って隠居したところ、新将軍家重は、ただちに吉宗の右腕となった老中松平乗邑（のりさと）を罷免した。いかなる理由によるものか、城中は唖然としている。

還暦を過ぎた将軍吉宗が、ようやく将軍職を家重に譲って隠居。開祖家康と同じく大御所政治を始めようとしたところ、新将軍は反発、予想外の行動に出た。

就任後二十日目、吉宗の右腕として十五年間、寝食を忘れて働いてきた老中松平乗邑を罷免。吉宗による加増分一万石の取り消し、屋敷地召し上げの追い打ちをかけた。

誰と口を利くわけでなし、油を付けないので頭髪がだらしなく解け、髭も滅多にあたらない不精将軍としては思い切ったことをした、と江戸城内ではもっぱらの噂だ。

しかし、誰一人として「いかなる故にや」という質問に答えられる者はいない。唯一あるとすれば、大岡忠相の親戚筋に当たる大岡忠光か。

言語障害をもつ家重の呟きを聞き分けることができるのは忠光一人だけで、他にいないからだ。小姓役から御側申次になった忠光は、どこまで昇りつめるのか。将来を左右する人物になりそうだ。

法治国家の礎、固まる

画期的な「公事方御定書」制定さる

【江戸＝一七四五年～】 武家中心の世の中であれば命令下達で事は処理されたが、商人が力をつけ農民の意識が変わってくると、身の回りに発生した問題はすぐに訴訟になった。したがって、早急に訴訟ルールを確立することが至上命令となり、先代将軍吉宗は「公事方御定書（くじがたおさだめがき）」上下二巻を整備した。特に下巻百三条は「御定書百カ条」と呼ばれるようになった。

従来、慣習的に行なわれてきた訴訟手続きが成文化され、罪の軽重も具体的に特定されたのは画期的で、以来、法治主義に大きく近づいた。

ただし、寺社奉行・町奉行・勘定奉行以外の披見はいまだに許されていない。

日本史新聞

主な記事から

◆新将軍家重、吉宗に反発
◆「公事方御定書」制定さる
◆独占インタビュー・安藤昌益は語る
◆モンテスキュー『法の精神』を著す

「家元制度」を守れ！ 全国総決起集会開催！

■時　宝暦三年五月
■所　京都・青蓮院（書道粟田口流門跡）

経済的には貧しくとも格式だけは張る公家にとって、幕府に支給されたわずかな所領から上がる収入だけでは暮らしていけない。

そこで、公家にあって武士にはない古い家柄と伝統、そして、家芸を活用しない手はないということで、内職が盛んになった。学問や芸事の家元になることだ。

こうして免許料や名取料などの種々な名目で手数料を集めることで生業を立てることができるようになった。ところが、ニセモノ、カタリが横行し、公家たちの信用はがた落ち。

公家の世界でも自衛策を講じなければならなくなった。概略案内のごとく、家元制度の権威と水準を保つために総決起集会を開催する。

なお、呼掛人は、次に記す通りである。

「家元制度」も文化のひとつ？

【呼掛人】

和歌＝冷泉家・飛鳥井家・烏丸家
書道＝青蓮院宮家・有栖川宮家
蹴毬＝飛鳥井家・難波家
花＝園家
琵琶＝西園寺家・伏見宮家
装束＝西園寺家
包丁＝四条家
香道＝三条西家
医道＝錦小路家・小森家
鷹匠＝西園寺家・持明院家
相撲の横綱、立行司支配＝五条家
和琴＝四辻家

独占インタビュー　農民本位の共産主義者、安藤昌益氏は語る
「不耕貪食の徒を排し 直耕の世に帰せ」

【秋田＝一七五二年】

「世界は初め絶対平等の無差別社会であった。人間は自然に即して生きており、生きて行く者は自分で働いて物を作り出し、かりそめにも他人の物を奪うことはなかった。

この無差別平等社会が破られたのは、シナの古代に知恵の偏った高慢な人物、すなわち、聖人が出てきたからだ。悪賢い知恵を働かせ、自分は直耕直食の肉体労働を厭い他人の労働を搾取して食っていくのを考えた。

このような天下国家を盗む大盗が起こるゆえ、その下に貨財を盗む小盗が日々に起こって止むことがありさまとなった。農は尊し。直耕、直食、安衣、安食、無欲、無乱、自然の赤子となるべし」

〈プロフィール〉
藤原氏児屋根百四十三代目と称し、羽後秋田在。職業は町医者。ただし、医学の他に本草学、儒教、佛教、神道を修め独自の領域を開拓している。

モンテスキュー
革新的「法の精神」を著す
三権分立の理想論に国内騒然？

【フランス＝一七四八年】

ボルドーの法服貴族の家に生まれ、高等法院長になった名門の人モンテスキューが、フランス絶対王政を根底から打ち砕く革新的な説を発表し話題になっている。

いわゆる「三権分立論」を中心とする自由主義国家論だ。立法・司法・行政の三権は、王であれ、誰であれ、一人の人間ないしは一つの官職に集中してもたれてはならないという考え。こうなると、絶対王政は理論的に不合理であり、立法機関・司法機関・行政機関に分かれて活動する国家形態が望ましいという理想論が提出されたことになる。

モンテスキューは、決して革命の必要性を主張するわけではない。むしろ保守派に属しているようだ。

歴史は王様や神様などとは無関係に進行する？

立法・司法・行政の三権は、一人の人間ないし一つの官職に集中されるべきではない？

モンテスキュー

啓蒙思想家三人衆　揃い踏み＆怪気炎
モンテスキュー＋ルソー＋ヴォルテール
出版記念　特別講演会
- 1748年
- ベルサイユ宮殿　ポンパドール・サロン

世界短信

イギリス
大英博物館建設
スローンが収集物寄贈

【イギリス＝一七五九年】

王立学士院院長の医学者スローンが膨大なコレクションを国家に寄贈したことから博物館が建設された。公共博物館としては世界初の試み。

アメリカ
イギリス重商主義に植民地人が反発

【アメリカ＝一七五〇年〜】

アメリカ植民地の通商活動を規制したり、イギリス本国以外に輸出できない商品リストを増やすなど、イギリスの規制強化が続いている。アメリカでは「植民地の産業を抑え、本国との競争を防ぐための重商主義政策は時代の流れに合わない」と反発を強めている。

アメリカ
フランクリン避雷針を発明

【フィラデルフィア＝一七五二年】

アメリカの政治家にして文筆家であり、科学者であるベンジャミン・フランクリンが長年、電気の研究を続けた後、雷雲に向かって細い鉄棒を付けた凧を上げ、稲妻と電気が同一であることを実証。その実験から避雷針が発想され、実用化された。

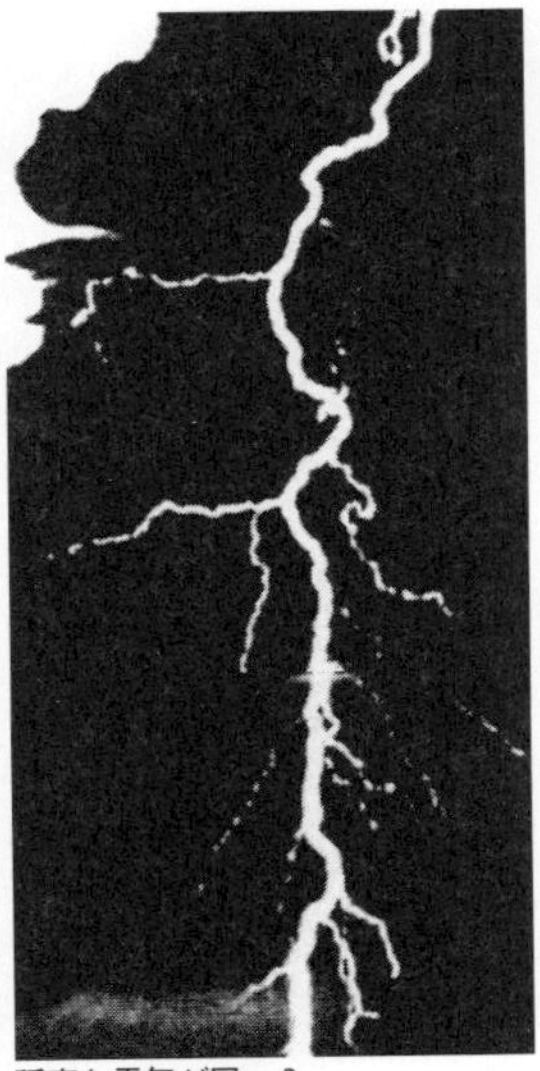

稲妻と電気が同一？

アメリカ
ジョージ二世が特許状コロンビア大学創立

【コロンビア＝一七五四年】

イギリス国王ジョージ二世の特許状によって「キングス・カレッジ」として誕生。教育学の開拓者となる。

現代音楽の父
ヨハン・セバスチャン・バッハ　オルガン・コンサート

ルター派の敬虔な祈りのメロディーと伝統的な多旋律の形式と手順の愉悦

- 一七四五年
- ライプツィヒ

日本史新聞　（AD1762年）〜（AD1774年）

田沼意次時代の開幕

側用人兼務の老中に昇格

日本史新聞

主な記事から

◆田沼意次、老中に昇格
◆意次を支持する島津重豪
◆平賀源内、東都薬品会を開催
◆北方警鐘乱打も松前藩動かず

幕府財政

再建へ根本的な方向転換か

倹約から積極経営で税増収等を図る？

【江戸＝一七七二年】先代将軍家重以来、とんとん拍子に出世を重ねる田沼意次（おきつぐ）が、ついに側用人（そばようにん）兼務の老中となった。これによって、八代将軍吉宗以来の財政改革路線は抜本的な変更が図られる見込みとなった。

破格の出世街道

家重の小姓役からスタートした田沼意次が出世を重ね、次の将軍家治になっても側用人兼務のまま老中に昇格して話題になったが、今度は五万七千石の大身になって周囲を驚かせている。

吉宗時代から三十二年にわたって老中職にあり、現在、老中首座を務める松平武元でさえ館林藩六万石に留まる事実と比べれば、真に異例のことといわねばならない。

積極的な財政再建

意次の前に横たわっていたのは、幕府財政を根本から建て直すという命題。最初は倹約に走り回ったが、明和年間（一七六四）を境にして積極策に転じている。

まず五匁銀を新鋳し流通させた後、「金一両＝五匁銀十二個」という定位貨幣の制度化を図る。四文の真鍮銭、南鐐二朱判（八個＝金一両）も同じく新鋳し流通させた。

結果的には物価騰貴を招いて失敗したが、中央政府による信用通貨発行の先取り的発想だった。

両替屋の店先。農業を立脚点として成立する幕藩体制が財政危機に陥ったとき、"倹約政治"の次に採るべき策は、江戸を中心とする殖産興業による税収入の確保以外にない。はたしてどうなるか
（井原西鶴『日本永代蔵』より）

田沼意次

革新的な政策

さらに意次は、産銅の独占販売に着手したのを皮切りに、朝鮮人参・ミョウバン・石灰・硫黄・油などの専売事業化による幕府収入の確保に乗り出している。

これらの新たな税源開発は旧来の商人や酒・醤油・酢などの製造者からなる株仲間増設と運上金（税）増収に加えて大きな成果を上げつつある。

活躍する盟友島津重豪

好奇心旺盛　医学・測量・天文学の普及図る

【薩摩＝一七七〇年〜】田沼意次を「侍にあるまじき心の持ち主」だとか、「商人のような男である」と非難する者がある。

しかし、いかに意次がやり手でも支持勢力がなければ一日ももたないのは言うまでもない。その筆頭に立つのが最強の外様雄藩、薩摩の島津重豪（しまずしげひで）だ。

藩学振興のために造士館と演武館を開いた後、医学振興のために医学院を開設し、簡天儀・測午表・望遠鏡などを備えた明時館をつくった。

一般的な学問振興の他、医学・測量・天文学の振興にも力を入れ、閉鎖的な薩摩の空気にショックを与えた。

それも参勤交代の途中、オランダ商館に立ち寄り、商館長と個人的親交を結んで蒸気船に乗るなど、好奇心旺盛だったからに他ならない。開明君主の第一人者だった。

島津重豪

上杉鷹山

「唯嘆はしきは勝手向の差仕えのみにて候」

米沢藩主上杉鷹山（ようざん＝治憲）は、その著『夏の夕』に次の一節を認めている。「今日の国体、上に暴戻の君主なく、下に専権の臣なく、大小の諸有司真実に相勤め、女謁・賄賂の行はれ候事も之れなし。何一つ他へ恥ずべき事も之れなく候へ共、唯嘆はしきは勝手向の差支のみ」——自分も家臣も節約に節約を重ね、真面目にやっているのだが、なぜか、経済がうまくいかないと嘆いている。

平賀源内氏の企画&プロデュース
第五回東都薬品会＝物産会、開催される

エレキテルの実験図
（『摂津名所図会』より）

【江戸＝一七六二年】若手の博物学者として知られる平賀源内氏が、湯島天神前の京屋九兵衛宅を会場に「第五回東都薬品会」を開催。連日、押すな押すなの大盛況で話題になっている。

東都薬品会というのは、わが国に産する草木・鳥獣・魚介・昆虫・金玉・土石類を集め、この性質を探って分類・展示し、互いの知識を交換し合うための会。

平賀源内氏

江戸を中心に京都・大坂に仲介所を設け、長崎・奈良・明石・伊丹・高松・佐倉・長野など全国二十五ヵ所に取扱所がつくられたので、日本全国から珍物が集まった。

源内は、師匠田村藍水の指導で千三百種の展示物を選抜して『物類品隲（ぶつるいひんしつ）』に収録した。

今日の言葉

「女と灯火のない家庭は魂のない人のようだ」
一七五八年
ベンジャミン・フランクリン

書評

本居宣長『石上私淑言』
●国学の神髄「もののあはれ」を強調●

本居宣長

【伊勢松坂＝一七六三年】朱子学から儒教に学問の主流が移行するなかで現在、国学が台頭しつつある。伊勢松坂に住む市井の学者本居宣長（もとおりのりなが）氏が『石上私淑言』を著し、儒教的な人間像を否定し「もののあはれ」を知る主情的な人間性を強調した。

簡単にいえば、従来は喜怒哀楽を顔に表わさないのが理想とされてきたが、心の感受性とか、ものに触れて動く心や感情をあるがままに肯定して生きようというものだ。

面白い。一読に値する。

世界●短信

イギリス

大ピット、仏戦争を指揮
イギリスを世界の覇者へ

【ロンドン＝一七五七年～】大ピットはニューカッスル内閣の国務相となり、インドとカナダの対フランス戦争を指揮。見事に勝利して、イギリスを世界の覇者とした。

オランダ

沈み行く国
ジャワ支配を残す

【インドネシア＝一七五八年】面積はインドネシア全体の一割に満たないが、人口は三分の二を占めるジャワ。この島がオランダ支配地として最終的に確定した。その時点で、オランダ資本によるサトウキビ、コーヒー、ジャガイモやお茶、キナなどのプランテーション経営が本格化。オランダ唯一の財源として活用される。

アメリカ

南部と北部の
境界線確定

【アメリカ＝一七六三年】ペンシルベニアとメリーランドの間を走る境界線を「メーソン＝ディクソン線」と呼び、通常はアメリカ全体を南部と北部に分ける境界線として利用することになった。

たまたま両州の境界争いが起きたのを機会にイギリス人の測量士メーソンとディクソンが実地測量によって州境を確定したのにちなむ。

エトロフ ウルップ

本多利明
工藤兵助

警鐘乱打も松前藩動かず
対ロシア、抜本的かつ柔軟な政策を

アイヌの人たち

【蝦夷＝一七六八年】蝦夷渡島（北海道）の北東に並ぶ千島列島にロシア人が出没し話題になっている。

東から順次西進し、エトロフ島からウルップ島に上陸したとき、鉄砲でアイヌを殺傷し追放したのだ。これに対し、肝心の松前藩が動かず、抗議も反撃もしないので、アイヌは単独で交渉。交易関係を取り結ぶことになった。

こうした事実をいち早くつかみ、『赤蝦夷風説考』（天明三年＝一七八三）にまとめて世に問うたのが、仙台在住の医者工藤兵助氏だ。氏は抜荷や密貿易を認め、官営貿易にせよ、と訴えた。

それは渡島開拓と対ロシア貿易を検討中の田沼意次の重商主義的政策と一致。実現の一歩手前までこぎ着けたが、挫折。改めて世に問うたのが本多利明だった。

利明は田沼流改革プランをそのまま『経世秘策』に著して話題になっている。

出版案内

発売予告
風雲急を告げる蝦夷地のホット・ニュースを満載！
ロシア人の南下政策、領土拡張の手口公開！
赤蝦夷《あかえぞ》風説考《ふうせつこう》
天明三（一七八三）年発売予定
仙台・工藤兵助

緊急大増刷
日本の進路を問う
『倭国史新聞』
最上孝太郎　編著
江戸文芸社刊

本日発売
解体新書
杉田玄白ほか訳
安永三（一七七四）年
本邦初の西洋解剖書の訳本！
図版満載で人体の内部をわかりやすく解説。

日本史新聞　（AD1775年）〜（AD1786年）

意次嫡子若年寄　田沼意知、殺害さる

権勢利用の収賄が恨み買った？

日本史新聞

主な記事から

犯人佐野は〝世直し大明神〟

世間「いやさの善ざで血はザンザ」で気晴らし

【江戸＝一七八四年】今をときめく田沼意次の嫡子で、父子並んで権勢をふるっていた若年寄意知（おきとも）が、旗本佐野善左衛門に江戸城で暗殺されるという大事件が起きた。刃傷の理由は意知が賄賂を取るだけで役をくれなかったかららしい。

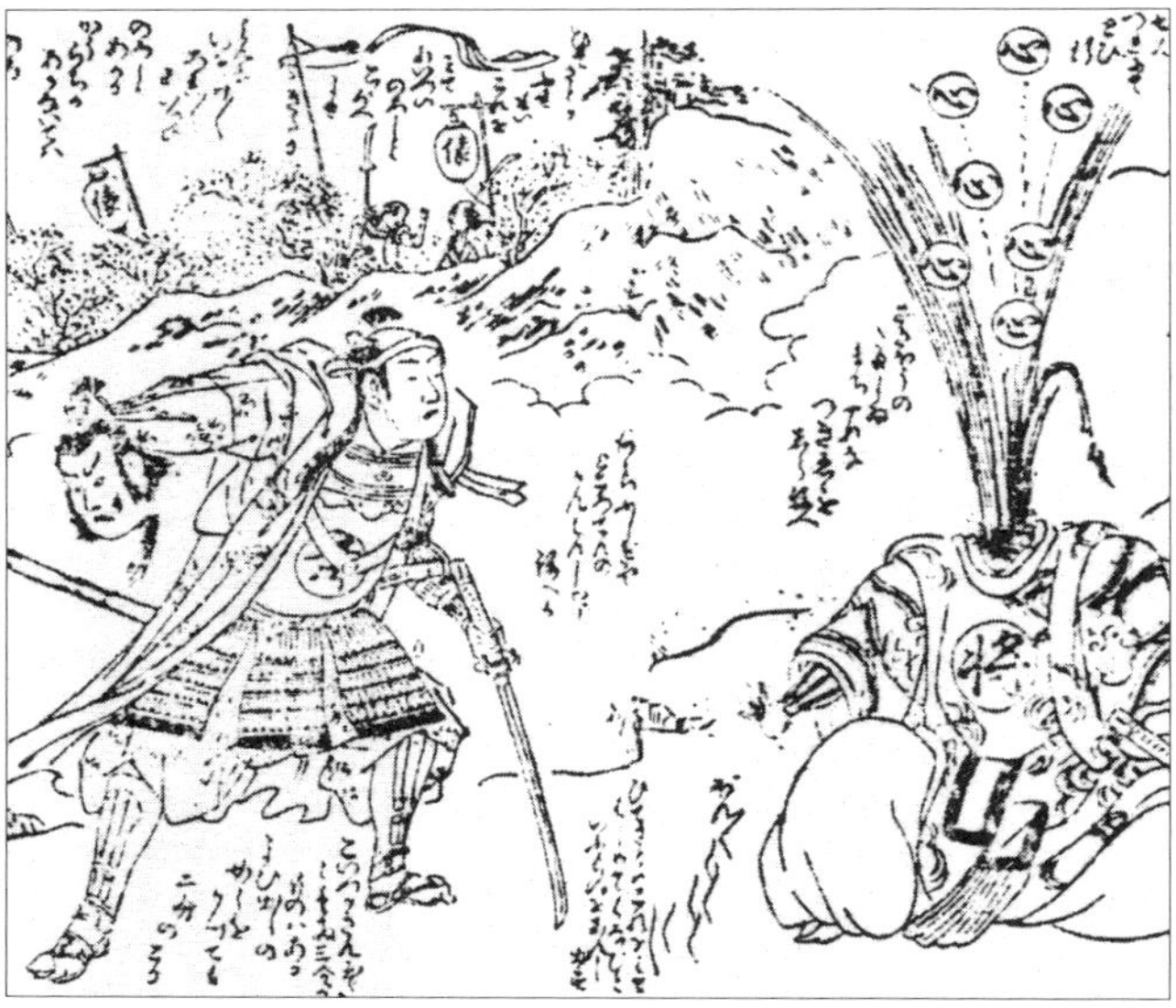

黄表紙になった意知暗殺事件

天明四年春の正午過ぎ、若年寄田沼意知が同僚と共に退出しようとしたところ、新番士佐野善左衛門が突然、斬りかかった。意知は肩先を斬られ股を刺されて重体。自宅に運ばれたが、死亡した。

犯人佐野を逮捕し取り調べたところ、理由は意知が佐野家系図と家宝を返してくれないとか、賄賂を取りながら役を回してくれないという私怨に発するものばかり。

結局、被害者が死んだので佐野は切腹を命ぜられ、事件はカタがついた。一方、被害者の父意次は「お構いなし」ということで、そのまま職を全うすることとなった。

馬鹿を見たのは佐野一人のようだが、世間の人々は納得せず、佐野を「世直し大明神」と崇め奉り、「いやさの善ざで血はザンザ」と落首落書きをして鬱憤を晴らしている。

このことは、すでに田沼没落を期待する世論の表われと見る向きもある。

探検記　最上徳内氏　千島を往く

最上徳内氏

【蝦夷渡島＝一七八六年】田沼意次の命令で、探検家最上徳内氏は蝦夷地調査団を編成。エトロフ・ウルップ方面の調査を開始した。

この結果は報告書『蝦夷拾遺』に収録され、地理・人物・産物・オロシア人・サンタン人の項目に分けて詳述される見込みだ。

また同書は、山口鉄五郎・庵原弥六・佐藤玄六郎・皆川沖右エ門・青島俊蔵ら五人連名の序文を付して提出されるが、幕臣ではない徳内の名前は省かれる模様。

そのことによって氏の評判が落ちることはなく、知る人ぞ知る人物として歴史上に記録されるだろう。

続出する自然災害　天明大飢饉、浅間山大爆発…何の因果？

天明の浅間焼け

【日本全域＝一七八三年】田沼時代はもともと、天災の当たり年で、宝暦五年以来、三十年間に飢饉・大火・洪水・疫病などが相次いだ。

とりわけ、若年寄意知暗殺事件の勃発前夜は、浅間山大爆発と東北一帯の大飢饉が重なり、さながら生き地獄のような世相だった。

天明三年の浅間焼けは、富士山の宝永山噴出と並んで江戸周辺に凄まじい被害をもたらし、「この世の終わり」とばかり、数日間は真っ暗闇になったこともあった。

この大噴火を合図にして、天明大飢饉が始まる。冬温かく夏寒くなり、米以外に作物のない津軽・南部両地域を中心に餓死病死者が続出。慢性的な飢饉となっている。

アメリカ

新時代への予感と期待

レキシントン・コンコード

【ボストン＝一七七五年】

ボストン郊外のコンコードとレキシントンで、イギリス軍と独立民兵隊（ミヌットマン）が衝突。双方に死傷者が出た模様。事実上、この衝突がアメリカ独立戦争の宣戦布告となった。

独立宣言

【フィラデルフィア＝一七七六年】

アメリカの植民地政府は、どの政府でも急進派が保守派を圧倒し、別に独立政府を組織するようになった。

その結果、全アメリカを代表する大陸会議はペンシルヴェニア、ノース・カロライナ、バージニアを先頭に「独立賛成派」が多数を占めた。

さっそく五名の独立宣言起草委員が任命され、七月、採択された。このとき、アメリカ合衆国が誕生した。

独立軍司令官であり、同時に憲法会議議長を務めたワシントンは、炎暑のフィラデルフィアにおける4ヵ月にわたる会議で採択された「連邦憲法」に基づいて、初代アメリカ大統領に選出された

パリ条約

【パリ＝一七八三年】

イギリス政府とアメリカ合衆国代表が、パリにおいて、アメリカ独立戦争を終結させる条約を締結した。

イギリスはアメリカの独立を認め、北は五大湖から南はジョージア南境、西はミシシッピー川に至る領域を与え、さらにミシシッピー川の通行権と近海漁業権を認めた。

アメリカは戦前のイギリス債券の有効性を保証した。

REDEUNT SATURNIA REGNA.

the erection of the Eleventh PILLAR of the great

The FEDERAL EDIFICE.

ELEVEN STARS, in quick succession rise—
ELEVEN COLUMNS strike our wond'ring eyes,
Soon o'er the whole, shall swell the beauteous DOME,
COLUMBIA's boast—and FREEDOM's hallow'd home,
Here shall the ARTS in glorious splendour shine!
And AGRICULTURE give her stores divine!
COMMERCE refin'd, dispense us more than gold,
And this new world, teach WISDOM to the old—
RELIGION here shall fix her blest abode,
Array'd in mildness, like its parent GOD!
JUSTICE and LAW, shall endless PEACE maintain,
And the "SATURNIAN AGE," return again.

憲法案の承認を報道する新聞

ニューヨーク銀行設立

【ニューヨーク＝一七八四年】

独立宣言をしてまもないアメリカのニューヨークでニューヨーク銀行が設立された。政治の次は経済。経済は「金の動き」。

近代の銀行の歴史は、一六九四年のイングランド銀行の設立をもって始まるが、ともかく、新しい国アメリカの今後の経済動向も気になるところだ。もしかしたら、将来は、本国（？）イギリスを超える大国になるかもしれない。

商品という国民の富はいかにして形成されるのか？

アダム・スミスの『国富論』出版記念講演会

■時＝一七七六年

■所＝グラスゴー大学講堂

平賀源内の珍奇発明品　エレキテル

公開実験中

東西発明家列伝

日本

岩瀬吉兵衛の紡績機

【桐生＝一七八三年】

桐生では早くから京都西陣の高機（たかばた）技術を移入し、織り工程の短縮・単純化を実現していたが、織り工程に供給する糸の生産が間に合わなかった。

そこで岩瀬吉兵衛なる者が水力を利用した八丁車を発明し、一本しかなかった錐車を何本も一度に回し、早く縒（よ）りを掛けることができるようになった。

これによって、工場制手工業時代が開幕した。

イギリス

カートライトの力織機

【ノッティンガム＝一七八五年】

R・アークライトの紡績機械の特許期限が近いうちに切れ、綿糸の増産が可能になることを知ったE・カートライトは、織り機の開発研究に取りかかった。

カートライトの力織機

その結果、動力を利用して何台もの織り機を一人の織布工が同時に操作できる力織機が完成した。最初は家畜を動力にしていたが、後に蒸気機関に置き換えられた。

寸言一鉄

【津軽＝一七八五年】

八月初め、海岸伝いに出羽から西津軽に入った国学者の菅江真澄（すがえますみ）氏は、道路沿いに白骨が散らばり、ある所では山のように積まれているのを見て思わずため息を洩らしたという。

すると、後ろから歩いて来た百姓が「皆、餓死者の白骨です」と言う。一昨年から昨年春までは、雪解け道に腐ったまま放っておかれ時には踏んづけたという。

そして、家畜ばかりか、自分の生んだ子や兄弟までも脇差しで刺し殺して食べたことを泣きながら話してくれた。聞きながら、菅江氏は思わず立ち尽くしてしまった。

このまま進めば、自分も餓鬼道に落ちると考えたか。氏は来た道を引き返し、聞いたことをそのまま『楚堵賀浜風』にまとめたのである。

天明飢饉時の餓死者

日本史新聞

主な記事から

- ◆禁欲主義を前面に「寛政の改革」
- ◆松平定信の白河仁政録
- ◆幕府、上杉鷹山を褒章す
- ◆上杉鷹山が語る喜びの声

寛政の改革

老中首座に座る松平定信

田沼派への復讐と粛清

「禁欲主義」を前面に押し出す

【江戸＝一七八八年】不思議なこともある。徳川御三卿の一つ、一橋家が口火を切り、水戸・尾張・紀伊の御三家が打ち揃って推挙したにもかかわらず、田沼を戴く幕閣と大奥の抵抗は根強く、なかなか松平定信の幕閣入りは実現しなかった。そして、ようやく幕閣に入るやいなや、定信のしたことは田沼派追放と粛清だけであった。

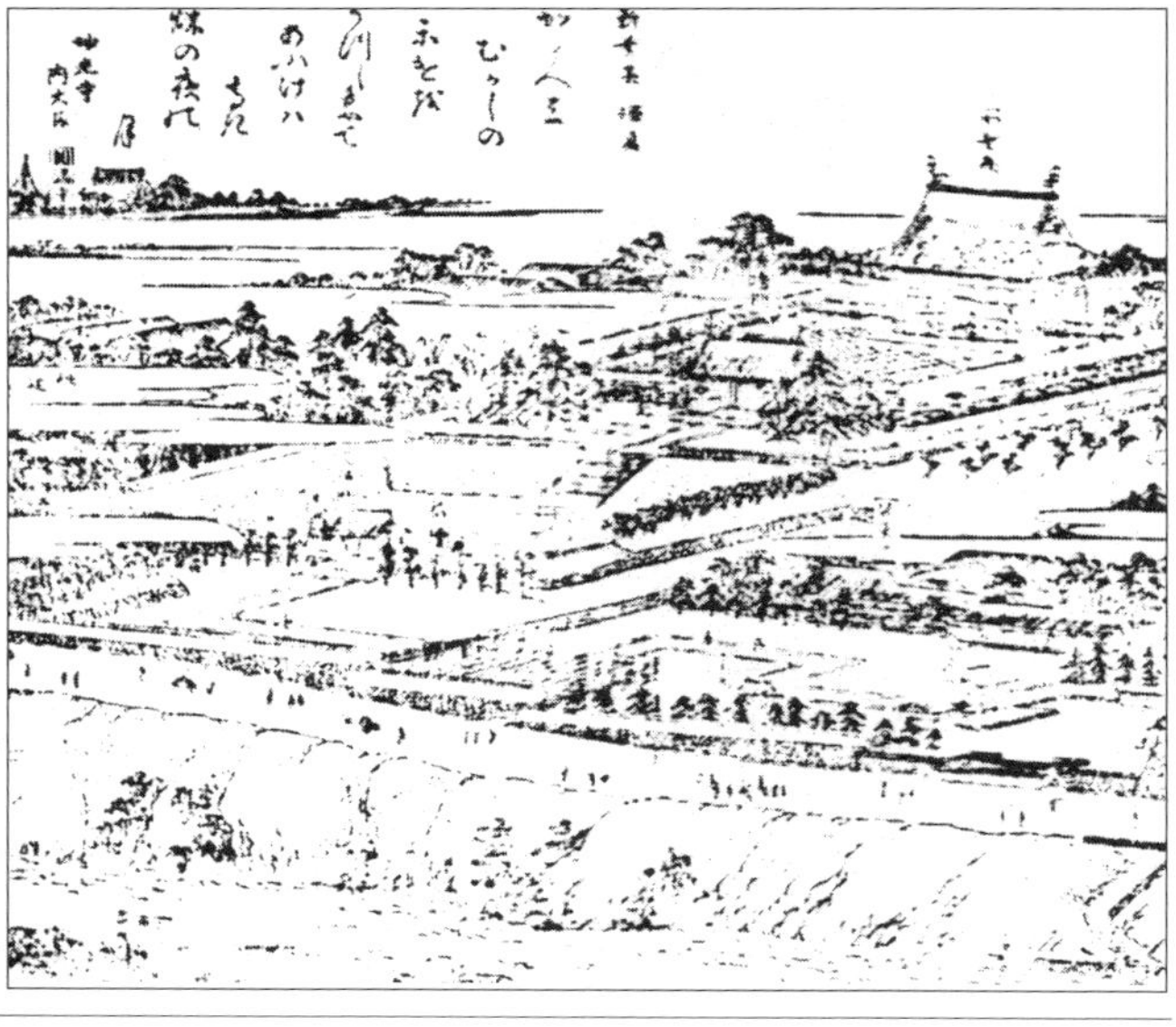

湯島の聖堂と昌平校

白河藩主松平定信が老中に推挙された。田沼意次が老中を罷免されてから約一ヵ月半後のことだ。

定信推挙については一橋治済が口火を切り、御三家が打ち揃って賛成したにもかかわらず、幕閣入りはなかなか実現しなかった。

田沼派の大老井伊掃部頭直幸や大奥の老女大崎、老女高岳と滝川らもさまざまな理由を挙げて反対した。

ところが、江戸の打ち壊しが最高潮になり、御側申次本郷大和守、同横田筑後守が罷免になると態度を急変。定信の老中首座が実現する。

松平定信

時に弱冠三十歳。定信は同志本多忠籌を若年寄兼勝手掛に抜擢して財政の実権を握り加納久周を御側申次に起用して人事刷新に着手した。

翌年、将軍補佐となったとき、ようやく幕閣を総覧する地位と権力が整ったが、これを機会に態度を豹変。田沼に連なった者たちに徹底的な粛清を開始する。

結局、松平定信による寛政改革とは田沼派に対する粛清と復讐だけだったのか。

倹約と禁欲的な生活の他、特に目立った政策も見られなかった。

〈老中〉

松平信明（のぶあきら）／本多忠籌（ただかず）／松平乗完（のりさだ）／戸田氏教（うじのり）／太田資愛（すけよし）

〈若年寄〉

加納久周（ひさちか）／青山幸道（よしみち）／京極（きょうごく）高久／堀田正敦（まさあつ）

松平定信の白河仁政録

【ひとくちメモ】

松平定信はもともと、虚弱体質で、白河松平家に養子として入ったとき、家督相続までもつかどうか、わからなかった。

そこで定信自ら遺書と称し『修身録』『政事録』の二著を著した。前書は政治の根本となる心得をまとめ、後書では飢饉等への備え等の経済政策についてまとめている。

ところが、それが実施される前に天明三年の大飢饉にぶつかり、さっそく対応を迫られた。ただちに家督相続し率先垂範。極度に切り詰めた倹約生活のなかで、飢民救済と食料確保に全力を傾ける。

その結果、白河領では一人の餓死者もなかったという。そして、早稲の有利を教え、穀類を多くつくるよう指導し、楮（こうぞ）・漆・桑などの加工農産物の栽培なども奨励した。

してみると、幕閣入りは偶然ではなかったようだ。

官報

儒生試験実施要領

■期日　天明七（一七八七）年九月
■会場　昌平坂学問所
今回は特別に老中首座松平定信様にご臨席賜ります。

幕府 米沢藩主 上杉鷹山を褒称す

【江戸＝一七八七年】
老中職に就いて間もない松平定信が、すでに隠居中の米沢藩前藩主上杉鷹山（ようざん＝治憲）の藩政改革を取りあげ、これを褒章した。

そもそも米沢藩は藩主自ら領地を幕府に返上せんとした貧乏藩として知られている。経費節約、藩士知行の借り上げ、商人への借金等、やれるところをやり尽くして倒産してしまったのだ。

弱冠十七歳の鷹山が家督相続した米沢藩とは、そういう貧乏藩だった。しかし、一段と経費節減に努める一方、殖産興業、新田開発に励んだおかげで、藩全体の商品生産力がアップ。財政は大幅に改善された。

ところが、運悪く天明大飢饉に遭遇。再び赤字が増大し、累積藩債は十一万両に膨らんだ。現在、鷹山は引退。おとなしくしている。

松平定信による上杉鷹山の褒称は「鷹山よ、もう一度立て」の檄ではなかろうか。

上杉藩主の居城

突撃インタビュー

上杉鷹山が語る喜びの声『身に余る光栄。しかしまだ、累積債務が解消されたわけではない』

―おめでとうございます。

「はい。ありがとう。したが、なぜ、ほめられるのであろうか。累積債務が解消したわけではないし、天明大飢饉以後、ひどくなるばかりじゃ」

―ある程度の成果が上がったのではないですか。

「それは言える」

―松平定信殿とは何か、特別なお付き合いでも？

「いや、何も……わしのような者が応援しなければ彼の仁も困るのではないか。人を導かんとする者は、あまりに清廉潔白、理屈ばかりが先に立つようではどうかと思うのだが、若さかな」

社説

上杉鷹山を指南した男、酒田商人本間光丘を讃える

幕府の寛政改革は全国二百数十に分かれた各藩において直面する財政難と本質的な違いはない。

むしろ、農業以外に生きる道を絶たれている藩に比較して、オランダ交易や全国の鉱山経営、諸税徴収、貨幣改鋳などを独占する幕府の財政改革は簡単である。

二重三重に強いられる困難な条件をクリアし、見事に所期の目的を達成した米沢藩上杉家の累積債務の解消こそ、真に奇跡といっていいのかもしれない。

しかも、その奇跡は上杉鷹山一人の力によるものではない。真に経営の何たるかを知る経営の天才ともいうべき人物、酒田商人の本間光丘（みつおか）がいたことを忘れてはならない。

光丘は鷹山にカネを貸し与えるだけでなく、その使途や返済方法を含む再建計画を立案し、指導することを忘れなかった。

経営診断を行ない、再建の道を示し、鷹山と実務者の同意と理解を得られた後にカネを貸し与えたということだ。赤字を埋めるための融資ではなく、再生させるための融資。これには鷹山も驚いた。

本間光丘なくして上杉鷹山なし。これはほとんどの人が知らない。

上杉鷹山

ヨーロッパ新時代

アメリカの独立 初代大統領にワシントン

【ニューヨーク＝一七八九年】
独立戦争軍司令官であり、憲法会議議長であるジョージ・ワシントンが、選挙人による投票で一票の反対もなく当選し、臨時首都ニューヨークで就任式を挙げた。

このときのワシントンは、本人が希望すれば、シーザーにもなれたし、クロムウェルになることもできた。しかし、彼は就任演説で、いみじくも高らかに宣言した。

「共和政治の実験を成功せしめよ」

ワシントンの業績を讃えるとすれば、この点を抜きにしてありえない。彼はアメリカの未来を共和政治のレールに乗せた人物だ。

大統領就任式

フランス革命 「三部会」招集からバスチーユ襲撃

【パリ＝一七八九年】
ベルサイユで開催された三部会の進行に不満をもった第三身分の代表たちは、独立した国民議会を組織した。

一方、国民議会に第三身分の代表を送るパリ市民は、パリ全区から選抜された四万八千を市民軍に編成。武器弾薬を確保するため、バスチーユ要塞を襲撃した。

バスチーユ監獄

越中富山・薬売りの正体

加賀藩前田本家のスパイ集団だった？

【越中富山＝一六七四年】

加賀藩前田家の分家、越中富山藩前田家の二代目藩主正甫（まさとし）が、万年赤字の藩経済を再建すべく着手した「薬売り」が、実は密偵の情報収集活動であったという噂が流れている。

越中富山藩の薬売りは二千人前後の行商人によって構成されている。それが二十二組の仲間（同業組合）に分割され、それぞれ日本全国の持ち場を担当する仕組みだ。

それぞれ風邪や下痢、切り傷などの症状によって使い分ける何種類もの薬が入った箱を予め客先に預け、翌年に訪れたとき、箱を開いて員数を確認した上、使った分だけ伝票を切って代金を請求した。

ところで、妙なことは一人ひとりの行商人の記録を見ると余り儲かっていたとは思えないということだ。たとえば、ある行商人の嘉永四（一八五一）年の掛け場帳を見ると、次の通りである。

材料　五四両（八四％）
労務費　一両（二％）
経費　九両（一四％）

その他、旅行費用、給料、文房具類、交際費などを加算すれば、百二十四両にはなったものと思われる。これに対し、売上高はおよそ百三十両前後である。

すると、純益は六両前後となり、あまり儲からない商売であったことは明白。それでもなぜ、執拗に繰り返され、継続されたのか。理解に苦しむことである。

巷では加賀藩前田家が、巧妙な情報収集システムとしてつくり上げた密偵集団ではないか、という噂が流され、各藩とも警戒している。

第五章

[AD一七九二年～AD一八七九年]

間宮林蔵、樺太海峡発見

伊能忠敬「大日本沿海輿地全図」完成

決起・反乱続発

諸外国、日本に開国迫る

暗殺・殺傷事件に世の中騒然

徳川慶喜、朝廷に大政奉還

鳥羽・伏見の戦い

江戸城無血開城

戊辰戦争終結

米欧使節団、海を渡る

鉄道開通

西郷隆盛、城山で自決

松平定信、老中首座を辞任

実質は解任か、閣僚に異動なし

日本史新聞

主な記事から
◆松平定信、老中首座を辞任
◆フランス革命起こる
◆異国流転の大黒屋が帰国
◆江戸の版元、蔦屋重三郎死す

「白河の清き流れに魚住まず 濁れる田沼、いまは恋しき」

【江戸＝一七九三年】老中首座となって六年目を迎えた松平定信が突如、将軍補佐と老中を辞職。周辺を驚かせている。六年に及ぶ倹約と禁止の政治が限界に至ったためと見られているが、真相は不明。幕閣閣僚は動かず、そのまま留任となった。

伊勢店（広重筆）

松平定信がなぜ、突如として辞職しなければならなかったのか。詳細は不明だが、定信政権を支える一橋家と徳川御三家の支持を失ったことが原因らしい。

しかし、それだけではない。倹約と禁止の政治が六年間も続いたので重苦しい沈滞ムードが支配的になり、田沼時代の自由な空気を懐かしむ声が聞かれるようになった。

「白河の清き流れに魚住まず濁れる田沼いまは恋しき」

つまり定信は、最初は商工関係の座や会所、株仲間を解散させたり、幕府御用達の整理、物価統制などで清新な印象を与えたが、次第に飽きられるようになった。

それを見抜いた一橋家と御三家が見放してしまったというのが真相のようだ。

松平定信

定信なき〝定信体制〟始動 ケース・バイ・ケースの反田沼政策

辞職は定信一人にとどまったことから、定信政権は無傷のままに残った。松平信明（のぶあきら）が老中首座に進んだ他は異動がなかった。

こうして誕生した「定信なき定信政権」は、米価統制や菜種、綿などの重要商品の流通に対する監視と統制を主たる任務として再出発した。

そして、かつて解散させた商工団体が物価調整機能をもっていることに着眼。大小の問屋を業種別問屋仲間に組織する一方、生産地と繋（つな）がる流通機構に再編した。

結局、田沼政策との折衷策として幕府の制御下に置かれた流通機構＝制御システムが誕生した。

経済評論

奢侈禁止・物価統制は有効か

経済評論家　伊志意武則

幕府の物価統制は、問屋の仕入れにとどまらず末端の日用品にまで及び、一般市民の生活に直接影響を与えている。

それは町奉行主導による物価の監視と統制が行き届いたためで、曲がりなりにも一定の成果を収めたものと思う。肝煎名主（きもいりなぬし）による組合指導、諸色掛による実地指導が効果を挙げたものだ。

しかし、その背後には天明八年来の順調かつ安定した作柄があってのことで、それを考慮に入れた場合、はたしてどういう評価を下すことが正解になるのか。

監視と統制が緩めば、物価が反騰するのは目に見えている。初めから無理なことをしていたのではなかろうか。

速報 フランス革命 パリ発

一七九二年八月

革命委員会と国民議会の二重権力

【パリ＝一七九二年八月】オーストリア軍とプロシア軍がライン地方に集結したという報告を受け、議会は非常事態宣言を発令。全国の国民衛兵が召集された。

一万五千のパリ市民が兵役につき、区会が常時開設され、連絡機関として中央委員会が設置された。

これを利用したのがロベスピエール。パリ各区に結成された革命委員会を足場に国民議会を一撃。間もなく国民公会が招集され、フランス共和国が誕生した。

一七九三年一月

共和制成立からルイ十六世処刑へ

【パリ＝一七九三年一月】国民公会が招集され「一つにして不可分の共和国」が宣言され、王権は廃止された。続いて、議会は国王を裁く法廷となった。私人としてのルイをどうするのか。

議会はルイを有罪とした。刑罰は死刑。ただし、執行猶予が二十六名もおり、場合によっては死刑反対に回る可能性もあった。ギリギリの票決でルイは死刑となった。

ルイ16世の処刑

急報 異国流転の大黒屋、帰国

【根室＝一七九二年十月】蝦夷地根室にロシア船が入港した。ロシア陸軍中尉アダム・ラクスマンが、エカテリーナ女帝の命令で日本人漂流民大黒屋光太夫（こうだゆう）一行を送ってきたもの。

大黒屋は遠州灘で嵐に出合い、漂流を続けて上陸したのがカムチャッカ。そこからシベリア大陸を横断してペテルブルグに向かい、エカテリーナ女帝の計らいで帰国した。

しかし、幕府は大黒屋一行を江戸・薬園に隔離。遮断してしまったのは遺憾だ。

裏
日本史物語
画・梅本文左ェ門
白河の清き流れに魚住まず…
魚も住まぬようでは…
流れはキレイだが…
濁れる田沼。いまは恋しき…
なつかしい
田んぼや沼はおもしろいな～
すっかりよごれちゃったな～
こういうときは白河で！
定信
その程度のものだったのか…

追悼 江戸の版元、蔦屋重三郎死す

末期の言葉は「しゃらくせぇ」

【江戸＝一七九七年】江戸第一の版元として洒落本や黄表紙ものを次々に発表して話題になる一方、庶民相手の版画作品錦絵を発表して有名になった蔦屋（つたや）重三郎氏が亡くなった。

松平定信に睨まれた蔦屋氏は山東京伝の書き下ろし黄表紙本を発表した科で逮捕され、身上半減の闕に処されたが、畏（かしこま）る気配がなく、ますます多彩な活動を展開。

文人らとの交遊関係を手掛かりに多彩な新人を発掘。洒落本・黄表紙本の他、絵本・錦絵の分野で活動させた。なかでも天才絵師東洲斎写楽の発掘は有名。

蔦重氏は「ふん、しゃらくせえ」と言って息を引きとったという。

東洲斎写楽とは氏自身の変名だったのかもしれない。行年四十八。

東洲斎写楽

●絵師喜多川歌麿氏

浮世絵の天才なんて言われているけど、あたしなんか、蔦重さんに出会わなければ、ただの遊び人で人生を終わるところでしたよ。蔦重さんのいないあたしなんて、もうダメ（実際、ダメになっている）。

●朋誠堂喜三二氏

黄表紙本作家としてずいぶん厄介になったが、拙者は秋田久保田藩藩士。禄を離れるか、筆を折るか。上役に詰められて筆を折りました。合掌。

●山東京伝氏

いやあ、蔦重さんが身上半減、私が手鎖五十日のときは参りました。でも、あの人は剛腹ですね。豪傑笑いをして……励まされました。

●曲亭馬琴氏

『南総里見八犬伝』ではずいぶん、長い間お世話になりました。辛抱強くお付き合いいただきました。気性の激しい方でしたが、辛抱強い人でした。

●十返舎一九氏

蔦重さんは独創的な閃きのある人でした。『東海道中膝栗毛』は、あの人の閃きで生まれたんです。

山東京伝の「娼妓梢命」

日本史新聞　（ＡＤ1798年）　～　（ＡＤ1811年）

間宮林蔵の快挙

実測踏査で樺太海峡を発見

日本史新聞

主な記事から

◆間宮林蔵、樺太海峡を発見
◆高田屋嘉兵衛、エトロフ航路開拓
◆幕府、ロシアとの通商交易を拒否
◆フェートン号、長崎港へ闖入

近藤重蔵、最上徳内はエトロフへ

「大日本恵登呂府」の標柱立てる

【蝦夷渡島＝一七九八～九年】

蝦夷渡島周辺にロシア船が出没するに及び、松平定信の指示で蝦夷地の測量と絵図作成が始まり、近藤重蔵や伊能忠敬（いのうただたか）、最上徳内らが動き出す一方、間宮林蔵も樺太（カラフト）探査に乗り出した。有史以来、初の日本の領土確定作業だ。

間宮林蔵

文化四（一八〇七）年初め、蝦夷地全体を直轄地とする決定をした幕府は、間宮林蔵と松田伝十郎に樺太探検を命じたところ、両名は翌年、沿岸調査を実行。樺太は離島であることを確認した。

翌六年には、林蔵が対岸の大陸部に渡り、樺太の地理的位置関係を確認したうえ、大陸と樺太を隔てる間宮海峡があることを発見している。

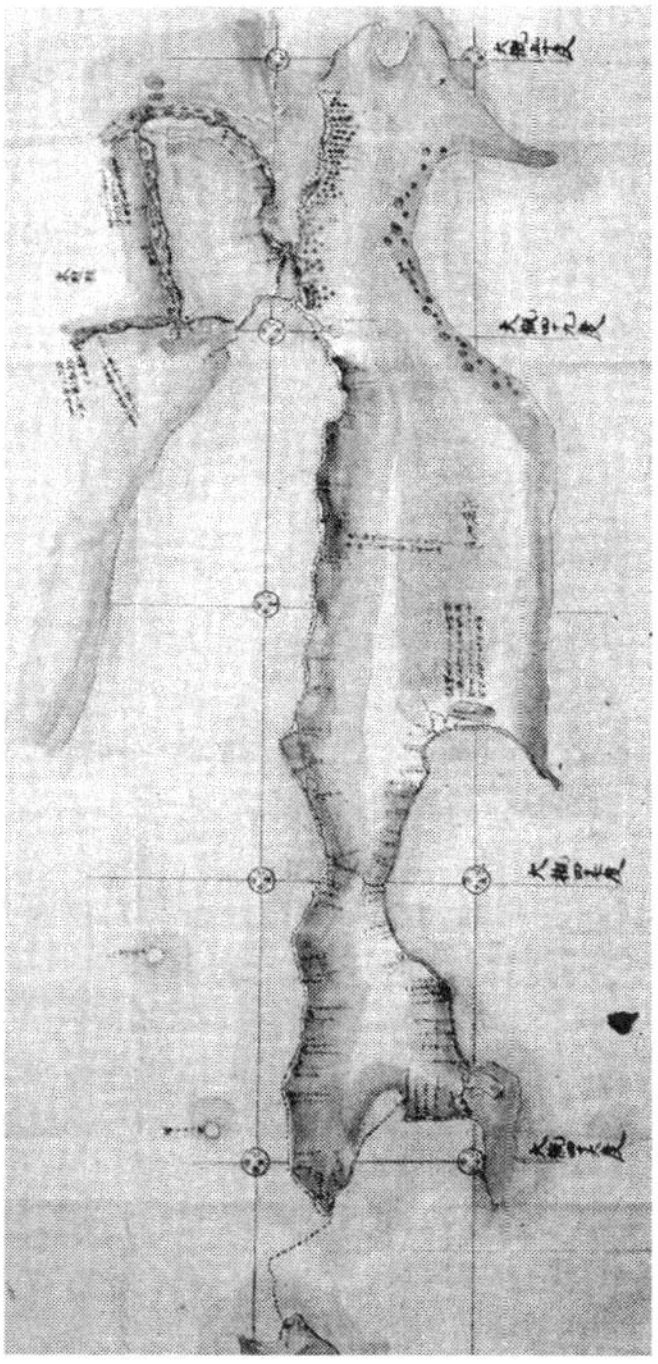

間宮林蔵が描いた樺太地図

こうした探検行は寛政十（一七九八）年、幕府が百十余人の大調査団を編成し、蝦夷地全体における実地踏査を行なわせたことに端を発していることは言うまでもない。

探検家最上徳内の他、考証学者近藤重蔵が蝦夷地御用掛として参加。蝦夷地の渡島ばかりか、エトロフ島に渡り、島中の自然・民俗・経済等の事情を幅広く調査した。

その際、徳内・重蔵両名は不法占領者たるロシア人の立てた標柱を引き抜き、自ら黒々と墨痕も鮮やかに「大日本恵登呂府」と記した標柱を立て直したのは意義深い。

国家主権の及ぶ範囲を特定し、堂々と宣言することは近代国家の始まりだ。どんな測量も作図も国家主権を行使する範囲を特定するための重要な基礎作業だった。

快挙

大日本恵登呂府塔

【エトロフ島＝一七九八年】

幕府派遣の調査団としてエトロフ島に渡った近藤重蔵と最上徳内は、上陸と同時に昔、ロシア人が立てた標柱を倒し「大日本恵登呂府」と大書した標柱を立てた。

ロシア植民地となったウルップ島でも「天長地久大日本属島」の九字を彫った標柱が別の日本人によって立てられている。快哉かな。

東蝦夷地一部を幕府直轄地に

高田屋嘉兵衛、エトロフ航路開拓

【蝦夷渡島＝一七九九年】

幕府は松前藩に対し、東蝦夷地のうち、浦河から知床（しれとこ）に至る地域を向こう七ヵ年、試験的に幕府の直轄地とする提案を行なった。

条件は毎年の収納分に見合う取替金を幕府から松前藩に送ること。松前藩には反対の理由はない。一も二もなく、幕府案に賛成した。

そこで、日本海回りで本土から蝦夷地に渡り、エトロフ島に至るエトロフ航路の開拓案が動き出す。高田屋嘉兵衛（かべえ）は幕府御用船義温丸に乗って航路開拓に成功。

エトロフは本土の流通に組み込まれる見込みだ。

高田屋嘉兵衛殿が愛用した北の宿
鐙屋（あぶみや）
酒田・本町通り

1804年

幕府、ロシアとの通商交易を拒否

全権大使レザーノフ、傷心の帰国

レザーノフ

ラクスマンが漂流民大黒屋光太夫を送り届けてから十二年後、ロシアの遣日全権大使レザーノフが、陸奥の漂流民を乗せて長崎に入港。通商交易を要求した。

レザーノフは竹矢来で囲まれた建物の中で生活。幕府からの返事を待つこと一年。ようやく届いた結論は「ノー」だった。レザーノフは傷心のうちに長崎を去った。

場外乱闘　イン　長崎

1808年

長崎港は無防備？

イギリス・フェートン号が闖入

長崎が、いかに無防備か。それを実証するような突発的な事件が発生した。

オランダ国旗を掲げた船が近づいてきたので、長崎奉行所の役人とオランダ商館員が乗り込むとイギリス船フェートン号だった。

ナポレオン戦争が広がり、オランダがフランスに併合されたため、オランダ植民地が狙われたものらしい。それにしても無防備ぶりをさらけ出したのは問題だ。

フェートン号

全五巻堂々完成
「日本山海名産図絵」

大坂を代表する文化人、本草学者稲生若水（いのうじゃくすい）先生の第一の門人木村孔恭（こうきょう）先生が、狩野派の画家部（しとみ）関月先生のご協力をいただき、『日本山海名産図会』全五巻を制作。めでたく発刊の運びとなりました。

ここに完成の喜びを申し上げる次第であります。そもそも同じ大坂から『日本山海名物図会』全五巻が出ておりますが、本書の記述が具体的で面白く、読者の皆様のご支持をいただけるものと確信致しております。

好事家諸兄のご購読をお願い申し上げます。

寛政十一（一七九九）年

兼霞堂出版部

世界短信

フランス

ブリュメール十八日、ナポレオン登場

【パリ＝一七九九年十一月】エジプト戦線で戦争中のナポレオン・ボナパルトが急遽帰国。軍隊を動員して五百人会議を解散させ、元老会議の決議を受けて「臨時統領」に就任した。

ナポレオンは四年前、白色テロの嵐が吹き荒れ、王党派が国民公会を攻撃したとき、国民公会防衛のために大砲の筒先を王党派に向かって撃ち放し、たちまち鎮圧したことで有名になった。

その功績あって、やがて師団長に昇格したナポレオンは「革命の申し子」として古くさいヨーロッパを破壊し、革命を「輸出」する歴史的大事業に取りかかった。

ライン戦線からイタリア遠征は連戦連勝。だが、イギリスの包囲、王党派＝カトリック連合の反撃に出合って、急遽帰国。ナポレオンは体制固めのクーデタを決行し臨時統領に就任したもの。

ブリュメール18日のスケッチ画

アメリカ

妥協の産物？　首都をワシントンに移す

【ワシントン＝一八〇〇年】初代の財務長官ハミルトンは誕生したばかりのアメリカ合衆国の首都をワシントンにする案を南部出身のジェファーソンと協議、決定した。

ハミルトンは、旧植民地州が独立戦争時に抱え込んだ債務を連邦政府が引き受けるよう準備を進めていたが、南部諸州の反対に出合って頓挫した。

そこで、南部出身のジェファーソンに新首都を南部に置くのと引き換えに可決させるよう協力を要請したもの。首都ワシントンは妥協の産物のようだ。

ジェファーソン

イギリス

大ブリテン＝アイルランド連合、成立

【アイルランド＝一八〇一年】独立戦争の敗北によって、アイルランドは完全にイギリスに併合され、大ブリテン＝アイルランド連合王国を形づくることになった。

プロテスタントの多いアルスター地方の都市ベルファストを中心に工業の機械化が進み、リネン工業や造船業を核とする近代化が進んだ。

結局、アイルランドは事実上の植民地となった。

イギリスとフランス＝スペイン連合

ナポレオン、海戦に敗北

【スペイン沖＝一八〇五年】スペイン南西部、トラファルガー岬の沖合で、ネルソン提督率いるイギリス海軍とビルヌーブ提督率いるフランス＝スペイン連合艦隊が激突。イギリスが大勝した。

これによって、ナポレオンのイギリス本土侵攻の野望は打ち砕かれ、大きな転機を迎えた。ネルソンは戦死したがイギリスは勝った。

日本史新聞

主な記事から

◆「大日本沿海輿地全図」完成
◆伊能忠敬死後、門人が継承
◆ナポレオン、ロシア遠征失敗
◆二宮尊徳、農村の再建に励む

伊能忠敬「大日本沿海輿地全図」完成

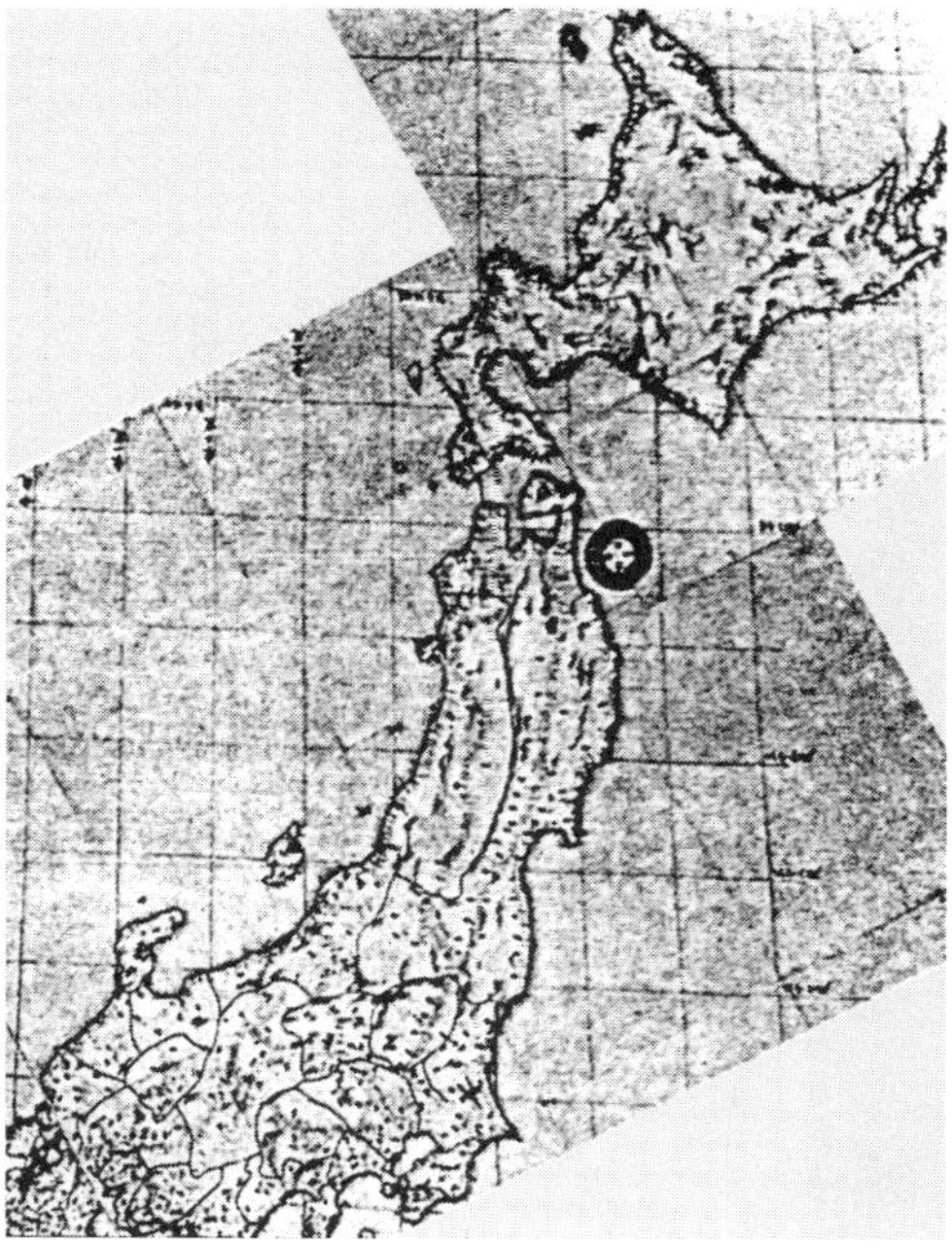

「大日本沿海輿地全図」

〝推歩先生〟全国踏破

超精密な日本地図　完遂まで前後17年の苦行

伊能忠敬

【江戸＝一八一七年】蝦夷地周辺にロシア軍船が出没し、長崎港にイギリス船が闖入する事件が相次ぎ、国防上の必要に迫られ、本格的な地図作成に取りかかることになった幕府は、伊能忠敬に日本全国を測量・図化させ、精密な日本地図作成を命じた。

伊能忠敬が日本全国の測量と地図作成に取り組んだのは学問的要求から発した個人的行為だった。

それは「地球の子午線一度の長さを知りたい」ということだ。

そこで「全国の測量をさせてほしい」と願い出たところ、幕府も蝦夷地調査を検討中だったので蝦夷地に限って許可したもの。寛政十二年のことだった。

以来、来る日も来る日も昼間は杖先羅針で方位を読み、夜は象限儀（ぞうげんき）という観測器械を据えて恒星の子午線を通る高さを調べ、緯度を計算して地図上に記入した。

蝦夷地の測量が終わると、奥羽・東海・北陸、そして、西日本全域へ拡大。いつの間にか、「幕府御用測量掛」となり、無償で宿場の人馬を使えるようになった。

しかし、どこの藩でも軍事的機密に属する自領の地形・環境を調査されるのを嫌い、農民も安い賃金で徴発されるのを敬遠したため、想像以上の苦難の連続だった。

忠敬死後、門人が継承

全二百二十五枚の分割地図に

どこの藩でもサボタージュに等しい嫌がらせがあったにもかかわらず、倦（う）まず、弛まず、忠敬の測量・図化作業は続けられた。

そして、蝦夷地に始まり、奥羽・東海・北陸、そして、西日本全域を行脚する測量作業が完了したのは、文化十四（一八一七）年のことだ。

翌年、任務を全うした忠敬は七十四歳で他界。師匠の幕府天文方高橋至時からおくられたあだ名「推歩先生」の通り、大好きな計算に明け暮れて生涯の幕を閉じる。

「大日本沿海輿地（よち）全図」は全部で二百二十五枚。

間もなく、門人らの手で完成した。

ワットの蒸気機関

編集手帳

【イギリス＝一八世紀前後】

▼フランス革命の大騒ぎが続いているとき、イギリスでは堅実な革命が進行している。それは工業生産の様式を一変する機械の発明だ。大量生産が可能になった。

▼一八世紀前半、木綿工業の分野でハーグリーヴズの多軸紡績機、アークライトの水力紡績機、クロンプトンのミュール紡績機が次々に発明されたのが始まり。

▼今度はカートライトの力織機など織物機の改良が始まるとワットの蒸気機関を動力源として利用。スティーヴンソンの蒸気機関車、フルトンの蒸気船も登場した。

▼こうした流れは、精神的なフランス革命と違って実質的な効果を生み出す。世界各国が機械を設置した大工場で大量生産する方式を導入するようになっていった。

▼いまのところ、トップを走るイギリスには誰も敵わず、「世界の工場」と崇め奉られているが、この先はどうなるのだろうか。

ナポレオン、ロシア遠征失敗
無意味な長駆前進で墓穴掘る
敵は寒さと飢え

【ロシア＝一八一二年秋】ナポレオンは、スペイン戦線における膠着状態にもかかわらず、プロシアとオーストリアに補助軍団を出すことを強制。ポーランドに集中したロシア遠征軍団は、ざっと六十万を超えた。ナポレオンは、敵の主力を集中せしめ、これを一挙に撃破することを望んだ。しかしロシア軍は決戦を回避。そして、退却に退却を重ね、ロシアの奥深くに身を隠した。

ロシアに到着したナポレオン

モスクワに到達したナポレオンを迎える者はなかった。人の姿が見えない大都会を支配するのは死の沈黙ばかりだ。前進は無意味であり、退却の他に選択の余地はなかった。

寒さと戦いと飢えに苦しむナポレオンの軍隊は、じわじわと崩れ去っていった。

ナポレオンの呟き

「年老いた諸君主国と青年共和国の間には敵対精神が永久に存在することは避けられない。現情勢では、どんな平和条約も、私には短期休戦以上の何物も意味しない。そして私は信ずる。私が現在の職を奉ずる限り、私の宿命はほとんど永久に戦い続けることに他ならない」（一八〇六年・第三回対仏大同盟成立時のコメントより）

経営コンサルタント、二宮尊徳氏
疲弊した農村の再建に励む

【宇都宮＝一八二二年～】相模国の足柄郡に住む二宮尊徳氏のところへ小田原藩主から使者が飛んできた。

藩主大久保家の分家宇都家の所領である桜町領の復興を手助けしてほしい、と。かつては四千石の年貢が上がったのが、いまは一千石に激減。農家戸数も潰れや夜逃げで半分になったとのことだった。

二宮尊徳氏。幼名金次郎。働き者の金次郎が長ずるに及んで疲弊した農村の再建指導者として活躍するようになる

尊徳氏はまず、自分の家と田畑を売り払い、不退転の決意を固めて引き受けた。そして、過去百年来の年貢帳を丹念に調べ上げ、領主宇都家に「向こう十年は調査時点の千五百俵で我慢してほしい」と要求した。

年貢を多くするには百姓衆にヤル気になってもらわなければならないが、まず領主自らヤル気を見せなさい、ということだ。分度を立て仕法（再建策）を立てたのは、その後のことである。でなければ、尊徳氏は決して再建作業に取りかからなかった。

取りかかる前に見極めをしたわけで、上に立つ者の姿勢が重要と指摘した。その結果、桜町仕法の成功に引き続き、下館・烏山・相馬、そして日光の再建に取り組み、いずれも成功を収めたのである。

ウィーン会議が始まる
「会議は踊る。されど進まず」

【ウィーン＝一八一四年～】一八一四年初夏。ナポレオンなきフランスを裁くためにオーストリアの首都ウィーンに九十の王国と五十三の公国の代表が集まった。

戦後処理を目的とする国際会議のはずだが、開会の儀式がなく総会もない。イギリスとオーストリア、プロイセン、ロシアの四ヵ国にフランスを加え、舞台裏で話し合いが行なわれただけだった。

ホスト役のオーストリア皇帝フランツ一世は毎日、宴会と舞踏会、観劇会を開いて各国代表をもてなした。バロック建築の豪華な広間で催される晩餐会や舞踏会が行なわれるたびに外交合戦が盛んに演じられた。

のろのろしたテンポの外交合戦を見て、オーストリアの将軍リーニュ公は言った。「会議は踊る。されど進まず」

ウィーン会議

本日発売・本邦初訳

たくましいロシア人――。

転んでもタダでは起きない。

強かなゴロヴニン、二年間の

異国日本における幽囚体験!!

日本幽囚記・全二巻

内容見本進呈　江戸・品川／八潮書房新社

【モスクワ＝一八一六年】ロシア海軍少佐ゴロヴニンが、二ヵ年にわたって幽囚の身となり、獄中にあって経験したことを素直に記録したのが本書『日本幽囚記・全二巻』である。

叙述に誇張や粉飾がなく、間宮林蔵と出会ったり、数人のロシア語通訳も付き添っており、意見交換するには事欠かなかったはずなので、極めて信頼性の高い記録といっていいであろう。

ゴロヴニンは、日本人の聡明・炯眼（けいがん）・誠実・礼儀正しさなどを強く称揚しながら、同時に男らしさの欠如、復讐心の強さ、蓄妾制を挙げた後、次の点を強調している。

「日本人の最大の恥辱」であり、「全アジア人共通の醜悪な罪悪」として淫売制があるということを。

ゴロヴニン。ロシア海軍少佐。2年間に及ぶ捕虜生活のなかで日本人と直に接した体験談を一書にまとめた

日本史新聞

主な記事から

大塩平八郎が「救民」決起

庶民飢える

天明大飢饉以来の米不足
無策・無対応の幕府に怒り爆発

【大坂＝一八三七年】大坂町奉行所の元与力大塩平八郎が「救民」の旗を掲げて武装決起した。天保大飢饉で飢えに苦しむ人々を前にして救済せず、京都からの廻米を江戸に送るだけで、わずかな買米に来る者を容赦なく逮捕する奉行所の所業に怒りを爆発させたもの。

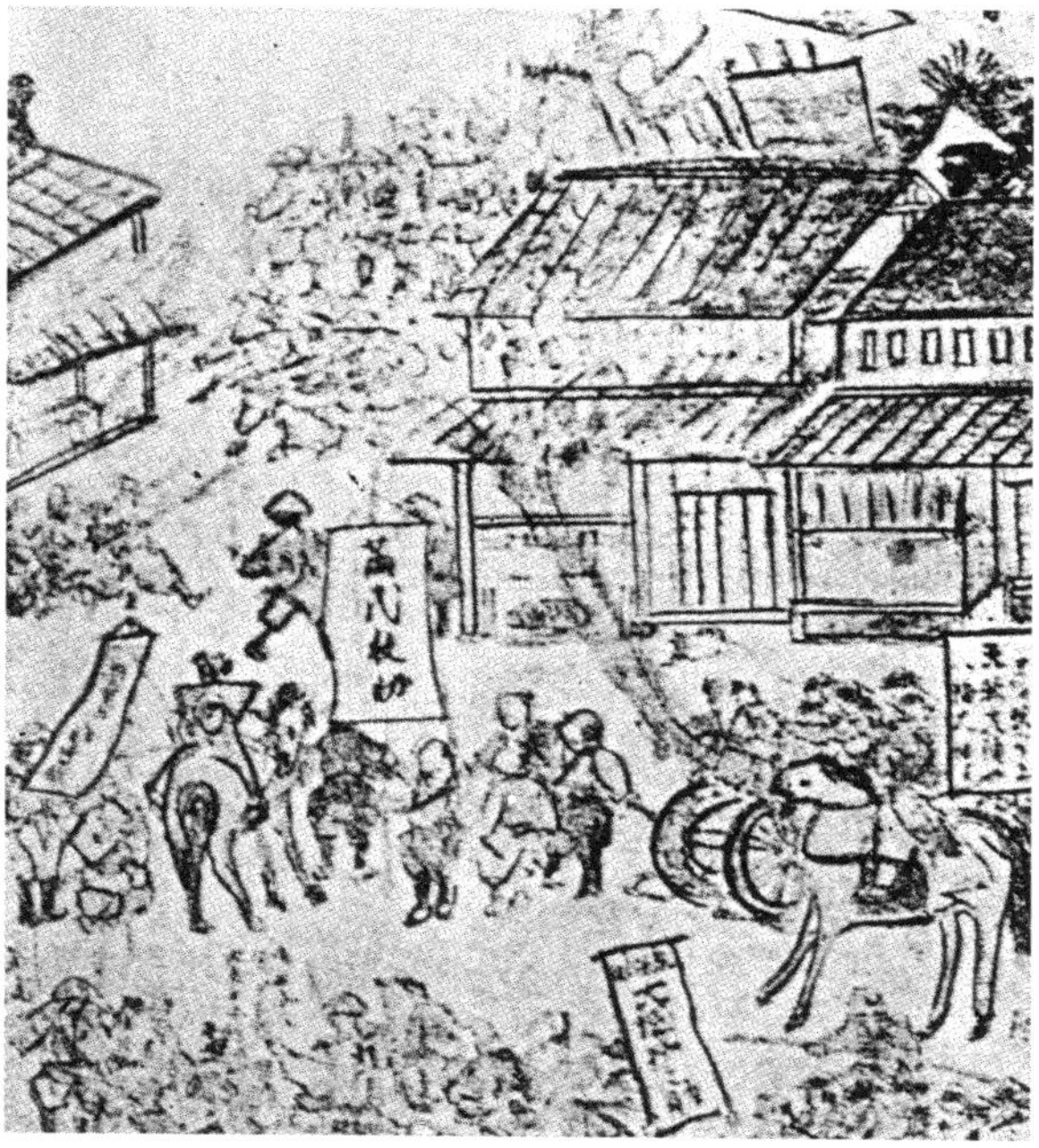

大塩勢は手製の大砲を率いて旗を押し立て、市中に火を放って行進した

天保七（一八三六）年の大飢饉は天明大飢饉以来の大惨事となった。至るところで一揆が勃発し、大坂では餓死者が相次いだが、豪商らは米を買い占め、暴利を貪るのに汲々としていた。

これに対し、町奉行は何らの救済手段を用意するわけでなし、かえって京都からの廻米を押さえて江戸へ送り、近郷近在からわずかな買米に来る者を容赦なく逮捕するありさまだった。

しかも、諸藩の蔵屋敷に出入りする豪商らは、市中の惨状を尻目に役人を遊里や料理屋に同道。利権目当てに豪遊を重ねるばかりだ。

平八郎は再三再四にわたって奉行所に「救済」を願い出るが握り潰され、三井・鴻池に六万両の借金を申し入れるが断わられ、自分の蔵書五万巻を売った代金千余両を一朱に分けて配ったりした。

結局、天保八年二月、大砲、その他の武器弾薬の製造調達を進め、親交のあった同志と共に市内の細民、近在の貧農を集め、決起に至った。

総勢三百人。先頭に「救民」と大書した旗を立て、檄文を撒き、大砲を放ちつつ行進。たちまち豪商らの住む船場を焼き払った。

博徒国定忠治、赤城山に籠城

【上州＝一八三五年】博徒の本場、上州において事件が発生した。

子分の三木文蔵が、島村伊三郎と喧嘩して袋叩きになったと聞いた国定忠治が、激怒して伊三郎を襲い、文蔵と共にこれを斬殺。いったん信州に逃亡した後、再び上州に戻って赤城山に籠城している。

噂を聞いて慕って来る者が多く、日光円蔵や山王民五郎、武井浅次郎、三木文蔵などが片腕として赤城山の秩序を取り仕切っている模様。

国定忠治

忠治は麓の村々で旦那衆相手の賭場を開き、テラ銭を上げて資金をつくりながら、他人の賭場・縄張りを荒らし回って反抗する者を殺傷するなど、やりたい放題。

だが、忠治は平生から土地の者に施しをしていたので捕り方の動静は筒抜けで、八州廻りといえども手がつけられないありさま。これでは将軍のお膝元を預かる役人の面子丸潰れ。この先、どうなるのか。

密貿易の疑い

会津屋八右衛門逮捕
浜田藩重役は自決でけじめ？

【石見浜田＝一八三六年】石見浜田の廻船問屋会津屋八右衛門は、浜田藩の了解を得て竹島密航を企て、海産物や竹材木材を運んでいたが、次第に行動半径が広がり、東南アジアに広がった。

ところが、薩摩藩の密貿易を内偵中の間宮林蔵に偶然発見され、大坂町奉行所に逮捕された。藩の重役は自決。八右衛門も死罪になる模様。

イギリスに続く世界の産業革命
ベルギー、フランス、ドイツ、アメリカも

イギリスの綿糸紡績工場の内部

【ヨーロッパ＝一九世紀前半】
一七六〇年代から一八〇〇年代に行なわれたイギリスの産業革命は、フランスの政治革命と共に全世界における近代社会の出発点を形づくる歴史的な事件だ。

頼りない人力と畜力は蒸気機関に代わられ、人間の手作業は機械装置に置き換えられた。そして、これらの産業と技術の発展に伴って、科学が飛躍的な進歩を遂げた。

その結果、イギリスは良質で安価な工業製品を大量に提供できるようになり、「世界の工場」と言われるようになった。すると、イギリスの真似をする国が現われた。

まず、一八三〇年代にベルギーが豊富な鉄と石炭を活用して産業革命を展開。続いてフランスやドイツ、アメリカが続いた。世界中が「世界の工場」になれば、この先はどうなるのだろうか。

蒸気機関車

ヨーロッパを襲う変革の嵐
ナポレオン後の欧州各国の情勢　革命と統一と独立と

ナポレオンなき後のヨーロッパは大きく変化しつつあるようだ。

かつてナポレオンが世界中に撒き散らした〝革命の種子〟が一斉に芽を吹き出しつつある模様。

◀一八三〇年
七月革命のフランス
オルレアン派だ、ボナパルト派だ、共和派だと騒いでいるうちに、医学校や法律学校、理工科大学の学生が民衆の勝利への先達をした。

フランス七月革命の自由の女神

◀一八三〇年
ベルギーの独立
ブリュッセルなどの主要な都市が市民防衛隊を組織。オランダ軍と激しい市街戦を繰り広げるなかで、ベルギー臨時政府を樹立。ベルギーの分離独立を決議した。

◀一八二五年
ロシアのデカブリスト反乱
共和制や立憲君主制を目指す青年将校グループ（デカブリスト＝十二月党員）のクーデター騒ぎが勃発し、新皇帝ニコライ一世に鎮圧された。

◀一八三四年
ドイツ関税同盟の成立
プロイセン政府は、南ドイツや中部ドイツの障壁を撤廃し関税同盟を締結した。商品流通がにわかに活発になり、資本投資も活発になった。

ベルリン大学

社　説

シーボルト事件は遺憾
国益に鈍感な日本人の言動に思うこと
論説委員　黒木　隆

【長崎＝一八二八年】
オランダ商館の雇われ医師シーボルトが、満五年の任期を終えて帰国した。ところが、帰国直前、暴風雨に遭った用船の積み荷の中から日本地図などの禁制品が発見されたため、シーボルトの部屋を捜索すると葵の紋服が出てきたため、「シーボルト＝スパイ説」が浮上。

シーボルトは厳しい取り調べを受け、地図を贈った幕府天文方・書物奉行高橋景保も逮捕投獄され、間もなく子供十二人は遠島、門人五十名も処罰。羽織を送った土生玄碩（はぶげんせき）は改易処分となった。こうして見ると、一方的に国益を損なった対応をしたことが罰せられたように見えるが必ずしもそうではない。シーボルトは景保に『オランダ王国海外領土全図』やクルゼンシュタイン著『世界周航記』を贈っている。

つまり、フィフティ・フィフティの資料交換をしているわけで、一方的な持ち出しではない。場合によっては積極的に海外知見を開くには絶好の機会であった。しかし、それにもかかわらず、時期がよろしくない。

蝦夷地や長崎で外国船と遭遇し、衝突を繰り返していたとき、好き好んで地図を交換することは利敵行為になることくらいの判断がつかなかったのだろうか。

完売御礼
予約チケットは売り切れました

難聴を押して作曲した作品イメージの構成が音を生む
ベートーベン
『第九』コンサート
■一八二四年五月七日
■ウィーン・ハプスブルク宮殿にて
■ウィーン交響楽団演奏

重版増刷
英・仏・独・日の４ヵ国語に翻訳

デモーニッシュな声を聞いたか？
愛と魂は錬獄の苦しみを味わう。
ゲーテ
『ファウスト』
一八三二年春
日本史新聞社出版局

洋学弾圧 「蛮社の獄」始まる

日本史新聞

主な記事から

- ◆〃蛮社の獄〃始まる
- ◆オランダ国王、開国を勧告
- ◆中国、アヘン戦争勃発
- ◆南京条約締結で香港割譲

渡辺華山、高野長英ら下獄

幕府神経過敏、〃鎖国体制〃批判が原因か

【江戸＝一八三九年】

江戸・山の手に住む洋学者たちの集まり「蛮学社中（略称蛮社）」の盟主渡辺華山はじめ、高野長英らが北町奉行所に逮捕された。理由は「幕府の鎖国体制を批判した」ため。周辺近海でトラブルが相次いでいる折、幕府も神経過敏になっている。

二年前（天保八年）、アメリカ船モリソン号が日本人漂流民を乗せて渡来せんとしたとき、幕府の撃退方針を阻止するために、渡辺華山は『慎機論』を書き、高野長英は『夢物語』を著した。

渡辺華山

高野長英

二人は時勢に遅れた鎖国体制の固守はかえって外国の侵略を招く恐れがあると強調し、また常日頃から、江戸湾が封鎖されたら、幕府膝元の江戸の物資はたちまち枯渇すると主張していた。

こうしたことは、幕閣老中の水野忠邦も同じ認識をもっており、寛政改革以来の江戸湾防備体制を強化する必要を認め、目付鳥居耀蔵（ようぞう）と代官江川英龍両名に浦賀などの巡見を命じた。

したがって、何の問題もなかったのだが、大学頭林述斎の子で儒学を信奉する鳥居は大の洋学嫌い。まして鎖国体制を批判する渡辺華山と同じ蛮社の同志である江川とうまくいくはずもなかった。

鳥居は配下の小人目付らに水野忠邦の命と偽って渡辺華山・高野長英らの周辺を洗うよう命令した。そして、提出された「探索復命書」に基づいて「告発状」を作成。老中水野に提出した。

水野は「江川ら幕臣の名前があるのは不審」として削除しただけで、他の者は全員、鳥居の告発通りに処罰。入牢を申しつけている。

オランダ国王、切々たる開国の勧告

書状を日本国皇帝＝将軍に送る

長崎港

【長崎＝一八四四年七月】

オランダ国王ウィリアム二世は、日本国皇帝（将軍）宛に親書を送り、ただちに開国するよう勧告した。

日本がアヘン戦争の結果について考慮しなければ、清国と同じ状態に陥る恐れがあると警告。もし、イギリスが日本に直接通商を迫ったら、日蘭貿易などは一瞬にして絶命すると指摘した。

ウィリアム二世は「各国相距ること遠きも尚近きに異ならず」と言い、蒸気船が走る時代に精神力だけで立ち向かうことはできない、と言い切った。

大盛況！落語＆講談

減少の寄席 増加へ

伊達騒動

【江戸＝一八四五年】

天保改革の取り締まりのため、わずか十三軒にまで減少した寄席の数が次第に増加し、弘化二年には七百余軒まで回復したことが、町奉行所の調べで判明した。

その背景には講釈（講談）や落語などの話芸が庶民に受け入れられ、音曲・声色・手品などの雑芸が合間に挟まって賑やかになってきたからに他ならない。

講釈は「伊達騒動」「黒田騒動」などのお家騒動がネタになり、落語は色話から町人を扱った人情話、小話に移り変わってきた。いずれにしろ、気安い庶民の暮らしに溶け込んでくるようになった。

植民地と化す老大国・中国

資本主義脅威、アジア世界に警鐘が鳴る

【広州湾＝一八四〇～四二年】

阿片は人間を生ける屍とする。その阿片を商品に選択し莫大な利益を上げたのがイギリス資本主義だ。

生まれ出たばかりのイギリス資本主義は、恥も外聞もない非道な本質をもっていることを世界中にさらけ出したのがアヘン戦争だった。

蒸気で走る鉄の船に大砲を搭載したイギリス軍艦は、木材と布で造られたジャンク船を次々に撃沈した

イギリスの横暴を許すな！

アヘン戦争 ―悪辣なイギリス―

イギリスは、植民地インド産の阿片を清国に売り込み、イギリス本土・インド植民地・清国と繋がる三角貿易網をつくり上げることで、莫大な利益を上げていた。

これに対し、阿片輸入に反対する清国側は、仲買商の手元にあった阿片を没収。これがきっかけで、アヘン戦争が勃発した。イギリスは国を挙げて密貿易を支援した。

イギリス海軍は見すぼらしい中国船に砲撃を加え、資本主義の貪欲さと悪辣さを証明する戦いを展開した。

南京条約締結 ―香港割譲―

アヘン戦争は清国の惨敗。イギリスの圧倒的勝利となり南京条約が締結された。

香港島が丸ごとイギリスに割譲されることになった他、上海・寧波（ニンポー）・福州・厦門（アモイ）・広東の五港が貿易港として開港されることになった。

東アジアの前進基地がシンガポールから一気に二六〇〇キロも北上し、戦略的な経営基地が獲得されたことは大きな意味をもった。

まさに中国の植民地化が始まったようだ。


残部僅少。品切れの節はご容赦下さい。

共産党宣言

カール・マルクス著

万国の労働者、団結せよ！

【ドイツ＝一八四八年二月】

カール・マルクス氏が、共産主義者同盟第二回大会の決議に基づいて執筆した『共産党宣言』を発表した。

「これまでのすべての社会の歴史は階級闘争の歴史であった」と総括する氏の独特な歴史観に基づいて執筆され、対立の歴史が人類史の中心的なテーマとなっている。

そして、今後も「全社会は、敵対する二大陣営に、直接に相対立する二大階級に、すなわちブルジョワジーとプロレタリアートとに、ますます分裂していく」と氏は予言する。

ブルジョワジーとプロレタリアート以外に人類は存在しないのだろうか。対立は対立を生み、戦いは戦いを招く他にないはずだが、その辺はどうなるのだろうか。

書評

滝沢馬琴著『南総里見八犬伝』

滝沢文学を決定づけた会心の大作

全5巻！ 28年の歳月を費やして堂々完結!!

滝沢馬琴は元旗本、小禄ながら武士の生まれである。

ところが、侍稼業に身が入らず、好きな句作や読書に明け暮れる日々。とうとう仕官先から追い出され、失業してしまったのが、縁の始まり。

山東京伝の使い走りをしているうちに草双紙のイロハを身につけた。しかし、筆一本で食えるようになるのは容易ではない。下駄屋に婿入りして土台を固め、やおら文筆稼業に乗り出した。

こうした努力の甲斐あって四十歳頃から『椿説弓張月（ちんせつゆみはりづき）』を出し始め、八年後、ようやく本領を発揮する大作の執筆に取りかかった。それが『南総里見八犬伝』である。

全五巻。刊行するまでに前後二十八年の歳月が費やされている。中国伝奇文学『水滸伝』が非常に参考になったという。読者の評判もよく、作者としても会心の作。これで、馬琴の評価が定まったものと言えよう。

アメリカ

カリフォルニアで砂金発見

一攫千金夢見る人々、西部を目指す

【カリフォルニア＝一八四八年】

広大なアメリカ各地から、西海岸のカリフォルニアに向けて人間の大移動が始まっているとの情報が届いた。

どうやら、アメリカン川沿岸地帯で砂金が発見されたようで、まさに一攫千金を夢見る人たちが金脈探しのために目的地に向かっているらしい。場所は、シエラ・ネバダ山脈のマザーロード地方辺り。この一帯ではすでに「町」らしきものもできあがっているようだ。

採金に従事する人たちを目当てにした雑貨屋、飲み屋などが軒を連ねはじめており、「人の集まるところに商いあり」の観を呈しているとは、情報提供者の話。

この現象、なんと呼べばいいのだろう。海の向こうでは、「ゴールドラッシュ」など言われているらしい。

ドイツ・ロマン派の
伝統を覆し、
自己の愛を
人類解放へ
昇華する思想を
高らかに
歌い上げる
ハイネの傑作

『アッタ・トロル』

『ドイツ、冬物語』

2冊同時発売!!

八潮書房新社

ペリー艦隊、浦賀来航

アメリカ大統領国書奉呈

ペリー艦隊

ペリー

泰平のねむりをさます正（上）喜撰　たった四はいで夜もねられず

【浦賀＝一八五三年七月】アメリカの東インド艦隊司令官ペリーの率いる四隻の軍艦が浦賀沖に現われ、アメリカ大統領の国書を奉呈。前例のないことだけに、幕閣老中阿部正弘は、諸事万端協議のうえで久里浜上陸を認め、大統領の国書を受領した。

（2面に続報）

ペリーの久里浜上陸

浦賀奉行から報告を受けた幕府老中阿部正弘は、水戸藩主徳川斉昭（なりあき）に意見を求めたが「今となっては打ち払ってよいとばかりは言えない」との返事で、良策もなし。

結局、強引なペリーの要求に従う他になかった。

幕府は久里浜で大統領の国書を受領することとし、その旨を伝達したところ、ペリーは水兵・海兵隊・軍楽隊ら三百人に守られて上陸。十三発の大砲が発射された。

国書には単刀直入、次の文言が書かれていた。

「余が強力なる艦隊をもってペリー提督を派遣し、陛下の有名なる江戸市を訪問させた唯一の目的は次の如し。即ち友好・通商、石炭と食料との供給およびわが難破民の保護これなり」

日本史新聞

主な記事から

- ◆ペリー艦隊、浦賀へ来航
- ◆水戸藩主徳川斉昭に聞く
- ◆日米和親条約、締結
- ◆米総領事ハリス、日本到着

ペリー提督インタビュー
「一日も早く対日交渉を始めたい」

「私は自分がやろうとしていることが、どれほど困難で無茶なことであるか、十分に知っているつもりだ。

何故なら、私は出発前に日本に関する種々の文献を集め有識者の意見や情報を求めて計画を練っている。そして、得た結論が「強引に風穴を開けろ」ということだ。

そうでなければ、日本は死ぬまで欧米諸国に向かって門戸を開こうとしないだろう。一日も早く、日本政府が交渉のテーブルにつくのを期待したい。グッド・ラック！」

識者の声
水戸藩主徳川斉昭に聞く
「幕閣の弱腰が歯がゆい。海防強化を急ぐべし」

徳川斉昭

「幕府老中の阿部正弘殿より異国船渡来につき、いかなる対策が成り立ちましょうや、と求められたが、今となっては打ち払ってよい、とばかりも言えなくなった。

異国船騒ぎが長引けば、自然と国内でも連動して種々の事件が起こるやもしれぬうえ、内外の繋（つな）がりさえも発生することもないではない。そうなれば、一大事ではすまない。

ともかく、多くの人々と相談して対応策を決定するより他にはござるまい。はっきりしているのは、前後してしまったが、海防策をしっかりと立て直し、異国人がうかうかと侵入できぬようにすることだ」

江戸市中の反応

秀作とも言うべき狂歌が流行っている。「泰平のねむりをさます正（上）喜撰たった四はいで夜もねられず」という歌。

正（上）喜撰とは上質の茶の銘柄で、これを飲むと興奮して眠れない。それを蒸気船に掛けたわけだ。

ペリー、軍艦七隻で再び来航

日米和親条約「十二ヵ条」を強引に締結

【伊豆沖＝一八五四年二月】

ペリー提督が再び日本を訪れた。今度は七隻の軍艦を伴って伊豆沖に現われると浦賀沖を通過して金沢錨地（びょうち）に集結。再び湾内を前進して羽田沖で停泊すると江戸市街を遠望した。

慌てた幕府は横浜で交渉を行なうと伝え、役にも立たぬ交渉委員を派遣。ぬらりくらりと言い抜けようとするが、ペリーは先刻承知。そんな戦術には応じない。

数回の交渉の後、日米和親条約十二ヵ条が調印された。

主な内容は次の通り。

下田・箱館二港を開港すること。薪水・食料を補給すること。両港に遊歩区域を設けること。必要品の購入を許可すること。外交官の下田駐在を許可すること。そして、最恵国待遇の承認だ。

ペリーはまだまだ不満のようだったが、将来に期することにした模様。ともかく、最初の風穴が開けられた。

神奈川上陸の図

ペリーの贈り物の模型機関車を見る侍たち

社説

ペリー提督の本音は日本の植民地化にある

論説委員　久保田正志斎

▼ペリーの足跡

ペリーが「日米和親条約」の締結を進める意図はどこにあるのか。それは「和親条約」の案文を見てもわからない。

彼が何をしてきたか。足跡を見ればわかる。ペリーは日本に来る途中、琉球に立ち寄り、二百人以上の海兵隊を率いて王宮を訪ね、会見と称して調査を実施している。

小笠原諸島では父島に上陸し、倉庫・貯炭所建設用地を取得。隅々まで測量と調査を重ねた後、琉球に戻っている。極めて用意周到な植民地化の準備行動だったのである。

▼アヘン戦争の教訓

われわれはもう一つの事例に注目しておかなければならない。アメリカの先輩、イギリスがインドのセポイの反乱、清国のアヘン戦争で何をしたか、ということだ。

彼らは他人の家に土足で入り込み、勝手に土地を奪い、住民を奴隷として酷使して、あまつさえ銃砲の筒先を向けて殺戮を重ねたのである。しかし、われわれ日本人は断じて彼らの餌食にはならない。

アジアの教訓を飲み込み、腹に入れ、血肉と化し、力としなければならない。

日米交流

模型の汽車に驚く日本人

「力士の怪力に驚くアメリカ人」

条約交渉の最中、日米両国の間で互いに贈り物の交換が行なわれた。アメリカ側が電信機を動かしミニ蒸気機関車を動かすと、好奇心に駆られた幕府の役人たちはまるで子供のように喜んだ。

日本側は角力取りを動員し、「日本人もこれだけ体格がよく力持ちなのだ」と誇示するのに努めた。海岸に米俵を積み重ね、軽く二俵ずつ持ち、跳んだり、跳ねたり、軽々と動き回った。

アメリカ人は呆れ返って余興を楽しんだ。

力持ちの力士たち

米総領事ハリス、日本到着

「私は外交官養成の教官か？」

ハリス

【下田＝一八五六年七月】

日米和親条約に基づいて、駐日アメリカ総領事ハリスが来日。そして翌年には江戸に入り、通商条約の締結交渉を開始した。

ところが、ハリスは幕府役人に対し、通商条約とは何か、外交交渉とはいかなることか、逐一説明し、納得させなければならなかった。外交のイロハから教えなければならなかったという。

世界短信

清国

太平天国の乱

【中国＝一八五一年】

アヘン戦争による多額の賠償金の支払いが銀価の急上昇を招き、中国人民の生活を苦しめたため、失業者や流民が急増、治安が乱れた。

そして、「滅満興漢」を叫び、キリスト教と中国固有の思想を調和させ、阿片禁止・纏足（てんそく）禁止、男女平等、土地の均分を掲げる太平天国の乱が勃発した。

インド

セポイの乱

【デリー＝一八五七年】

イギリスの植民地となり、綿花・阿片・ジュート・茶などの商品作物の栽培や道路・鉄道・灌漑施設の建設が進むなかで、伝統的な土地制度、社会制度が崩壊した。

このとき、東インド会社のインド人傭兵（セポイ）が反乱に決起したのが引き金になり不満が爆発。ムガル皇帝擁立、独立運動となった。

セポイの乱

日本史新聞

主な記事から
- ◆井伊直弼、大老に就任
- ◆孝明天皇「攘夷の決意」
- ◆日米修好条約に調印
- ◆安政の大獄猛威をふるう

幕閣最高位　大老職に井伊直弼

異例の人事

期待される苦労人の剛腕

閉塞状況・難局打開の切り札に？

【江戸＝一八五八年四月二十三日】幕府スポークスマンは、将軍家定が彦根藩主の井伊掃部頭直弼（かもんのかみなおすけ）を大老職に任命したと発表した。大老職は幕府閣僚の最高責任ポスト。井伊直弼の就任は、将軍後継問題や朝廷との意思不統一、日米修好通商条約締結問題に揺れる幕政に今後大きな波乱を呼ぶことになろう。

井伊直弼

今回の任命は幕閣内でも事前にほとんど知る者がいなかったほど、唐突な発表だったようだ。ある老中は、「寝耳に水とはまさにこのこと。一体どこで人事が決まったのか」と驚きを隠さない。

老中首座で外交担当の堀田正睦（まさよし）が二月以来京都に赴き、日米修好通商条約調印への勅許を得ようと尽力したのもむなしく、万策尽きて江戸に戻って来たのが四月二十日。そのわずか三日後の突然の幕閣トップ交代劇。その背景には、幕府が抱える三つの難題を巡る二派の対立を強力なリーダーシップと明確な方針を堅持した譜代大名の雄、井伊直弼に託することで、一挙に正面突破しようというねらいがあるようだ。

新しく就任した井伊大老は、先々代彦根藩主の十四男として生まれて、長い部屋住生活も経験した苦労人。その間に国学や茶道を学び、ペリー来航以降の対外政策においては、日本の国力を直視した上での緩やかな開国・通商方針で一貫している。しかも、以前から紀州徳川家と近く、将軍継嗣問題では紀州藩主徳川慶福（よしとみ）を推していた。

この点で、激烈な尊王攘夷派で戦争も辞さないという水戸藩主徳川斉昭（なりあき）とは全く正反対の立場にあった。また、斉昭の七男である一橋慶喜（よしのぶ）を将軍家定の世嗣に推す薩摩藩主島津斉彬（なりあきら）、宇和島藩主伊達宗城、土佐藩主山内豊信や越前福井藩主松平慶永ら有力大名、改革派幕臣たちとも対立関係にあった。

一橋慶喜を推す「一橋派」と目され、今回の発表を聞くやすぐ老中たちを詰い問めたという幕臣の一人は本紙記者にこう打ち明けている。「これは南紀派（徳川慶福を推す一派）のクーデターに等しい。事実、一橋派の幕臣は左遷され、他の老中の意見を無視して独断専行に走っている」

こうした見方もあるように、井伊大老就任後の幕閣は、幕府権力の復権をめざし、攘夷派主導の朝廷への巻き返しと徳川慶福擁立へと大きく舵を切っていく可能性もある。

真相スクープ

孝明天皇、「鎖国攘夷」の真情吐露

【京都＝一八五八年一月】日米通商条約締・調印への勅許を求めて上京した老中首座堀田正睦の朝廷説得工作は失敗に終わった。幕府は朝廷より大政を委任されており、これまで形式にすぎなかった勅許が下りないという前代未聞の事態に至ったのは、どうやら孝明天皇自らが最も強硬な「鎖国攘夷」の意思を表明されたからのようだ。

孝明天皇

その孝明天皇の真情が、関白九条尚忠に宛てられた天皇直筆の手紙からこのほど明らかになった。

手紙は一月十七日付と二十五日付の二通。「外国と通商条約を締結することは天下の一大事で、自分の代で結ぶようなことがあっては、後々までの恥、伊勢はじめ先代の方々に不孝」と表明され、特に後者の手紙では、幕府からたとえ老中がやってきて説得工作をやろうとも断固条約は拒絶する、「打ち払い」攘夷する決心であると、固い決意のほどを示されている。

日米修好通商条約

日本、しぶしぶ調印

またも外圧に弱い体質露に

長崎など四港開港

【江戸＝一八五八年六月十九日】

昨年末、懸案の日米修好通商条約がついに調印に至った。しかし、条約をめぐる世論二分の情勢は全く変わらないまま、かねがね「日本の迷いをさますには軍艦と大砲しかない」と言っていたアメリカ総領事ハリスが、「清国との戦争に勝利した英仏連合軍の艦隊が日本にやってくる前にアメリカと調印したほうが得策である」と迫った結果の、勅許なしの調印だった。とにかく外圧に押されないかぎり何事も起こし得ないわが国の体質がまたも露になった。

調印式は六月中旬に下田に入港した二隻の軍艦のうち、神奈川沖までやってきたポーハタン号の船上で行なわれた。日本文の調印書には幕府全権委任の下田奉行井上清直と目付岩瀬忠震（ただなり）の二人の署名と花押が、英文にはハリスのサインが記された。これによって下田・箱館に加えて、神奈川（横浜）・長崎・新潟・兵庫（神戸）が開港、日米通商の道が開かれることになった。

調印を受けて幕府は、二十一日にも老中が連署して、やむを得ず条約調印に至ったことを奏上し、江戸に居る諸大名にも事後報告する予定だ。

日米修好通商条約正本

徳川家茂

梅田雲浜

井伊の剛腕、迷走か

反幕派を次々と弾圧・処分

安政の大獄

【江戸＝一八五九年十月】

勅許なしで条約調印に踏み切った井伊大老は、昨一八五八（安政五）年六月二十三日、先の老中首座堀田正睦らを罷免。将軍継嗣問題でも紀州藩主徳川慶福（家茂＝いえもち）を継嗣にすることを公にし、詰問した徳川斉昭や尾張藩主徳川慶恕（よしくみ）、福井藩主松平慶永らを処分して、幕閣での独裁体制を確立。さらに反対派への大がかりな弾圧を進めている。

きっかけは、昨年八月に孝明天皇が幕府と水戸藩に送った密勅だった。

密勅が条約調印で幕府の非を責め、徳川斉昭への処分反対を主張しただけでなく、幕府を飛び越えて水戸藩に送ったことが、井伊大老には「重大な逸脱行為」と映った。こうした危機感からより強硬策に転じたようだ。

昨年九月七日に水戸藩への密勅が降りた黒幕として小浜藩浪士の梅田雲浜（うんぴん）を京都で逮捕したのを皮切りに、尊王攘夷派の志士逮捕があいついだ。

それからは、水戸藩関係者から尊王攘夷派の公卿とその家臣、一橋派の大名・家臣、開明派幕臣へと、対象は広がる一方。

すでに逮捕者からは、橋本左内や吉田松陰（しょういん）など著名文化人も死罪に処せられた。

本紙はこのたびの〝安政の大獄〟処罰者約七十名余のリストを極秘入手したので、一部紹介する。

〝安政の大獄〟主な処罰者

名（所属）	処罰結果
徳川斉昭	国許永蟄居
徳川慶篤（水戸藩主）	差控
一橋慶喜	隠居・謹慎
青蓮院宮	謹慎
近衛忠熙（左大臣）	辞任
鷹司輔熙（右大臣）	辞任
鷹司政通（前関白）	出家
三条実万（前内大臣）	出家
安島帯刀（水戸藩家老）	切腹
茅根伊予之介（水戸藩士）	死罪
鵜飼吉左衛門（水戸藩士）	死罪
梅田雲浜（小浜藩浪士）	獄死
橋本左内（福井藩士）	死罪
頼三樹三郎（儒者）	死罪
吉田松陰（長州藩士）	死罪
飯泉喜内（勤王派志士）	死罪
岩瀬忠震（外国奉行）	隠居・謹慎
川路聖謨（勘定奉行）	隠居・謹慎
永井尚志（目付）	隠居・謹慎

あな、おそろしや…死者3万人？

安政コロリ大流行

【長崎・江戸＝一八五八年九月】

黒船は天下泰平の夢をむさぼっていたわが国の眠りを覚ましただけでなく、恐ろしいおみやげまでもたらした。すなわち、ひとたび罹るとコロリと死んでしまう、通称〝安政ころり〟、コレラである。

発端は五月頃。長崎で三十人ほど患者が出た。オランダの医者が至急長崎奉行に「生物などを食べないように」と警告書を提出したが、なにせ初めての伝染病。コレラはたちまち長崎から全国に広まった。七月には江戸でも流行の兆しを見せ、毎日数百人が亡くなり、棺桶も焼き場も間に合わないありさま。

夏場を過ぎた今、コレラ禍はようやく峠を越えたようだが、死者は総計二万人とも三万人以上とも見られている。

世界短信

インド

ムガール帝国滅びる

【インド＝一八五八年十一月一日】

一五二六年以来、三百五十年の長きにわたってインド亜大陸を支配してきたムガール帝国が、ついにイギリス軍によって滅ぼされ、インドは大英帝国ビクトリア女王の直接統治下に入ることになった。清朝への攻撃に続く欧米列強のアジア進出の波は高まる一方だ。

日本史新聞

主な記事から

- ◆咸臨丸、アメリカ到着
- ◆井伊大老、桜田門外で暗殺
- ◆皇女和宮降嫁
- ◆初の遣欧使節団、出帆

太平洋横断1ヵ月

咸臨丸、無事アメリカへ到着

乗組員百余名　サンフランシスコで大歓迎受ける

【サンフランシスコ＝一八六〇年三月十七日】わが国初の太平洋横断航海を達成して、咸臨丸（かんりんまる）がアメリカ現地時間三月十七日（万延元年二月二十六日）、太平洋岸に臨むサンフランシスコ港に無事到着した。これとは別にアメリカ軍艦ポーハタン号に乗船してハワイ経由で向かっている遣米使節団正使一行も数日後には到着予定。

太平洋を渡る咸臨丸

現地サンフランシスコは、太平洋の彼方から荒波を乗り越えて初めて航海してきた小さな蒸気船「咸臨丸」歓迎一色に包まれている。

咸臨丸には軍艦奉行（司令官）木村喜毅、艦長勝海舟、通訳の中浜（ジョン）万次郎、木村司令官の従者福沢諭吉ら日本人乗組員総勢九十六名に加えて、航海を補佐するアメリカ海軍ブルック大尉以下十一名のアメリカ人乗組員が乗船していた。

咸臨丸は幕府がオランダに発注して建造された四百トンたらずの木造蒸気船。海軍伝習生らによる航海練習も済ませ、一月十三日に品川沖から出帆後、浦賀に寄って薪や水を積み込んでから太平洋航海の途についた。

咸臨丸の役目は、日米修好通商条約批准書交換のために別の米艦で渡米する遣米使節団の護衛と外洋航海の実地訓練を兼ねたもの。

それから一ヵ月余。サンフランシスコ港に姿を現わした咸臨丸からは祝砲も鳴り響いた。早速上陸した一行は、住宅を壊してできた燃料でお風呂を焚き、魚も豊富にもらって長旅の疲れをいやしている。

総勢77名

遣米使節団正使一行も到着

こちらも全米各地で歓迎の嵐

【ニューヨーク＝一八六〇年六月十六日】現地時間六月十六日の昨日、ニューヨークのブロードウェーに至る目抜き通りは、出迎えの軍楽隊や騎馬隊など七千人の軍兵とともに馬車を連ねて市中パレードする遣米使節団一行を一目見ようと集まった大群衆であふれかえった。

日本からの遣米使節団は、正使が外国奉行兼神奈川奉行の新見（しんみ）豊前守正興、副使が外国奉行兼箱館奉行の村垣淡路守範正（のりまさ）、監察が目付の小栗豊後守忠順（ただまさ）の三人の使節以下役人、従者など総勢七十七名。

遣米使節団はサンフランシスコを皮切りに、首都ワシントンでの市中パレード、ホワイトハウス歓迎会や舞踏会、批准後陸路向かったボルティモア、フィラデルフィアでも大歓迎を受け、昨日のパレードに至った。

アメリカ市民はどこでも一行に握手を求め、謹厳な使節団はとまどいつつも、アメリカ社会への印象を日々新たにしているようだ。

遣米使節の一行

井伊大老、暗殺さる

桜田門外で水戸浪士らが襲撃

暗殺された井伊直弼

桜田門外の変

【江戸＝一八六〇年三月三日】江戸城でも弥生の節句恒例のお祝いを予定していた三月三日朝、登城途中の井伊大老一行が、水戸脱藩浪士ら十八名に襲われ、暗殺されるという大事件が起きた。現在、江戸市中には徹底した箝口令（かんこうれい）が敷かれているが、目撃者などの話から事件を再現してみた。

前日来降りしきる大雪の朝、江戸城に近い井伊家屋敷を出た大老に付き従う一行は彦根藩士百人以上。行列が桜田門に近づこうとしたとき、直訴をするように突然前に躍り出た一人が刀を抜いて切りつける。同時に合図の銃声が響き、見物客を装っていた残る浪士らが一斉に駕篭の井伊大老めがけて突進してきた。一行は不意を打たれた上、刀にすべて柄袋を付けていた。井伊大老は駕篭の外から刀で貫き通されて引きずり出され、襲撃者中ただ一人の薩摩藩浪士有村次左衛門によって首をはねられたという。享年四十六。

最新流行事情

▼ニューシティ横浜の一日

【横浜＝一八六一年】条約で決めた神奈川港に代わって、少し南の砂州に臨む一寒村に過ぎなかった横浜が開港後、いま大変身中だ。

波止場ができ、外国人居留地の建設も昨年来進む。東海道に近く、安全確保と関税を課す目的で掘割して、日本初の鉄橋をかけて関所を設けた。だから内側は「関内」と呼ばれ、旧横浜村の住民は日本人町（元町）に集められた。

居留地では、特に貿易熱心なイギリス商会の進出が目立ち、造船所や英国教会、牧師館も着工中だ。沖には商船や軍艦が停泊し、乗馬趣味も盛んで日増しに賑わいを増している。まさに横浜は幕府直営のニューシティだ。

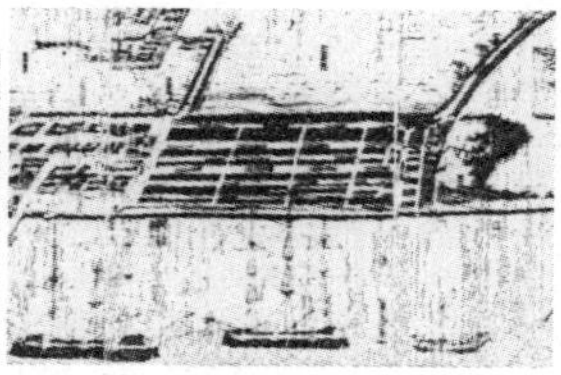

神奈川横浜港案内図会

初の遣欧使節団、品川を出航

【品川＝一八六一年十二月二十三日】幕府の勘定奉行兼外国奉行竹内下野守保徳（しもつけのかみやすのり）を特命全権公使（正使）とする初めての遣欧使節団三十六名が、十二月二十三日にイギリス軍艦オーディン号で品川沖を出帆。横浜・長崎に寄港して、今後一年に及ぶ長旅に出発した。

遣欧使節団の一行

今回の使節団は、各国との条約で約束した開港開市の延期交渉という重大な任務を抱えての旅。行き先は英仏露プロシアにポルトガルの五ヵ国。ビクトリア女王、皇帝ナポレオン三世、ロシア皇帝らに謁見することになる。

使節団には通詞（通訳）として、洋行経験者の福地源一郎（桜痴＝おうち）や福沢諭吉も参加。彼らの帰朝報告書に期待が寄せられる。

また、道中自炊に欠かせない白米や醤油に加え、経験者からの「持参無用」との意見を無視して味噌・漬物も大量に積み込まれており、腐らないか心配する向きも。一方、船室には畳が敷かれ、一行を安堵させている。

皇女和宮、将軍家茂に嫁ぐ

明白な政略結婚

公武合体策の犠牲に

【京都＝一八六一年十月二十日】孝明天皇の異母妹にあたる和宮（かずのみや＝十六歳）が、来年二月に予定されている将軍家茂（いえもち＝十六歳）との婚儀のため、十月二十日京都を発ち、江戸に下ることになった。

皇女を将軍家茂の正室として迎える話は、条約勅許問題などで悪化の一途をたどった朝廷と幕府の関係改善の切り札として、老中の安藤信正らが計画。朝廷側でも「攘夷決行」を条件に応じていたもの。白羽の矢がたったのが和宮だったが、有栖川宮（ありすがわのみや）との婚約を破棄させてまでの政略結婚に、多くの人々が「公武合体策の悲劇のヒロイン」と同情の涙を禁じ得なかった。

和宮降嫁の千数百人もの行列は、慣例に従い中山道を通って江戸を目指すことになる。

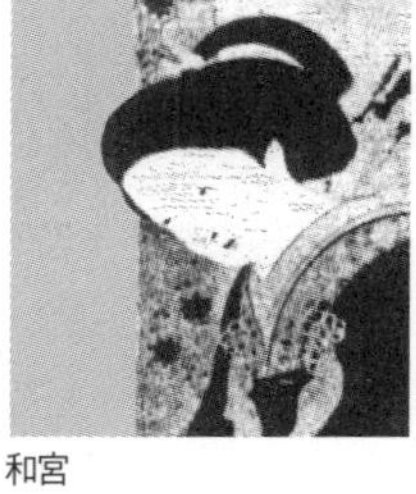

和宮

大量買付に応じます
白米、味噌、醤油、蒲団、火鉢、船酔い止薬…
連絡先　遣米使節派遣対策本部（品川）まで

世界短信

アメリカ

リンカーン、米大統領に当選

【ワシントン＝一八六〇年十一月】一八六〇年秋のアメリカ大統領選挙の結果、共和党のアブラハム・リンカーンが当選した。奴隷制に反対し、北部を地盤とするリンカーン当選により、反発する南部諸州が連邦離脱の動きを強めている。

アブラハム・リンカーン

イタリア

オーストリアから独立

【ローマ＝一八六一年三月】フランスの支援を受け、オーストリア帝国に対して独立戦争を続けてきたイタリアが、ついに勝利。三月に統一されたイタリア王国が誕生した。

日本史新聞　（ＡＤ1862年）　～　（ＡＤ1863年）

日本史新聞

主な記事から
- ◆英人殺害の生麦事件起きる
- ◆内ゲバの寺田屋騒動
- ◆外国船砲撃の長州藩に報復
- ◆薩英戦争勃発

英国人四人、薩摩藩士に殺傷される
大名行列と遭遇、慣例知らず災難
生麦村

【横浜＝一八六二年八月】攘夷運動が高まり、外国人殺傷事件が頻発するなかで、女性を含むイギリス人四名が東海道の生麦村で薩摩藩の行列と遭遇し、殺傷されるという事件が起きた。横浜居留地では激高した外国人らが武装して報復の動きを見せている。

事件は八月二十日の午後に起きた。場所は往来の激しい東海道に面した横浜・生麦村。横浜居留地の外国人の間で乗馬がブームを呼んでいるが、当日川崎大師まで乗馬で繰り出そうとしたイギリス人商人リチャードソンと友人のボラデール夫人マーガレット、マーシャル、クラークの四人の男女の行く手に大名行列が近づいてきた。江戸から帰る途中の薩摩藩主忠義の父、島津久光の一行数百人だった。

行列と遭遇すれば下馬するか、せめて脇に避けるという日本の慣習を知らないリチャードソンらは、行列から武士たちが手を振って近づいてくるのを見て動揺し、馬までが興奮し乱れ始めた。それに対して一団の侍が走り出て、まず先頭のリチャードソンに、次には他の三人にも斬りつけた。四人は必死で馬を走らせて逃げたが、深手を負ったリチャードソンは途中落馬し、行列に追いつかれてとどめを刺されたと、事件を目撃した村人たちは話している。

神奈川のアメリカ領事館に逃げ込んだ三人からの報に、居留地全体が復讐心で沸き返っている。早速、各国混成部隊を編成して薩摩藩一行を包囲し、犯人を処罰しようという強硬意見も根強い。しかし、イギリス代理公使ニールは慎重に二隻の軍艦到着を待って、幕府と交渉に入っており、そのなかでイギリス側は、「幕府の陳謝と賠償金」と「犯行に及んだ薩摩藩に実行者の処罰と賠償金」の二つの要求を突きつけたという。

消息筋の話では、幕府も薩摩藩の処置には手を焼いている模様で、一方、イギリス側も幕府の責任追及と対薩摩藩対策の実行を切り離していく意向だと見られている。

生麦村

危険な日本に居る外国人の貴方！
高額保険に入りましょう！
生命保険・傷害保険各種用意
命の次に大事なのはお金です
ロイス保険会社（本社ロンドン）

京都・寺田屋
内ゲバか、薩摩尊攘派殺される
藩主が指示、倒幕計画を未然に阻止

【京都＝一八六二年四月二十三日】京都・伏見の船宿「寺田屋」で四月二十三日、宿に九名の侍が押しかけ、集まっていた侍たちとの間で斬り合いが行なわれた。この騒ぎで宿にいた薩摩藩士で尊王攘夷派の志士、有馬新七ら数名が殺され、残る二十二名が投降して薩摩に護送されることになった。

押しかけたのも薩摩藩士。示現流の達人ぞろいで、この日、寺田屋に自藩の尊攘激派が集結して倒幕計画を練るとの情報を得た島津久光が指示し、未然に阻止したものだ。

約千人の部隊を率いて上洛していた島津久光は、「公武合体」を進める立場から、今回の事件によって、朝廷と幕府双方にいっそうにらみをきかせる足がかりを固めたものと見られる。

長州藩、外国船を砲撃

幕府の弱腰尻目にマジで攘夷？

【下関＝一八六三年五月】この三月、将軍として二百三十年ぶりに家茂（いえもち）が上洛。

孝明天皇の賀茂社行幸に同行して攘夷祈願し、「五月十日を攘夷期限」と約束した幕府だが、実際には弱腰で、期限前日の九日には、生麦事件等の賠償金四十四万ドルをイギリス側に支払ったほど。

各藩にもこちらからは攻撃しないように内々に指示を出していた。

上洛する将軍家持

この指示を無視し、本気でひとり攘夷を決行してしまったのが、尊攘派が優勢な長州藩だ。

五月十日、藩船が下関の海峡でアメリカ商船に砲撃を加えたのを手始めに、二十三日にはフランス艦を、二十六日にはオランダの軍艦を攻撃した。

いずれも被害はわずかだというが、外交筋では、激怒する外国勢の報復攻撃が近くあるのでは、と予想している。

米仏軍艦が長州藩に反撃

【長州＝一八六三年六月】現地からの報告では、六月一日、関門海峡を通過中のアメリカ軍艦ワイオミング号が、長州藩より砲撃を受けて反撃。同藩砲台を破壊し、藩船三隻を撃沈または大破させた。

また、五日にはフランス艦から陸戦隊二百五十名が上陸して砲台を占拠破壊した模様だ。

社説

無謀な攘夷に代わる開国推進を幕府に期待する

今年、一八六三（文久三）年は攘夷運動ピークの年といわれる。事実、在留外国人や公館に対するたび重なる襲撃事件に加え、長州藩や薩摩藩がついに外国勢と戦火を交えるという事態が続いている。

幸い、強硬な朝廷に引きずられた感のあった幕府が「五月十日攘夷期限」との公式見解にこだわらなかったことは、評価されてよい。弱腰との批判もあるが、厳しい国際情勢に目を転じれば、攘夷方針の非現実性は明らかだろう。

幕府は公武合体策での政権のりきりばかりに目がいっているようだが、肝心なのは、この間の規制緩和・開国策をさらに前進させることだ。いま一度、幕府には諸外国に負けない国づくりを推し進めるよう期待したい。

長州藩

高杉晋作が奇兵隊を組織

身分不問の画期的な志願制軍隊に

【下関＝一八六三年六月】六月七日、長州藩主の許可を得て、高杉晋作が「奇兵隊」を結成した。奇兵隊は、身分を問わない志願制の軍隊。武士だけの正規軍が惨敗を喫した今、広く有志を募って強力な軍隊をつくるのが目的だ。

高杉晋作

総督に就任した高杉晋作は、「上海での体験から近代的軍隊の必要性を痛感した」と話している。下関の豪商白石正一郎氏の資金援助も得て、続々と隊員が集まり、六百名規模にまでなったという。

この奇兵隊結集の成功で、長州各地でも多くの諸隊が組織されている。これは、武士以外の武装を禁じた従来の規制を破る画期的事件として、大いに注目されることだ。

生麦事件後遺

薩摩藩、英艦隊と交戦

善戦するも、政局の流れは開国へ

【鹿児島＝一八六三年七月】生麦事件の賠償と犯人処罰を迫って六月二十七日に鹿児島湾に進入したイギリス艦隊七隻に、七月二日、海岸に配備した八十余の砲台から薩摩側が次々と砲撃を加え、戦端が開かれた。

イギリス側も射程距離四キロという最新鋭のアームストロング砲やロケット砲が威力を発揮。海岸沿いの薩摩藩の工場地帯や市街地の一部も被爆・炎上した。しかし、不意打ちをくらったイギリス側も被害を被り、戦死者はイギリス側のほうが多かった。

結局、長期戦に備えていなかったイギリス艦隊が三日には引き上げを開始。戦争は終わった。

物的被害甚大だった薩摩側のある有力者は、「いやあ、近代的兵器の威力ばまざまざ見せつけられたとでごわす」と攘夷の無謀さを率直に吐露した。

一方、イギリス艦隊のある大尉も、「正直言って薩摩藩をあなどっていた。認識を改めなければ」と語る。どうやら薩英戦争の結果は、今後攘夷から開国へ政局を転換させる契機となりそうだ。

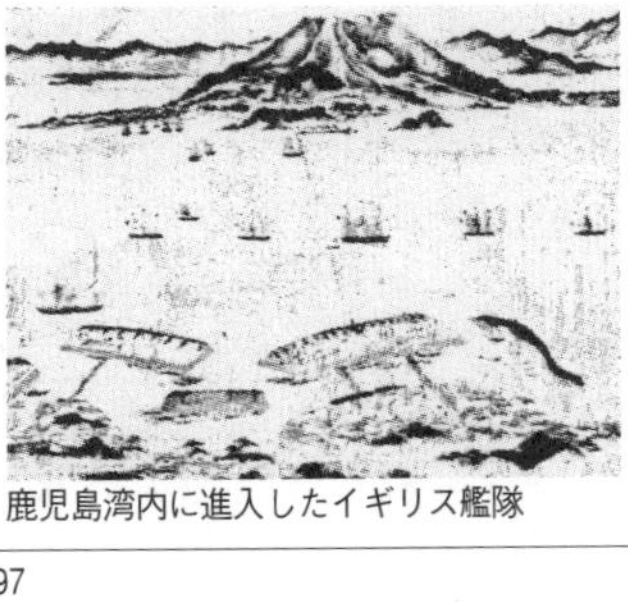

鹿児島湾内に進入したイギリス艦隊

最新亜米利加事情

アメリカのリンカーン大統領が一八六三年一月、奴隷解放宣言に署名。南北戦争の最中に、南部奴隷諸州の足下を大きく揺さぶっている。

また、アメリカ政府は開拓者に「国有地」を貸与、定住五年たてば無償で与える法律を一八六二年に制定したが、先住民のインディアンは土地を奪われ、抵抗むなしく、指定居留地に追いやられているという。

日　本　史　新　聞　（ＡＤ1864年）　～　（ＡＤ1864年）

京都 池田屋 新撰組、尊攘派を急襲

日本史新聞

主な記事から

◆京都・池田屋騒動
◆禁門の変で長州藩敗退
◆第一次征長戦争
◆四カ国連合艦隊下関砲撃

九人死亡、二十三人捕縛

桂小五郎無事も、長州藩窮地に

【京都＝一八六四年六月五日】五日夜十時頃、三条河原町の旅宿・池田屋で密かに持たれていた尊攘派志士の会合を新撰組が急襲。二時間近い大乱闘の末、九人が死亡、二十三人が捕縛された。この事件で、尊攘派が企てていた決起計画を未然に防いだとされる新撰組の勇名が全国に鳴り響いている。

池田屋二階

祇園祭を控えたこの日、池田屋に討ち入ったのは、近藤勇を隊長とする新撰組隊士約二十名。新撰組はすでにその前に、四条寺町の武具商「升屋喜右衛門」こと尊攘派志士古高俊太郎を捕縛。激しい拷問を加えて、彼らが企てていた計画を自白させていた。

それは、御所周辺に火を放ち、公武合体派の中心人物、中川宮朝彦（あさひこ）親王や京都守護職松平容保（かたもり）を暗殺、孝明天皇を長州に移そうという大胆なクーデター計画とされる。

そして、尊攘派志士が古高俊太郎逮捕の善後策を練るために池田屋に集まっていることをキャッチした新撰組は、京都守護職や所司代とも連絡をとって包囲したうえで、斬り込みをかけたものだ。

この急襲で、長州藩士の吉田稔麿（としまろ）、肥後藩士宮部鼎蔵（ていぞう）ら九名が死亡、二十三名が幕吏に捕縛された。新撰組側も死傷者が十人ほど出ており、近藤勇隊長は本紙記者に、「相手も相当な腕前の者ばかりで、これまでにない激しい斬り合いとなった。正直言って危なかった」と話している。

なお、長州藩の桂小五郎（木戸孝允）は、たまたまその場にいず無事だった。

これによって、会津藩と薩摩藩連合による昨年八月十八日の政変以降、京都や朝廷で長州藩と尊攘派の追い落としが進む政局の巻き返しは失敗。公武合体派の立場は強化され、京都の治安維持面では、新撰組がいっそうにらみをきかせることになろう。

久坂玄瑞

桂小五郎

禁門の変

長州藩、失地回復ならず

尊攘派の幹部 相次いで戦死

【京都＝一八六四年七月】池田屋騒動で大打撃を受けた長州藩が、尊攘派の呼びかけのもと、反撃に打って出たが、さらに手痛い敗北をこうむった。

この間、藩主毛利慶親の指示もあって、京都に続々集結していた同藩兵や諸隊の隊員約千数百名は、七月十九日、御所の蛤御門や堺町御門近辺で公武合体派の会津藩・薩摩藩・桑名藩らの藩兵と戦闘を繰り広げた。

しかしその結果、京の長州軍は駆逐され、藩政を握ってきた尊攘派のリーダー、久坂玄瑞（くさかげんずい）、真木和泉（まきいずみ）をはじめ、主だった幹部は軒並み戦死した。ひとりあの桂小五郎だけが脱出に成功。〝逃げの小五郎〟と異名が付いた。このとき、京都進撃に懐疑的だった高杉晋作は萩の自宅で蟄居中の身だった。

御所を戦闘の舞台にした長州藩に対して、孝明天皇の怒りはすさまじく、朝儀にもとづき近々幕府は長州藩征討を諸藩に命じる予定だ。

誠

腕に自信ある者来れ！

京の町を守る誇り高い仕事です

●高給優遇●カッコいい制服貸与
●毎晩宴会・遊郭回数券支給など
福利厚生完備

新撰組リクルートセンター（京都・壬生寺内）

幕府、長州藩征討を指令

薩摩藩の西郷は和戦両様の構えか

【京都＝一八六四年八月】幕府は、禁門の変で長州藩軍が御所に発砲したという理由で、朝廷から長州藩征討の勅許を得、西南諸藩に八月二日、動員指令を発した。

なかでも西南諸藩最大の薩摩藩は、長州藩征討に最も熱心だ。しかし、消息筋の話では、この間、長州藩征討軍の総督を誰にするかで、薩摩藩と幕府の間でさやあてがあったようだ。

それによると、総督に薩摩藩は一橋慶喜（よしのぶ）を勧めたのに対して、幕閣は将軍家茂のライバル登用を嫌い、尾張藩前藩主の徳川慶勝を総督に就任させたためという。

薩摩藩の重臣に復帰し、禁門の変で活躍した西郷隆盛が総督参謀に抜擢されたが、幕府に不信感を抱く薩摩側では、この西郷を中心に、「幕府に手柄を立てさせない、参加諸藩に負担をかけない、長州藩の息の根を止めない」という基本方針のもとに、和戦両様の態度で長州藩に臨むものと思われる。

西郷隆盛

裏
日本史物語
画・梅本文左ェ門
オオ～、わしも新撰組に入るぞ！
右ページ左下参照
毎晩宴会って楽しそうだな～
…で、入社！
さあ～今晩の宴会に行くぞ～
オッ、さっそく！
宴会ってチャンバラのことなの～
助けて～

対日外交異変??

【仏】幕府接近 ⟺ 【英】方針転換

在日外交筋の観測では、最近着任したフランス公使ロッシュの幕府肩入れが目立つという。急接近の相手は、勘定奉行など要職を歴任している小栗上野介忠順（おくりこうずけのすけただまさ）や後見職の一橋慶喜ら。その背景には、対日貿易・外交をリードしていたイギリスへの対抗心がある。そのイギリスは薩英戦争と下関砲撃後、一転して薩長に友好的な態度に方針変換。攘夷を捨て、開国・倒幕に走る薩長のパートナーがイギリス。一方、フランスは幕府の体制建て直し、軍備強化のスポンサーとなりつつある。

四カ国連合艦隊　下関砲台占拠

【下関＝一八六四年八月】昨年の外国船砲撃への報復として、八月五日、英仏米オランダの四ヵ国連合艦隊の軍艦十七隻が下関を砲撃。長州藩砲台を完全に破壊したうえで、翌三日、陸戦隊二千名が上陸作戦を行なって長州軍を駆逐、砲台周辺を占拠した。

長州側では、陸上まで攻めてきた外国軍に敗走した正規軍への批判が高まる一方、奇兵隊の善戦が注目されている。

下関砲台を攻撃する連合艦隊

長州藩、家老三人の首差し出す

【山口＝一八六四年十一月】征長軍の包囲圧力を受けて、長州藩では急進派が駆逐されて幕府への恭順を示す保守派が藩政を掌握。十一月十一日、禁門の変の責任者、家老三名の首を幕府に差し出し、当時の幹部を斬刑に処した。

これで第一次征長の役は、武力によらず藩内対立を利用して長州藩を屈服させるという西郷隆盛の筋書き通りとなり、幕府は征長を中止した。

世界短信

立て、万国の労働者！　第一インターナショナル結成

【ロンドン＝一八六四年九月】九月ロンドンで開かれた国際労働者集会で、著名な経済学者で社会運動家のマルクスの提唱で、労働者の国際的な連帯をはかる目的で国際労働者協会（第一インターナショナル）が結成された。

アメリカの代表作家　N・ホーソンが死去

【アメリカ＝一八六四年】アメリカの作家ナサニエル・ホーソンが亡くなった。享年六十。ホーソンの名を知らしめた代表作品は、五〇年に発表した『緋文字』。作家デビューは三七年だが、その後十三年間、この『緋文字』までヒット作に恵まれなかった。『緋文字』は一七世紀のボストンが舞台で、清教徒社会のなかでの若い牧師と夫ある女性の姦通の罪がテーマだった。女性の苦しみや人間性の問題を見事に描きあげているとの評価が高かった。著書は他に『七破風の家』『大理石の牧羊神』などがある。

日本史新聞

主な記事から

◆高杉晋作の単独決起成功
◆薩長同盟成立
◆第二次征長軍敗れる
◆慶喜、将軍に就任

長州異変

高杉晋作決起、藩論を覆す

革命児の一撃に奇兵隊らが続く

【長州＝一八六五年二月】世に〃長州が生んだ革命児〃と呼ばれる高杉晋作が、面目躍如とばかり、ついに長州藩の藩論をくつがえした。最初付き従う者はわずか。それでも決起した高杉晋作は、遊撃隊を率いて馬関（下関）襲撃に成功。奇兵隊など諸隊も後に続くようになり、実権を握っていた俗論派を駆逐した。

高杉晋作が決起したのは、昨年の十二月十六日。わずかの人数で下関・新地にある藩の会所を襲撃して、まず資金と食糧を奪取。続いて藩の軍艦三隻を何らの抵抗も受けずに乗っ取っている。

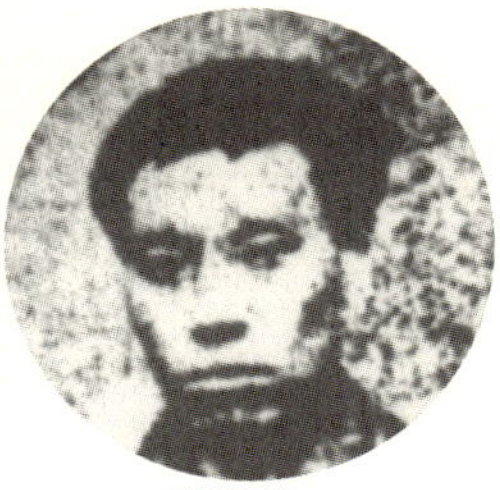
高杉晋作

これらの成功に、当初挙兵に慎重だった奇兵隊幹部山県狂介（有朋）以下奇兵隊や諸隊も含めて全員が決起し、対幕府恭順路線に従って反対派を粛清してきた俗論派藩政打倒に向け、萩へ進撃を始めた。

山県（有朋）狂介

正月に入って六日以降、諸隊と藩政府軍側の先鋒隊との本格的な戦闘が繰り広げられた。十六日には高杉晋作が率いる遊撃隊が藩政府軍に奇襲をかけて遁走させ、山口に本部を置いて対峙するようになった。

数では劣るこの決起の帰趨を左右したのが、長州藩存亡の危機を背景に有力庄屋層が味方に付いたことだ。この包囲網によって藩政府から俗論派幹部らが追放され、二月十四日、脱出先で逮捕された。

これで長州藩は高杉晋作らの挙兵勝利によって、あらためて「武備恭順」方針で藩内の意思統一をはかることになった。

長州藩、軍制改革推進へ

迫る対幕府全面戦争への準備か

【長州＝一八六五年五月】政局は今、幕府による長州再征（第二次征長の役）を巡って、双方が動きを早めつつある。

幕府の側では四月十二日、紀州藩主徳川茂承を征長先鋒総督に任命した。実は今回の第二次征長については、幕府内でも意見が分かれていた。幕府藩主の蟄居や知行削減など一定の処分と引き替えに、再征に反対する意見があったが、長州藩が抵抗の構えを見せているとして、最も強硬に再征を主張したのが一橋慶喜だ。

一方、長州側では三月以降、藩主以下討幕で藩論一致。晋作に、帰国した桂小五郎（木戸孝允）、村田蔵六（大村益次郎）らが中心になって軍備増強、武器の近代化をはかる。そして身分の差別なく、いわば強力な統一国民軍をつくることで軍制改革が進んでいる。

もちろん、幕府側もフランスを通じて軍備拡充にやっきだ。これに対しては、第一次征長までは対長州の先頭に立っていた薩摩藩が、幕府への警戒心を強め、征長戦参加には応じないと見られている。

風雲児・坂本龍馬、亀山社中を設立

【長崎＝一八六五年五月】長崎で五月、坂本龍馬が中心になって、貿易商社兼船会社「亀山社中」が設立された。亀山社中には、勝海舟の神戸海軍操練所時代に龍馬が塾頭を務めていた塾生らが結集。出資元は薩摩藩だ。龍馬らはグラバー商会等との取引を通じて、薩摩藩のみならず長州藩など西南諸藩への武器・艦船調達を斡旋するのが目的と、関係者は話している。

坂本龍馬

哀悼

アメリカ16代大統領 リンカーン暗殺さる

【ワシントン＝一八六五年四月十五日】アメリカ第十六代大統領リンカーン氏が首都ワシントンの劇場で観劇中、銃で暗殺された。犯人は複数で、狂信的南部主義者と見られている。享年五十六。

暗殺されたリンカーン大統領

陣笠姿に旧式装備 VS ズボン姿に最新鋭銃

長州〝国民軍〟、幕府軍に大勝利

【長州現地特派員＝一八六六年八月】長州藩が総力を挙げた成果が上がった。昨年五月に将軍家茂自ら大軍を率いて上洛、大坂城を本営とし、三十二藩から召集して征長軍は六月以降、長州との四つの陸海国境口から包囲、進撃したが、反撃にあい、敗走を重ねている。

まず長州軍で得意の奇襲戦でめざましい活躍をしたのが、高杉晋作率いる海軍だ。戦力で劣る長州側は夜陰に乗じて幕府軍艦を攻撃、大混乱に陥れると、老中小笠原長行が九州の大軍二万を率いる最大の戦線、小倉口に転じた。長州軍わずか一千名。しかし、艦隊砲撃に続き、戦略要所への電撃作戦を敢行。ついに八月に入ると小倉城が炎上、老中や小倉藩兵らは退却した。

日本海側の石州口でも村田蔵六率いる長州軍が勝利。山陽道の芸州口でも井上聞多率いる長州軍が優勢なところに、中立的立場の安芸広島藩が割って入り、戦いは止んだ。

まさに、洋風スタイルに最新兵器で指揮系統や志気でも勝り、民衆の支持を受けた長州〝国民軍〟が、数でまさる旧式ファッションで指揮も志気もばらばらの幕府諸藩連合軍に勝ったのは当然だった。

とめてくれるな　幕府さん

物価騰貴、負担増、政治不安…もうキレた

将軍こそ打ちこわしの「発頭人」だ！

世直し一揆全国共闘会議

実現していた！薩長同盟

坂本龍馬らが仲介、倒幕方針で一致か

【京都＝一八六六年八月】八月二十一日、征長止戦の詔勅が下りた。そうした事態のなかで今、二つの驚くべき事実が明らかになった。

一つは、将軍家茂がすでに七月二十日に大坂城内で病没していたこと。享年二十一。幕府は八月二十日になって、徳川家茂の喪と一橋慶喜が徳川家宗家を継ぐことだけを発表した。もう一つは、長らく敵対関係にあった薩摩藩と長州藩が一月二十一日に秘密同盟を結んでいたことだ。

関係者への取材で明らかになったのは、薩長同盟実現には、中岡慎太郎らとともに坂本龍馬が尽力。同氏は、長州藩側木戸孝允の求めで同盟内容の確認書に署名もしていた。なお、薩摩側当事者は家老小松帯刀（たてわき）と西郷隆盛だった。

薩摩藩が第二次征長戦参加を拒否した裏には薩長同盟があり、今回の勝利に貢献したのはもちろん、今後両藩が討幕で一致して動けば、政局を左右することになろう。

徳川慶喜、十五代将軍に

【江戸＝一八六六年十二月五日】十四代将軍家茂が七月二十日に死去して以降空席のままだった征夷大将軍職に、十二月五日、徳川慶喜（よしのぶ）が任じられ、徳川第十五代将軍となった。

すでに八月二十日に、前例なく徳川宗家のみを継いでいた慶喜は数えで三十歳。その気力と英明さは衆人が認めるところだ。しかし、当世最高権力の座に慶喜自身が就きたくなかったことからも、いま幕府が抱える状況の深刻さがうかがえる。

新将軍の課題は、「フランスとの連携を強めて幕府の軍事改革をはかること、懸案の兵庫開港の勅許を得ること、幕府の主導権確立」の三つとされる。いずれも困難な課題だけに、今後の将軍慶喜の手腕が注目される。

訃報　孝明天皇崩御、死因は？

【京都＝一八六六年十二月】尊王攘夷運動の旗頭となっていた孝明天皇が十二月二十五日夜急死した。三十六歳だった。

孝明天皇

孝明天皇は十三日頃から痘瘡にかかっていたが、順調に回復。ところが二十四日夜になって容態が急変。「顔面に紫の斑点、吐血、脱血」に苦しんだまま亡くなったという。死因は「出血性悪性痘瘡」とされる。しかし、死去の発表が四日も後になったことや、急変した症状などから、死因に不審がもたれており、毒殺説まで出るほどだ。

新将軍・慶喜

納豆は水戸納豆

徳川慶喜、朝廷に大政奉還

二百六十年余の幕政に終止符

大政奉還のようす

【京都＝一八六七年十月十四日】

将軍慶喜が十月十四日、大政奉還の上表を朝廷に提出。翌十五日受理されて、家康以来二百六十年以上に及ぶ徳川幕府の政治支配に終止符が打たれた。これは、岩倉具視（ともみ）から「倒幕の密勅」が薩摩と長州の藩主に出されたことを察知した慶喜が、土佐藩の建議に沿うかたちで、先手を打ったものと見られる。

徳川慶喜

幕末の政治情勢は、一気に「武力倒幕（討幕）」か「平和的大政奉還」かの分岐点まで達した。いずれにせよ、英明な将軍慶喜をもってしても、もはや徳川専制支配の時代には戻せないのは明らかだ。

今回自ら大政奉還を申し出ることで慶喜は、徳川家生き残りの道を探り、朝廷がまだ国政を担える状況にはないうちに、引き続き政務を担いつつ「諸侯会議」で主導権をとろうと考えているようだ。

そこで、「権力を保持するための方便にすぎない」という反発の声も聞こえてくる。しかし、慶喜側からすれば、無策のまま時間がたてばたつほど、討幕側に各藩がなびくのは必至。一刻も猶予は許されなかったものと思われる。

事実、討幕側に取材すると、とまどいの声が聞かれた。西南の某藩関係者は、「一気に討幕にもっていこうとしたのに、密勅は偽物とのうわさもある中で、実にやりづらい」と声をひそめる。

大政奉還策はそもそも幕府の政事総裁職も務めた松平慶永や側用取次の大久保一翁らの発案だった。それを坂本龍馬が引き継ぎ、土佐藩主参政の後藤象二郎に伝えた「船中八策」に盛り込んだという。新政府構想を練っていた龍馬の理想が、いわば現実政治に利用されたといえる。

日本史新聞

主な記事から

◆将軍慶喜、大政奉還を上奏

◆坂本龍馬・中岡慎太郎暗殺

◆「ええじゃないか」大旋風

◆王政復古の大号令

坂本龍馬暗殺さる

刺客に襲われ、中岡慎太郎も死亡

京都・近江屋

【京都＝一八六七年十一月】

十一月十五日夜、京都・四条河原町の近江屋に滞在していた坂本龍馬と、たまたま訪ねてきた中岡慎太郎の両氏が数名の刺客に襲われ、龍馬は即死、慎太郎は重傷を負って二日後に亡くなった。龍馬はその日が誕生日で、三十三歳。慎太郎、享年三十歳。

犯行は、現場に残されていた刀鞘や下駄などから、当初新撰組の仕業とされた。しかし、遺留品の不自然さや隊長近藤勇の全面否定などから、真犯人ではないとの説もある。

その他では、同じ幕府側でも龍馬らをずっと狙っていた京都見廻組説が最有力だが、亀山社中とかつてトラブルを起こした紀州藩関係者説に加え、意外や討幕側で、大政奉還で出鼻をくじかれた薩摩藩黒幕説や土佐藩内部犯行説まで挙げられ、真相は闇の中だ。

暗殺された坂本龍馬

同じく中岡慎太郎

哀悼

高杉晋作逝去　革命児の志半ば

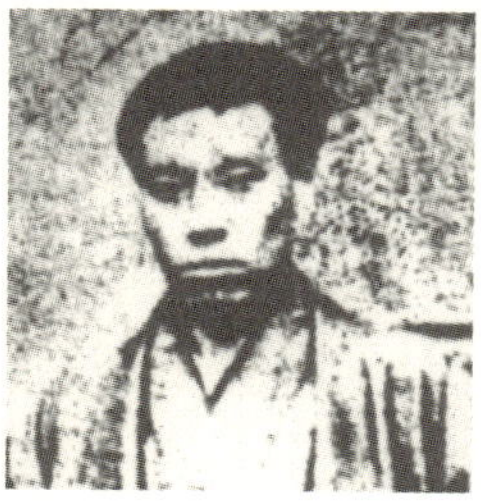

長州藩士高杉晋作が四月十四日、肺結核で下関の地で亡くなった。享年二十九。

藩幹部の家柄に生まれながら、身分制を超えた奇兵隊を創設、藩の刷新と一連の改革をリード。対征長戦勝利に貢献した。龍馬と並ぶ幕末の一大風雲児・革命児は、維新を見ることなくしてこの世を去った。

王政復古のクーデター起こる
岩倉具視らが新政権から旧幕派を排除へ

（AD1867年）～（AD1867年）

【京都＝一八六七年十二月】大政奉還が受理されてからわずか一ヵ月後、十二月九日に王政復古のクーデターが敢行された。筋書きを書いた中心人物は、討幕派公卿の岩倉具視と薩摩藩の大久保利通、西郷隆盛の三人。これに土佐藩・越前藩・安芸広島藩、さらに御三家ながら尊王派の尾張藩が加わった。

すでに十一月中旬以降、京都に向け出発していた主力実働部隊である薩摩と長州の藩兵が郊外配備を完了。クーデターは十二月九日、先の五藩の藩兵が御所の門を封鎖することから始まった。

御所内では親幕派の親王・公卿を締め出し、一月九日天皇の座に就いた睦仁（むつひと）親王（明治天皇）を前に岩倉具視が「王政復古大号令」の発布を宣言した。

内容は、大政奉還受理後も慶喜が就いていた征夷大将軍職や摂政関白制度を廃し、代わって天皇親政のもとに総裁・議定・参与からなる新しい政府を発足させるというもの。

新政府スポークスマンによると、総裁には有栖川宮熾仁（ありすがわのみやたるひと）親王、議定には先の五藩の藩主クラスが、参与には公卿五名と五藩から各三名の計二十名が就任。

慶喜や会津藩主松平容保（かたもり）といった幕府強硬派を排除したうえで、旧徳川親藩も取り込んだところが特徴だ。

王政復古小御所会議

完売御礼

日本国第一の西洋通
福沢諭吉先生の『西洋事情』

空前の大ベストセラー！

ただいま大増刷中
いましばらくお待ちください！

日本国中「ええじゃないか」

昨一八六六年には「打ちこわし」「世直し一揆」が全国を席巻したが、今年は夏頃から「ええじゃないか」などと暮らす横浜で、「平文（へボン）先生は医師、一方、夏以降と関係があるということで、同氏はその証拠として、「伊勢の名前の入った御札や御祓いの類が空から降ってくることから、それを見た民衆が"おかげ"と称して祀ったり、着飾って"ええじゃないか ええじゃないか"と歌い踊ることを」を挙げている。

真夏に東海地方で始まり、一気に広まったこのデカダンスな乱痴気騒ぎに、民衆の体制批判の気分を感じとっている幕府当局も、困惑の表情を隠せない。

ええじゃないか

奇特な外国人
医師ヘボン夫妻のニッポン生活

アメリカ人ジェームズ・ヘップバーン氏は、一八五九（安政六）年以来夫婦で暮らす横浜で、「平文（ヘボン）」先生の名で親しまれている。

先生は医師であり、宣教師でもある。しかし、布教活動はだめなので、夫妻ともに英語塾を開業して日本人の子供の治療をし、地元新聞に名医として載った。

また、日本語を猛勉強。今年出版された『和英語林集成』は初の和英・英和辞典として評判だ。表記に使った「ヘボン式ローマ字つづり」はとても重宝されている。一方、夫人の塾には著名文化人が学び、男女共学の日曜学校にも日本人の子供が集まって、にぎやかし、攘夷風が厳しく吹いた時期も塾は続き、ここだけは温かい雰囲気が漂っている。

世界◎短信

アメリカ
世界一お得な買い物？

アメリカ政府がロシア政府の求めに応じて、氷とヒグマの大地アラスカを七百二十万ドルで購入した。市民は税金の無駄遣いと批判しているが、さてその結果は？

ドイツ
一冊で世界がわかる『資本論』

プロイセン・ドイツの著名な経済学者マルクス氏が大作『資本論』第一巻を著した。超むずかしー経済学の大著としりごみする向きもあるが、世界の経済社会の仕組みすべてがわかる本と評判だ。

日　本　史　新　聞　（AD1868年）　～　（AD1868年）

日本史新聞

主な記事から

◆鳥羽・伏見の戦いで官軍勝利
◆東征大総督に有栖川宮
◆江戸開城巡り交渉続く
◆五箇条の誓文発布

鳥羽・伏見の戦い

薩長軍先制、新鋭銃で大勝利

旧幕軍総崩れ、予想外の敗北に衝撃

【京都＝一八六八年一月】あくまで武力倒幕をめざす薩長軍とその挑発に乗った旧幕府側が一月三日、ついに鳥羽・伏見で激突。官軍を称した薩長軍の先制攻撃と新鋭銃の前に、旧幕軍は総崩れとなった。

伏見の戦い

鳥羽・伏見の戦いをもって旧幕府側と王政復古新政府側の本格的な戦端が開かれた。戊辰（ぼしん）戦争の始まりだ。これは大政奉還後も権力・領地を保持する徳川慶喜の巻き返しを危惧して、その追放、領地没収を断行したい薩長の望むところ。そしてその戦闘挑発に乗った慶喜・旧幕府側には致命傷となった。

京都・二条城を退去して大坂城に陣取る徳川慶喜の名で元日に「討薩表」が起草され、京都での任を解かれた会津・桑名藩以下総勢一万五千名の軍勢が京都に向けて進撃した。きっかけは、西郷隆盛の意を受けて江戸中を荒し回った浪士らが根城にした江戸薩摩藩邸を焼き討ちしたことだ。

迎え打つ薩摩藩と長州藩兵は約五千。三倍の兵力の旧幕側は大坂湾に最新鋭の軍艦四隻を擁し、海軍力でも勝っていた。しかし一月三日午後、本営・淀城から伏見街道と鳥羽街道の二手に分かれて進撃した旧幕軍は鳥羽街道で薩摩軍の先制砲撃を受け、大混乱に陥る。同じ頃、伏見街道でも装備・実戦経験ともに優れた長州軍に押された。

情勢有利とみた薩長側は朝廷工作を進め、四日には仁和寺宮嘉彰親王を征討大将軍に「錦の御旗」を押し立て、「官軍」の体裁を整えたため、旧幕軍は動揺。淀城からも入城を拒否されて、六日には大坂城に敗走。戦いは終わった。

旧幕軍敗北の代償は大きい。朝廷が討幕に立ったため、態度を決めかねていた各藩も幕府から続々離反し始めている。

徳川慶喜

将軍敵前逃亡……旧幕兵　戦意喪失

徳川慶喜、大坂城脱出

【大坂＝一八六八年一月】鳥羽・伏見の戦いで敗れた旧幕軍だが、大坂城に退却した後も最後まで戦おうという意気に燃えていた。しかし、驚くべき事態が生じた。「出馬するぞ」と呼号していた将軍慶喜が六日夜、敵前逃亡。会津藩主松平容保らわずかの側近を連れて城を脱出、大坂湾のアメリカ軍艦に助けられてから幕府旗艦開陽丸に移り、しぶる海軍総裁榎本武揚（えのもとたけあき）に命じて江戸に逃げ帰ったのだ。

翌日、これを知った老中以下旧幕兵は完全に戦意喪失し、ちりぢりばらばらになった。

事実上の新政府発足

官制度も三職八局へ改制

【京都＝一八六八年二月】新政府は先に一月十七日、総裁・議定・参与の三職のもと行政を担う七科の官制度を定めたが、この二月三日、三職八局の官制に改めた。

このたび新しく決まった八局は、外国、内国・神祇（じんぎ）・総裁・会計・軍務・刑法・制度の八つの各事務局。

こうして新政府もようやくその体をなし始め、事実上ここに発足したことになる。

お茶は宇治苑へ

官軍、錦の御旗翻して東征

東征大総督に有栖川宮親王

有栖川宮親王

東征軍の京都出発

慶喜は恭順の姿勢

【京都＝一八六八年二月】

新政府は二月九日、総裁の有栖川宮熾仁（たるひと）親王を東征大総督に任命した。

徳川慶喜が大坂城を脱出して江戸に戻った翌七日、追い打ちをかけるように、新政府は慶喜追討令を発布した。「大政奉還を奏上したのに、大坂城に入って藩兵を動かし、京都を侵したのは朝廷を欺く行為だ」というのが理由だった。

同時に政府は、各国公使に王政復古と外交関係を天皇が継承することを通告して、旧幕府を支援しないように要請。各国も局外中立を宣言した。

東征軍は東海道・北陸道・山陰道の三手から二月十二日に進軍を開始。西郷は大総督府参謀として実際の指揮を担うことになった。まさに慶喜追討令を手に錦の御旗を押し立てての正式の「官軍」だ。

水戸藩ゆずりの尊王思想を抱く慶喜はあらがえず、抗戦を主張する幕臣やフランス公使を抑え、二月十二日に江戸城を出て上野寛永寺に引き籠もり、謹慎と恭順（きょうじゅん）の姿勢を明確にしている。

東征軍、駿府城到着

江戸城総攻撃は三月十五日に決定

【駿府＝一八六八年三月五日】

有栖川宮親王率いる東征軍は、旧幕強硬派の桑名藩をはじめ東国の諸藩主に王政復古への忠誠を誓わせながら、三月五日、家康ゆかりの駿府城に到着した。

いよいよ箱根の山を前にして、東征軍は江戸城総攻撃の期限を三月十五日と発表した。これを受けて江戸城内の動きもあわただしく、慶喜の恭順の姿勢を訴えて、江戸攻撃と慶喜処罰をやめさせようと交渉を始めている模様だ。

「五箇条の誓文」を発布

亡き龍馬の理想生かされる

【京都＝一八六八年三月十四日】

御所で三月十四日、天皇が公卿・諸侯を率いて「五箇条」を神前に誓う儀式が執り行なわれた。五箇条の誓文は、公議世論に従う、財政の確立、公武一体、陋習（ろうしゅう＝攘夷）を打破して万国公法に基づく、開かれた天皇国家、以上五つの指針を明らかにしたものだ。

実は本紙の調べでは、五箇条の誓文の元をただせば、坂本龍馬の発案だった。そして龍馬は西郷に、新政府で活躍すべき人材として自分を除いた人々の名を挙げ、そのなかで越前藩士三岡八郎（由利公正）も推薦していた。この由利公正こそ、福岡孝弟とともに五箇条の誓文の原案を練り上げた人物。龍馬は新政府を見ることができなかったが、その精神は新政府の基本理念としてよみがえった。

堺事件

土佐藩士が仏水兵十一人を殺害

新政府、藩士二十人に切腹命ず？

【堺＝一八六八年二月十五日】

王政復古が成り、発足したばかりの新政府を悩ます事件が堺で起きた。

同地警備中の土佐藩士が、フランス軍水兵十一人を殺傷したのだ。水兵たちは、当日入港した軍艦から降りて上陸、周辺住民に乱暴を働いていたところを、警備中の土佐藩士二十人に襲撃された。この経緯を見る限り非は水兵たちにある。しかし、殺傷しなければならないほどの悪行為だったかは判断に迷うところで、それよりも藩士たちがそのような過激な行動に出た背景には、攘夷思想の強い影響があったというのは間違いない。

事件の報告を聞いたフランス公使のロッシュは大いに憤慨しており、土佐藩士の斬罪に加えて、賠償その他を新政府に要求してくるものとみられている。

要求してきた場合、新政府はこれを全面的に受けざるを得ないのではないかというのが、関係者の一致した見解。再び、新政府の腰抜け外交に批判があがりそうだ。

真相スクープ

山岡鉄太郎、西郷と会見

勝海舟の親書を託す

【駿府＝一八六八年三月】

江戸総攻撃を前に、勝海舟の親書を抱いた旗本山岡鉄太郎（鉄舟）が単身駿府に乗り込み、三月九日に西郷と会見していたことがわかった。

山岡は剣の達人で、江戸で勝と会った際に親書を託されたようだ。さらに交渉の切り札として、西郷の命で江戸を荒らした責任者で幕府に捕まっていた薩摩藩士益満休之助を同行させていた。

山岡の熱弁と堂々たる内容の勝の手紙が西郷を動かしたようだ。ついに慶喜延命に応じたという。さらに慶喜の処遇と江戸城明け渡しの条件についても、山岡の粘りに西郷が根負けして譲歩。勝の代理、山岡が見事使命を果たした。

山岡鉄太郎

西郷隆盛

日本史新聞

（AD1868年）〜（AD1868年）

主な記事から
- ◆江戸城が無血開城
- ◆大村益次郎、新式軍隊編成
- ◆奥羽列藩同盟成る
- ◆彰義隊壊滅

【江戸城】無血開城実現へ

芝・薩摩藩邸他
西郷・勝のトップ会談で合意

【江戸＝一八六八年三月十五日】

江戸城総攻撃のタイムリミット三月十五日を明後日に控えた十三日、勝海舟は西郷隆盛に会見を申し出、同日と翌十四日、芝の薩摩藩邸などで会談。「慶喜の隠居、水戸謹慎」を西郷がのんで、流血の事態は寸前で回避された。

官軍と旧幕府側の実務・軍務を司る事実上のトップ会談で江戸城の無血開城が決まった。両者の交渉努力と、西郷の大局的見地からの英断に本紙も敬意を表したい。

最初の会談が行なわれた十三日には、官軍はすでに東海道・中山道・甲州街道の三方から江戸包囲態勢を完了。総攻撃を待つばかりになっていた。

勝は、山岡鉄太郎との会見で西郷が「善処する」と言ったままの慶喜処遇の細目について詰めようとしたが、もとより攻撃回避の保証は何もない。両者の信頼関係だけが頼りだったが、そのとき江戸城攻撃が生じた場合の作戦も練って臨んでいたとされる。

勝は総攻撃になれば宮の生命が保証できないと示唆した。また、イギリス公使パークスが攻撃に反対したことも歯止めになったと思われる。

そして西郷の決断が下された。備前藩預けにすると言っていた慶喜の「隠居・水戸謹慎、徳川家存続」を了承。すべてに合意がなった。

西郷の決断は京都の太政官会議で承認され、四月四日、官軍の東海道先鋒総督が西郷らを従えて、武器を持たずに江戸城に入った。そのとき江戸城明け渡しの日は四月十一日と申し渡されている。未明に慶喜は滞在していた寛永寺の一室を出て、生まれ故郷の水戸に向かった。長い謹慎生活の始まりだ。

見送った関係者の話では、「憔悴しきった表情で、ひげも月代（さかやき）もぼうぼうだった」と語っている。そっと見送った江戸町民も、最後の将軍の後ろ姿に涙を禁じ得なかったと話す。

もう一つの切り札が、先代将軍家茂未亡人で新天皇の叔母にあたる静寛院宮（和宮）。

徳川慶喜 水戸へ退去、謹慎

【江戸＝一八六八年四月十一日】

大村益次郎、新式軍隊を編成
旧幕軍勢掃滅へ、流血不可避か

【江戸＝一八六八年四月】

江戸無血開城後の今も、官軍との徹底抗戦を主張する旧幕臣らが江戸から関東以北に多数存在し、抵抗の構えを見せている。特に総勢三千人といわれた彰義隊（しょうぎたい）は、上野の山を拠点に江戸市中で官軍を脅かしており、官軍は江戸でうかつに動けないありさまだ。

このため、勝らに治安をまかせていた西郷らの融和路線を弱腰と批判する声も京都で高まっていた。そこで新政府は、長州での軍制改革と征長戦で活躍した軍務官大村益次郎をこのほど江戸に派遣した。

着任した大村は早速、肥前藩出身の大総督府軍監の江藤新平と組んで、新式軍隊への官軍再編成に努めている。大村側近は、「態勢がとれ次第、旧幕強硬派を江戸から掃滅する」と明言している。このままでは近々、江戸市中でも流血の事態は避けられないものと見られる。

ねばる水戸納豆

当方米国人　英学教授開設
土日を除き毎日開講。
月謝三分。維新関係者は出世払いにも応じます。
連絡先：横浜居留地十番地

彰義隊無惨、上野の山に散る

一日で決着　佐賀藩・最新鋭砲が威力発揮

【江戸＝一八六八年五月十五日】江戸で官軍勢力に最も強く抵抗していた彰義隊二千弱の隊士が籠もる上野の山の寛永寺を五月十五日、官軍が総攻撃。戦闘はその日中に決着がつき、官軍の圧倒的な火器の威力の前に彰義隊は壊滅した。

官軍の総指揮者は大村益次郎。寛永寺正門の黒門に主力、西郷指揮の薩摩藩兵を、長州藩兵をほかに配し、攻撃を開始した。

なかでも短期に勝敗を決するのに貢献したのが、本郷加賀藩邸に陣取った江藤新平配下の肥前佐賀藩自慢のアームストロング砲。かつて薩英戦争の際に鹿児島市街まで砲弾の雨を降らせた長距離砲だ。対する彰義隊は撃ち込まれる砲弾に身動きできず、結局、上野の山で玉砕を強いられた。

彰義隊　上野の戦争

新政府が自ら強行鎮圧に踏み切ったことで、今後残る旧幕府勢力の壊滅をはかることは確実の模様。の戦果をもとに、新政府側が江戸における抵抗勢力は一掃された。

反新政府
奥羽列藩同盟成る
会津・庄内藩討伐命令を拒否

【奥羽＝一八六八年五月】五月三日、仙台藩のお膝下の白石に奥羽（おう）各藩の主が集まり、奥羽列藩同盟を結成した。参加したのは奥羽の二十五藩。

その主目的は、新政府がこの一月に「朝敵」と決めつけて、三月に進駐してきた奥羽鎮撫総督府軍の奥州の各藩に対する反乱だ。会津・庄内藩救済の嘆願書を提出していたが、拒絶されていた。まさにいいようにあしらわれようとした奥州の、新政府に対する反乱だ。

奥羽列藩同盟には五月五日に北越の六藩も加わり、奥羽越列藩同盟と改称。白石に奥羽越公議府が設置された。事実上の独立政権誕生といえよう。

【京都＝一八六八年三月二十八日】新政府の神祇事務局は三月二十八日、神仏分離令を布告した。これは全国の神社内で行なわれてきた神仏習合を廃止し、仏像をご神体にすることをやめさせ、僧侶に還俗を命じたものだ。

この布告で各地で神官が押しかけて仏像を壊したりする事態が起きており、関係者は「廃仏毀釈（はいぶつきしゃく）」の前触れではと危惧している。

神仏分離令出される
廃仏毀釈の前触れ？

最新兵器

戊辰戦争でご活躍の皆様ごくろうさま
これまでの苦労も吹っ飛ぶすごい威力です

推奨品例：スペンサー銃／アームストロング砲／ガットリング速射砲／etc.
海外各種戦争で効果実証済み。配送可。秘密厳守
〔マーチャントオブデス商会〕
代理店所在地：京都・江戸・横浜・函館・長崎ほか

NOW ON SALE

焦点
哀れ"ニセ官軍"の末路
切り捨てられた赤報隊
【諏訪】

信州・諏訪の地で三月三日、赤報隊の相楽総三（さがらそうぞう）以下隊員が新政府軍の手で斬首された。罪状は、「官軍を偽り、新政府が幕府領の年貢を半分にする、と嘘の宣伝をした」というものだ。

赤報隊とは、西郷らの策による江戸での挑発作戦を引き受けた浪士隊の流れを汲む。

その後は新政府の先鋒役として中山道を進み、各地で「年貢半減」を目玉に新政府への農民の支持を取りつけてきた。

消息筋によると、慶喜の恭順方針が明確になるや、年貢半減の公約は不要かつ負担になり、"ニセ官軍"の約束のせいにして彼らを処断、新政府による虚偽の約束を帳消しにしようとしたものだという。

仏師募集
文芸堂

裏日本史物語
画・梅本文左ヱ門

江戸城、無血開城でも西郷（最高）！

シ〜ン

今日は、祝いで隆盛（酒盛り）だ！

西郷はダジャレがヘタであった
まあまあ
うっう

日本史新聞

主な記事から

- ◆会津若松城落城
- ◆新政府軍、長岡城攻略に苦戦
- ◆庄内藩降伏で奥羽戦争終結
- ◆明治天皇即位式　明治と改元

会津若松　鶴ヶ城ついに落ちる

籠城一ヵ月、激烈な攻防戦に幕

会津側戦死者三千名余、自決者多数に

傷ついた鶴ヶ城

会津藩の降伏

板垣退助

【会津若松＝一八六八年九月二十二日】

八月二十三日以降、新政府側の板垣退助率いる本隊が会津藩士の籠もる会津城下総攻撃に出ていたが、九月二十二日、会津若松城が落城した。攻防一ヵ月、砲弾の嵐の中で耐えた会津側は死者三千名余といわれ、奥州各地での攻防を含めて戊辰（ぼしん）戦争は最大の戦死者を出すに至った。

いったい新政府軍のがむしゃらな会津藩攻撃にはどんな意味があったのだろうか。本紙特派記者はこの一ヵ月、激しい攻防戦をつぶさに見て、そう痛感せざるを得なかった。

名城鶴ヶ城（会津若松城）がこのたびの「会津藩征伐」最後の攻防戦の舞台となったのが八月二十三日。板垣退助参謀による新政府軍本隊が滝沢峠を越え、会津若松の城下町になだれ込んできた。不意を打たれて逃げまどう町民が戦火に巻き込まれ、犠牲となった。押された藩兵は城内に立て籠もるが、残された藩士の妻や子どもたちが足手まといになるのを恐れて次々と自決する姿が各所で見られた。

新政府軍は堅固な城に攻め込めず、城より小高い小田山から圧倒的に優勢な大砲で砲弾を撃ち下ろし続けた。それから一ヵ月。奥羽越列藩同盟も崩され、庄内藩と共に孤立無援となった会津藩は、投降勧告を受け容れて九月二十二日、包帯として使いきった白布の断片を縫い集めて白旗とした。

当日正午から降伏式が行なわれ、藩主松平容保（かたもり）は謹慎、沙汰を待つ身となった。籠城兵はなお三千名残ったが、戦死者も三千名を数えるという。

哀悼　白虎隊自刃　会津・飯盛山

会津藩の防衛は総力戦であり、参戦した十六歳から十七歳の少年藩士たちもまた、白虎隊に組織された。隊員の多くは藩校日新館で学んでいた。

白虎隊最大の悲劇は、新政府側が会津若松城下に突入して間もない八月二十三日に起きた。城外で防戦に努めていた白虎隊員は敗走途中、雨中煙る飯盛山から遠望して、籠城戦に入った城がもう陥落したと思い込み、刺し違えるなどして二十名が自決してしまったのだ。しかし、一人だけが助けられ、自刃の全容が明らかになった。

白虎隊は、越後進撃の戦いや籠城戦においても年長の藩士たちと同等以上に奮闘したという。したがって戦死者もまた多かった。後世に語りつぐべき悲劇だ。

合掌……。

薩長　うらみます

われわれは佐幕でも朝敵でもない。私怨で戦争に追い込むやり方に、奥羽武士の意地を見せてくれよう。

奥羽列藩同盟　広報班

東征軍、長岡城攻略に苦戦

長岡藩 河合継之助、軍三万に必死の抵抗

河合継之助

【長岡＝一八六八年七月】新政府軍は北陸方面にも、薩長土に若狭・加賀・越中富山・尾張藩兵などを加えて、黒田清隆、山県有朋（やまがたありとも）率いる三万の軍勢を進撃させていた。これも新政府への恭順と庄内・会津両藩征伐への兵力増強策だった。

　ところが、越後で思わぬ抵抗を招くことになる。長岡藩を先頭に北越六藩も奥羽列藩同盟に加盟。五月五日、奥羽越列藩同盟ができたのだ。

　もっとも長岡藩は、最初は中立の立場だった。開明派で知られる家老・河合継之助（かわいつぐのすけ）は、直前の五月二日、越後の小千谷（おじや）に布陣した新政府側の軍監岩村高俊に、「会津征伐の見合わせと和議仲介」を申し入れたが、けんもほろろに一蹴される。その高圧的姿勢に、抵抗せざるを得なくなったものだ。

　五月十九日、新政府軍は長岡城を総攻撃して落としたが、河合らの反攻にあい、七月二十五日に城は取り返された。長岡藩は河合のもとで軍備近代化に努めていたが、最後には兵力の差は歴然で、四日後には再び城は落とされてしまった。河合も負傷し、会津に逃れて治療を受けたが、結局傷がもとで亡くなった。

　それでも河合亡き後も、長岡藩兵は会津藩と連携して、越後から会津国境への新政府軍の進入を阻止する抵抗戦を続けている。

睦仁親王が即位式

新政府「一世一元」で「明治」と改元

【京都＝一八六八年九月】天皇が八月二十七日、即位式を挙げられた。父、先帝・孝明天皇の急逝に伴い、権大納言中山忠能の女慶子を母とする睦仁親王（むつひとしんのう）が昨年一月九日に数え年十六歳で践祚（せんそ）し、関白二条斉敬（にじょうなりゆき）が摂政となってから早一年八ヵ月たってからの即位の礼となった。

　さらに九月八日、新政府は「一世一元」の制度を定めて、明治と改元した。これによって現天皇は明治天皇となる。即位式前日には、天皇誕生日を「天長節」として休日とすることも定められ、新政府は着々と王政復古政権の内実を頂点より固めつつある。

明治天皇

世界短信

キューバ　独立求め、反乱

西洋世界にはコロンブスの“発見”で知られる、カリブ海に浮かぶスペインの植民地、キューバ島で独立を求める反乱が勃発した。反乱を起こしたのは、土着のスペイン領キューバ人で、最大産業の砂糖プランテーションでの黒人奴隷解放も主張しているが、独立には時間がかかりそうだ。

▼もう暗殺は許しません
▼役人に賄賂を贈ってはいけません。過剰接待もだめです
▼もういいのかなと勘違いしている向きもあるようですが、キリシタンはまだ禁止です。念のため

維新政府広報

奥羽戦争終わる

半年の攻防戦　最後の庄内藩が降伏

【鶴岡＝一八六八年九月二十六日】会津若松城が落城、会津藩が降伏すると、最後まで激しく戦っていた庄内藩ももはやこれまでと判断し、新政府側の北越総督府参謀黒田清隆に使いを出して降伏を申し入れた。九月二十六日、新政府側は、増援部隊を率いて奥州に進んでいた西郷隆盛の指示を仰ぎ、正式に降伏を認めた。

　これによって、三月に奥羽鎮撫総督（おううちんぶそうとく）九条道孝が軍艦で仙台に上陸し、東北各藩に命令して仲間である会津・庄内藩を討たせようとしたことから始まった奥羽戦争は半年の攻防をもって終結した。新政府にとっては、残るは蝦夷地に逃れて函館に結集している榎本武揚の軍勢のみとなる。

　この奥羽戦争の引き金は、西南雄藩中心の新政府側の奥州蔑視を背景に、薩長の私怨から恭順を示している会津藩だけでなく庄内藩まで討とうとした理由の希薄さと、総督府参謀たちの高圧的問答無用の姿勢が奥州・北越各藩を結束させたことにあった。

　したがって奥羽列藩同盟の結束も強固なものではなく、事実、新政府側とのつながりの深い秋田藩などいくつかの藩で脱退や“寝返り”も見られた。その秋田藩は当初から指令に応じて、お隣りの庄内藩を攻撃したが、たちまち反撃され、一時秋田藩の奥深くまで進攻された経過をもつ。

　新政府のご都合による奥羽戦争は深い爪痕を奥州各地に残したといえそうだ。

日本史新聞

（AD1868年）～（AD1869年）

蝦夷に独立共和国誕生

初代総裁に榎本武揚氏を選出

英仏ら列強、榎本政権に交戦権認定

【箱館＝一八六八年十二月十五日】蝦夷地を実効支配する旧幕府勢力は共和政体国家の建国を宣言、初代総裁に榎本武揚（旧幕府海軍副総裁）を選出した。英仏等列強は榎本政権を「事実上の政府」として承認した。一国二政府状態という事態に、新政府の国土平定事業は最終段階にきて重大局面を迎えた。

五稜郭

発表された榎本政権の主要閣僚は次の通り（敬称略）。

総裁・榎本武揚、副総裁・松平太郎、海軍奉行・荒井郁之助、陸軍奉行・大鳥圭介、箱館奉行・永井玄蕃、松前奉行・人見勝太郎、江差奉行・松岡四郎次郎、開拓奉行・沢太郎左衛門、会計奉行・榎本対馬、陸海軍裁判役頭取・竹中春山。

以上の閣僚は士官以上の入札（投票）で選出された。

なお同政権の本営は箱館市内の西洋式要塞、五稜郭内に設置された。

榎本総裁は幕府瓦解時、新政府に対し徳川家臣の救済策として蝦夷地の開墾を嘆願したが、許可されなかった。そこで旧幕府艦隊を率いて江戸湾を脱出、奥羽列藩同盟と呼応しつつ蝦夷地に侵入し、箱館府軍を退散させて五稜郭に入城・占領した。

当面、榎本政権は新政府に対して本土への反撃など積極的な攻勢に出ることは避け、支配地域の防備を固め、開拓と自給自足体制の構築を優先する方針をとると見られる。

しかし新政府には一国二政府状態は容認できず、早晩新政府軍による蝦夷侵攻作戦が決行されよう。

軍事的には陸上兵力および継戦能力では榎本政権は新政府軍の敵ではないものの、旧幕府海軍の有力艦艇を保有する榎本政権の海軍力は質量ともに新政府軍を圧倒しており、海上戦闘が勃発した場合、新政府の苦戦も予想される。

榎本政権は事実上の政府として英仏等列強より交戦権を認められており、蝦夷地を巡る内戦が局外中立姿勢を表明する列強の干渉を招く恐れは今のところない。だが、内戦が長期化すれば蝦夷地に対して領土的野心を抱いているロシアの干渉も危惧されるため、新政府にとっては事態の早期決着が急務といえよう。

榎本軍の幹部

日本史新聞

主な記事から

◆蝦夷に独立共和国誕生
◆明治天皇、東京行幸
◆薩長土肥「版籍奉還」決定
◆戊辰戦争終結

「風月堂店主謹告」

先年、薩軍様ご注文により携行食として製造いたしました黒ゴマ入りパン（西洋饅頭）、ご好評につき一般販売はじめました。

明治二年吉日

明治天皇、東京行幸

【東京＝一八六八年十月十三日】
去る九月二十日に約三千人の供奉（ぐぶ）者を従えて京都を発った明治天皇は、十月十三日東京に到着、江戸城に入城した。これを機に江戸城は東京城と改称、東京は事実上の新首都となる見込み。

江戸へ向かう鳳輦

今回の天皇の東京行幸は、いまだ戊辰戦争が継続中であるため民心が不安定な関東地方の民衆に対して、新政府の支柱である天皇の権威とありがたさを広く知らしめる一大デモンストレーションの意味で企図されたものだ。

京都を発って東海道を東京に向かった天皇は、途中伊勢神宮を遥拝し、熱田神宮に親臨した。また沿道の孝子・節婦を選んで表彰し、七十歳以上の老人や災害・戦火の罹災者には慰問の金品を施し、さらに農漁民の働く場に出向くなどして民衆に接することに努めた。

東京への到着に際しては、東京の各町々に記念として酒肴がふるまわれ、市民はおおいに喜んだ。

これに先立つ九月八日には慶応四年が明治元年と改元されるとともに、一世一元の制が定められるなど、新政府は新しい時代の支配者である天皇の権威強化を狙う施策を打ち出しており、このたびの東行にはこれまで長らく民衆とは別世界の存在だった天皇というものを、具体的なイメージとして民衆に強く印象づける目的があったようだ。

この大宣伝旅行に要した経費は、往復で七十七万八千両（平成時代の貨幣価値では少なくとも十億円以上）、また孝子や節婦・老人・罹災者などに与えられた金品は総額で一万一千三百七十両に達した。

新首都は東京で決着か？

明治元年に大久保利通参議が大坂遷都を主張して以来、遷都論争が激しく闘わされたが、新首都は東京で決着しそうだ。

大久保氏の大坂・首都論は大坂という都市に固執するものではなく、天皇のあり方を一新することに目的があり、天皇の東京行幸はその意図を受け継いだもののようだ。東京という新名称自体が新首都の所在地を暗示している。

社説

民族利権の確保は焦眉の急

明治二年正月、米国駐日公使が米人ポートメンに旧幕府が与えた江戸・横浜間の鉄道敷設経営権の確認を求めてきたが、新政府は拒否した。

新政府の論拠は、この鉄道敷設経営権は慶応三（一八六七）年十二月に旧幕府の外国掛りである老中小笠原壱岐守が付与したものであり、それはすでに王政復古後のことで、もはや旧幕府官吏には外交にあたる資格はなく、当然新政府にはそれを継承する義務はないというものである。

この新政府の姿勢は断固支持されなければならない。

なぜなら鉄道利権というものは単に鉄道を敷き、営業を行なうだけではなく、鉄道敷設と管理・運営に付随する諸権利も伴うものであり、それを外国に売り渡すことは植民地化への道につながる危険性があるからである。

すでに旧幕府が結んだ対外不平等条約の継承を宣言した新政府ではあるが、国権の保護には最大限の注意を払って外交にあたるべきである。

薩長土肥「版籍奉還」決定

中央集権国家への深謀遠慮か

【東京＝一八六九年一月二十日】
薩摩・長州・土佐・肥前の四藩主は、連名で新政府に対して「版籍奉還」を奉った。

版とは土地、籍とは住民を意味しており、これは藩主が土地と住民をいったん朝廷に奉還し、改めて朝廷が藩主に授けるというもの。

これにより藩主は朝臣となり、新政府の指揮下に入ることになる。

日本全国を一律支配する中央集権的な政権を目指す新政府だが、依然として諸藩は存続し、その解体が政治課題となっている。しかし急激な体制変革には各藩の抵抗が予想されるため、過渡的な方策として新政府の主体である四藩が率先する形で、藩主の地方行政官としての地位を保証する今回の措置がとられたようだ。諸藩も「版籍奉還」には抵抗は少ないと思われる。

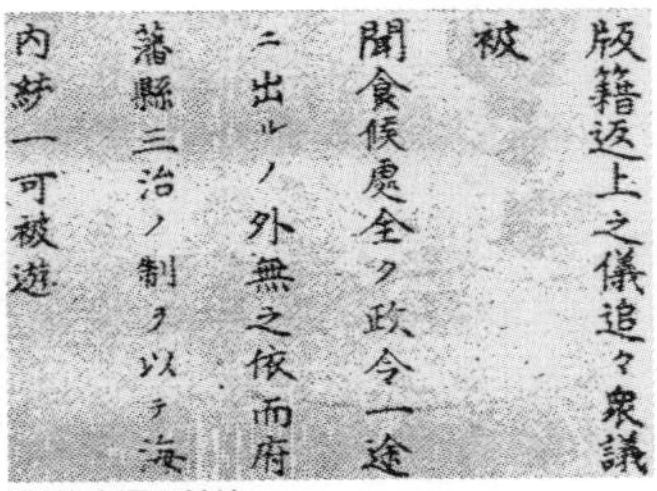
版籍返上之儀追々衆議
被
聞食候處全ク政令一途
ニ出ルノ外無之依而府
藩縣三治ノ制ヲ以テ海
内統一可被遊

版籍奉還の沙汰

戊辰戦争終結

一年半の内戦に終止符

【箱館＝一八六九年五月十八日】
箱館の五稜郭に籠城していた旧幕府勢力の榎本政権軍が無条件降伏し、一年半に及んだ戊辰戦争が終結した。

昨六八年十二月以来、蝦夷地を実効支配していた旧幕府勢力は、榎本武揚を総裁とする共和制政権を樹立。

同政権の海軍は本年三月、蝦夷地攻略のため北上した新政府の艦隊が宮古湾に入ろうとするところを、軍艦回天などにより奇襲攻撃を加えた。

四月に蝦夷地に上陸した新政府軍は各地で榎本政権軍の抵抗を退け、榎本ら残存勢力が立て籠もる五稜郭を包囲し、攻撃を加えた。攻撃軍参謀の黒田清隆は榎本に降伏を勧告したが榎本はこれを拒否。その際、黒田に「自分が死んでも、本書を役立ててほしい」と、オランダで購入した「海律全書」二冊を贈ったという。

徹底抗戦を表明した榎本政権だが、優勢な新政府軍の火力攻撃に抗しきれず、降伏を受け入れるに至り、榎本政権は発足からわずか五ヵ月で瓦解した。この結果、昨年一月の鳥羽・伏見の戦いに始まる戊辰戦争は終結し、新政府は日本全土を支配する最高権力となった。

日本史新聞

（AD1870年）〜（AD1871年）

主な記事から

- 岩倉具視ら、米欧使節団出発
- 政府、廃藩置県を断行
- 東京・横浜間に電信線架設
- 暴動で高山県知事罷免

全権大使に岩倉具視

政府総力の米欧使節団出発

対外不平等条約改正を模索か？ 期待される手腕

岩倉具視

【横浜＝一八七一年十一月十二日】

右大臣・岩倉具視（ともみ）を特命全権大使とする総勢四十八名の遣外使節団は、最初の訪問地米国に出発した。政府首脳が大挙して欧米を訪問する同使節団の主要目的は、旧幕府が諸外国と結んだ不平等条約の改正に向けての予備交渉と見られる。

遣外使節団のおもな顔ぶれは、団長に岩倉大使、副使として参議・木戸孝允（こういん）、大蔵卿・大久保利通、工部大輔・伊藤博文、外務少輔・山口尚芳など。またわが国初の女子留学生を含む五十九名の留学生が随行した。

米国籍の蒸気船アメリカ号で最初の訪問国である米国に出発した同使節団の第一の目的は、旧幕府が欧米列強との間に締結した不平等条約（安政条約）の改正交渉の糸口をつかむことと見られている。

不平等条約の最大の問題点は治外法権と関税自主権の欠如。さらに横浜居留地には英仏の軍隊が駐屯しており、これはわが国の独立国としての体面を著しく失わせているといえるだろう。

しかしながら、政府はその成立時に列強の支持を取りつけるため、幕府が結んだ条約の不平等性を知りつつも引き継いだという経緯がある。

明治五年は同条約の改訂年にあたるが、列強には利の多い条約には容易に応じるとは思えず、予備交渉に当たってはかなりの困難がつきまとうことが予想され、使節団の手腕と奮闘とが望まれる。

使節団の第二の目的としては欧米各国の政治・経済・教育・文化・社会事情などの視察を行ない、近代国家建設の手本とすることが挙げられている。

このたびの使節団派遣については米国訪問に次いで英国、フランス、ベルギー、オランダ、ドイツなどを歴訪の予定。

このたびの使節団派遣については、国内情勢がいまだ流動的であり、改革を必要とする諸課題が重なる時期に政府の首脳、とくに実力者である木戸、大久保の両氏がそろって外遊することに太政大臣三条実美をはじめとして反対論が出されていた。

それを押し切っての使節団派遣となったわけだが、政府内部では参議・西郷隆盛を中心とする留守政府と使節団の間で、内地事務については使節団の帰国まで新しい改正政治手腕を問われる留守政府の使命もまた大きい。

しかし国内情勢が変化すれば、そうした約束はたちまち反故（ほご）になるのは必定。

初の女子留学生派遣
帰国後は婦女子の模範となれ

政府の遣外使節団に加わった留学生のなかでひときわ目をひくのは、北海道開拓使が派遣する五人の女子米国留学生だろう。

派遣されるのは吉益亮子、上田悌子、山川捨松、永井繁子、津田梅子の諸嬢で、最年少の津田梅子はわずか八歳。他の四人も十代だ。

これは開拓使次官・黒田清隆の発案によるもので、少女たちに進んだ米国社会を見聞させ、彼女たちが成人したときには滞米経験をもとに文明開花の家庭をつくらせようという意図により、開拓使の費用で留学することとなった。

出発に当たって、五人の少女と彼女たちの旅行中の世話を引き受ける米国公使デ・ロング夫人に謁をたまわった皇后は、五人に「婦女子の模範になれ」との沙汰書を与えて励ました。

五人は振袖に紫メリンスの袴という出立ちで船中の人となった。

破格物件 五重の塔 売ります。

神仏分離令により不用になりました当寺の五重の塔を二百五十円にて販売いたします。
荒復寺

岩倉大使の出発

政府、廃藩置県を断行

士族層の処遇が今後の課題

【東京＝一八七一年七月十四日】政府は全国の知藩事を召集し、これまでの二百六十一藩体制を廃止して政府直轄地とする大胆な改革である廃藩置県を発表した。

廃藩置県の断行により、わが国は今後一使三府三百二県（使は開拓使のこと）体制となり、政府に任命された府知事・県知事が各地の行政にあたることとなる。

王政復古以来、政府の目標は強力な中央集権的統一国家の実現にあったが、今回の措置によりその目標を達成、徳川幕府開府以来約三百年続いたわが国の封建体制は終焉（しゅうえん）を迎える。

封建領主・武士団の解体を意味する廃藩置県の断行は、政府成立当初からの課題だった。しかしその早急な実施は当然、既得権を失うことになる封建支配層からの猛反発に遭遇することが予想されていた。

そこで政府は明治二年、藩主を知藩事に任命して藩主は政府の指揮下に入るものの、徳川時代と実質的にほぼ変わらない藩主の地位を保障する懐柔策ともいうべき版籍奉還を実施した。

その上で今回の廃藩置県に踏み切ったわけだが、予想に反して各藩からの抵抗はほとんど見られず、封建体制の解体はスムーズに実現の運びとなった。

その理由の一つに挙げられるのは、多くの藩が財政的に行き詰まっており、藩政の維持がもはや困難になっていた点だ。

免職された知藩事は家禄が保障され、また華族としての身分が与えられて東京に移住することになるのであり、さらに藩債は政府が肩代わりするため、これにあえて異義を唱える者は少なかったのが実情のようだ。

一方で、封建的主従関係を失うことになる藩士（士族）にとっては、今後の生活をどうするかという経済的問題も重なり、廃藩置県への反発は大きい。

政府としては、こうした不満を抱く士族層をどう処遇していくかが、政策運営上の重要課題となろう。

東京・横浜間に電信線架設

通信新時代の幕開け

【東京＝一八七〇年一月二十六日】東京の築地運上所と横浜裁判所の間に、わが国初の電信線が架設された。これで馬や人力車、あるいは徒歩に頼っていた情報伝達が、飛躍的にスピードアップする。

政府は英国人技師の指導の下、今回の架設作業を行ない、約六百本の電信柱を使って両都市が結ばれた。

政府は今後も全国各地への電信網の拡充を図っていく方針だ。

しかし民間には電信線の中を用紙が渡っていくと誤解して、「針金わたり」と呼び、はなはだしきは電信線に荷物を結びつけ、「荷物が送れない」と抗議する者までいる始末。新技術の積極的な啓蒙活動が必要のようだ。

電信で街が変わる？

暴動で県知事罷免

【飛騨高山＝一八六九年二月】旧幕府領から政府領となった高山県で勃発した民衆の蜂起は、県知事・梅村速水の罷免という事態に発展した。

この騒動は前任の竹沢寛三郎が約束した年貢半減令を、梅村知事が取り消したことに端を発するもので、さらに梅村知事の開拓・開発策が負担増を強いることに怒った民衆がついに蜂起、鉄砲の打ち合いにまで至った。

民衆に「ご一新」の夢を抱かせた政府の政策運営は、早くもほころびを見せた。

大村益次郎氏、凶刃に倒れる

【京都＝一八六九年十一月五日】九月四日に京都市内で士族たちに襲われ、重傷を負った兵部大輔・大村益次郎は、手当てのかいなく死去した。

大村を襲撃したのは長州・越後・秋田の士族の一団であり、大村が進める庶民による徴兵制軍隊への改革で、士族の力が弱められることを怨んでの犯行のようだ。

政府にとって政府直轄軍の創設は急務だが、急進的改革者だった大村の死と、改革に不満を抱く士族の存在により、軍政改革の行方には混乱が予想される。

世界短信

スエズ運河開通

【スエズ＝一八六九年十一月十七日】地中海と紅海を結ぶ人工水路として、完成が待たれていたスエズ運河が開通した。

スエズ運河は総延長一六二・五キロ、幅二二メートル、深さ八メートル。

フランス人の元外交官フェルディナン・レセップスの構想・指導により一八五九年四月から開始されたスエズ運河の工事は、予定を上回る約四億三千三百万フランの費用と十二万人もの犠牲者を出したが、欧州から紅海に至る最短航路が実現した。

ドイツ帝国建国

【パリ＝一八七一年一月十八日】普仏戦争に勝利し、パリ近郊まで侵攻していたプロイセンのウィルヘルム一世は、ヴェルサイユ宮殿に北ドイツ連邦と南ドイツ諸国の君主を集め、ルイ十四世ゆかりの「鏡の間」で、ドイツ帝国の成立と、自らがその帝位につくことを宣言した。

これで長く小国分立状態だったドイツの国民的統一が成し遂げられたが、強力な統一ドイツの出現は欧州のパワー・バランスに大きな影響を与えよう。

パリ・コミューン成立

【パリ＝一八七一年三月二十八日】普仏戦争の敗北以来、アルザス・ロレーヌのプロイセンへの割譲などフランス政府の屈辱的な姿勢に怒って決起したパリの民衆は、「フランス史上最大」といわれる反乱を起こしていたが、パリの権力を掌握しているコミューン議会は、市庁舎でパリ・コミューンの成立を宣言した。

コミューンとは中世に起源を有する市民だけの都市共同体だが、パリ・コミューンは世界史上初めての労働者による政権という注目すべき性格をもっている。

ローマがイタリアの首都に

【ローマ＝一八七一年】イタリアの新首都にローマが定められた。

イタリア統一の動きは、北部のサルディニアによる中南部併合の形で進められ、一八六一年にサルディニア王ヴィットリーオ・エマヌエーレ二世がイタリア国王に即位、アルプスからシチリアに至るイタリア半島の大部分が統一された。

イタリアは普墺戦争の際に北部のヴェネチアを獲得、このたびの普仏戦争の間隙をぬってローマ占領に成功し、イタリア統一を完成させた。

日本史新聞

主な記事から

◆東京・横浜間に鉄道開通
◆国民皆学を目標に学制公布
◆年貢を廃止、税制改正
◆わが国初の銀行が誕生

新橋＝桜木町間に鉄道開通
着工から二年半、盛大に開通式典挙行

【東京＝一八七二年九月十二日】
東京と横浜を五十三分で結ぶ日本で最初の鉄道が開通した。文明開花の象徴ともいえる壮挙を記念して、新橋駅では天皇臨幸のもと、盛大な祝賀行事が挙行された。

横浜駅

東京・新橋と横浜・桜木町を結ぶ日本で最初の鉄道は、全長約二九キロ。所用時間は五十三分。建設工事に二年半の工期、総工費二百九十四万円をかけて完成した。

建設工事にはイギリスから資金を借用し、イギリス人技師の指導を受け、機関車・客車からレールまでイギリス製を用いた。

同鉄道は本年六月十二日から品川―横浜間で一日二往復の仮営業を行なっていたが、このたびの全通にともない、翌十三日より一日九往復の本営業が開始される。

近代国家の象徴ともいえる鉄道の開業に、政府は盛大な祝賀行事を挙行した。

午前十時、無数の万国旗や提灯で飾られた新橋駅から、明治天皇や皇族、太政大臣・三条実美、西郷隆盛、大隈重信ら政府首脳、外国公使などを乗せた九両編成の御召列車が出発。出発の時刻に合わせて、日比谷練兵場と品川沖に停泊中の軍艦から祝砲が放たれた。

御召列車は午前十一時に桜木町駅に到着、午後一時に折り返し新橋駅に戻り、開業式が挙行された。

本営業の運賃は新橋―横浜間で上等が一円十二銭五厘、中等が七十五銭、下等が三十七銭五厘とかなり高額。なお犬を乗車させる場合は一匹につき二十五銭の運賃が必要。

コラム

●太陽暦採用の舞台裏

明治五（一八七二）年十一月九日、太陰暦を廃して太陽暦を採用するとの布告が出された。これにより明治五年は十二月二日をもって終わり、翌三日は明治六年一月一日となる。

太陽暦採用の表向きの理由は、欧米諸国のほとんどが太陽暦を使用しているため、欧米との交流が深まるにつれてわが国が太陰暦のままではなにかと不都合が生じるからというもの。

しかし財政難に悩む政府が十二月の二十八日間を消失させることによって、官吏の一ヵ月分の給与支払いをまぬがれ、経費節減を図るのが目的ではないかと深読みする向きもあるが、真相は？

学制公布
国民皆学が目標

【東京＝一八七二年八月三日】
文部省はわが国初の近代的教育制度を定めた法規である「学制」を公布した。

「学制」の公布は、文明開花と富国強兵を推進するには教育制度の迅速な整備が急務との政府の方針に沿うものであり、教育における四民平等を説き、男女の別なく国民すべてが学校教育を受けることとしている。

具体的にはフランスの制度を参考に、全国を八大学区に分け、各大学区に三十二の中学区、各中学区に二百十の小学区を設け、小学校の義務教育制度、小学校から大学までの一貫した近代的学校制度の確立を図っている。

文部省の教育にかける意気込みは、欧米留学生の派遣費用に多額の予算を投入していることでも明らかで、このたびの「学制」においても、学問・教育の目的を「身を立てる財本（もとで）」であると宣言しており、民度向上への積極的な姿勢がうかがわれる。

しかしその理想はともかくも、学校経費は国民が負担するという方法がとられたことに不満の声もあがっている。

女性のための
「富士登山ツアー募集」

本明治五年よりの女性の富士登山解禁にともない、**富士登山レディース・ツアー**を実施いたします。ご応募は一名より可。パンフレットご請求ください。

帝国ツーリスト株式会社

抜本的税制改正を実施

年貢廃止、全国一律に地価の3％を金納

農民の重税感解消されず
依然として残る不公平感

【東京＝一八七三年七月二十八日】政府は大規模な租税・土地制度の改革を行なう地租改正条令を発布した。

従来の年貢制とは大きく異なるこの新しい租税制度は、これまでのように収穫高に対して税を課すのではなく、まず土地の価格を決め、その土地の所有者に対して地券を交付し、地価の百分の三を地租として所有者が金納するというもの。

これにより、政府の歳入は米の豊作・凶作による収穫量の増減や米価の変動の影響を受けることがなくなり、財政基盤の安定が確保されることになる。

また地券の交付は、農民の土地所有権の確立を促進することにもなる。

しかしながら、このたびの地租改正は納税者である農民にとって、問題の大きい制度といえるだろう。

その第一点は、地租そのものが重いことだ。政府は改正に当たって、「旧来の歳入を減ぜざること」を目標に税率と地価を定めたため、従来の年貢率より地租の率が軽減する地域もあるが、全体としては農民の負担は軽減されていない。

逆に、封建体制下では領主も大目に見ていた隠し田なども、私有地とみなされるなら課税対象となるわけだ。

問題点の第二は、徴税の不公平制にある。地租が重い理由としては、地租のなかに「物品の税、家屋の税」など、本来は農民だけでなく万人に課せられるべき性質の税を含めていることにあるが、それを農民のみに負担させようとするのは、税負担の公平の原則を著しく逸脱しているといわざるを得ない。

さらに、地価の算定に当たっては土地の収益を地価の基準としているが、その収益には農民の労働賃金として本来除外すべき部分も含まれている。

すなわち農業労働そのものに課税しているわけで、一方で農業以外の職業従事者の労働には課税されていないことを考えれば、これもはなはだしく不公平と指摘されるべきものだ。

このように今回の地租改正は農民にのみ負担を強いるもので、いまだ封建的な色彩が強く残っているといえよう。

わが国初の銀行が誕生

【東京＝一八七三年六月十一日】わが国初の近代的銀行業務を行なう第一国立銀行が、東京・日本橋に開設された。

同行は民間資本による新たな発券銀行の設立を促すことを目的に、前年十一月に公布された国立銀行条令に基づくもので、国立とはいっても株式会社であり、三井・小野組の共同による創立。

同行の資本金は二百四十四万八千円、紙幣発行許可額は百五十万円。

もと大蔵省出仕の渋沢栄一氏が総監役（後の頭取）に就任。支店は大阪・神戸・横浜に置かれる。

今後、本年末までに横浜為替会社が第二国立銀行となるなど、各地に国立銀行が設立される予定。

第一国立銀行

天気予報始まる

【東京＝一八七二年七月二十三日】わが国初の近代的気象観測所が誕生した。福士成豊が北海道の函館船場町に開設したもので、これにより「天気予報」が可能になろう。

なお三年後には東京に気象台が創設される予定。

海外特報・三帝同盟締結

【ベルリン＝一八七三年十月二十二日】ドイツ帝国宰相ビスマルクはドイツ、オーストリア、ロシアの三国間で三帝同盟が締結されたと発表した。その狙いはフランスの国際的な孤立化と見られる。

ヨーロッパの政治動向は新興のドイツ帝国を軸に展開されるという、新しい局面を迎えている。

ドイツ、オーストリア、ロシア三国による三帝同盟は、昨年ベルリンで行なわれたドイツ皇帝ヴィルヘルム一世とロシア皇帝アレクサンドル二世およびオーストリア皇帝フランツ・ヨーゼフ一世による三者会談をもとに締結されたもの。

同会議はロシアとオーストリアのバルカン半島を巡る利害の対立が原因で紛糾する場面もあったが、ドイツの調停が功を奏して同盟締結の運びとなった。

この三帝同盟締結を積極的に進言したのは、ドイツ帝国の宰相オットー・フォン・ビスマルクと見られている。

ドイツ帝国建国の立役者であるビスマルクとしては、普仏戦争の敗戦国フランスの報復がその最も危惧するところであり、そのためにフランスを包囲することによりヨーロッパの平和を維持する外交体制の構築に努力を傾注してきたわけだ。

ビスマルク

2年前に成立したドイツ帝国

その狙いが実現したといえる三帝同盟では、締結国は他国からの武力攻撃や革命の脅威に際して、互いに協力することをうたっている。

ドイツとしてはこの締約によって、フランスとロシアというヨーロッパの二大陸軍国が同盟してドイツを東西から脅かすという最悪のシナリオを回避できたといえる。

このたびのビスマルク外交の勝利により、ヨーロッパ大陸におけるドイツの地位は著しく向上し、同時に三帝同盟が今後のヨーロッパ情勢に与える影響は大きくなりそうな模様。

日本陸軍 台湾に上陸

清国猛反発、対日戦争も辞さず

中止命令、間に合わぬ大失態

【台湾＝一八七四年五月二十二日】西郷従道（つぐみち）の指揮する台湾派遣軍は台湾西南部に上陸、台湾侵攻を開始した。清国はこれに強く反発、対日戦争も辞せぬ構えだ。

台湾西南部の社寮（しゃりょう）に上陸したのは、台湾蛮地事務都督の陸軍中将・西郷従道が指揮する三千六百人の派遣部隊。政府にとって初の海外派兵となった。

台湾を領有する清国はこれに猛反発しており、またアメリカ、イギリスなど列強もこれを戦争行為とみなして局外中立を宣言、最悪の場合清国との戦争に発展するおそれが出てきている。

西郷従道と台湾原住民

今回の派兵は、一八七一年末、日本が領有を主張する琉球国の船が台湾に漂着した際に、乗員が殺害された事件に端を発するもの。政府内には自国民が殺害された報復をすべしとの声があがり、清国政府は台湾をその施政権の及ばない「化外（けがい）の地」とみなしていることから、派兵がただちに日清戦争を引き起こすものではないと判断した政府は、本年二月六日に台湾への派兵を決定した。

ところが派遣軍が長崎を出港する間際に、今回の派兵計画を陰で支援していたアメリカが態度を変え、イギリス公使パークスが派兵に疑義を唱えたことに同調したため、政府は四月十九日に派兵中止を決定した。

しかし派遣軍は中止に難色を示し、それを説得すべく内務卿・大久保利通が長崎に到着したときには、すでに派遣軍の大部分は出港しており、追認せざるを得ないという大失態を犯してしまった。

日本史新聞

主な記事から

◆日本軍、台湾に上陸
◆江華島で日本艦砲撃される
◆不平士族の反乱相次ぐ
◆徴兵制公布

江華島で日本軍艦砲撃される

【朝鮮＝一八七五年九月二十日】

朝鮮西海岸の江華島（こうかとう）付近を航行していた日本海軍の軍艦雲揚は、江華島砲台から砲撃を受けたため応戦し、同砲台を破壊するなど朝鮮側に多大な損害を与えた。

雲揚は淡水を求めて漢江の支流をさかのぼり、さらに水路を研究しながら上陸していたとのことだが、同艦の行動は日本に対して国を閉ざしている朝鮮との紛争を起こし、外交交渉の席に着かせることを狙いとした挑発行為の疑いが濃厚だ。

ロシアと樺太・千島交換条約調印

【ペテルスブルグ＝一八七五年五月七日】

日ロ間の領土確定交渉のため特命全権公使としてロシアに派遣されていた海軍中将・榎本武揚は、ペテルスブルグで樺太・千島交換条約に調印。

これにより日本は樺太に有していた権利を放棄し、代わりに北千島を手に入れた。

樺太南半部ではロシア兵が暴行を起こすなど、日本の正当な権利が不法に侵害されており、政府にとって頭痛の種となっていたが、経済的には日本の不利な形で決着した。

〈解説〉

●対外関係緊張の裏に征韓論争

台湾派兵、江華島事件と政府の近年の対外政策には冒険主義的姿勢が目立つようになったが、その背景には露骨な侵略主義である征韓論を唱える不平士族の存在がある。

したがって昨今の対外問題の本質は、政府に対して不満の大きい士族層をどう懐柔するかという、きわめて深刻な国内問題なのである。

近代国家建設のための諸課題に直面する政府としては、内政に全力を傾注したいところであり、とても対外的に新たに事を構えるような余裕などあろうはずがない。

しかし不平士族をそのまま放置するとなると、それがやがては強大な反政府勢力となる恐れがある。

台湾出兵にしても、さきに征韓論を主張してすでに政府を離れた西郷隆盛らの機嫌をとって不満をそらせるために企図されたのが真相であり、現に台湾派遣軍には鹿児島の士族兵約三百人が参加している。

一方で南樺太におけるロシアの不法行為は派兵して当然の事態なのだが、相手を見ての、そして国内問題にひきづられての政府の対外政策は、今後に禍根を残すであろう。

不平士族の反乱、相次ぐ

首領に江藤新平

【佐賀＝一八七四年二月】元参議の江頭新平を首領に担ぐ二千五百人の軍勢が鎮台兵のいる佐賀城を攻撃、県令・岩村高俊を敗走させた。

同勢力は国権伸長、征韓を主張する士族と、政府の欧化政策に反対する保守派士族とが合流したもの。

同勢力は佐賀城を奪ったものの、政府軍が鎮圧体制を整えると敗退した。

神風連が反乱

【熊本＝一八七六年十月】熱狂的な敬神攘夷思想の士族集団である敬神党（通称・神風連）の約二百人が太田黒伴雄を首領として廃刀令への反発から決起、熊本鎮台など各所を襲撃した。

鎮台司令官、県令が死亡したが、翌日には鎮圧された。

旧秋月藩士らが決起

【福岡＝一八七六年十月】神風連の乱に呼応して、福岡の旧秋月藩士ら四百人が決起した。同勢力はかねて決起の約束のあった豊前・豊津の士族に決起を求めたが豊津は動かず、小倉からの鎮台兵に鎮圧された。

萩の反乱軍、大規模に

【山口＝一八七六年十一月】萩の前原一誠を首領とする士族が、神風連の乱に呼応して十月に反乱を起こした。

反乱軍は当初は少人数だったが、山陰を東上して同志を募るなどして進撃を続け、大規模な戦闘となった。

政府軍は大阪の鎮台や軍艦まで動員して萩を包囲、前原軍は壊滅した。

ビジネス・レーダー

福沢諭吉著『学問のスヽメ』

◆レミントン社、タイプライターを実用化

アメリカのレミントン商会はタイプライターを実用化、大量生産に乗り出した。

タイプライターの発明は一七一四年にさかのぼるが、手書きに比べて文書作成がはるかに容易かつ可読性の高いタイプライターがオフィスや家庭に普及すれば、文書コミュニケーションに一大変革が起こるだろう。

◆『学問ノスヽメ』空前のベストセラーに

慶応義塾の創設者である福沢諭吉氏が執筆した『学問ノスヽメ』が、空前のベストセラーとなっている。「天は人の上に人を造らず、人の下に人を造らずと云へり」の一節で始まる同書の発行部数は、海賊版を含めると八十万部を超え、その内容は文明開化論の聖典との評価を得ている。ビジネスマン必読の一冊だ。

東京銀座

煉瓦街に変身　面目一新の観

【東京＝一八七四年】二年前の大火で焼失した京橋・銀座一帯だが、このほど災害から見事に復興し、一見欧米の町並みかと錯覚するほどの壮麗な煉瓦街に生まれ変わった。

政府は先の災害からの復興計画を策定するにあたって、銀座を近代都市のモデル地区とすることを決定。イギリス人ウォートルス技師の指導の下、銀座一帯に幅二六メートルの煉瓦舗装道路を敷き、道路の両側に松・桜・カエデなどの街路樹を植え、ガス灯やアーク灯を設置した。

さらに道路沿いには赤煉瓦二階建ての建築物が連なり、この防火と景観を考えた街づくりは、東京の新名所として人気を集めている。

銀座煉瓦街

徴兵制公布

二十歳から徴兵検査義務づけ

【東京＝一八七三年六月一日】政府は「国民皆兵」を趣旨とする徴兵令を発布した。

これにより満二十歳に達した男子はすべて兵籍に編入され、徴兵検査を受けることが義務づけられた。

徴兵検査は体格により甲・乙・丙のランクに分け、甲種合格者の一部が抽選により三年間の兵役につく。

ただし「国民皆兵」とはいうものの、広範な免除条項が存在し、官吏とその候補者、戸主とその後継者、代人料二百七十円を払える富豪の息子などは兵役を免れることができるため、一般庶民には不平等な制度といえる。

世界短信

■ウィーン万博で日本製生糸が人気

【ウィーン＝一八七三年五月一日】オーストリアのウィーンで開催中の万国博覧会に出品している富岡製糸工場の生糸が話題となっている。

富岡製糸工場はわが国初の官営模範工場であり、フランス人技師ブリューナの指導の下に建設された。工女の指導にもフランス婦人があたり、機械設備はもちろん、マンパワーの面でも日本最先端の工場だ。

その生糸が海外で高い評価を得たことにより、生糸はわが国の有力輸出商品として期待できそう。

■第一回万国郵便会議開催

【ベルン＝一八七四年十月九日】スイスのベルンに二十二ヵ国の代表が集まり、第一回万国郵便会議が開催された。

同会議の目的は万国郵便連合結成に関する条約の調印にある。

その背景には交通網の飛躍的な発達にともない、欧米を中心に人やビジネスの国境を超えた交流が盛んになってきていることから、国際的な郵便制度施行への要望が高まっていたことがある。

今後、同条約加盟国間では統一郵便料金が設定され、重量制限も統一される予定。

■初の印象派展開催

【パリ＝一八七四年】パリのナダール写真館で印象派のモネ、ルノアール、セザンヌ、ドガ、ピサロ、シスレーらが第一回展覧会を開催した。

同展は一部の美術評論家からは高い評価を得たものの、概して惨憺たる結果となり、ルノアールの作品でさえタダ同然の値しかつかなかった。

ルノアール『狩りをするダイアナ』

■「清国同治帝死去」

【北京＝一八七五年一月十二日】清国の同治帝が天然痘により十九歳で死去した。

後継皇帝については、西太后の推す光緒帝に決まった模様。

現在十六歳の光緒帝は西太后の娘婿である醇親王の子であり、皇帝に選ばれた経緯と年齢から、清朝の実権は西太后が掌握したものと考えられる。

日本史新聞

主な記事から

◆西南戦争終結
◆第一回内国勧業博覧会
◆大久保利通暗殺さる
◆コレラ大流行

西南戦争　終結、政府軍が勝利

戦略的思考欠如の

西郷隆盛、城山で自決

【鹿児島＝一八七七年九月二十四日】政府軍の猛攻に敗走し、城山に立て籠もっていた西郷軍は、政府軍の総攻撃で壊滅。陸軍大将まで務めた反乱軍指導者の西郷隆盛は自決した。最大級の士族の反乱となった西南戦争は、政府の勝利に終わった。

西郷軍の熊本城攻撃

西郷自刃の図

■熊本城奪取に失敗

鹿児島で西郷隆盛を盟主と仰ぎ、政府への不満を高めていた薩摩士族がついに挙兵したことから始まった西南戦争だが、その意志とは裏腹に、この戦争は西郷軍の戦略的思考の欠如が目立った戦いであった。

西郷軍はまず熊本城を攻略してから北上・東進する作戦だったが、最初からつまずいた。熊本城を守る鎮台兵の実力を過小評価していた西郷軍は、谷干城（かんじょう）を司令官とする鎮台軍の頑強な抵抗にあい、その奪取に失敗した。ここでももし熊本城が陥落していれば、西南戦争は別の展開を見せたであろうが、西郷軍の士族としてのおごりが、身を滅ぼす結果となったようだ。

そのうち熊本城救援の政府軍が福岡方面から南下。西郷軍は熊本城包囲軍の一部をさいて北上し、熊本の北、田原坂を戦場とする激戦が展開された。

この田原坂の攻防こそが西南戦争最大の山場であり、ここで敗れた西郷軍は各地に転戦するものの、兵力に勝る政府軍に押されて鹿児島に逃げ戻ることとなる。

鹿児島を出陣したときの兵力一万三千人は、戻ったときにはわずか四百人ほどになっていた。

しかし鹿児島にもすでに政府軍の力が達しており、一時的には鹿児島城下の大部分を勢力下に置いた西郷軍だが、城山に追い詰められて壊滅のときを迎えた。

西郷の最後の言葉は「ここでもうよか」だったという。

■強かった庶民兵士

政府軍の発表によれば、西郷軍の総兵力は約三万人。そのうち戦死者五千人、戦傷者約一万五千人であった。一方の政府軍は陸軍約五万人、警察署員六千人を動員し、戦死者六千人、戦傷者九千人の損害を被っている。

双方ともに甚大な被害を出した西南戦争だが、結局は兵力、継戦能力に劣り、戦略を欠いた西郷軍は敗れるべくして敗れたといえるだろう。

またこの戦争で特筆すべきは、熊本鎮台兵の奮闘に代表されるように、徴兵制度で兵役についた庶民兵士が予想を上回る勇敢さを見せたことだ。武士の時代はすでに過ぎ去ったといえよう。

「西郷星」現わる

【鹿児島＝一八七七年】西郷隆盛の死後、毎晩南東の方角に赤い星が出現しているが、この星が人々の話題となっている。

その星が陸軍大将の制服を着た西郷の姿のように見えるという者もいるため、非業の死を遂げた西郷をしのんで、その星は「西郷星」と呼ばれている。

しかし人騒がせなこの西郷星、じつは百五十年ごとに地球に大接近する火星がその正体だと判明した。

第一回内国勧業博覧会成功

【東京＝一八七七年十一月三十日】東京・上野公園で八月から開催されていた第一回内国勧業博覧会は十一月末日、成功裡に終了した。

この博覧会は殖産興業を推進する内務卿・大久保利通の建議により計画されたもので、おりからの西南戦争の勃発により政府内には中止論も出されていたが、大久保の熱意がそれを退け、戦争の最中に開催された。

国費十二万円を投じた博覧会は百二日間の会期中に、出品者数一万六千人余、出品点数八万四千余、来観者四十五万人以上という盛況を博し、近代文明を一般国民に具体的に理解させる上でも大きな成果を上げた。

日本初の総合大学誕生
東京大学創立

【東京＝一八七七年四月十二日】法学部・理学部・文学部・医学部の四学部をもつ、わが国初の総合大学である東京大学が創立された。

東京大学は旧幕府の高等教育機関を前身とする開成学校（洋学）と東京医学校（西洋医学）が合併して誕生したもの。

さらに工部省の工部大学校も、将来東京大学に編入される予定だ。

また東京英語学校が東京大学予備門と改称されて、東京大学の付属となった。

東京大学

政府
地租を二分五厘に減額

【東京＝一八七七年一月四日】政府は地租を従来の地価の三分から、二分五厘へと減額する布告を出した。

地租改正事業の進展とともに地価の決定を巡って各地で農民と改正掛官、地方長官との間の対立が激化していたが、昨年の後半には農民の不満が一気に噴出し、三重県で史上最大といわれる一揆が起こるなど、各地で大規模な一揆が続発していた。

今回の措置は農民に対する譲歩ともいえるものであり、「竹槍でどんと突き出す二分

科学トピックス
驚異の新発明・電話

去る一八七六年、アメリカのグラハム・ベル教授が実用化に成功した電話は、遠く離れた者同士がまるで隣にいるように会話できるという驚天動地の機械。電話機に向かって声を発するや、音声が電流となって即座に相手方の電話機に届く仕組みだ。

このほど日本に輸入された電話が全国に普及すれば便利この上ないが、忙しく騒々しき世の中になりそう？

ベル電話機

コレラ大流行 死者十万人超に

【東京＝一八七九年】松山に発生して以来全国に広がったコレラは依然として猛威をふるい、深刻な社会問題となっている。

当局の予防措置にもかかわらず、本年末までにコレラ患者総数は十七万人を数え、死者は十万人を超えた。

民衆の間には流言が飛びかい、消毒や避病院の設置、患者隔離などの対策に反対する動きが暴動化する事件も続発している。また各地で迷信的行為も行なわれている。

大久保利通 暗殺される

【東京＝一八七八年五月十四日】参議兼内務卿として政府内の権力を事実上掌握していた大久保利通が、馬車で参朝の途中、紀尾井坂で刺客に襲撃され、斬殺された。

犯人は石川県士族の島田一郎、島根県士族の浅井寿篤らの六人。

大久保の馬車には護衛が付いておらず、それが襲撃をやすやすと成功させることとなった。

またこの日は西南戦争で活躍した将校への勲章授与式が予定され、そのため大久保の馬車はいつもの内務省ではなく太政官へと向かっていたのだが、犯人はこの行事を予告する新聞記事を目にして、待ち伏せしていたのだという。

西南戦争で西郷と決定的に対立し、西郷を葬り去った大久保が、その西南戦争の叙勲式典の当日に死去したのは、運命的なものが感じられる。

暗殺された大久保利通

沖縄県誕生
清国は日本帰属に抗議

【首里＝一八七九年】政府は四月四日、琉球藩を廃止し、沖縄県とすることを布告した。

これに先立ち、政府は琉球藩に対して清国への進貢の禁止、藩主の上京、那覇への鎮台分営の設置などを要求したが、琉球藩主の尚泰王はこれを拒否していた。

そこで今回は内務大書記官の松田道之が兵約四百人、警官百六十人などをともなって首里に乗り込み、武力による威圧で尚泰王を屈伏させるに至った。

この措置に対して、清国から琉球の廃藩置県による日本への編入を抗議する申し入れがあり、琉球の帰属問題はなお流動的な情況だ。

露土戦争勃発
風雲急の欧州情勢

【キシニョフ＝一八七七年四月二十四日】ロシア皇帝アレクサンドル二世はベッサラビアのキシニョフで、オスマン・トルコ帝国に宣戦を布告した。ロシア軍は南下・進攻を開始しており、オスマン帝国の首都コンスタンティノープルに向け進撃すると予想される。

今回の戦争は南進政策をとるロシアが、オスマン・トルコ帝国内の紛争に乗じる形で開始されたものであり、オスマン・トルコの支配下にあるバルカン半島では、各地で独立を求めるキリスト教徒の反乱が相次ぎ、ロシアはスラヴ系民族の蜂起を支援するため出兵の機会を狙っていた。

ロシアは列強とともにオスマン・トルコにキリスト教徒保護を促す共同勧告を行なったが、これを拒否されたため宣戦布告に踏み切ったもののようだ。

オスマン・トルコにもはやかつての勢いはない。版図拡大は一七世紀後半を頂点にその後は支配地域からの撤退が続いており、今回も敗退するものと見られている。

結びの言

本日は、『日本史新聞』をお買い上げいただきまして誠にありがとうございます。

史書と銘打った文献や歴史に関わる出版物は数多く出回っておりますが、ご覧いただいておわかりの通り、本紙の場合、第一級の特ネタを調達致しまして、アイデア抜群の表現技法で処理加工したうえ、ちょうどよい、食べ頃の味にまとめております。もし、お口に合わない場合、どうぞご遠慮なさらずに本紙編纂委員会編集主幹宛、苦言なり、批判なり、提案なりとも寄せていただきたく、この点につきまして、まずは、お願い申し上げる次第であります。

そもそも日本史とは何ぞや。いったい、どこから始まり、どういう形で進行してきたのか。諸説あまたあるなかで、本紙編纂委員会におきましては、事実としてあることをあるがままに直視し、素直に情報として収集し、整理し、ニュースあるいは解説記事、社説・特集・速報・裏ネタ記事等々、事実の性質や形に応じて処理加工することを心掛けました。その結果、日本の始まりは旧石器時代とし、とりあえず、三万年前の群馬・岩宿に旧石器人が登場したところからスタートしました。

また、「神話」のなかに閉じ込められ、無視されてきた「神武史観」についても、あえて取り込みました。その他、従来の史観では陽の当たらないところに置かれてきたさまざまな事実についても、いちいち多言するまでもなく、さまざまな形で取り上げております。

それは一読していただければおわかりになっていただけることであります。

そういうわけで、再びお買い上げいただきましてありがとうございました。心から感謝申し上げる次第であります。

日本史新聞編纂委員会副主幹・伊達政五郎

平成十五年四月吉日

主な参考文献

『世界の戦争』各巻（講談社）
『世界歴史シリーズ』各巻（世界文化社）
『世界の歴史』各巻（中央公論社）
『日本の歴史』各巻（中央公論社）
『環太平洋文化』各号（日本環太平洋学会編）
『季刊考古学』各号（雄山閣）
『縄文鼎談　三内丸山の世界』（岡田康博・小山修三編　山川出版社）
『写真集人間安藤昌益』（安永寿延編著・山田福男写真　農文協）
『江戸の経営コンサルタント』（左方郁子著　博文館新社）
『江戸湾物語』（三浦昇著　ＰＨＰ）
『近江商人の系譜』（小倉榮一郎著　社会思想社）
『織田軍団』（世界文化社）
『人物叢書 三井高利』（中田易直著　吉川弘文館）
『人物叢書 井原西鶴』（森銑三著　吉川弘文館）
『人物叢書 前田綱紀』（若林喜三郎著　吉川弘文館）
『蒲生氏郷』（横山高治著　創元社）
『ケンペルの見たトクガワ・ジャパン』（ヨーゼフ・クライナー編　六興出版）
『堺と博多　戦国の豪商』（泉澄一著　創元社）
『酒田の本間家』（佐藤三郎著　中央書院）
『酒田湊繁盛史』（コミュニティ新聞社）
『実録四十七士　元禄赤穂事件の全貌』（学研）
『太閤秀吉』（世界文化社）
『武田信玄　城と兵法』（上尾晴朗著　新人物往来社）
『伊達政宗』（世界文化社）
『徳川十五代』（世界文化社）
『歴史群像シリーズ』各巻（学研）
『覇王家康』（世界文化社）
『反魂丹の文化史』（玉川しんめい著　晶文社）
『秀吉軍団』（世界文化社）
『最上徳内』（皆川新作著　電通出版部）
『図説織田信長　男の魅力』（小和田哲男著　三笠書房）
『五輪書』（宮本武蔵著　徳間書店）
『戦国時代ものしり事典』（奈良本辰也監修　主婦と生活社）
『日本史ものしり事典』（奈良本辰也監修　主婦と生活社）
『江戸期不況を乗り切った六大商人の知恵』（鈴木旭著　日本文芸社）
『失われた世界超古代文明』（鈴木旭／最上孝太郎著　日本文芸社）
『クロマンタ・ピラミッドの謎』（鈴木旭編　新人物往来社）
『古代史の封印を解く日本ピラミッドの謎』（鈴木旭著　学研）
『古代日本ピラミッドの謎』（鈴木旭編　新人物往来社）
『古代みちのく１０１の謎』（新人物往来社）
『古代文字が明かす超古代文明の秘密』（鈴木旭著　日本文芸社）
『世界超古代文明の謎』（鈴木旭ほか著　日本文芸社）
『超古代日本』（鈴木旭著　アスペクト）
『日本超古代文明のすべて』（鈴木旭ほか著　日本文芸社）
『日本超古代遺跡の謎』（鈴木旭著　日本文芸社）
『本間光丘　人を活かし金を活かす本間流ビジネスマインド』（鈴木旭著　ダイヤモンド社）
『地域からの世界史４・７・８』（朝日新聞社）
『日本史小辞典』（山川出版社）
『世界史小辞典』（山川出版社）
『日本史広辞典』（山川出版社）
『神道辞典』（神社新報社）
『ポルトガル史』（金七紀男著　彩流社）
『国史大辞典』（吉川弘文館）
『世界大百科事典』（平凡社）
『西洋史辞典』（東京創元社）
『世界史年表』（岩波書店）
『日本史年表』（岩波書店）
『日本史』（坂本太郎編　山川出版社）
『読める年表　日本史』（自由国民社）
『日本系譜総覧』（日置昌一編　講談社学術文庫）
『日本歴史人名辞典』（日置昌一編　講談社学術文庫）
『日本社会の歴史（中）』（網野善彦著　岩波新書）
『朝鮮史』（梶村秀樹著　講談社現代親書）
『日本の歴史（上）』（井上清著　岩波新書）
『日本史概説』（岩波全書）
『コンスタンティノープル千年』（渡辺金一著　岩波新書）

新版 日本史新聞

平成15年 5 月26日 初版発行
平成18年10月 5 日 第12刷発行

編　者
日本史新聞編纂委員会

発行者
西沢宗治

印刷所
図書印刷株式会社

製本所
図書印刷株式会社

発行所
株式会社日本文芸社

〒101-8407　東京都千代田区神田神保町1-7
TEL：03-3294-8931［営業］03-3294-8920［編集］
振替口座　00180-1-73081

Printed in Japan ISBN4-537-25147-6
112030515-112060925Ⓝ12
編集担当・松原
URL http://www.nihonbungeisha.co.jp